맨땅에 헤딩, 나의 중개 일기

개업 6년 차 공인중개사 이야기 주택, 상가 - 임대차편

맨땅에 헤딩

나의 중개일기

공인중개사 이승주 지음

중개업이 두려운 당신께,
저의 경험이 도움이 되길 바라며 이 책을 바칩니다.

들어가기 전에

　이 책은 위대한 업적을 이룬 유명한 사람의 자서전도, 허구를 기록한 판타지 소설도 아닙니다. 평범한 사람이, 평범한 상황에서 경험하고 부딪치며 성장을 기록한 일기입니다. 선구자가 아닌 선험자로서, 중개업에 대해 막연했던 경험들을 들려드리는 저의 이야기 보따리라고 생각해주시면 좋겠습니다.

　이 책의 포인트는 크게 두 가지입니다.

　첫째, 다양한 에피소드를 통해 <u>아무 지식도, 경험도 없던 공인중개사가 맨 몸으로 부딪쳐 성장하는 모습을 기록한, 좌충우돌 성장기를 보여드리는 것</u>입니다.
　성장 과정을 담기 위하여 가급적 에피소드를 시간별로 나열하고자 했습니다. 각 에피소드를 작성할 당시에는 구어체로도 기재 했었습니다. 기분이 좋았던 순간의 에피소드는 그 신나고 좋은 기분과 과정을 잊지 않기 위해 설레는 마음으로 글을 쓰기도 했고, 기분이 안 좋았던 경험은 일기였다 보니 생생한 그 기억과 감정을 표현하고자 육두문자를 넣기도 했었습니다. 그런 부분들은 책으로 나오기 위해서 당연히 배제해야 하기에, 담지 않았습니다. 몇 년 전부터 계속 써왔던 일기를 책을 쓰기 위해 다시 꼼꼼히, 여러 번 보게 되었습니다.

해가 지날수록 일기의 밀도와 농도, 고객들을 대하는 태도와 중개의 스킬이 늘어감을 알 수 있었습니다.

가장 어려웠던 부분은, 계약을 하고나서 에피소드를 적으면 그 후에 해당 에피소드가 무수히 많은 변수들로 없어지게 되는 상황, 다시 써야하는 상황, 추가적으로 생기는 상황들이 많았다는 것입니다. 책이 나오는 지금도 중개는 이어지고, 많은 변화와 변수를 겪어가며 해결해나가는 하루하루를 보내고 있습니다. 에피소드별 한 줄 포인트를 정리하여, 그 에피소드의 핵심은 무엇인가를 알려드리고자 했습니다.

이 책은 100% 저만의 경험을 순간순간, 가급적 최대한 기억에 남고 도움이 될 만한 에피소드들만 기록하였습니다. 그렇기에 저만이 느낀, 저만의 이야기를 여러분께 들려드린다고 생각해주세요. 차마 에피소드에 담기엔 무리가 있거나 너무 자극적인 스토리는 배제하였으며, 반대로 지극히 평범하고 일반적인 중개 스토리 역시 최대한 배제하였습니다. 평범한 중개 스토리는 누구에게나 들을 수도, 누구나 쉽게 겪을 수 있기 때문이죠. 또한, 제 중개사무소에서는 주된 거래가 모두 '주택, 상가 임대차' 거래였기에 특수 목적물, 법적 지식이 많이 필요하거나 타 자격사들과 함께 진행했던 계약, 난이도가 높았던 계약 등은 다루지 않았습니다. 제가 경험한 매매 거래는 특별함 없이 이루어진 경우가 많았기에, 책의 에피소드에 넣지 않았음을 밝힙니다. 토지, 공장, 빌딩, 특수 목적물 등의 중개는 아직 경험이 없기도 하거니와, '초보 중개사가 맨땅에 헤딩'한 내용과는 다소 거리감이 있어 보이기 때문입니다. 작은 바람이 있다면, 더 많은 경험을 쌓아 중개의 고수가 된 훗날 별도의 에피소드로 묶어 2번째의 시리즈로 따로 보여드리는 것입니다.

둘째, 초반부에 <u>중개업에 대해 고민하는 많은 초보 중개사님을 위한 내</u>

용을 준비했습니다. 다만, 저는 긍정적인 부분만을 다루지는 않았습니다. <u>그런 이야기는 누구나 해줄 수 있습니다.</u> 정말 '찐'을 경험하기 위해서는, 대부분이 갖고 있는 흔한 환상에서 벗어나는 것이 뿌연 안개가 걷히는 것과 같다고 생각했습니다. 안개가 걷혀야 앞을 또렷하고 선명하게 볼 수 있으니까요. 또한, 그래야 더 굳은 마음을 먹을 수 있다고 생각했습니다. 생각보다 이 시장은 만만하지 않기 때문입니다.

　오랫동안 일기라는 것을 써왔습니다. 초등학교에서 숙제로 썼던 억지 일기가 아닌, 정말 저를 돌아보고 기록하기 위해 썼던 일기였습니다. 그 습관이 중개사가 되며 중개일기로 이어졌습니다. 언젠가, 저의 경험들이 모여 많은 성장을 했을 때 다시 볼 마음이었습니다. 힘들 때 초심을 잡고, 동기부여를 하기 위함도 있었습니다. 또한, 아끼는 누군가가 있다면 이 내용들을 고스란히 전해주고, 저처럼 맨땅에 헤딩만을 하지 않도록 많은 내용을 알려주고 싶었습니다. 중개업에는 중개사들만의 룰이 많습니다. 즉, 새로운 세계에 입문하는 것입니다. 직장에서도, 학교에서도 본인들만의 룰과 규율을 만들죠. 군대에서는 생활하는 병사끼리 룰을 만듭니다. 그렇게 집단 속에서 누구나 룰을 만들죠. 중개업도 마찬가지였습니다. 사회는 시간이 지나면 졸업장, 전역증을 주는 곳이 아니기에 능력대로 하루하루 치열하게 살아야만 합니다. 어린 나이에 중개업에 입문하고, 많은 분들을 만나고 부딪쳐가며 인생도 참 많이 배웠습니다. 앞으로 갈 길이 멀다는 것을 압니다. 이제 시작이라고 해도 과언이 아니죠.

　더 늦기 전에, 그간의 경험을 먼저 공유하고자 마음먹었습니다. 초보자로서, 초보만이 생각하고 느낄 수 있는 경험들과 감정들을 말이죠.

　이제, 6년 차가 된 중개사로 성장하기까지의 제 얘기들과 경험들을 들려드리고자 합니다. 앞부분에는 흔히 많이 하는 환상과 착각에 대해, 현업을 하며 질문을 받았던 많은 부분들을 다루었습니다.

　에피소드는 수백 개 중에 고르고 골랐습니다. 조금이나마 생동감이 전해지며, 많은 간접경험을 해보시길 바라는 마음입니다.

"돈보다 사람을 남기는 중개사가 되자."
"지덕체를 갖춘 사람이 되자."
저의 개업 시부터 모토이자 인생의 모토입니다.

늘 이제 시작이라고 생각하며 초심을 잡는 부족한 저에게, 이번 출간은 정말 뜻깊고 더더욱 감사한 일이 아닐 수 없습니다.

끝으로 이 책을 출간할 수 있도록 도움 주신 많은 분들에게 깊은 감사 인사를 전합니다.

목차

들어가기 전에
Prologue

제1장 왜 공인중개사를 택했는가? 19

10대 - 사업과 부동산은 집에 돈을 가져다주었다 21
20대 - 경제적 극빈곤기 - 낭랑 20세, 집이 망했다 22
29세 - 처음 경험한 경매 현장, 그게 우리 집이었다 23
30대 - 7전 8기 오뚜기처럼 자산을 증식하다 28
31세 - 14번째 자격증, 공인중개사 시험, 가장 떨리는 경험 중 하나 29
그렇게, 무작정 개업하다 31

제2장 예비 공인중개사들을 상담하며 가장 많이 받은 질문들 33

01 개업 전 FAQ, 중개사 개업 상담을 하며 가장 많이 받은 질문들 35

소속 공인중개사 경력 없이, 나이도 어린데 바로 개업해도 될까? 36
아무것도 모르는데 무엇부터 해야 하지? 41
실무를 하기 전 또는 실무를 하면서 같이 하면 좋을 것 45
광고는 어떻게, 얼마나 해야 할까?
돈 벌려다가 헛돈 내지 않기 위해 주의할 것! 47
광고의 종류 49
중개사고 무섭습니다. 조심해야 할 건? 54
얼마나 버나요? 58

| 02 | 중개업에 대한 환상과 착각은 버리세요 | 64 |

자기 시간 자유롭게 쓰며 일한다? 워라밸에 대한 착각 … 64

계약 한두 건만 하면 수백, 수천만 원 번다? 한두 번 보여주고
큰돈 가져간다는 착각 … 69

유지비가 적어서 부담이 없다는 착각 … 74

| 03 | 겸업에 관하여 | 78 |

차려놓고 직원만 두고 저는 다른 일 하면 안 되나요? … 78

주말만 나와서 일하면 어떤가요? … 82

겸업을 할 거라면 … 87

겸업과 부업 … 97

직접 눈으로 본 겸업을 하는 중개업소들의 현장 … 103

제3장 나의 중개 일기 … 107

| 01 | 나의 생생 중개 에피소드 | 109 |

주택 에피소드

Ep.1 개업 후 첫 계약 - 원룸 오피스텔로 시작하다 … 110

Ep.2 휴양지의 바다를 보며 봤던 문자 "계약할게요" … 113

Ep.3 입주하자마자 나오게 된 원룸 손님,
다음 집은 서비스로 무상중개하다 … 115

Ep.4 오피스텔 - 단독중개 두 번의 감사함! … 117

Ep.5 상가주택 - 3룸 - 공동중개 하고 난 후, 알고 보니
공동한 부동산의 손님이 아버지의 잘 아는 지인이었다니! … 122

Ep.6 단독주택 - 다가구주택 유튜브 라이브방송 중 찾아온 손님,
놓쳤으면 큰일날 뻔 했지 뭐야! … 125

Ep.7 타이트했던 원룸 전세, LH계약 - 괜히 LH가 아니구나…
까다로운 서류 준비와 친한 임대인에게 감사했던 전세 계약 … 128

Ep.8	고가 빌라, 계약한 빌라 중 가장 큰 금액의 빌라전세계약서 - 친구 어머니 덕에 체결된 계약	131
Ep.9	배우자처럼 부동산은 정말 내 집이 따로 있다! 전세난에도, 매물이 없어도 될 놈은 된다! - 전세난 속의 행운 같은 빌라 계약 건	134
Ep.10	3번 연속 같은 원룸 호수 중개 - 역시 집은 타이밍이 5할! (feat. 사람들 보는 눈은 비슷하다.)	138
Ep.11	나한테 맡긴 열쇠 하나씩 빠질 때마다 기분이 좋다 - 경쟁 끝에 얻은, 4번의 계약 수정으로 완성한 원룸 단독중개 계약 건	142
Ep.12	상가주택 투룸, 전속 물건의 부담감과 묵은 체증을 해결하다 - 오랜 시간 100번은 보고 간, 계약 전 10번은 틀어졌었던 전속 매물, 드디어 믿음에 보답하다! - 당일 급계약	146
Ep.13	2달 간 시간이 맞지 않아 찾아 본 물건만 대략 50개. 배수의 진을 치고 당일 집 보고 결정한 계약건 소개 손님, 결국 인연이 되어 계약하다!	150
Ep.14	생일날 정말 빼고 싶던 집을 단독중개로 계약하다 - 마음에 들어 한다면 바로 '두 번' 보여주고 확답을 받자! 반지하는 보지 않는다던 손님, 단독중개로 계약한 원룸 건	153
Ep.15	동사무소 직원이 집을 구하러 오다!	157
Ep.16	바로 이전 계약 중개일지를 쓰자마자 걸려온 전화, 반지하 안 본다던 손님, 반지하집을 보고 바로 계약하다! 끝까지 가능성을 열어두고 중개할 것	162
Ep.17	유튜브 자취남 '월세지원 프로젝트' 담당 중개사로 성남의 집을 원정 계약하다	165
Ep.18	어머니가 주신 귤 한 개로 맺어진 인연, 그 얼마 후 이어진 계약	171
Ep.19	손님이 원하는 다른 동네 매물, 포기하지 말고 다른 중개업소의 매물이 있는지 확인하자 - 보라매 계약	176
Ep.20	끝까지 포기하지 않고 다른 경우의 수로 계약을 이끌다.	180
Ep.21	친한 형의 "구해줘, 홈즈! 남성역 매물 좀 찾아줘" 전날 봐둔 방을 계약하다	185
Ep.22	전국에서 방문하는 구독자님들, 이번엔 대전! 유튜브 구독자님, 주말 체류하며 원룸 계약을 마무리하다	189

아파트 에피소드

Ep.1　A4용지 벽보 매물장, 꽉잡고 있던 매물 하나로 아파트
　　　단독중개 계약을 하다　　　　　　　　　　　　　　　　　195

Ep.2　내 중개 보수를 반 나누더라도, 친구의 집을 구해주자!
　　　- 고가 아파트 전세 계약 건　　　　　　　　　　　　　　199

Ep.3　전세사기로부터 친구를 구하라! 내용증명 보내고 임대인에게
　　　반환 받은 보증금 으로 구해준 시흥의 신축 아파트　　　203

Ep.4　고등학교 졸업 이후 연락되어 만난 친구의 집, 전세 매물 대란 속
　　　절묘한 타이밍에서 '딱 1개' 남은 조건의 집을 계약하다　210

Ep.5　만기 전 임차인이 내 편이 되어주어,
　　　낙성대 아파트 단독중개 계약을 하다　　　　　　　　　　213

상가 에피소드

Ep.1　개업 후 첫 상가 단독중개 계약,
　　　그 후 5년째 함께하고 있는 옷가게　　　　　　　　　　　221

Ep.2　우리 건물이 효자다!
　　　조용하고 깔끔한 영어학원 지사 사무실 계약　　　　　　224

Ep.3　3개월간 동네 방방곡곡,
　　　끝까지 포기하지 않은 '서초동 카페' 계약　　　　　　　　227

Ep.4　최악의 임차인, '배달대행', 1년간 스트레스를 받다　　　231

Ep.5　처음 본 의리의 해병대 삼계탕 재료 사장님,
　　　의리의리하게 계약까지!　　　　　　　　　　　　　　　　235

Ep.6　우여곡절, 엄청난 경험치 상승을 가져다준 상가 단독중개 계약
　　　- 녹음의 중요성, 허가를 받아야 하는 업종에서 위반건축물이
　　　있다면, "안 된다"고 생각하자　　　　　　　　　　　　　238

Ep.7　강남땅의 권리금 있는 상가,
　　　협의에 협의를 거듭하여 계약을 하다　　　　　　　　　　244

Ep.8　두 번이나 빠그러졌지만, 7전8기! 전화위복!
　　　100%만족한 물건 계약! 사무실 계약 건　　　　　　　　251

Ep.9　오랜기간 부담됐던 전속 물건, 하루에 2건 모두 연속 계약하다!
　　　- 그 중 하나, 권리금 있는 커피전문점 상가점포 계약 마무리 건　254

Ep.10	몇 개월 동안 주인을 못 찾았던 소형 사무실, 교회 목사님의 상담실이 되다	262
Ep.11	네이버 유료상담 의뢰인의 '아이스크림 가게' 명의변경 계약서 작성 요청 - 호텔 카페 출장 계약서 작성을 진행하다	266
Ep.12	1분도(시간) 1분도(사람) 계약이 된다! 외출하기 전 공동중개망에 보낸 메시지 한 줄로 이어진 소형 창고계약	272
Ep.13	단기 임대차 계약을 원하는 대기업 거래처, 고정 거래처가 되다	275

02 사람과의 관계 - 중개업은 모두 사람과의 관계이며 예의와 관계된다   283

중개업 초반에 꼭 가져야 할 마음과 계획   283

소개를 받아 온 손님들과 좋은 후기를 보고 온 손님들은
이미 절반은 따 놓은 당상이다.   285

무례한 자들에 대한 이야기   301

Ep.1	시간 약속을 우습게 아는 사람들	303
Ep.2	계약하기 전, 잠수를 타는 손님	306
Ep.3	무리한 부탁을 받을 때에는, 정중하게 거절하자	308
Ep.4	새벽에 전화와 문자를 하는 비상식적인 손님에 대한 경험	312
Ep.5	대학시절 눈도 못쳐다 볼 기수의 대선배가 찾아오다. 안 좋은 결말, 수고비를 거절한 대신 내가 던진 한 마디	314
Ep.6	난생처음 '뒷빡'을 맞아 보다	319

모든 에피소드는 결국 인간 관계로부터   325

Ep.1	임대인 중개업소 vs 임차인 중개업소, 팔은 결국 안으로 굽는다	325
Ep.2	지인이라도 모두 다 계약 손님이 될 수는 없다	327
Ep.3	전속 물건의 장단점	330
Ep.4	"꼭 형님이랑 하고 싶어요. 제가 물건 찾을 테니, 계약을 형님이 해주세요"	333
Ep.5	전화 한 통 때문에 중개보수 1,500만 원의 기회가 날아가다	339

제4장　5년간 '안 좋은 자리'에서 살아남을 수 있었던 방법　343

01　나를 알면 알수록 백전 백승!　345

(많은 사람들이) 나를 알면 알수록 백전 백승이다!　345

(내 자신이 어디에 강한지) 나를 알면 알수록 백전 백승이다!　347

소득의 다양화(일석이조 말고, 일석사조!)　349

02　결국 사업의 기본은 마케팅과 영업능력　354

내가 곧 브랜드가 된다　356

온라인으로 본인을 잘 알릴 수만 있다면, 월세를 아끼고 광고를 무료로 할 수 있다　357

마치며　Epilogue　361

개업 후 5년, 지금의 나는?　363

누구나 현생은 한 번이라지만, 하루도 돌아가고 싶은 날은 없다　366

나를 가장 사랑해 줄 사람은 결국 나다. 나에 대한 보상은 필요하다　368

폐업하는 부동산 사장님들을 오가며 만나다　371

내 가치는 결국 내가 정한다　373

계약 여부 결과는 내 몫이 아니라고 생각하자　374

결국엔 다 알아준다. 걱정하지 말자　376

계약 관계는 모두 돈이지만,
인간관계에서는 돈으로 살 수 없는 게 더 많다　378

공인중개사의 직업적 인식은 바닥을 치고 있다　379

그럼에도 불구하고, 나는 끝까지 직진으로 가보련다　382

Prologue

　개업 후 6년 차, 이제는 초보 딱지를 떼고 개업을 준비하는 공인중개사들에게 강의하는 강사로, 초보 공인중개사가 계약 전, 계약 시, 계약 후 꼭 알아야 할 특약이나 계약 관련 노하우, 법적인 필수 지식을 알려준다. 선배이자 강사로 중개사고 없는 안전한 중개를 위해, 직업적으로 신뢰도가 낮은 중개사들의 인식을 고쳐시키고자 노력하고 있다.

　이 책은 공인중개사업에 대해 아무것도 모르고, 도와줄 이 하나 없이 말 그대로 '맨땅에 헤딩'하듯 직접 몸으로 부딪치고 겪으며 사무실을 개업하여 성장해나간 모든 내용을 기록한, 맨땅에 헤딩 개업 일기이다.

　개업 후 얼마 되지 않아 처음 "계약 할게요"라는 말을 듣고 얼마나 기뻤는지 모른다. 한편, (계약서 작성법도 모르고 프로그램도 제대로 다룰 줄 모르며 계약서 작성의 과정도 몰랐던 나였기에 잠깐의 기쁨을 뒤로 하고) 앞에서는 "네, 계약 진행 준비해드릴게요"라고 호탕하게 웃었지만 속마음은 걱정부터 앞섰던 기억이 아직도 생생하다.

　글을 쓰는 오늘도 많은 손님과 통화를 했다. 많은 임대인, 임차인, 때로는 다른 중개업소의 중개업자들을 만나 집을 보고, 계약과 잔금을 준비하고 있다. 익숙해진 계약서 작성과 손님 응대, 그리고 찾아주시는 손님이 많아도 예전보다는 덜 긴장하는 지금은 새삼 '나 많이 컸다'하는 생각이 스친다.

이 글을 읽은 누군가가 오해할까 하여 미리 말하지만, 이 책은 경험없이 무작정 개업하라는 개업 장려 책이 아니다.

겸업을 하며 다른 사업체를 운영하고, 기타 여러 일을 하고 있는 나로서는 도무지 다른 곳에 취업을 할 수 있는 시간적, 물리적 여유가 없었다. 그렇다고 (열심히 공부해서 취득한) 이 자격증을 그냥 보험삼아, 장롱면허로 묵혀두려고 한 것도 아니었다. 그렇다면, 방법은 하나였다. 일단 개업하고, 대표가 되어 부딪치는 것이었다.

일을 하면서 중간중간 '내게도 멘토가, 스승님이 한 분이라도 계셨다면 참 좋았을 텐데'라는 생각이 들 때가 한두 번이 아니었다. 중개시장에서 중개사끼리 지켜야하는, 일반 손님들은 모르는 무수히 많은 매너와 상도덕도, 계약 전 후 챙기고 신경 써야할 물건별 많은 체크사항도, 손님을 대하는 응대 방법과 계약을 이끌어내는 현장 안내, 클로징 멘트까지 모든 것을 나는 직접 경험하고, 배부르게 욕도 먹어가며 중개업을 모두 몸과 마음으로 배웠다.

내 중개 방법과, 모든 내용이 정답은 아닐 것이다. 법적 지식은 법이라는 체계 안에서 외우고 익히고 따르면 될 일이지만, 사람 관계에서의 도덕, 매너, 상도덕은 법전에 나와 있지 않기에 중개사무소에 취업을 하여 중개시장의 생리와 중개 프로세스를 경험하고 개업을 할 수 있다면 적극 추천하기도 한다. 다만, 모두가 취업에 성공할 수도 없거니와, 취업했다고 모든 것을 알기는 어렵다. 소속 공인중개사들을 만나보면, "우리 사장님한테 배운 게 없어요"라는 말을 많이 하는 것도 현실이다. 모든 이가 그렇지는 않겠지만 소속 공인중개사는 나갈 사람이라고 생각한다. 보조원 역시 계약서 작성 권한이 없고 최근 강화된 중개사법으로 광고 매물 하나 본인 이름으로 할 수 없으며, 최근 바뀐 개정법령으로 현장 안내 시 자격증이 없는 "보조원입니다"라고 자기 소개까지 해야 한다고 하니, 많은 감정이 교차할 따름이다.

취업을 통해 경험을 먼저 할 수 있다면 제일 좋다고 재차 강조한다. 대표로서의 운영 및 경비 부담 등이 적고 책임소재가 적기 때문에 영업만 잘한다면 상대적으로 마음 편히 일하며 소득을 올릴 수도 있을 것이다. 하지만 나와 같은 상황의 예비 개업 공인중개사들은 막막할 거라 생각한다. 나 역시 그렇게 막막함을 안고 개업을 했기에 그 마음을 누구보다 잘 안다.

내가 먼저 깨지고, 흔들리며, 부딪치며 체득해나간 중개 스킬과 온전히 '나만이 경험한, 나만의 그 이야기를' 가감 없이 전한다. 생생한 나의 중개 스토리를 통해 많은 분들이 파이팅 할 수 있기를 바란다.

32살이라는 젊은 나이에 계약서 한 장 제대로 쓸 줄 모르던 내가 열정 하나만으로 무작정 시작한 공인중개사 창업! 만 5년간의 피땀눈물 중개 일기이며 가식과 과장 없는 리얼 창업 스토리. 그 이야기 속으로 들어가 보자!

누군가 나의 이야기를 통해 용기를 얻고, 희망을 얻어 성공적인 창업을 할 수 있기를 희망한다. 열심히 공부해서 공인중개사에 합격한 당신, 부푼 꿈을 안고 중개업에 뛰어들고자 하는 많은 예비 공인중개사들에게 이 책을 바친다.

- 2024년 개업 6년 차가 된 어느 날,
『이승주 공인중개사무소』에서.

chapter 01

왜, 공인중개사를 택했는가?

10대 - 사업과 부동산은 집에 돈을 가져다주었다

어릴 적 찢어지게 가난했던 우리 집은 사진처럼 생생하게 기억 속에 남아있다. 무일푼으로 결혼하신 부모님은 정말 악착같이 발로 뛰며 7전 8기의 모습으로 아끼고 안 써가며 사업을 일궈내셨다. 그렇게 초등학교, 중학교, 고등학교를 거치며 내 학창시절은 점점 더 풍족했던 기억으로 남아 있다. 고급차, 걱정 없는 생활비와 안정적인 부동산 자산.

특히 어린 나이임에도 내가 마음이 든든하다고 느꼈던 것은 '부동산'이었다. 누구도 나가라고 하지 않는 부모님 명의의 아파트, 그리고 토지. 재건축 등 다양한 투자를 통해 자산을 일궈나가신 어머니. 밖에서 열심히 일하시는 아버지의 사업이 잘 되면서, 풍족한 현금 순환으로 적재적소에 소비가 아닌 부동산 투자를 하신 어머니 덕에 자산은 빠른 속도로 증식됐다. 어릴 적 내 기억에 깊이 남아있는 한 장면이 있다. 은행에서 직접 명절 때 찾아와 인사도 하고, 선물을 주며 계속 해당 지점과 거래를 잘 해달라는 부탁을 하는 모습이다. 그만큼 예치된 예금 자산도 많았다는 것이다. 구체적인 액수를 밝히기는 어렵지만, 현재 시가로 100~200억을 웃도는 대로변의 건물도 바로 현금으로 살 수 있었다. 대치동의 유명한 아파트도 현금으로 1~2채는 바로 살 수 있는 정도였으니, 대략 가늠할 수 있을 것이다.

그렇게 어린 나이부터 '부동산'이라는 대상물을 알게 되었다.

"엄마, 그럼 이런 건 누구한테 사는 거야?"
"부동산에 가서 얘기하고 부동산 사장님이 보여준 게 마음에 들면 거기서 사는 거야."

내가 어릴 때 어머니께 여쭤봤던 내용이다.

20대 _ 경제적 극빈곤기 - 낭랑 20세, 집이 망했다

고등학교를 졸업할 무렵, 재수를 해야겠다고 결심하고 어머니와 대화를 나눈 적이 있다. 원하는 대학에 입학하지 못했고 언어 영역이 물수능으로 출제되어 80점대 후반이 나왔음에도 언어 수능 등급이 처참했다. 반에서는 늘 반장을 하고, 상위권을 유지하던 내가, 언어영역을 그것도 문과가 망쳐버렸으니 교차지원으로 언어 비중을 적게 보는 이과로 지원할 수밖에 없었다. 첫 날 수업을 듣는데 도무지 무슨 말인지 알 수가 없었다. 술자리에 부르는 과 선배들 동기들에게 마음도 가지 않아 냉랭한 표정으로 일관했다.

"어차피 난 이 학교 안 다닐 거니까."

어머니는 유방암 판정을 받아 수술을 하시고, 몇몇 부동산 관련 사기를 당한 시점이었다. 다행히도 암은 초기에 발견되어 수술이 잘 되었다. 자산을 잃었지만 여전히 건재한 줄 알았던 우리집의 상황은 그날 이야기를 통해 언제 터질지 모르는 여드름처럼 '이미 곪을 대로 곪아있다'는 것을 알게 되었다. 재수학원을 다니기로 결심하고, 대신 입학한 학교는 학사경고를 맞아서 학비를 버리더라도 자퇴하지 않고 걸어두기로 하는 마지막 협의의 끝에, 재수생활을 하며 더 이상 나를 뒷바라지 해주실 수 없는 상황이라는 것을 알게 되었다. 재수 후 원하는 학교에 입학할 때, 딱 한 번, 입학금 학비 지원을 받았다. 어머니가 오래 전부터 보관해두시던 금을 팔고 외할머니가 손주들 대학 들어갈 때마다 으레 주시는 100만 원을 합쳐서 간신히 학비를 내주셨다는 사실을 알게 되면서, 집이 정말 망했다는 것을 어렵지 않게 알게 되었다.

부귀영화라는 단어가 낯설지 않을 만큼 편하고, 풍족하게 살았던 우리 집은, 빚더미로 가득한 집이 되어버렸다. 뒤에 얘기하겠지만 여러모로 정말 최악의 상황이었다.

그때부터 학비뿐 아니라 생활비로 20대의 알바는 단순히 용돈벌이 알바가 아니게 되었다. 남들 대학교에서 미팅하고 술 마시고 용돈 떨어지면 "용돈 보내줘"라고 하는 삶은 내게는 꿈만 같은 삶이었다.

내 수업 시간표는 알바를 하기 위한 최적의 시간표로만 구성해야 했고, 전공은 필수로 이수해야 하는 것 외에는 모두 교양과목으로 시간표를 구성해야만 했다.

야간알바는 1.5배 시급을 주는 경우가 많았으므로 피곤해 죽을 것 같아도 최대한 심야시간에 근무를 했다. 영화관에서 알바할 때 손님들이 먹고 버리는 팝콘을 청소하시는 아주머니께 부탁해 모아달라 했다. 그렇게 팝콘을 식사 대용으로 먹다보니 피부는 상했고 몸은 갈수록 피폐해졌다. 군대에 다녀온 후로도 시간만 나면 알바를 찾아봤고 시험 기간에는 악착같이 학점을 잘 받기위해 공부에 몰두했다. 장학재단 교무실에 가서 담당자에게 장학 정보를 수시로 묻다보니 나중에는 공고 알림 확인하라는 문자까지 주기도 했으며, 워낙 힘들게 생활하는 모습에 과에서 지원하는 장학금을 조교형의 추천으로 받기도 했다.

그렇게, 전역 후 학비를 한 푼도 내지 않고 대학교를 악착같이 졸업했다. 그럼에도 형편은 나아지질 않았고, 집은 정말 찢어지게 가난했다.

29세 - 처음 경험한 경매 현장, 그게 우리 집이었다

부동산의 '부'자도 모르던 내가 부동산에 미친 듯이 관심을 갖고 공부를 시작하게 된 계기는 '경매'였다.

이 경매는 내가 참여한 게 아니라, 우리 집이 넘어갔다.

29세, 자세하게 설명할 수는 없지만 아버지의 다양한 실수로 결국 곪고 곪아온 집은 경매에 넘어갔다. 처음으로 경험한 부동산 현장은, 다름 아닌 우리집의 부동산 경매였던 것이다.

정말 집에 빨간딱지가 붙는다는, 드라마에서만 보던 상황들을 눈으로 보았다. 조그마한 글씨로 번호와 법적인 글자들이 쓰여 있었으며, 임의처분을 금지한다는 내용이 담겨있었다.

부모님은 돈을 구할 곳이 없을 뿐 아니라 모든 재산을 잃었기에 경매에 부쳐진 집을 가져올 수 없었다. 있을 때 몰랐던 '내 집의 중요성'은 집을 모두 잃고 단칸방으로 쫓겨나서야 알게 되었다. 집값이 싼 곳, 보기만 해도 못살 것 같은 외관을 갖춘 집의 월세를 알아보려고 수도권을 다니시는 어머니의 처참한 모습에 눈물을 머금은 것이 하루 이틀이 아니었다.

부모님 세대 때는 많이들 그랬겠지만, 내 부모님은 정말 '맨땅에' 무일푼으로 서울에서 말 그대로 치이고 까지며, 오래된 연립에서 좀도둑도 쓰레기통을 밟고 올라와 막무가내로 침입하던 1층에 사글세로 신혼을 시작했다. 나를 낳고, 한 푼 두 푼 아끼고 안 먹고 안 쓰며 아파트 전세로 옮기고, 사글세를 살던 연립의 조합원으로 분양을 받아 30평대 아파트 내집마련에 성공하셨다. 그 후로 사업이 번창하며 앞서 언급했던 대로 어머니의 재건축 아파트, 토지 부동산 투자로 많은 자산을 일구며 유복한 유년 시절을 보냈다. 집에 못 박는 것도 어려운 세 살이를 경험한 기억은 내 기억이 생생해질 무렵의 유년 시절에는 없다. 그랬던 우리집이, 한 순간이었다. 아버지의 무리한 사업 투자로 인한 대출로 2금융권의 근저당을 집 담보로 잡았고, 늘어나는 담보의 원리금은 이루 말할 수 없었다. 지인의 꾀임에 속아 신축 아파트 분양을 잘못 받았는데 하필 잔금일자도 제대로 챙기지 못하여 소유권을 잃었으며, 지인의 간곡한 요청에 큰돈을 빌려주어 돈을 다 잃게 되는 우환이 여러 개가 겹치며 유복했던 가정은 풍비박산이 났다. 지옥 같은 시간들이었다.

　어머니는 비싼 옷 한번 해 입지 않으시고 5천 원짜리 바지를 사서 20년을 입으시는 분이다. 단지 아버지 사업에 대한 내조라는 믿음으로 한 무리한 투자에 사기를 당하고 집이 경매에 넘어갈 판이 되자, 어머니는 모든 것을 잃은 표정으로 하루하루가 지옥 같았던 날들을 보내며, 아무 것도 몰랐던 나는 집이 경매에 넘어가고 나서야 집을 빼줘야 한다는 이야기를 들었다. 어머니와 아버지 공동명의였던 아파트에서 아버지는 말 한마디조차 하지 못하시고, 어떻게 돌아가는 상황인지도 모르시는 듯했다. 어머니는 매일같이 눈물을 훔치며 발만 동동 굴렀다. 그 순간들을 나는 평생 잊지 못할 것이다.
　그렇게 집이 넘어가 이사를 가야 하는데 돈이 없었다. 낙찰자에게 내가 직접 연락했다. 낙찰자와 만나 이사비 협의를 했다. 어머니는 차마 그 집을 다시 못 가보겠다고 하셨다. 게다가 낙찰자는 인상이 험하고 말투가 곱지 않았다. 그래서 더욱이 내가 가봐야겠다 싶었다.

　낙찰자는 집 안에서도 담배를 계속 피우며 거드름도 함께 피웠다. '이제 내 집인데 내가 갑이지'라는 태도를 보이며, 깡패 같은 인상으로 나와 대면했다.

　"사장님, 이사비 백만 원만 더 챙겨주시면 1주일 빨리 집을 비울게요."

　무릎은 안 꿇었지만 거의 그럴 기세로, 아버지가 취미로 치던 골프채가 가득했던 앞베란다가 텅 비어 유독 넓어 보였다. 허허벌판 같은 베란다에 낙찰자의 담뱃재만 떨어졌다. 그 날은 유독 날도 좋았다. 관악산 전망의 남향집이었던 우리 집이 그토록 좋은 집이었다는 사실은 그 날이 되어야 새삼 알았다.

 그때 이를 악 물었다. 눈물을 머금고 짐을 뺐다. 반드시 같은 브랜드 아파트를, 내 이름으로 된 같은 평수의 같은 브랜드를 사겠다고.
 집이 망한 20살부터, 내 20대는 정말 파란만장했다. 아르바이트를 40개 이상 했다. 몸 파는 일 빼고는 다했다. (키가 크고 부리부리하게 생긴 내게 화류계 제안도 제법 들어왔었다. 쇼핑몰 알바를 구한다고 해서 가보면 밤일을 하자는 제안이었다. 당연히 모두 거절하고 돌아왔다.) 그렇게 찢어지게 힘들어진 가세로 인해 가족은 뿔뿔이 흩어졌다. 동생은 군대를 갔다. 조금이라도 밥숟가락 덜겠다고.

 내가 전역을 하며 기쁨도 잠시, 학비뿐 아니라 생활비까지 모두 혼자 벌어서 먹고 살아야 했다. 병장 휴가를 나와 알바를 구하고, 말년 휴가 때부터 일을 했던 기억이 난다. 당시 알바 시급은 4천원으로, 10시간 일하면 추가로 4천원의 식대가 나왔다. 그 식대로 당시 가로수길에서 먹을 수 있는 밥은 편의점 도시락뿐이었기에, 나는 밥을 굶고 손님들이 먹다 버린 케이크를 몰래 주워 먹었다. 그렇게 케이크만 계속 들어가니 몸에 유분이 끼고 피부가 매우 나빠졌다. 헛배가 부르고 헛구역질이 나왔다. 그렇게 참고 참으며 시간표를 끼워 맞춰 주말에는 무조건 알바를 2개씩 했다. 평일 야간에도, 시간이 비는 날에도 무조건 알바를 찾아 일했다. 시험 기간에는 '학점의 노예'라는 별명을 들을 만큼 치열하게 공부해서 복학 후 학비를 한 번도 내지 않았다. 장학금을 모두 받았다. 그 흔한 대학교 과팅도, 술자리 한번 즐기지 못했다. 연극영화과였던 나는 예체능이라 그런지 유독 부모님의 지원을 받는 학생들을 많이 보았는데, 정말 그것만큼 부러운 게 없었다. 남들 늦잠 자고 술 마시고 놀러 갈 때, 나는 잠을 자지 않고 밥도 굶고 일만 했다. 군입대 전에 받았던 학자금 대출 잔액을 모두 갚으며, 대학

졸업반이 되었다.

그렇게 만든 1,000만원으로 졸업여행 겸 해외 에이전시 도전을 하러 뉴욕에 갔고, 남은 돈은 나를 도와주신 분들께 식사대접 등으로 모두 썼다.
 그렇게 27살부터, 다시 0원으로 저축을 시작했다. 군대에서 병장 때 받던 월급 9만원 중에서 2만원을 청약으로 넣었다. 알바를 4~5개씩 하며 장학금을 받아 학비를 줄였다. 지금은 통장 개설이 어렵지만, 당시에는 쉬웠던 때였기에 목적별 통장을 10개가량 개설하였다. 즉, 통장 쪼개기를 했다. 오천원 만원 코 묻은 돈을 저축해가며 기쁨을 함께 쌓아나갔다. 그 기쁨과 같이 쌓아 올린 나의 '경제적 정체성'이 지금의 나를 만들지 않았나 싶다.
 일을 수십 가지 해보고, 책을 수백 권 읽은 20대 끝 무렵, 돈에 대해 느낀 것이 있었다. 같은 24시간 대비 많은 돈을 벌려면 외모, 말하는 것, 머리를 쓰는 것을 활용하는 직업이 가장 효율이 높다는 것. 나를 그렇게 가꾸고 개발해야겠다는 마음을 독하게 먹었다. 우연히 시작한 모델일, 운동, 현 시점 17개의 자격증, 1년에 50~100권의 독서, 그리고 한 분야에서 꾸준히 공부하고 업에 집중하다 보니 같은 시간 대비 얻는 소득은 높아져갔다. 20대에 다양한 계층에 있는, 다양한 분야에 많은 사람을 만나고 일해보며 얻은 사회성도 큰 도움이 됐다. 나의 값어치, 나의 가치, 나라는 사람의 이름값이 올라가기 시작했다. 그렇게 20대 끝 무렵, 1천만 원, 2천만 원… 그렇게 30대 시작은 현금 3천만 원이 되었다.

생활비와 각종 자기계발, 여행 경비는 직접경험으로, 1년에 1~2개국은 꼭 갔으며, 이를 포함해서 모두 내 돈으로 해결해야 했기에 모을 수 있는 돈이 훨씬 적었지만, 허투루 쓴 돈은 없다고 확신한다.
 점점 목돈이 쌓여갔다. 크진 않지만 앞자리가 천만 원 단위를 보고 난 후부터는, 앞자리를 바꾸는 것이 다음 목표가 되었고, 1, 2, 3, 4, 5… 이렇게 늘어나가며 내 심리적인 안정감과 더불어 이 돈을 활용할 씨드머니의 활용처를 찾는 책과 재테크 서적을 더 많이 읽게 되었다. 실행을 할 수 있는 힘도, 현실적으로 가능성도 생기기 시작했기 때문이었다. 그 뒤로 습관처럼 메모장에 투자처와 투자 방법 등을 적어나갔다.

30대 - 7전 8기 오뚜기처럼 자산을 증식하다

"근로소득은 당신을 부자로 만들어주지 않는다"는 말은 재테크 서적에서 1순위로 나오는 단골 멘트일 것이다. 어느 책이든 나온다고 봐도 과언이 아니다.

내가 읽은 책들을 모아보는, 사진을 찍어보는 것으로 쾌감을 갖던 변태(?) 같은 나는, 공교롭게 정말 관심이 많은 것이 '부동산, 투자'뿐 아닌 '법, 지식'에 대한 것이라는 사실을 알게 됐다. 남들이 한 페이지만 보아도 피곤하다는 법전을 계속 찾아보았다. 부동산에 대한 지식과 정보를 하도 찾아보아 이제는 다 그 얘기가 그 얘기고, 그 얘기는 맞고 틀리고를 판단하는 변별력까지 생기기 시작했다. 확실해졌다. 내가 좋아하고, 진심으로 잘 할 수 있는 일. 그건 '공인중개사'였다!

그렇게 부동산, 재테크 책은 시중에 있는 모든 책을 다 봤다고 할 만큼 돈을 모으는 것에, 책을 읽는 것에 미쳐있던 20대를 지나, 30대는 자산을 빠르게 증식해 나갔다.

이때 가장 크게 자산이 증식된 대상은 다름 아닌 부동산이었다. 무리한 갭투자나 영끌, 몇 채 사 모으기 같은 위험한 투기가 아닌, 내 집 마련 목적으로 실수요자 입장에서 꼼꼼하게 몇 년간 고르고 선택했다. 몇 년간 갈고 닦으며 만들어둔 강한 총알 한 방을 사용하게 된 것이다. 애정이 담긴 내 집이었다. 경매에 넘어갔던 아파트의 브랜드를 꼭 다시 사겠다고 다짐했었다. 그 일념으로, 같은 위치는 아니지만 같은 브랜드의 동일한 33평을 매수했다. 33세에 33평 아파트 내 집 마련, 20대에 울며 쫓겨났던, 한 푼도 없었던 내가, 같은 평수의 그 브랜드를 매수한 것이다.

<u>부동산으로 가족이 고생하고, 그 후부터 아픔을 공부로 승화하여 내 아파트를 갖게 된 33살까지, 부동산은 중개업뿐만 아니라 내게 평생의 동반자가 되었다.</u>

31세 - 14번째 자격증, 공인중개사 시험, 가장 떨리는 경험 중 하나

그렇게 1년, 2년 쌓아가며 내가 읽은 책과 가장 많이 메모한 분야는 부동산이라는 사실은 자연스레 MBTI처럼 나의 적성을 찾아주었다.

내 가장 큰 관심 분야는 부동산이라는 사실을 일찌감치 깨달았고, 자격증을 취미로 따던 나는 부모님의 가업을 사실상 물려받으며 생각했다.

당시 모델 일을 병행하던 상황에서,

"겸업으로 무엇이 가장 좋을까?"

"서울 사당동에서 토박이인 내가, 이 상점을 살려 현재 사무실 위치에서 가장 잘해나갈 수 있는 일은 뭘까?"

"내 관심 분야이며 사람을 만나고 돈을 벌 수 있는 일은 뭘까?"

수없이 생각해 봤다. 그때마다 주저 없이 '공인중개사'가 나왔다.

원형탈모까지 시달리며 일을 하는 시간 외에 짬짬이 시간을 쪼개어 공부를 병행했고, 새벽 시간까지 스탠드 등 하나를 켜놓고 열심히, 정말 열심히 공부했다. 주경야독의 전형이라 할 만큼, 낮에는 일을, 밤에는 공부에 매진했다. 눈꺼풀이 감기고 고개가 젖혀있고, 침을 흘리다가 깬 후 찬물로 눈을 비빈 적이 수십번이다.

  학창 시절 나름 공부 좀 했다고 생각했음에도 2개의 일을 병행하며 공부하는 상황 안에서는 엄청난 공부량이 스트레스로 다가왔다. 2번은 못할 것 같았다. 배수의 진을 치고, 짧은 기간이지만 절실하게 공부했다.
  힘든 몇 개월의 수험생활을 동차 합격으로 끝낼 수 있었다. 여담으로, 가장 기쁜 순간을 돌이켜보라고 하면 지금도 3위 안에 드는 순간이 시험일 채점 후 합격을 확인한 순간이었다. 시험 당일, 정말 수능시험보다 더 떨렸다. 당시에는 모든 것을 걸었기 때문에.
  "점이 모여 선이 된다."
  내가 좋아하는 문장이다. 순간순간의 데이터를 모아 돌이켜보면, 누적 통계라는 선이 돼있다. 두 수 앞을 봐야 성공한다는 것처럼, 그 순간순간 역시 하나의 점으로 이어서 보면 우상향이라는 선이 되어있을 것이라는 믿음, 그 우상향은 어느 순간 '스노우볼'이 되어 가파른 상승 곡선 그래프를 그릴 수 있을 것이라는 희망 역시 30대의 엔진에 윤활유를 부어주었다.
  시간 대비 많은 돈을 벌 수 있는 효율, 자동화 수익, 투자수익을 만들어 나가며 목표했던 33세의 33평 내 집 마련, 연금뿐 아니라 달러, 국내, 해외주식, 적금 및 코인 등 다양하게 포트폴리오를 구성했다.
  부업을 다각화하여 부업별로 소득별로 통장과 저축의 목적을 다르게 했고, 돈이 모이는 속도는 훨씬 빨라졌다. 부업은 내가 하는 주업을 기반으로 하는 업이어야 하며, 가치를 함께 높일 수 있어야 한다는 원칙 아래로 공부한 것을 상담하며 비용을 받는 것, 강의를 하는 것, 영상을 촬영하여 저작권을 받는 것 등 다양하게 내 직업군에서 내 실력과 지식이 함께 늘어나며 자동 소득이 발생하도록 하는 것이 부업의 주된 기능이었다.
  이 역시 핵심은 '중개업을 기반으로 하는, 경험하며 체득한 지식을 활용하는' 일이 기준이었으며, 지식이 쌓이고 간접 경험이 늘어나면서 나의 경험치과 중개사로서의 가치는 점점 높아졌다. 후기와 구독자가 늘어나며 인지도도 함께 상승하기 시작했다.

'스노우볼 효과'가 일어나기 시작한 것이다.

그렇게, 무작정 개업하다.

2018년에 29회 공인중개사 동차 합격이라는 지금 생각해도 꿈같은 순간을 맞이했다. 2019년 3월, 기존 사업장 자리에 중개사무소를 추가로 개업했다. 지금도 사무실로 사용하는 동작구 사당동 자리다.

참고로 말하자면, 공인중개사사무소를 개업하기 위해서는 위반건축물 내역이 있으면 안 되고, 전대차 계약을 하게 될 경우에는 주인의 전대차 동의와 임차인 전대인의 동의, 3자의 합의가 원활해야 이루어질 수 있는 부분임을 명심하자. 내 경우 기존 사업장에 전대차 계약을 하여 공간을 분리하여 개업했으므로, 개업 전 임대인께 전대차 상황에 대해 설명하고 동의를 받았다. 임차인이자 전대인인 분은 어머니이시기에 걱정이 없었다. 사무실을 개업하고 순비하기 위한 과정과 비용은 여느 사무소와 비슷했으나, 월세 부담이 줄어들었기에 처음에 '버틸 수 있는' 시간이 다소 여유롭다고 판단했다. 평소 임대인과 금전적, 운영적 신뢰를 쌓았던 터라 다행히 임대인께서도 흔쾌히 동의를 해주셨다. 물론 그 이후로, 사소한 업무들의 대행이나, 건물의 관리 및 공실 해소 등 모두 내가 도맡아 해드리고 있다. 1층에 부동산이 들어오니 건물 전체가 그래도 훨씬 나아 보이기도 했다.

임대인과 나는 가끔 문자메시지도 주고받는다. 지금의 자리에서 지금까지 올 수 있었던 건, 내가 중개업에 집중할 수 있도록 부가적으로 다른 요소를 신경 쓰지 않게 해주신 어머니의 뒷받침이 있었기 때문이었으며, 월세를 올리지 않고 내 사무실에 대한 믿음을 주는 임대인의 도움도 있다.

그렇게 무작정 개업은 성공적으로 안착하여 6년 째 곳곳에 '이승주부동산' 깃발을 꽂고 있으며 소중한 발걸음이 많이 이어지고 있다.

개업 후에도 공부를 즐기고, 사랑(?)했다. 내 이름을 걸고 운영하기에 더욱더 쉬지 않고 정말 꾸준하게 공부하며, 체득한 것을 나누겠다고 다짐했다. 거짓말이나 신의를 배반하는 일은 단 한 번도 하지 않았다. 그 결과, 자연스럽게 울리는 사무실의 전화 빈도는 많아졌고, 사무실로 찾아오는 손님이 많아졌다.

돌이켜보면 정말 무모했다. 자격증 하나만 들고, 경험도 없이 돈을 벌겠다고 했으니 말이다. 그 무모함을 담대함으로 바꾸기 위해, 담대함이 근거 있는 자신감과 안정성 있는 신뢰로 자리 잡기 위해 무던한 노력이 뒷받침 되지 않았다면, 폐업이 속출하는 중개 시장에서 이미 문을 닫았을지도 모른다.

수백 권의 책, 수십 개의 아르바이트, 열댓 개의 자격증, 그리고 중개업, 그리고 내 집 마련까지... 모든 것은 결국 내가 지나온 점이 모여 만들어진 선이 되었다. 이 선은 점점 굵고 단단해지며, 그래프를 위로 가파르게 그려줄 수 있는 원동력이 되고 있다.

chapter 02

예비 공인중개사들을 상담하며 가장 많이 받은 질문들

01 개업 전 FAQ, 중개사 개업 상담을 하며 가장 많이 받은 질문들

　이번 챕터는 어찌 보면 가장 많은 분들의 관심사가 아닐까 싶다. 최근에도 공인중개사 합격을 한 후에 내게 연락이 온 이들이 많다. 사실 평소에 너무도 많은 문의와 연락이 오기에, 시간을 내어 만나는 게 쉽지만은 않다. 이번 챕터에서는 많은 예비 개업공인중개사들과 만나며, 정말 자주 들었던 질문들에 대한 생각과 경험을 말씀드리려 한다. 내 경험과 생각이 담겨 있기에 누군가에겐 정답이 아닐 수도 있다. 개업을 바로 하면 안된다는 입장도 많다. 반대로 바로 개업을 하는 것이 좋다는 입장도 많다. 아마, 이 글을 보는 여러분도 이미 유튜브에서 유사한 찬반 영상들을 많이 보지 않았을까 싶기도 하다. 나의 입장을 먼저 말씀드리자면, 개업을 하는 것에 한 표를 던진다. 다만, 무조건 개업을 해야 좋다, 취업은 안 좋다가 아니다.

　성향도 성격도 자금 상황도 지식의 습득과 소위 일머리도 다 각양각색이기에, 내 의견이 정답이 아니라는 것이다. 하지만, 궁극의 목표는 중개사로 중개업을 하며 돈을 버는 것이다. 대표가 되어 자리를 잡아 책임을 지고 사업체를 키워가는 것. 그것이 내가 그렸던 중개사의 길이었다. 나처럼 맨 땅에 헤딩을 할 필요는 없다. 배우고, 익히고, 만나 보고, 이렇게 글로 보면서 경험해 볼 수 있다. 좋은 세상이다. 불과 5년 전에는 이런 책도, 글도 찾기가 힘들었다. 비싼 학원 유료 강의들만 가득했다. 도움이 안 됐다고는 할 수 없지만, 실무를 전업으로 하는 중개사가 아닌, 강사님들의 '법' 위주 강의가 주를 이뤘기에 목마름은 잘 가시지 않았다. 나의 경우, 개업을 하고 서점에서 실무에 관한 책을 닥치는 대로 사서 보았다. 실무에 관한 책은 대부분 베스트셀러가 아닌, '부동산' 카테고리의 한편에 먼지가 쌓일듯한 위치에 한 권 정도씩 진열돼 있다. 그렇게 한 권씩 정말 재미있게 읽어 내려갔다. 내 책이 어느 위치에 놓이게 될 지는 모르겠지만, 이 책을 보시는 여러분께 정말 생생하고, 도움이 되는 이야기를 전해드리고 싶은 마음이다.

앞서 언급했듯, 다음에 나오는 질문들은 정말 가장 많이, 공통으로 받는 질문들을 위주로 적었다.

소속 공인중개사 경력 없이, 나이도 어린데 바로 개업해도 될까?

'소속'이라는 단어가 주는 편안함이 있다. 대표가 아닌 자리, 어느 한 곳에 소속되어 있다는 부분은 책임감이라는 단어보다는 안정감이 더 느껴진다.

공인중개사가 되어 개업이 아닌 소속 공인중개사로 취업을 할 수 있다. 경험 없이 바로 개업을 해도 될지, 소속 공인중개사로 취업을 해서 일을 배워야 하는지에 대한 무수히 많은 영상과 의견 대립이 존재한다. 사람마다 본인이 느낀 대로, 본인이 경험한 대로의 기준으로 말할 수밖에 없기 때문이다. 간혹 어떤 사람은 소속 공인중개사로 일을 했지만, 얻는 것도, 남는 것도, 배운 것도 없었고 결국 개업을 하기 위한 발판으로 삼았지만, 시간만 버렸다고 생각할 수도 있다. 또 어떤 사람은 소속이 되어 많이 배웠거나 처음에 자본도 용기도 없어 개업을 못했는데 이젠 자신감이 생겼다고 말할 수도 있다.

나는 자격을 취득하자마자 바로 개업을 했다. 가장 큰 이유는, 취업을 할 수 없는 상황이었기 때문이다. 부모님이 오래 하신 사업을 같이 이어나가고 있었다. 부수적으로 다른 부업도 하고 있었지만, 그것은 문제가 되지 않았다. 나 역시 소속 공인중개사로 경험해 보고 싶은 마음도 있었다. 뒤늦은 이야기지만, 개업 후 2년 차, 3년 차가 되었을 때 법인의 '팀장급' 소속 공인중개사로 와달라는 감개무량한 제안도 받았었다. 개업 후 2년 차가 지나면서 계약이 늘어나고 유튜브를 하기 시작하면서부터는 내 이름으로 내가 키워나가고 싶다는 생각에 돈보다는 명예를 선택했다. (팀장급 소속 공인중개사의 제안은 고정급에 계약별 인센티브를 포함하여 실수령이 약 월 1,000만 원 정도 예상했다.)

앞서 언급한 바와 같이, 사람은 경험한 대로 생각하고 돌이켜보고 말하게 되어있다.

<u>바로 개업이 좋은가 vs 경력을 쌓는 게 좋은가?</u>

이 질문에 대해 무수히 많은 질문을 받았다.
내 대답은, "나라면, 바로 개업하겠습니다"였다.
소속 공인중개사로 경험을 한 분들의 표본값과, 내가 돌이켜봤을 때 취업이 되었다고 가정을 할 때마다 같은 결괏값을 도출했다. 나를 찾아주시거나 채용을 해주십시 연락해 주는 이들, 상남을 문의하는 이들 중 대다수가, 어차피 소속 공인중개사는 나갈 사람이라고 생각을 하는 인식이 깔려 있고 또 수익을 배분해야 하는 대표입장에서는 많이 알려줘 봐야 나가서 내 것 써먹기만 한다는 생각이 가득하다는 것이다. 내 주변에서도 실제로 배신을 당한 사장님, 또는 배신을 한 실장님을 몇 보았다. '머리 검은 짐승은 거두는 게 아니다'라는 말이 괜히 있는 게 아니었구나라는 말이 절로 나올 만큼 코 앞에 차린 이도 있었고, 아직 근무 중인데도 사장님 욕만 주야장천 하는 소속 공인중개사들도 여럿 만나보았다. 차치하더라도, 결국 목표가 '개업 공인중개사 대표'라면, 그리고 수동적이지 않고 열정이 있고 계속 배움의 의지가 있는 사람의 조건을 갖추었다면 개업을 해도 좋다고 생각한다. 시기적, 사회적 상황은 변동과 변수가 많기에 그 조건을 배제한다. 개업과 소속 공인중개사 취업만을 두고 나의 생각을 이야기하는 것이며, 위의 조건에 본인이 부합한다고 생각하는 경우로 국한된다. 가령 자격증 공부를 할 때에도, 어떤 사람은 본인의 시간을 쪼개어 인강으로 수강해서 합격한다. 어떤 사람은 학원에 가지 않으면 본인이 절실함도, 능동적인 열정도 없기에 공부를 따로 안 하는 사람도 있다. 또한 금전적으로 저렴한 학원에 가야만 하는 경우도 있고, 직장을 다니느라 학원에 못 가는 경우도 있다. 나는 직장을 다니느라 학원을 규칙적으로 갈 수 없어서 인강을 들은 케이스고, 개업 역시 이와 같다. 다른 사업을 겸업하고 있었고 취업을 할 수 없었다. 자격증 공부 역시 한 번도 빠짐없이 모두 인강으로, 능동적으로 시간을 짜임새 있게 구성하고 자투리 시간에 공부했다. 그렇기에 개업에 대해 무작정 들이대더라도 배수의 진을 치고 살기 위해 밑바닥부터 올라올 수 있었다. 처음엔 나도 사람인지라 손님이 와서 무언가를 물어보면 무서웠다. 집을 내놓는 이가 와도 뭐부터 물어봐야 되는지, 어떻게 어떤 식으로 응대해야 되는지 아무것도 몰랐다. 그럼에도 내가 이를 헤쳐 나갈 수 있었던 것은, 그 고민들과 상황들에 대한 메모를 통해 대응책을 마련하고 그 대응 매뉴얼들이 쌓여 나의 데이터와 자산이 되었다는 것이다. 고객이 오면 뭐부터 물어볼지 모르겠다면, 상담일지를 만들어두고 펜과 상담일지를 꽂아둔 클립보드 파일을 들고 응대한다. 시선도 자연스럽고 고객의 말을 경청한다는 태도를 보일 수 있기에 일석이조 같다. 그래서 상담일지를 직접 만들었고, 강의를 하며 내가 만들거나 준비한, 그간 모아왔던 자료들을 모음집으로 배포하고 있기도 하다.

    이렇듯 본인의 상황과 성향을 파악하는 것이 첫째 준비 과정이다.

명심하자. 개업도, 소속 공인중개사도 모두 각각의 장단점이 있다. 지금 머릿속에 떠오르는 장단점이 있을 것이다. 그게 곧 본인이 생각하는 장단점이며, 그것을 적어보자. 그리고 더 마음이 가는 쪽으로 경험하자. 다만, 제한요소, 걱정거리, 변수 등을 표로 만들어보자. 5점 또는 10점으로 점수를 매긴다. 민주주의에서 가장 흔한 것 아닌가, 과반수 결정. 이 역시 점수로 만들어 더 높은 점수에 한 표를 주는 방법도 좋다.

아니면, 상황이 허락한다면 조금 더 안전한 방법은 소속 공인중개사로 먼저 진입하고 경험해보는 것이다. 개업은 폐업이라는 리스크, 금전 손실의 리스크가 크다. 소속 공인중개사는 운 나쁘면 돈 못 벌고, 나쁜 사장님 만나고(물론 이게 결코 별거 아니라는 것이 아니다.) 정도로 끝난다. 그래도 지나고 나면 경험이 생기고 그 경험이 자산이 된다. 개업 후 폐업은 재산을 잃는다. 그렇기에 만약 겁이 난다면, 금전적으로 여유가 되지 않는다면, 외향적이지 않다면, 확신이 부족하거나 특별한 목표가 나오지 않았다면 개업과 소속 공인중개사를 고민할 것이 아니라 소속 공인중개사로서 어떤 분야로 취업할지 고민하는 편이 좋다.

유튜브에 수많은 정보가 넘쳐흐른다. 개업과 소속 공인중개사 취업, 둘 중에 뭐가 나은 지를 저마다 본인의 논리와 기준으로 설명하고 추천한다. 당연히 다 다를 수밖에 없다. 사람이 다르지 않는가. 그 사람의 성향과 기준에 대해 생각해 보고 그 사람이 말하는 추천 사항을 받아들여야 한다. 간혹 어떤 사람을 맹목적으로 신뢰하여, 그 사람의 말이 답이 되어버리는 경우가 있다. 항상 반대 의견도 청취하고 선택적으로 본인이 받아들여야 한다.

그다음 요소가 나이이다. 나이가 많으면 많은 대로, 적고 어리면 어린 대로 걱정이 많다. 가장 개업 연령대가 높은 40, 50대일 경우 나이로 걱정하지는 않는다. 60대가 넘어간 경우 직장을 은퇴하거나 제2의 인생으로 준비하는 경우가 많아 안정감이 어느 정도 있고 금전적인 부담이 덜한 경우가 많다. 이 역시 정형화할 수 없지만 일반적인 경우를 기준으로 설명하는 것이다. 중개업 시장에서는 특이하게도, 나이가 많은 것보다 오히려 문제가 되고 걱정이 되는 게 나이가 너무 어린 것이다. 오래전부터 굳어져 온 복덕방 이미지, 부동산 사장님이라는 단어는 전형적인 아저씨, 아주머니에 대한 이미지가 그려지기 마련이다. 오히려 연세가 지긋하신 분은 경험이나 연륜이 많아 보이거니와 지식을 이기는 지혜라는 말이 있듯, 따끈한 지식이 넘치진 않아도 연륜에서 묻어나오는 혜안으로 신뢰감을 줄 수 있다. 반면, 젊은 사람이 개업하고 앉아 있다면 어떤 생각이 드는가? 심지어 깔끔한 옷차림을 안 하고 있거나, 말을 걸었는데 껄렁거리거나, 말투가 양아치 같다면 어떨까? 그 부동산에 들어간 것이 실수가 되어버리고 바로 나오고 싶어질 것이다.

  앞서 말한 대로, 나는 이 이미지들을 그려보았다. 젊은 내가, 서른을 갓 넘은 나이의 내가 과연 "어떻게 해야 신뢰감을 주고 재산을 맡기고 거래하게 할 수 있는가?"에 대한 깊은 고민을 해보았다. 정답은 간단했다. 문제를 반대로 풀면 됐다. 가령, 복장을 세미 정장이나 정장 차림으로 단정하게 갖추고, 행동거지를 똑바로 하며 손님이 오면 반드시 일어날 것이며 인사는 많이 할수록 좋은 것이니 자주 하고, 웃는 얼굴로 대할 것, 결정적으로 '내가 아는 것이 많은, 전문적인 중개사'라는 것을 대화와 말투로 보여줄 것이었다. 워낙 외향적인 성격인 나는 사람을 대하는 것에는 어려움이 없었기에, 다른 요소들은 갖추기 쉬웠으니 '지식만 제대로 쌓자'는 계획을 세웠다. 그렇게 지식은 쌓이고 쌓이며, 정말 배워서 남 주는 게 아닌 온전히 나를 주게 되었다. '발 없는 말이 천리를 간다', '한 명의 충성고객이 열 명의 잠재고객을 만든다'는 말을 들어보았을 것이다.
  부동산 중개업도 결국엔 동네 장사, 사람을 상대하는 서비스직, 영업직이므로 위의 격언이 정확히 들어맞는 업종 중 하나다. 젊다고 걱정하지 말자. 유일하게 젊다고 걱정하는 일이 아닐까 싶지만, 젊으면 젊은 피를 좋은 에너지에, 배우는 데에, 무궁무진한 잠재력을 개발하는 데에 사용하자. 실제로 내가 본 많은 젊은 중개사들 중 잘 되어가고 결국에 정상으로 올라가는 사람들은 모두 '배움을 끊임없이 했다'는 점이 같다. 나이가 걱정이 아닌 강점이 되도록, 공부와 태도가 모여 성공이라는 선을 만들어줄 것이다.

아무것도 모르는데 무엇부터 해야 하지?
1단계 - 개업 vs 취업

공인중개사 자격증 합격의 기쁨도 잠시, 개업을 할 수 있을지, 소속 공인중개사로 본인을 받아줄 곳은 있을지 막막하기만 하다. 유튜브와 SNS를 찾아보며 다른 사람들은 어떤지 알아본다. 명확한 정답은 나오질 않고, 다른 학원들의 다른 자격증을 홍보 영상들이 보이기 시작한다. 기왕 공부에 탄력을 얻고 감을 잡았을 때, 다른 전문자격증 하나 더 딸까? 라는 생각을 하는 이가 굉장히 많다. 나이가 조금 있다면 취업하기도 쉽지 않을 것 같고, 중개업이 힘들다는 이야기만 들리기에 공부를 더 하는 것에 초점을 맞추기도 한다. 내가 이 부분에 대해서 명확히 하고 싶은 말이 있다. 첫째, 궁극적으로 개업이 목표라면, 개업하는 것이 좋다. 개업을 할 수 있는 상황이거나 여유가 된다면, 그리고 도움을 받을 곳이 한 곳이라도 있다면, 어차피 할 것이라면 빨리 시작하는 것이 좋다. 신문을 보면 경제면에는 오래전부터 늘 '경기가 안 좋다, 불황이다'라는 이야기다. 경기가 좋을 땐 과열이라 경쟁이 심하다는 내용으로 뒤덮인다. 그렇다면 공인중개사 자격증을 취득한 이유에 대해 먼저 생각해 보아야 한다. 공인중개사를 그냥 장롱면허로, 자존감을 높일 목적이라면 목적을 달성했기에 다른 단계를 생각할 필요가 없으며, 이 글을 읽어도 크게 도움이 되지 않을 수 있다. 학점에 도움이 된다거나, 취업에 가산점이 붙기에 자격을 취득했다면 그 용도에 맞게 활용하면 된다. 다만, 궁극적으로 이 일을 하고자 한다면, 그리고 앞서 말한 개업을 하기 어려운 상황이라면 소속 공인중개사로 문을 두드려봐도 된다. 부동산은 발품이라는 말이 있다. 매물을 보는 것에 통용되는 말이지만, 일하고자 하는 곳, 또는 협회의 구인 공고란을 찾아보면서 직접 발품을 찾아보면 소속 공인중개사를 채용하는 곳은 늘 있다. 다만, 소속 공인중개사로 일하고자 할 때 꼭 주의해야 할 점이 있다. 대부분의 개업 공인중개사들은 소속 공인중개사가 구직을 하려할 때 '어차피 나갈 사람'이라고 생각한다. 따라서, 많은 경험자가 하나같이 입 모아 하는 이야기는, "배운 게 많이 없다"였다. 일을 하기 전 면접을 보러 갈 때, 인터뷰를 당하는 입장에서 가더라도, 반드시 해당 사무소에 일을 할만한지를 사전에 알아보는 것이 좋다. 행정처분을 자주 받는 중개사무소인지, 해당 사무소의 리뷰 등이 있다면 어떤지, 주변에 지인이 있다면 해당 사무소의 대표 스타일은 어떤지 등을 알아보는 것이 좋다. 배울 점이 있고 함께 공생할 수 있는 곳인가를 알아봐야 한다.

물론, 사전에 이 모든 정보를 다 알기란 쉽지 않다. 적어도 인간 대 인간으로 이야기를 나눌 때, 그 대표의 말투, 행동에서 묻어나오는 점을 통해 어느 정도는 알 수 있기에, 본능적인 느낌에 어느 정도 의존하는 방법도 필요하다. 위험을 감지하는 것은 인간의 본능이기에, 마음이 내키지 않는다거나 너무 좋은 조건을 제시한다거나 하는 경우는 입사하지 않는 것이 좋다. 다음으로 주의할 점은, 오래 일하지 않으리라는 느낌을 주는 태도는 반드시 지양해야 한다. 사무소의 소장님이 가장 싫어하는 스타일이다. 물론, 서로 뜻이 맞아 단기로만 일을 하기로 한 경우 또는 계약기간을 정한 경우는 명확한 기간이 있기 때문에 상관없다. 수동적으로 알려주는 것을 기다리지 말고, 적극적으로 일을 배우려고 노력하고 모르는 것은 더욱 적극적으로 물어보아야 한다. 인간적인 마음과 태도를 보여준다면, 취업은 아주 어렵지 않을 것이다. 나는 처음부터 개업을 바로 했지만, 개업 후 연차가 쌓이면서 중간에 좋은 스카우트가 몇 차례 왔었다. 하지만, 돈보다는 내 사무소에서 대표로서 운영하고 싶어 정중하게 거절했다.

취업과 개업에 대해 생각이 정리되었다면, 다음 단계로 넘어가면 된다.

2단계 - 업무 시작 전에

취업은 위의 경우처럼 발품을 팔아 본인이 일하고자 하는 지역과 동네의 사무소에 면접도 보고, 취업을 하면 된다. 초창기에는 업무 프로세스를 익힘에 있어서 백지상태이기 때문에, 보통 처음 일하는 곳의 소장님 업무 프로세스를 익혀 나중에 개업해도 그 방식을 따르는 경우가 많다. 취업을 한 군데만 하여 오래 일할 경우에는 더더욱 그러한 특성이 몸에 밴다. 처음 취업을 하게 되면 영업시간보다 먼저 나가서 사무실을 청소하거나 세팅하는 모습을 보이는 것이 좋다. 어느 직장이든 그런 모습은 대표에게 큰 기쁨이자 신뢰를 주게 된다. 모르면 무조건 물어보되, 같은 것을 여러 번 물어보는 것은 매우 싫어하는 것이 보통이기 때문에 한 번 묻고 잘 기억하는 것이 좋다. 또한, 전화를 하게 될 일이 많은데, "안녕하세요, 새로 일하게 된 ○○○입니다" 등으로 주변 중개업소 또는 단골손님들을 물어보고 인사를 하는 것도 좋다.

소속 공인중개사는 사실 누군가의 밑에서 일을 하는 것이고 배울 곳이 있기 때문에 크게 걱정이 되질 않지만, 중요한 것은 대표가 되는 개업이다. 대표는 비용부터, 중개의 과정과 책임소재까지 모두 본인이 부담해야 하기 때문이다.

개업을 하기 전에도, 반드시 발품이 필요하다. 중개사무소를 정리하려 내놓은 사무소가 굉장히 많다. 바로 해당 사무소에 전화를 하지 말고, 사무소 주변을 거닐고 또 유동 인구와 사무소 주변 상권을 잘 보고 인수해도 될지 확인해 보는 선행작업이 필요하다. 또한, 바로 근처 사무소에 손님인 것처럼 들어가 보자. 주변 아파트 하나를 적어두고 그 아파트 시세의 전세를 알아본다거나 매매를 알아본다는 식으로 인사차 들러도 좋다. 그러면서 주변에 요즘 부동산은 잘 되는지, 해당 자리는 주로 어떤 매물을 거래하는지 등을 확인해 보는 것도 좋다. 만약 해당 상권에 개업할 마음이 어느 정도 있다면, 끝까지 손님인 척만 했다가 나중에 개업 후 낯부끄러워지는 경우가 생길 수 있으니 타이밍을 보고 중개사 자격증을 취득했고 이 동네에 일을 해봐도 좋겠다는 생각이 든다는 식으로 언질을 줘두는 것도 좋다. 운이 좋다면 해당 사무소에서 주변의 다른 사무소 자리를 추천받거나, 좋은 정보를 얻을 수도 있다. 물론, 100%다 믿으면 안된다. 경쟁자가 새로 들어온다는데 환영해 줄 사람은 없으니 말이다. 친절한 손님에게도 친절하지 않다면, 그 부동산에서는 몇 마디 나누고 나오면 된다.

그렇게 관심이 가는 곳에 발품도 팔아 보고, 사무소 위치와 가용 금액 대비 적당한 시세와 면적을 파악해 두는 것이 첫째다. 만약 건물이나 상가를 보유하고 있다면, 그곳에 개업하는 경우 매우 유리하다. 하지만 이런 경우는 소수에 속하므로 논외로 한다. 나의 경우처럼 기존에 운영을 하던 사업장이 있다거나, 한 곳에서 오래 거주하여 주변 지인이 많다거나 하는 이점이 있는 경우가 있다. 이 글을 보고, 개업을 하기 전에 본인에게 가장 큰 이점과 장점이 무엇인지를 먼저 떠올려보는 것이 좋다. 만약 크게 이점으로 작용할 부분이 한 개라도 있다면, 그 위치를 최우선 기준으로 두면 된다.

개업을 하기 전 회원제인지도 확인해 보아야 한다. 또한 지역거래정보망(소위 동네끼리만 네트워크가 연결되는 폐쇄망)은 어떤 프로그램을 사용하는지도 확인해 보아야 한다. 아파트 단지일 경우 대부분 회원제로서 가입 회비가 수천만 원에 달하는 경우도 있다. 회원으로 가입하지 않을 경우, 소위 왕따가 되고 아파트 앞에 개업했음에도 아파트 거래를 한 건도 하기 힘든 상황이 생길 수도 있다.

실무를 하기 전 또는 실무를 하면서 같이 하면 좋을 것

취업에 성공했거나 개업을 했다면, 절대 소홀히 하지 말아야 할 것이 있다. 중개업의 시장 상황을 살피는 것은 기본 중의 기본이니 다루지 않겠다.

첫째, 컴퓨터를 아주 잘할 필요는 없지만, 기본적인 수준은 만들어 두어야 한다. 젊은 사람들은 보통 타자와 인터넷에 능하기에 크게 염려할 부분은 없으나, 나이가 있다거나 컴퓨터에 능하지 않은 분들은 반드시 사전에 타자와 인터넷 등은 어느 정도 수준까지 올려두어야 한다. 계약서를 급하게 써야 할 경우, 인터넷으로 무언가를 찾아볼 경우, 전화를 하며 응대를 해야 할 경우가 매우 많다. 그럴 때 컴퓨터를 못 한다면, 시간이 오래 걸려 낭패다.

둘째, 즐겨 찾는 사이트를 만들어 둬야 한다. 무조건 컴퓨터나 노트북을 통해 항상 광고한다. 다른 중개업소들과도 제휴할 것이기 때문에, 본인만의 엑셀, 장부와 자주 찾는 사이트 등을 만들어 두어야 한다. 지나가면서 중개사무소들을 보면 자리에 없거나 앉아서 컴퓨터를 보고 있거나 전화를 하고 있다. 일을 하다 보면 알게 된다. 이 세 개만 종일 하게 된다는 것을 말이다. 일이 바쁠 때에는 1초가 급하기도 하다. 즐겨찾기 사이트를 해두면 번거로움을 줄일 수 있고, 본인만의 엑셀로 정리를 잘해둔다면 ctrl+F를 통해 키워드를 검색하여 빨리 찾을 수 있다.

즐겨 찾는 사이트는 가장 기본적으로 정부24(건축물대장), 인터넷등기소(등기부 발급, 열람), 토지이음(토지이용규제확인원), 현금영수증 발행 사이트와 국세청홈텍스(국세, 지방세 열람, 세금 관련 조회) 및 은행 사이트, 온라인

전자계약을 한다면 온라인전자 거래시스템, 국토교통부의 공시가격알리미, 공고뉴스란, 한국공인중개사협회(공제증서 인쇄 및 회원 정보 확인), 한방(협회에서 제공하는 앱), 지도(네이버, 다음카카오), 시세를 확인할 수 있는 각종 사이트(네이버페이 부동산, kb 부동산, 아실(아파트실거래가), 호갱노노) 등이 있다. 말 그대로 기본적으로 즐겨 찾는 사이트 위주로 1차적으로 설명했다. 일을 하다 보면 중개 대상물별로 보아야 할 곳이 달라지므로, 그에 맞추어 추가하면 된다.

셋째, 실무교육은 여유가 있다면 꼭 들어보는 것이 좋다. 협회에서 주관하는 실무 의무 교육이 아닌, 사설로 들을 수 있는 교육을 말한다. 다른 중개업소에서 본인만의 업무처리 방식, 노하우, 매출 등에 대해 알려줄 것을 기대하는 사람은 없을 것이다. 물어봐도 무례하다 할 것이고, 미쳤냐는 질문을 듣지 않으면 다행이다. 사설 학원 또는 개인 강의, 온라인 클래스 등에서는 이런 부분들을 공개한다. 상업적으로 본인의 상품을 판매하는 목적은, 사람들이 궁금해하고 모르는 부분에 대한 노하우를 알려주기 위함이다. 내가 개업을 준비하던 6년 전에는 실무교육 중 정말 100% 생생한 후기를 강의로 볼 수 있는 곳이 많이 없었다. 하지만 지금은 유튜브만으로도 많은 정보를 얻을 수 있는 세상이다. 하지만, 더욱더 전문적이고 양질의 정보를 얻기 위해서 투자는 필요하다. 따라서, 다른 중개업소는, 다른 중개사들은 어떻게 효율적으로 일하고 성장하는지를 공부하는 것이 좋다. 다른 의미에서의 실무 공부도 있다. 나는 '부동산거래와 판례'라는 책을 매우 오랜 기간 유용하게, 여러 번 보았다. 중개 사고와 중개로 인한 다툼에 대한 판례들을 익혀두는 것은 정말, 정말 유용하니 꼭 추천한다. 시중에 실무에 관한 책들도 많다. 2만 원 안팎이면 보통 구입이 가능하다. 책값에 쓰는 돈은 절대 아끼지 않기를 강력히 권한다. 2만 원으로 2천만 원, 2억 원 이상의 사고를 예방할 수 있다. 그 이상의 수입을 올릴 수도 있다. 나처럼 말이다.

그 공부를 통해 사고는 한 건도 없었다. 앞으로도 더욱더 단단한 공부를 이어나가며 사고 없이 큰 계약을 많이 하고자 하는 바람이다. 또한, 글을 쓰는 지금도 내일의 상담 예약이 계속 들어오고 있다. 지식을 통해 누군가의 재산을 지키고, 시간을 내어 정당한 대가를 받고 또 만족을 드리는 것. 멋지지 않은가? 잊지 말자, 배워서 남 주는 것은 없다. 모두 자기에게 피와 살이 된다.

지식이 많을수록 유능하고, 훌륭한 중개사가 된다. 만나는 사람도, 제안이 오는 경우도 수준이 달라진다. 보이는 시야가 바뀐다. 내 말을 믿고, 열심히 공부해 보자!

광고는 어떻게, 얼마나 해야 할까?
돈 벌려다가 헛돈 내지 않기 위해 주의할 것!

먼저, 광고에 앞서 '중개대상물 표시, 광고에 관한 사항'을 자세히 읽어볼 것을 권한다. 공인중개사 대표가 직접 올려야 하며, 광고대상물의 표시를 제대로 해야 한다. 표시, 광고에 관한 사항을 읽어보면 자세히 알 수 있다. 중개사법을 공부할 때에는 우선 합격하고 봐야 하니 와닿는 것이 없다. 그냥 외워서 문제를 풀고 맞춰야 하지만, 실무는 모두가 돈이고, 실전이다.

허위 매물이 판치는 것을 방지하고자 모니터링을 강화하고 과태료로 엄벌하고 있다. 신고를 자유롭게 할 수 있게 했다. 이에 따라 허위 매물이 최근에는 줄어드는 듯했으나, 다시 사각지대로 인해 많은 사람들이 당하는 것으로 알고 있다. 반대로, 선량하게 광고를 제대로 올렸음에도 악의를 품고 허위 매물로 꼬투리를 잡아 신고를 당하는 경우도 있다.

최근 광고에 대한 모니터링이 굉장히 강화되고 있다. 국토교통부에서 위탁한 대행 기관에서 보통 관리, 감독한다. 한국부동산원 등이 있다. 나도 22년에 말도 안 되는 일로 600만 원의 과태료 행정처분 통지가 날라왔다. '600만 원이라니? 잘못한 것도 없는데, 무슨 일이지?' 싶었다. 알고 보니, 네이버로 올린 광고에, 사진이 이상한 것으로 올라가 있었다. 컴퓨터의 바탕화면에 기본으로 설정되는 아이콘들이 매물 사진으로 올라가 있었다. 밤하늘의 별, 해질녘의 사막, 푸른 밤바다 같은 자연 사진 말이다. 기가 막혔다. 담당자에게 성질을 부리며, 내가 미친 놈이겠냐고 물었다. 직접 우리 사무실로 와서 봐주었으면 한다고 했다. 담당자는 얼마 후 사무실에 왔고, 사진을 찍기 시작했다. 내 컴퓨터를 직접 보여주며, 차분히 설명했다. 사유가 적힌 소명서를 1장 작성해달라고 했다. 부서의 팀장에게 승인받아야 하고 상부에 올려야 하는데 소명서가 적용될지는 모른다고 했다. 피가 말렸다. 정말 고의가 아니었으며, 어떤 경위로 그렇게 매물이 올라갔는지는 정말 모르겠다. 다만, 일필휘지의 느낌으로 쉴 새 없이 사유서를 자필로 써 내려갔던 기억이 생생하다. 진심이었고, 절실했다. 600만 원을 벌기가 얼마나 힘든데, 사진이 잘못 올라갔고 고의도 아닌데 그 돈을 내라니?

　다행히, 다음날 해당 담당자에게 전화가 왔고, 시스템 오류에 의한 광고 게재 사유로 처분 면제가 되었다. 그날은 마음이 놓여 일찍 퇴근했다.

　광고에 대해서 나는 공격적이지 않다. 앞선 스토리 때문은 아니다. 매물을 광고하는 개수가 많지 않다는 것이다. 틈틈이 언급할 것이지만, 나는 개업 시부터 적극적으로 매물을 확보하러 다니거나 DM 등을 보내지 않았다. 최근 개업을 한 나의 유튜브 멤버십 회원이나, 지인들을 보면 적극적으로 매물을 확보하러 다닌다. 보통은 이런 방식으로 처음에 매물을 확보하는 방법도 매우 좋다. 판촉물을 만들어 같이 배포하는 것도 좋다. 최근에 개업한 회원은 사무실의 이름과 전화번호를 적어 볼펜을 만들었다. 병따개를 만들 수도 있다. 눈에 자주 보이거나 자주 쓰는 아이템으로 판촉물을 만들 수 있다.

　나는 하지 않았다. 나는 적극적으로 매물을 확보하는 방법보다 처음에 지식과 업무 프로세스를 익히는 것에 초점을 잡았다. 간판을 걸고 개업을 해두면, 한 명이라도 무조건 손님이 온다. 만약 잘 아는 동네에 개업했거나, 개업한 곳에 지인들이 있다면 매물을 줄 것이다. 그 매물부터 시나브로 정복해 나간다는 마음으로 시작하면 된다. 마음이 급하면 안 된다. 반대로 말하면, 매물이 많이 쌓여도 처음에 소화할 수가 없다. 역량이 안된다. 상가, 아파트, 주택 등의 매물을 많이 받았다고 치자, 소속 공인중개사 경력이 있었다 하더라도 긴 시간 다양한 중개대상물을 취급해 보지 않았다면 모두가 처음이다. 그런 상황에 해당 대상물의 특징, 중개 방식, 노하우, 계약 조건 등에 대해 모두 파악하고 진행할 수 있을까? 어렵다. 처음에는 적은 금액부터 진행을 하면서 대상물의 개수와 금액을 키워나가면 된다. 만약, 처음부터 토지 또는 공장만 전문으로 한다든지, 건물매매만 전문으로 할 경우에는 예외이다. 그 대상물만 전문적으로 집중하고 매물을 공략하는 것이 좋다. 상가만 할 경우에도 마찬가지다.

　지금 나는 매물이 자연스레 많이 쌓였다. 소화하기도 벅찰 만큼, 계약 건수가 많음에도 매물이 계속 쌓이고 있다. 확실한 매물들은 광고를 통해, 공동중개를 통해 소화하기도 한다. 본인의 성향이 영업에 능하고 적극적이라면, DM이나 전화, 직접 발품을 팔아 인사를 나니는 방법도 좋다. 그렇게 키워나가면 된다.

광고의 종류
1. 온라인 매물 광고 사이트
　주택은 주로 네이버, 직방, 다방, 피터팬의 좋은방 구하기 등을 통해 매물을 홍보할 수 있다. 상가는 네모 등의 앱을 통해 진행하기도 한다. 당근

마켓에서도 매물을 홍보할 수 있으나, 보통은 거주하는 임차인들이나 임대인, 매도인들이 직거래로 올리는 경우가 더 많다.

피터팬의 좋은방 구하기나 네모에서도 임차인 또는 임대인이 직접 매물을 올릴 수 있다. 그런 경우 중개업소에서 하이에나처럼 냄새를 맡는다. 해당 매물을 찾아 중개를 해도 되는지 문의하여 물건을 따기도 한다. 일반적으로는 해당 중개업소의 매물을 광고하는 수단으로 더 많이 활용한다. 개인적인 경험으로 조심스레 말하자면, 허위 매물들이 많이 나오는 사이트들이 있으니 각별히 유의해야 한다.

내가 매일 듣는 질문인데, "□□사이트에서 말도 안 되는 금액인데 너무 좋은 집이라 전화를 해봤는데요, 전화를 안 받거나 막상 갔더니 매물이 나갔다면서 다른 이상한 걸 보여줬어요. 중고차 허위 매물 딜러들 같은 느낌이 들었어요." 이렇게 확인을 해본 이도 있지만, 전화 통화 시 해당 금액은 시세에 맞지 않는 것 같다, 나는 그런 금액에 그렇게 좋은 매물을 보유하고 있지 못하다고 하면 이해가 안 간다는 느낌의 어조로 말하는 사람이 있다. 그런 사람들은 시간이 지나 100중 100 다시 돌아온다. 당했거나, 깨달은 후에 말이다. 나는 굳이 그런 사람들에게 "허위다, 사기다"라는 말을 쉽게 하지 않는다. 어느 정도 언질을 하고, 백문이 불여일견이니 의심이 가면 직접 가보고 경험해 보라고 한다.

특정 사이트나 앱을 공격하고 싶은 마음은 없다. 경험한 바에 의하면, 글을 보고 계신 여러분이 경험하시거나 알고 계신 게 있다면, 아니 땐 굴뚝은 아니라는 것 정도는 알아두자.

2. 유료로 가입하여 매물을 확보할 수 있는 사이트

공실클럽, 온하우스라는 사이트는 매물을 광고하는 것이 아니라, 일정한 비용을 내고 가입을 하면 해당 회사에서 임대인들에게 확보한 매물을 중개할 수 있다. 즉, 돈을 내고 물건을 가져갈 수 있다. 다만, 전속 중개 개념이 전혀 없기 때문에 먼저 계약한 사람이 임자가 된다. 가입한 중개사무소는 누구나 볼 수 있고 계약을 할 수 있기 때문이다.

그렇게 공실클럽 등을 통해 확보한 매물의 임대인과 인연이 되어 계약이 되면, 그 후부터 고객리스트에 저장을 해두고 이따금 공실이나 다음 계약을 준비할 매물이 있는지 확인을 할 수도 있다.

다만, 비용이 비싸다는 단점이 있다. 처음에 며칠 무료로 체험할 기회를 주기 때문에 미리 경험해 보고 결정해 보는 것이 좋다. 무조건, 광고는 투자한 금액보다 계약으로 인한 보수가 훨씬 높아야 의미가 있다. 또한, 그 가성비는 기준치가 다 다르지만 본인이 만족할 만한 효용가치가 충분한지 계산을 해보아야 한다.

건물을 주로 중개하는 중개사라면 확보된 건물의 매물이 몇 개나 있는지, 주로 중개할 지역의 매물 상태들이 좋은지를 확인해 보면 된다.

전국적으로 다양한 매물을 거래하는 중개사라면 공동중개 요청을 하지 않아도 본인이 준비한 물건을 보여주고 계약을 체결할 수 있기 때문에, 단독중개의 가능성이 높아진다. 어떤 광고는 본인이 어떻게 사용하느냐에 따라 다르다.

3. 유튜브 또는 블로그

앞서 설명한 부동산 표시, 광고에 대한 사항들은 온라인엔 더욱더 강화가 되고 있다. 유튜브, 블로그를 통해 매물을 광고했다가 표시 사항이 누락되었거나 완료가 된 매물을 깜빡하고 내리지 않아 신고당하는 경우가 있다. 무서운 것은, 과태료는 최대 600만 원까지 부과될 수 있는데 건별로 과태료를 책정한다는 것이다. 보통은, 여러 건이 적발될 경우 30만 원, 50만 원, 100만 원 다양하게 행정청의 재량대로 부과가 된다. 여러 건이 적발될 경우 600만 원을 채워 과태료가 부과될 수 있다. 소명을 하려 해도 실수가 아닌 습관, 악의성으로 보일 수 있다면 소명이 받아들여지지 않을 수 있다. 따라서, 유튜브 또는 블로그를 통해 매물을 홍보하는 것은 좋지만, 거래 완료 시 매물 노출을 종료하는 것을 습관화해야 한다.

나는 유튜브 또는 블로그를 통해 광고를 하지 않는다. 첫째, 관리하기가 힘들다. 둘째, 블로그는 덜하지만, 유튜브를 통해 광고할 경우 상가나 고가주택의 경우 다른 중개업소들이 이러한 영상을 보고 직접 물건지에 물건을 따러 가는 경우가 있다. 혹은 동네 중개업소가 해당 매물이 나온 지 몰랐다가, 주인에게 전화를 걸어 매물을 본인에게도 달라고 할 수도 있다. 동네에서 중개업소를 했다면 주인 번호를 알음알음 아는 것은 식은 죽 먹기다. 혹은 이미 알고 있을 확률도 높기 때문이다. 열심히 영상을 만들고 포스팅을 했는데, 물건은 다른 중개업소에서 거저 먹는 경우가 생길 수 있다. 이런 경우의 광고는 정말 좋은 컨디션의 매물이거나, 매물을 꽉 잡고 있는 소위 '안전한' 매물만을 올릴 것을 권한다. 유튜브나 블로그를 통해 계약을 정말 많이 하는 중개업소도 봤다. 심지어, 매물만 전문으로 올리는 H동의 유튜버 소장은, 돈을 받고 매물을 광고해 주기도 한다. 매물을 광고해 주는 비용으로만 월 1,000만 원 이상의 소득을 올린다고 한다. 정말 좋은 매물은 임대인에게 연락을 받을 경우 전속을 요청하면서 비용을 적게 받기도 한다. 타 중개사무소에서 의뢰한 매물이라면 공동중개 조건으로 광고를 올려주기도 한다. 유튜브의 힘이 이렇게 크고 무섭다. 구독자와 조회수가 많으면 힘을 갖게 된다.

다만, 다시금 강조한다. 매물을 관리할 수 있고, 거래 완료 시 노출을 반드시 바로 종료해야 한다. 돈 벌려다가 헛돈 나갈 수 있다.

4. 벽보 매물장

개인적으로 가성비가 최고다.

중개사법상 중개대상물 표시, 광고 사항에 꼭 기재해야 하는 사무소의 정보는 모두 적을 필요가 없다. 유권해석으로도 공부한 바 있고, 직접 질의 후 답변을 받기도 했다.

 이유는, 내 사무소에 광고를 했기에 광고 주체가 누군지 알 수 있고 바로 확인이 가능하기 때문이다. 이 벽보 매물장은 오가는 유동 인구가 한 번쯤은 멈춰서 볼만큼 효과가 좋다. 그에 따라 적합한 매물이 있다면 전화를 하는 경우도 많다. 직접 방문하기도 한다. 방문하는 경우는 확률이 더 높다. 전화를 통해 떠보는 경우도 많은데, 이 경우는 통화량이 늘어나다 보면 노하우와 분별력이 생긴다. 보통 동, 호수, 기타 매물의 정보 등을 떠보는 빼꼼이가 많으니 "우선 오셔서 말씀 나누시죠"라는 멘트로 적당한 선에서 끊는 것도 좋다.

 나는 빨리 소화해야 하는 매물이거나, 동네에 모두 다 내놓은 매물, 반대로 나에게만 나와 있는 매물 위주로 광고를 진행한다. A급 매물은 직접 방문한 사람이나 대기 손님에게 먼저 연락한다. 본인만의 방식으로 진행하면 된다. A4용지 한 장에 수백만 원의 보수가 생긴다. 안 할 이유가 있는지 생각해 보자!

 개업 시 처음부터 계획하여, 아크릴 매물장을 사서 A4용지를 스카치테이프에 붙였다 뗐다 하지 않고 전문적으로 매물을 넣었다 뺐다 하는 방식으로 시작했다. 유리 사이즈에 맞춰 칸을 나누고, 10개의 매물 칸을 만들어 소화가 되면 해당 종이를 거두는 방식으로 진행한다. 매물장의 종이가 하나씩 소화되고 바뀔 때마다 기분이 좋은 것은 덤이다. <u>벽보 매물장은 반드시 진행하길 바란다.</u> 가급적 높은 퀄리티로. LED 전광판이나 모니터 화면을 띄워놓아도 좋다. 스텐드형 칠판에 '오늘의 HOT매물'로 홍보를 해두어도 좋다. 가끔, 사무소가 지저분해질까 걱정하는 경우가 있다. 벽보 매물장은 깔끔하게 두기만 한다면, 해당 중개사무소의 심볼이 될 수 있다. 중개업소 하면 부동산 매물이기 때문이다. 한 눈에 바로 중개사무소임을, 영업 중임을 보여주며 광고할 수 있는 것이 이보다 더 좋은 게 무엇이 있을까?

관리만 잘 할 수 있다면, 광고는 다다익선이다. 다만, 처음에 무리한 광고비를 투자하지 말고, 기본적이고 적은 비용부터 시작하자. 광고는 매물이 많을수록 효과를 본다. 그다음 비용 대비 효과가 좋은 방법을 시나브로 시도하는 것이다.

가령 원룸 전문 부동산이라면, 매물 개수가 많아야 하고 광고량을 극대화해야 한다. 그런 경우 원룸 전문 광고 사이트를 하루에도 수차례 들어가야 하며 시간 투자가 필요하다.

건물 매매를 주로 하는 중개사무소라면 한 건마다 PPT로 브리핑한다는 마음가짐으로 자세하고 풍부한 자료를 준비해야 한다. 이런 경우는 양보다 질이 중요하다.

개인 홈페이지를 운영하는 경우도 있다. 매물을 잘 관리할 수 있고 홈페이지를 구축할 수 있는 중개사무소라면, 본인만의 사이트를 구축하는 것도 방법이다.

또는, 네이버 카페 등을 통해 무료로 활용할 수도 있으니 참고하자.

중개사고 무섭습니다. 조심해야 할 건?
1. 무엇보다 기초가 최고!

실무교육, 연수 교육 때 중개 사고에 대해 한 번쯤 다루게 된다. 사고를 예방하기 위해 그러한 교육이 있는 것이기 때문이다. 다만, 의무적으로 받아야 한다는 부분 때문인지, 정말 집중해서 열심히 수업을 듣는 이는 많이 없다. 실제로, 사고를 보면 정말 사소하고 간단한 부분에서 불씨가 커져 큰불이 된다. "돌다리도 두들겨보고 건너라"는 말을 알 것이다. 또한 '사상누각'이라는 사자성어도 알고 있을 것이다. 첫 번째는 주의하는 것은 항상 옳다는 것이며, 두 번째는 초석이 단단하지 않으면 쉽게 무너진다는 뜻임을 알 것이다. 중개를 하면서 내가 늘 강조하는 부분이다. 기초가 잘 되어있는 사람들은 인생을 살 때에도, 학창 시절에 공부할 때에도 항상 상위권을 유지하는 경우가 많다. 적어도 중간 이하로 가는 것을 본 적이 없다. 보통, 기초를 띄엄띄엄하는 성격의 사람들이 사고를 잘 낸다. 공부할 때에도 기초를 건너뛰는 사람들은 항상 빠르고, 쉽고, 단기간에 얻을 수 있는 성과를 누리고자 한다는 것도 알 것이다. 하지만, 뭐든지 오래 본다면, 단단함을 원한다면 기초가 가장 중요하다.

내 중개 에피소드에도 담겼지만, 명의자 본인이 아닌 다른 사람에게 돈을 넣어달라고 자연스럽게 요구하는 경우, 지금 글을 볼 때에는 "당연히 계약자 명의자에게 줘야지!"라고 할 것이다. 자연스럽게, 그리고 급하게, 때론 반강제적인 느낌으로 지시하듯 요청한다면, 그 분위기 속에서 "아니요, 원칙대로 명의자 계좌에 입금해야 합니다. 혹은, 계약명의자 본인에게 확인서를 받는 방법으로 진행하는 것이 아니면 그렇게 할 수 없습니다"라고 자신 있게 말할 수 있는 것이 생각보다 쉽지 않다. 확실하게 기초에 대해 익히고, 배움을 토대로 강한 신념이 있어야 한다. 그렇게 다른 사람에게 돈을 부치고 나서 문제가 생기면, 그 문제는 부동산 계약으로 이뤄진 경우 무조건 공인중개사와 소송에서 다툼을 벌일 수밖에 없다.

2. 특약은 해당 계약에서 "필요로 하는 조건과 협의 사항의 모음"이나.

아주 단편적이고 쉬운 예지만, 무수히 많은 사례와 사건이 벌어진다. 특약 한 줄, 아니 한 단어 때문에 소송에서 이기고 진다. 또한, 그 때문에 다툼에서 이기고 진다. 내가 오프라인, 온라인 강의에서 기초를 가장 강조하고 또 기본적인 특약의 중요성을 강조하는 이유다.

짧다면 짧지만, 6년 차가 되면서 느낀 한 가지가 있다. 기초만 확실하게 익히고, 실무에서 경험을 다양하게 쌓으면서, <u>특약을 잘 쓰는 공인중개사는 사고 확률이 제로에 가깝다는 것이다.</u>

미세한 확률로 임기응변의 문제, 정말 천재지변과 같은 돌발상황 등의 문제가 아니라면 말이다. 사람끼리의 일이기 때문에 말 그대로 피치 못할 때가 있다. 유할 땐 유하게, 가능하다면 대부분은 협의와 조정으로 일단락 할 수 있다.

3. 사람을 조심하자.

앞서 언급했듯, 중개업이 힘든 이유는 감정노동과 서비스, 그리고 영업의 집합이기 때문이다. 같은 중개업을 하는 사람들이라고 해도 정말 '말도 안 되는' 사람들이 존재한다. 또한, 손님 중에서도 그에 못지않은 인간 이하의 존재들도 많이 봤다.

나는, 확실한 한 가지 원칙이 있다. 돈보다는 사람이다. 그래서, 좋은 사람이라면, 내가 마음이 가는 사람이라면 돈보다 몸으로, 마음으로 움직이고 실행하여 보여준다. 반대로 첫인상뿐 아니라 대화를 나눠보면 이 사람은 아니다 싶은 사람이 있다. 아니, 생각보다 조금 더 있다. 그럴 때는 감정을 드러낼 필요 없이 "찾아보고 연락드릴게요", "고민해 보고 말씀드릴게요", "추후에 연락드릴게요" 등으로 한발 물러서서 시간을 두고 거리를 더 멀리 띄우는 것이 좋다. 자연스럽게, 서서히 멀리하면 된다.

손님뿐 아니라 같은 중개업을 하는 사람도 마찬가지다. 소문은 대부분 아니 땐 굴뚝은 없다. 한 명이 아닌 여러 명이 안 좋은 이야기를 하거나 안 좋은 평이 있는 사람이라면, 너무 선입견을 둘 필요는 없지만 어느 정도 경계를 하면서 마주해보는 것이 좋다.

비단 중개업을 하는 사람뿐 아니라, 중개업을 하고 여러분이 점점 성장을 해나가다 보면 생각지도 못한 제안을 받게 된다. 나 역시 정말 감사한 제안들도, 상상하기 힘든 제안들도, 상상하기 싫은 제안들도 받아보았다. 유독 이유 없이 친절하거나, 이유 없이 심할 정도로 호의를 베풀거나, 금전적인 보상을 무작정 해주기 시작하는 사람을 경계해야 한다. 되로 주고 말로 받기 위한 사람들이다. 공짜는 없다. 가족 빼고는 진심으로 내 건강, 부, 명예에 대해 걱정해 주는 사람이 없다고 생각해야 한다.

  시간이 오래된 관계라고, 이 사람은 믿어도 된다고 착각하지 말자. 등잔 밑이 어둡다. 범죄는 대부분 가까운 사이에서 더 크고, 충격적으로 일어난다.

  정말 다 내어줘도 아깝지 않은 사람이 아니라면, 선을 지키고 적당한 마음의 거리는 두어야 한다. 천 쪼가리 하나의 두께만이라도 가림막은 필요하다는 얘기다. 내 흠은 곧 남들의 무기가 된다. 이렇게 사람들로 인해 생각지도 않게 사고가 터지는 경우가 많다. 지인이라고, 믿어도 된다고 계약을 덜컥 했다가 잠적을 하는 경우. 투자를 같이했다가 알고 보니 잘못된 투자처여서 소위 코가 꿰는 경우 등이 있다. 후자는 중개 사고라기보단 중개 사기다. 사기 역시 크게 사고의 범주에 들기 때문에 언급하고자 했다. 조심해야 할 것은 사실 말하자면 끝이 없다. 매 순간, 모든 사람과 잔금 후 입주를 한 후에도, 매도 후 하자보수책임이 따른다. 임대차 후 거주하며 잔고장이나 문제는 누구나 생긴다. 사고의 위험은 언제, 어디서 터질지 모른다.

  하지만, 가장 기본적인 테두리 정도는 다시 한번 깊이 상기하자는 의미로 이 소주제를 잡았다. 경험은 시간이 지나면서 사연스레 쌓이고 농익게 된다. 물론 그때 더 조심해야 한다. 그리고, 지식은 다다익선이지만 본인만이 맞다는 생각은 가장 무서운 발톱이 되어 본인을 찌르게 되니 항상 열린 마음으로 다른 사람의 의견도 받아들여야 한다! 명심하자. 아무리 계약을 많이 해도, 큰 사고 한 건에 모든 것이 무너질 수 있다.

얼마나 버나요?

가장 원초적이며, 가장 많이 듣는 질문이다.
내 유튜브에도 한 번 소개한 적이 있다.

【 출처 – 유튜브 『공인중개사 이승주TV』 】

수입은 '순소득'이 매우 중요하다. 자영업이든 직장인이든, 수입금액도 중요하지만 지출이 얼마인지에 따라 순소득 금액이 결정된다. 또한, 개인사업의 한계이자 가장 큰 걱정인 '안정성'이 없다는 것이 큰 문제이자 걱정으로 다가올 것이다.

또한 지역별, 업무 스킬별 소득은 정말 천차만별이기에 일반적으로 획일화할 수 없다. 그렇기에 이 부분이 굉장히 조심스럽고 또 예측 불가능의 영역이다. 유튜브에 다양한 중개사들의 수입 인증이 올라온다. 하지만 유튜브를 통해 공개된 수입을 100% 믿을 수 있다고 생각지는 않는다. 인간이란 본래, 본인의 약점을 공개하고 싶어 하지 않으며, 본인의 강점을 더 드러내고 싶어 한다. 수입인증의 대부분은 "우와", "괜찮은데?", "이만하면 좋은데?" 정도의 대답이 돌아올 만한 콘텐츠들로 구성되는 경우가 많다. 반대로, 아예 정말 어려운 상황임을 보여주는 경우도 있다. 만약 개업공인중개사가 아닌 소속 공인중개사이고, 비율을 5:5 또는 6:4로 가장 일반적인 경우의 조건으로 일을 하고 있다고 가정해보자. 고가주택을 주로 중개하는 중개업소의 경우 보수가 0.9% 이내에서 협의, 임대차는 0.8% 이내에서 협의였던 조건이 '반값 보수' 수준이 되었다. 고가주택을 주로 중개하던 중개사들은 0.9%를 모두 다 받기 힘들었을지라도 잘 협의하면 그에 가까운 보수를 받을 수도 있었다. 거래가 둔화되고 보수 협의 시작점이 많이 깎인 상태이므로 체감상 '반값 보수'가 되어 간다고 한다. 일반적인 원, 투룸이나 빌라, 다가구 등을 주로 거래하는 중개업소의 경우에는 양으로 승부를 해야 한다. 고정 수요와 임대차 계약 순환은 꾸준하지만, 이 역시 경쟁이 매우 치열하기 때문에 개업공인중개사가 소속 공인중개사와 나누고 각종 경비를 제하고 나면 실제 소득은 매우 줄어든다.

솔직한 실무에서의 경험담 이야기를 하겠다. 글을 작성하는 시점인 24년 초, 얼마 전 친하게 지내는 중개업소 대표에게 전화가 왔다. 위치가 좋고 손님이 워낙 많은 곳이기에 매출이 좋은 줄로만 알았다. 매출이 나쁘다고는 할 수 없는 수준이었다. 연 소득금액은 약 1억 3천만 원 가량이었다. 하지만, 사무실 경비, 광고를 하지 않음에도, 차량 운행을 하지 않음에도 빠져나가는 고정 경비와 소속 공인중개사 1명과 나누는 경비 등으로 실제 본인 손에 남는 돈은 200만 원 선이 평균이라고 했다. 그리고 그 소장은, 그 통화를 하고 며칠 후에 다시 전화가 왔다. 다른 소장에게 양도했다고, 본인은 강남 쪽 소속 공인중개사를 알아보거나 당분간 쉬고 싶다고 했다. 그렇게 힘들게 공부해서 취득한 공인중개사였지만 약 2년간의 업무 기간은 큰 스트레스로 다가온 듯했다. 공동중개를 하면서 계약서를 작성할 때 항상 공동중개사무소의 보수에 부가세 확인 여부를 위해 "간이세요, 일반이세요?"를 물어보는 것이 보통이다. 내가 최근에 계약하며 만나본 공동중개사무소 대표들은, "일반이었다가 올해 간이로 바뀌었어요"라고들 했다. 그만큼 시장이 얼어붙어있고 매출이 저조하다는 뜻이다. 현 시점 간이 과세자라면, 연 매출 기준으로 8,800만 원 이하라는 것이다. 12로 나누기를 하기 쉽도록 숫자를 찾아보면, 약 8,400만 원을 기준으로 월에 700만 원의 수입이 된다. 월세가 보통은 100만 원~200만 원 남짓이 들고, 부대 경비까지 50만 원 전후가 된다. 소속 공인중개사가 있다면 비율에 따라 거의 반 정도를 나눠야 한다. 일반과세자로 개업을 유지하고 있다는 것은,

그만큼 매출이 괜찮은 편이라는 것이다. 가게나 물품을 파는 상점처럼 매출에서 재료비, 원료비 등이 나가는 것이 아니기 때문에 월세와 경비를 뺀 나머지 매출은 모두 수입이기 때문이다.

주택(주택의부속토지, 주택분양권포함)

거래내용	거래금액	상한요율	한도액	중개보수 요율결정	거래금액 산정
매매 교환	5천만원 미만	1천분의 6	25만원	▶ 중개보수는 거래금액 × 상한요율 이내에서 결정 (단, 이때 계산된 금액은 한도액을 초과 할 수 없음)	▶ 매매 : 매매가격 ▶ 교환 : 교환대상중 가격이큰 중개 대상물 가격 ▶ 분양권 : 거래당시까지 불입한 금액(융자 포함) + 프리미엄
	5천만원 이상 ~ 2억원 미만	1천분의 5	80만원		
	2억원 이상 ~ 9억원 미만	1천분의 4	없음		
	9억원 이상 ~ 12억원 미만	1천분의 5	없음		
	12억원 이상 ~ 15억원 미만	1천분의 6	없음		
	15억원 이상	1천분의 7	없음		
임대차등 (매매 교환 이외)	5천만원 미만	1천분의 5	20만원	▶ 중개보수는 거래금액 × 상한요율 이내에서 결정 (단, 이때 계산된 금액은 한도액을 초과 할 수 없음)	▶ 전세 : 전세금 ▶ 월세 : 보증금 + (월차임액 × 100) 단, 이때 계산된 금액이 5천만원 미만인 경우 : 보증금 + (월차임액 × 70)
	5천만원 이상 ~ 1억원 미만	1천분의 4	30만원		
	1억원 이상 ~ 6억원 미만	1천분의 3	없음		
	6억원 이상 ~ 12억원 미만	1천분의 4	없음		
	12억원 이상 ~ 15억원 미만	1천분의 5	없음		
	15억원 이상	1천분의 6	없음		

오피스텔

적용대상	거래내용	상한요율	중개보수 요율결정 및 거래금액 산정
전용면적 85㎡이하, 일정설비 (전용입식 부엌, 전용수세식 화장실 및 목욕시설등)을 갖춘 경우	매매 · 교환	1천분의 5	「주택」과 같음
	임대차 등	1천분의 4	
위 적용대상 외의 경우	매매 · 교환 · 임대차 등	1천분의 ( )이내	▶ 상한요율 1천분의 9이내에서 개업공인중개사가 정한 좌측의 상한요율 이내에서 중개의뢰인과 개업공인중개사가 서로 협의하여 결정함

주택 · 오피스텔 외(토지, 상가 등)

거래내용	상한요율	중개보수 요율결정	거래금액 산정
매매 · 교환 · 임대차 등	거래금액의 1천분의 ( )이내	▶ 상한요율 1천분의 9이내에서 개업공인중개사가 정한 좌측의 상한요율 이내에서 중개의뢰인과 개업공인중개사가 서로 협의하여 결정함	「주택」과 같음

※ 개업 공인중개사는 「오피스텔(전용면적 85㎡이하로 일정설비를 갖춘 경우 제외)의 매매 · 교환 · 임대차」, 「주택 · 오피스텔 외(토지, 상가 등)의 매매 · 교환 · 임대차」에 대하여 각각 법이 정한 상한요율의 범위안에서 실제로 받고자 하는 상한요율을 의무적으로 위 표에 명시하여여 함.
※ 중개보수는 거래금액의 상한요율 이내에서 중개의뢰인과 개업공인중개사가 서로 협의하여 결정함.
※ 위 중개보수에 「부가가치세」는 별도임.

중개보수 요율표
【 출처 - 한국 공인중개사협회 】

상가 전문의 중개업소를 보면, 다들 아시다시피 권리금이 없는 소형 매물들 위주로만 손님이 모이는 경우가 많다. 또한, 공실이 많다. 그만큼 상권이 발달한 몇 곳을 제외하고는 공실 리스크를 안으며 임대인이나 중개업소나 모두 애가 타는 상황임을 보여준다.

내가 이러한 단면에 대해 겁을 주는 느낌이 들 만큼 낱낱이 이야기를 하는 이유가 있다. "간신일수록 입에 발린 달콤한 말을 하며, 충신일수록 도움이 되는 쓴소리를 한다"는 옛말처럼, 나는 글을 읽는 여러분에게 '충신'의 역할을 하고 싶기 때문이다.

개업하고 싶은 업종에 몇 년간 부동의 1위가 있었다. '카페'였다. 드라마에서 그려지는 이미지와 실제 정적이고 아기자기하며 예쁜 인테리어 속에서 한적하게 커피를 마시는 손님들, 알바생이 일을 해주고 본인은 자리를 비우며 시간을 보내는 성공한 사장님이 된 모습을 그리는 청사진이 대부분일 것이다. 그렇기에 진입장벽이 가장 낮은 업종 중 하나가 되고, 카페를 창업하고 폐업률이 그만큼 높게 되는 것이다. 십중팔구 망하기 십상이라는 업종이 되어버린 것을 알 것이다. 서비스와 맛은 기본으로 기가 막힌 마케팅이나 인테리어, 지리상의 조건(바다, 호수, 산) 등 삼박자가 충족되지 않으면 살아남기가 힘들다. 그런 카페업종보다 많은 수준, 한 집 걸러 한 집이 공인중개사무소다. 그런 중개업에서 큰 소득을 바라고, 한 달에 한두 건만 하면 먹고 살 수 있고, 계약서를 써주면 논을 벌 수 있다는 환상이 개업률보다 높아지는 폐업률을 만든 현실이 되었다.

명심해야 할 것은, 수입은 철저하게 본인의 역량이라는 점이다.

어떤 중개사는 개업하자마자, 혹은 소속 공인중개사가 되자마자 큰돈을 버는 경우들도 있다.

하지만 그런 경우보다는, 개업 후 허덕이고 힘들어 하다가 폐업을 하거나 간신히 입에 풀칠하는 경우들이 훨씬 많다. 아니, 이 역시 십중팔구처럼 보인다. 적어도 내가 적나라하게 보고, 듣고 느낀 다른 중개업소를 기준으로 하면 말이다.

환상을 갖고 임하면 안 된다는 것을 말하고 싶었다.

해당 표는 2019년의 통계자료이다. 사실상 설문에 응한 표본집단이 달라지고 모수가 커지면 결괏값이 달라지겠지만, 비율은 크게 차이가 나지 않을 것 같다. 그리고, 2019년 이후의 통계자료는 검색을 해도 나오지 않아 부득 해당년도를 갖고 왔다. 하지만 2019년은 부동산 상승기였으며 나름 활황기였다. 그때의 수준이라면 매매거래가 거의 바닥이고 고가 거래가 현저히 줄어든 현재는 2019년의 통계보다 수입이 낮은 중개사들의 비율이 훨씬 높아지면 높아졌지, 낮아지진 않을 것으로 생각한다.

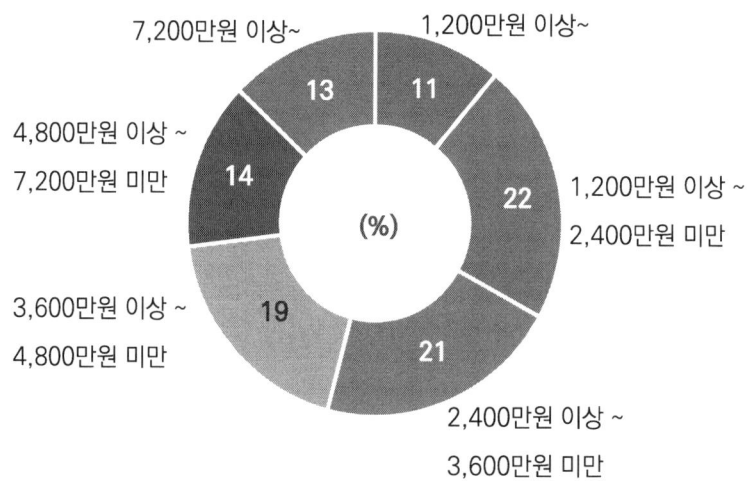

【 출처 - 「이데일리」뉴스기사/한국 공인중개사 협회 설문 조사 】

상위 10% 정도 들면 약 7,500만 원~8,000만 원의 연 소득이 된다. 성공한 1%는 물론 당시에도, 지금도 억대 연봉을 넘는다.

개업을 하기 전 생각할 것이 있다.
본인의 사업이기에 직장인보다 더 열심히 일해야 한다는 것.
개업 전 사업계획을 세워 보고, 본인이 가져갈 수 있는 '최소' 수입금액의 목표치가 가능할지 볼 것.
소득액(수입)이 아닌, 지출을 뺀 소득금액(순수입)을 봐야 할 것이다.
숫자의 함정에 빠지면 안 된다.

<u>여러분은, 몇 %가 되고 싶은가?</u>

02 중개업에 대한 환상과 착각은 버리세요

앞선 내용에서는 '월수입'이라는 단어에 주안을 두어 내 생각과 실무에서 겪은 현업 중개사들의 상황을 자세히 적었다. 어찌 보면, 월수입에 대해 당찬 포부와 강한 목적의식이 아닌, 맹목적이고 단편적인 희망으로만 본다면 이 부분에 들어갈 수도 있는 내용이었다. 이번에는 개업하려는 이들을 상담해 보면서 가장 흔하게 갖고 있는 막연한 환상에 대해 몇 가지 이야기해 보려 한다.

부정적인 이야기만을 늘어놓으려는 것이 아니다. 기본값을 "바닥부터 최선을 다해야 성공할 수 있다", "자영업 초반에는 당연히 어렵고, 쉽지 않다"라는 것으로 잡아야 한다는 것이다. 단지 막연하게 청사진만 그리고, 큰 기댓값만 잡고 시작한다면 높아진 눈높이에 만족스럽지 않고 행복감이나 성취감을 느끼기 어렵다. 그런 의미에서 환상과 착각이라는 단어로 표현했으니, 오해가 없길 바란다.

자기 시간 자유롭게 쓰며 일한다? 워라밸에 대한 착각

자영업 중 특히 중개업의 가장 큰 장점이라고 볼 수 있다. 바로, 시간이 유동적이라는 것이다. 내가 유동적이라는 단어를 사용했고, 자유롭다고 표현하지 않은 이유가 있다. 자유롭다와 유동적이다는 엄연히 천양지차다. 자유로운 것은 어떠한 구애나 제한을 받지 않음을 의미한다. 유동적이라는 것은 조정과 변동이 가능하다는 것이다. 흔히 하는 착각이 바로 이

것이다. 유동적인 것을 자유롭다고 생각하는 착각이다. 그 기대감이 추후에 일을 하다보면 "워라밸이 없다", "생각보다 시간이 없다"라는 말로 바뀐다. 그래서, 서두에 강조했듯 기본값을 너무 높여서는 안 되며, "일정 궤도에 오를 때까진 고생할 마음으로 열심히 해야 한다"로 가져야 한다는 것이다.

중개업은 기본적인 운영시간이라는 것이 존재한다. 일반적으로 평일~토요일까지 근무한다. 오전 10시~오후 7시까지 운영하는 경우가 가장 일반적이다. 대부분 손님들의 전화나 업무 관련 문의, 방문도 이 시간을 맞추어 센스껏 이뤄진다. 하지만, 모두에게 열려 있고 다양한 상황과 성격의 사람을 만나야 하는 직업이기에, 그 시간이 꼭 근무 시간 중에만 이뤄지지 않는다. 그것이 시간의 자유로움이라는 단어를 유동적이라는 단어로 변화시킨다. 내가 운영하는 사무소로 예를 들면, 손님이 아예 이른 오전이나 퇴근 후 부득 6시 반, 7시, 또는 8시에 오는 경우도 많다. 그 이후 9시, 10시에 매물을 본 적도 여러 번 있었다. 방문 후 얼굴을 보고 인사하고 끝나는 것이 아니라는 걸 알 것이다. 그것을 시작으로, 매물을 보러 간다. 계약을 하는 날은 이른 오전, 밤, 휴일, 공휴일 가리지 않았다. 손님 시간에 맞췄다. 차를 타고 이동할 경우 막히는 퇴근 시간에는 지하철역 기준 1~2역의 거리임에도 30분씩 소요되는 경우도 있다. 눈이 오고 비가 오는 날엔 그 길을 뚫고, 찾고 또 찾아 집을 봐야 한다. 그런 일이 다반사다. 또한, 퇴근하려고 불을 끄고 집에 가는 길에 손님이 집을 보고 싶다며 전화를 해서 돌아간 적도 부지기수다. 휴일임을 대부분 알 것임에도, 일요일에 사무실 문을 열어보고 불이 꺼져있다며 혹시 나와줄 수 없냐고 요청하는 손님도 몇 명이 있었다. 지금 집을 보고 싶다며 걸려온 전화에 자다 깨서 급하게 나간 적도 있다. 사실, 이러한 부분은 이번 파트가 아닌 후에 다룰 '무례한 사람들'의 에피소드에 들어갈 일이 될 법도 하다. 하지만, 이런 정도로는 해당 파트에 들어갈 조건 자체가 미달이다. 그만큼, 시간에 관해서는 열려 있고 또 유동적이어야 한다. 내가 중개업을 하고 2년 차, 코로나라는 대재앙과 같은 상황이 발생했다. 집을 보러 가려 하면 많은 세입자들이 집을 보여주는 것을 꺼려했다. 누구에게 감염이 될지 모르기 때문이다. 상가는 점점 공실로 가득차며, 임대인들은 박카스를 사들고 공실 매물을 빼달라며 부탁을 오기도 했다. 그런 상황에서는 더더욱 손님이 귀하기에 내 시간은 전혀 고려 대상이 아니었다. 그렇게 코로나 시기에는 해외여행 자체도 금지가 되었기에 여행을 갈 수 있는 틈이 나도 갈 수가 없었다. 혼자 1박 또는 2박으로 조용히 다녀온 여행도 유튜브에 올리면 악플이 달리던 시기였다. 그 후, 3년 차 4년 차를 지나면서 중개업은 점점 더 바빠졌다. 코로나 상황이 지나갔음에도, 해외여행을 갈 수 있는 상황과 돈이 되는데도 불구하고 이제는 '시간'이 없어서 갈 수가 없게 됐다. 월화수목금토까지 하루에 몇 명, 몇십 명을 만나고 전화 통화를 하고 문자를 나눈다. 잠시라도 자리를 비우면 그 사이 누군가 다녀가거나 전화가 온다. "지금 볼 수 있을까요?"라는 질문이 글을 쓰는 지금도 귓가에도 맴돌 정도로 익숙하다. 급하다며 전화가 오거나 방문을 하기도 한다. 이 손님들이 눈에 아른거려, 여행을 가도 마음이 편할 수가 없다는 것을 알기에 갈 수가 없게 됐다. 물론, 아직은 1인 사무소이기에 지금 절대적으로 소속 공인중개사나 중개보조원이 필요한 상황인 것이 사실이다. 하지만 그 부분에 대해서는 조심스레 말하건대, 아직 '믿고 함께 가고 싶은' 사람을 구하기가 너무 어렵다. 그래서, 힘들어도 내 시간과 내 몸으로 때우고 있는 상황이다. 수입이 아주 만족스럽거나 정말 숨도 못 쉴 정도로 매일 도저히 안 되겠다 싶은 소장이라면, 어떻게든 급한 대로 직원을 채용할 것이다. 나 역시 그런 날들이 많지만, 채용을 신중하게 하고 싶기에 차일피일 시간이 지나 여기까지 왔다. 처음에 개업하려는 이들이나 개업을 한 이들은 대부분 혼자 시작하는 경우가 많다. 그런 분들은 '시간'이라는 자원이 얼마나 중요하고 또 톱니바퀴처럼 짜임새 있게 조정을 해야 하는 것인지 몸소 느낄 수 있다.

시간이 자유로운 경우의 한 가지 '부적절한 일화'를 소개하겠다.

대부분 중개업소는 무자격자인 중개보조원이 알선 후 조율까지만 관여하고, 계약서 작성과 계약 시 입회는 당연히 대표인 개업공인중개사가 한다. 그게 법으로도 맞는 것이거니와, 그래야 하는 것이기 때문이다. 예전에, B동에 공동중개를 하러 간 적이 있다. 사장인 척을 하기에 명함을 먼저 받지 않고(지금은 노하우가 생겨, 처음 연락을 나누는 중개업소의 경우 자연스럽게 '번호를 저장하려고 하니 명함을 보내달라'는 명목으로 내 명함을 보내며 명함을 받아 직함, 지위, 이름 등을 파악한다.) 사장인 줄만 알았다. 한데 알고 보니 무자격 중개보조원이었고, 사장이라는 사람은 목욕탕에 갔다며 얼굴조차 보이지 않았다. "대표님이 설명을 해주셔야 하는 거잖아요"라며 애써 웃음 띤 얼굴로 물었다. "제가 계약서 더 많이 써요. 사장님이 도장도 맡겨놓고 가서 제가 갖고 있고 제가 맨날 쓰니까 그냥 해요"라는 특유의 능글맞은 아주머니 식 밀어붙이기로, 대수롭지 않다는 듯 계약서를 작성했다. 중개사를 공부해서 취득하여 개업을 한 자만이 그 체결 권한과 작성 권한이 있다. 무자격자가 계약서를 써대고 자격이 있는 자는 목욕탕이나 가고 골프나 치러 다니면 대체 그 많은 사람들은 자격증 공부를 왜 했는가 싶었다. 아는 사람 아무나 한 명이 자격증을 따놓고 저렇게 놀러 다니면, 다른 사람이 일해주면 되는 것일 테니 말이다. 더는 진행 중인 계약 상황의 분위기를 악화시키고 싶지 않아 평소보다 더 매의 눈으로 계약서를 검토하고 바꿀 것은 꼼꼼히 따지고 들었던 기억이 난다. 법률적인 지식으로 압도하는 수밖에 없고, 나의 주도적인 진행을 통해 간접적으로 알려주는 수밖에 없다는 생각이 들었다. 그렇게 계약을 마치고 나오는 길에 한편으로 씁쓸하기도 했다.

저런 식으로 운영을 한다면, 주어진 시간이 '유동적'이 아닌 '자유로움'이 될 수 있다. 앞서 말한 카페에 대한 환상처럼, 직원들이 커피를 만들어

팔며 돈을 벌고, 사장은 카페를 예쁘게 만들어 열어두고 바다로 산으로 드라이브하러 다니며 놀다가 당일의 훌륭한 매출을 확인하러 포스기 앞에 서서 현금 수금과 흐뭇한 매출을 보며 만족하는 그림. 그런 높은 기댓값과 환상, 착각으로 인해 대부분이 망한다. 성공하는 카페 사장님들 중, 그렇게 일해서 성공하는 사람을 본 적이 없다. 중개업도 마찬가지다. 지금도 가장 인기가 있는 유튜브와 TV에서 그러한 생각을 갖고 있는 자영업자의 마인드셋부터 뜯어고쳐 주는 프로그램들이 많은 공감과 인기를 얻고 있는 것이 내 의견을 대변할 것이다.

  자유로움은, 내가 만들어 둔 나만의 규칙과 시스템이 완성되었을 때 충분히 느껴도 늦지 않다. '처음부터', '노력과 경험 없이' 자유로움을 꿈꾸지 않았으면 한다는 것이다.

  실무는 매일 치열한 경쟁과 눈치싸움 속에 전쟁터를 방불케 한다.
  주변 중개업소가 하루 이틀만 문을 닫으면 "망했나?"라고 수군거린다.
  예전에 어떤 어르신 손님께서, "○○부동산은 갈 때마다 문이 닫혀 있어. 쉬는 날 다 쉬고 남들 일할 때도 틈틈이 쉬면 어떻게 돈 벌고 어떻게 성공해? 거긴 돈 벌기 틀렸어"라고 말씀한 적이 있다.
  그분은 주변에 큰 건물을 갖고 있는, 건물주다. 적어도 그분은 그렇게 시간의 자유로움이라는 환상에 빠지지 않았기에, 지금의 건물주가 되지 않았을까 싶다. 워라밸도 챙기며 시간의 자유로움을 만끽하는 것에 대해 다시 한 번 생각해보자.
  "이제 됐다. 조금은 시간이라는 재화가 내 것이 된 것 같다" 싶을 때가 올 것이다. 물론, 아직 나도 느껴보지는 못했다. 다만, 먼저 성공한 많은 분들이, 느껴왔고 경험한 감정을 나눠주었다.

'사람을 쓰면서 자유롭게 놀 수 있다는 착각'
'시간을 자유롭게 쓸 수 있다는 착각'

이 착각들이 더 이상 착각이 아닌, 누릴 수 있는 권리로 만들기 위해 조금만 힘을 내보자. 인생에서의 모든 부분은, 심지어 게임마저도 레벨1과 초급, 입문, 처음이라는 단어로 시작한다.
시작부터 레벨 99, 고급, 심화, 전문이라는 기준으로 진행하지 않길, '시나브로' 밟아나가는 뿌리 깊은 중개사가 되길 바란다.

계약 한두 건만 하면 수백, 수천만 원 번다? 한두 번 보여주고 큰돈 가져간다는 착각

제목만 놓고 보자면, 맞다. 그럴 수 있다. 제목 자체가 틀리진 않았다는 얘기다. 하지만, 어떤 계약인지 따라 위의 제목이 맞고 틀리다는 것을 알 것이다. 앞서 설명했듯, 대부분의 중개사들은 한 건에 몇백, 몇천만 원을 벌 수 있는 중개 건을 계약하기가 매우 어렵다. 제목처럼, 한두 건만 하면 수백, 수천만 원의 보수를 받을 수 있는 일이 실제로 있다. 한두 번만 보여주고 계약을 해서 큰돈을 가져갈 수노 있다. 그 과정에서 중개사의 부족한 업무나 브리핑에 상처받거나 데인 이들, 그 보수의 타당성을 못 느꼈던 이들은 불합리함과 함께 공인중개사에 관련된 기사나 영상에 모두 악플을 남긴다. 그 부분은 같은 중개사이지만 충분히 이해한다. 결국엔 위의 제목이 맞더라도, 어떻게 인간관계를 이끌어나가고 계약 과정에서 얼마나 만족감이 들도록 최선을 다하는지가 더 중요하다고 생각한다. 결과만 보면 어떤 사람은 염세주의자, 중개사 혐오론자가 되어버린다. 어떤 사람은 정말 쓰레기 같은 중개사가 되어버린다. 그 모든 것들은 그 사람들끼리 겪은 일로 인한 강한 낙인 효과로 인함이다. 내가 운영하는 사무소의 현재 주된 중개 대상물은 고가주택이나 특수권리, 특수목적물이 아니기 때문에 대부분은 수십만 원, 백만 원 단위가 주를 이룬다. 물론, 계약 한 건을 하고 보수 수백만 원을 받은 적이 있다. 하지만, 그러한 계약을 체결하기 위해서 중요한 요소들이 있다. 첫째, 가장 중요한 것은 나에게 계약해 주는 손님이다. 중개보수가 크고 높을 경우, 중개사를 전적으로 신뢰하고 중개사와 원활하게 소통이 되어야 계약 체결할 확률이 높아진다. 둘째로는, 매물이다. 고가주택의 경우 매물을 확보하기가 어렵다. 매물을 의뢰하는 임대인이 보통은 거래하는 전문 중개법인 또는 오래된 부동산이 있다. 또한, 그렇지 않다 하더라도 여러 곳에 의뢰를 해놓기 때문에 경쟁이 치열하고 때로는 다툼도 일어나곤 한다. 정말 전쟁터를 방불케 한다. 고가의 아파트 또는 건물의 경우, 전속 물건으로 의뢰를 받았음에도 기가 막히게 돈 냄새를 맡은 다른 중개업소들이 전화를 걸어, 손님으로 위장하여 위치와 주인의 정보를 빼낸다. 직접 우편을 보내거나 전화 또는 문자를 보낸다. 심지어 찾아가는 경우도 있다. 건물 매매는 동네에 오고 가는 이들을 대상으로 계약을 체결하기가 쉽지 않다. 개발 호재가 있거나 정말 A급 물건, 또는 매수 대기자가 있지 않는 한 말이다. 그럴 때에 가장 빠르고 광범위한 홍보 방법이 바로 인터넷 광고다.

   나에게만 건물매매 의뢰를 해준 임대인이 있다. 사무실 벽보 매물장을 통해서 온 분들은 우선 얼굴을 보았기 때문에 현장 방문도 하고 본능적인 느낌으로 적어도 손님은 확실한 경우가 많다. 다만, 문제는 인터넷 광고다. 광고를 해둔 순간부터 전화가 이따금 왔다. 구분하기 힘들 정도로 손님인 척 위장을 하면 알 방법이 없다. 매물의 정보를 묻는 말에 "일단 오시라"는 얘기만 할 수는 없는 노릇이기에, 정보를 알려주고 브리핑을 해주었다. 얼마 후, 그 중개업소로 추측되는 곳에서 연락이 왔다는 소식을 들었다. 임대인에게 전화가 왔다. "△△부동산인가? 강남 쪽이라는데, 내 번호를 어떻게 알았는지 손님이 있다고 매물 의뢰를 해주면 바로 계약을 해준다는데 이거 어떻게 하지?"라는 것. 다행히 임대인이 확실한 내 손님이었기에, 그런 경우 앞으로 대비해 주십사하는 매뉴얼을 간단히 설명드렸다.

"우선, 그런 경우에는 내가 맡기는 중개사무소가 따로 있으니, 거기랑 연락해서 공동중개를 하라고 해주세요. 정말 손님이 있고 거래를 하고 싶다면 제게 전화할 겁니다."

그 매뉴얼을 말씀드린 이후, 그런 방식으로는 한 건도 내게 전화가 오는 것이 없었다. 즉, 정말 급하지 않고 또 그 매물을 떠보는 것이라는 뜻이다. 심지어 그 이후 다른 중개법인에서 또 비슷하게 접촉을 했다. 여러번 거절했다고 하는데도 거래를 하자고 한다는 말에 내가 직접 전화를 걸어 매듭을 짓기도 했다. 정말 급하거나 매물을 계약하고자 하는 의사가 있는 이라면, 공동중개를 통해서라도 어떻게든 계약을 맺고자 내게 연락했을 것이다. 실무에서 이런 일들은 고가주택이거나 보수가 좋은 경우, 매물의 컨디션이 좋을수록 심하다. 그래서 그런 매물의 경우 임대인과의 관계가 정말 중요하다. 친한 친구가 임대인인 경우가 있다. 아무리 친한 친구여도 여러 중개업소에 내놓고 계약되는 대로 공실을 없애는 경우도 있다. 이 경우 뭐라고 할 수 있지도 않은 부분이고, 철저히 임대인인 친구의 마음이기에 별수 없다. '뒤삑'이라는 단어가 있다. 사전적으로 등록된 단어는 아니다. 중개업자들이 사용하는 은어로, '중개대상물 혹은 손님을 채가는 행위' 즉, 뒤통수를 빡! 하고 때리는 행위를 말한다. 방어할 수도, 미리 알아차릴 수도 없이 뒤통수를 맞는 격이라는 뜻이다. 이러한 '뒤빡'은 원룸도 있다. 뒤에 설명할 에피소드지만, 원룸 뒤빡을 맞아 직접 해당 중개업소에 찾아간 적도 있다. 실제로 한두 건마다 구구절절 에피소드가 넘친다.

계약 한두 건만 하면 수백, 수천만 원이라, 그러한 계약을 한두 건만 하면 실제로 그런 돈을 받을 수는 있겠다. 하지만, 실제로 그렇게 좋고 큰 계약을 한두 건 '이라도' 하기가 쉽지 않다. 내가 역량이 부족하다고 할 수도 있다. 실제로 큰 건의 계약을 다량 체결하는 중개업소들도 있다.

하지만, 내가 말하고자 하는 것은, '착각과 환상'이라는 것이다. 처음에 공인중개사를 공부할 때 봤던 광고 글이 생각난다. 아파트 한 건에 보수 얼마, 한 달에 1~2건만 해도 보수가 천만 원이라는 글이었다. 누구나 혹할 것이다. 힘들게, 뼈 빠지게 사람들에게 치이고 출근해서 일하고 녹초가 되어 퇴근하는 보통의 직장인, 자영업자들에겐 정말 획기적인 문장이다. 위의 경우는, 정말 자리를 잘 잡은 중개업소이거나, 규모가 크고 체계화되어 있는 중개법인의 경우가 많다. 보통은 1인 창업, 2인 합동사무소, 1인 개업에 1인 소속 공인중개사나 보조원을 두는 경우로 구성된다. 그러한 사무소에 처음부터 한 달에 한두 건만 해도 수백수천만 원씩 쏟아지는 계약이 쉽게 이루어지긴 힘들다. 늘 강조하지만, 시나브로 천천히 올라가는 것이 좋다. 처음부터 기댓값이 높고 환상을 가득 품고 임한다면, 기대보다는 실망이 훨씬 클 수 있다.

다시 말하지만, 중개업을 하다 보면 분명 한두 건만 해도 수백, 수천만 원이 들어올 때가 있다. 나 역시 그런 적이 몇 번 있었다. 심지어 내가 손님의 임장에서 매수인이 되어 아파트를 매수할 때도, 나는 한 집만 보고 아파트를 매수했다. 몇억의 집을, 그 비싼 금액을 5분 남짓도 안되는 시간을 둘러보고 계약했다. 그리고 수백만 원의 보수를 냈다. 나 역시 그 중개업소의 서비스 대비해서 금액이 조금은 아깝다고 생각했다. 그리고 '이러이러하게 내게 해줬다면, 나는 이 보수를 아깝지 않게 지불했을 텐데'라는 생각도 했다.

과정이 힘든 경우도, 경쟁이 치열한 경우도 많았다. 어떤 계약은 정말 나만 믿고 있는 임차인 덕에 깎아도 수백만 원이나 되는 보수를 받은 적도 몇 번이다. 하지만, 그다음을 기약하고 또 다음 수를 생각하려면 그만큼 감사 인사도 해야 한다. 결국엔 그 손님에게 감사 인사를 진심 어리게 해야 한다. 소개를 해주었다면 소개해 준 이에게 인사도 잊지 않아야 한다. 한두 집 보고, 바로 계약을 해서 수백만 원의 보수를 얻은 적도 있다. 하지만, 그 과정에서 금액이 크기 때문에 조율해야 하는 부분이나 신경 써야 하는 마음가짐부터 다르게 갖고 시작해야 한다. 작은 돈을 무시하는 것이 아니라, 큰돈이 더 무섭기 때문이다.

처음부터, 고생 없이, 쉬엄쉬엄 한두 건만 해서 수백, 수천만 원씩 벌어들일 수는 없다. 그런 경우가 있다 하더라도, 쉽게 벌면 쉽게 무너질 수 있고, 쉽게 쓸 수 있다. 그만큼 금전적으로도 기초와 기본적인 마음가짐이 중요하다는 것을 강조하고 싶다.

큰 계약의 짜릿함, 큰 보수의 짜릿함을 처음부터 느낀다면, 더 강한 자극이 없이는 만족감이 줄어들고 의욕이 줄어들 수밖에 없다.

그리고, 반드시 해야 할 한 가지가 있다. 돈을 받는 값어치만큼, 가치 있게 일하라는 것이다. 적은 보수를 받는 일에도 최선을 다해왔다. 그 결과, 높은 만족도와 함께 그 손님들이 다른 손님들을 데려오고, 그 손님들은 더 크고 많은 계약을 했다. 위에서 언급한 중개사들에게 데인 이들이 욕하는 경우는, 보통 큰 보수에 비해서 그만한 값어치만큼 일해주지 않았던 경우가 대부분이다. 또한, 그만한 비용을 지불할 가치를 못 느꼈기 때문이다. 그래서 중개업도 서비스이고 영업이라는 것이다. 서비스를 만족했다면 칭찬을 듣는 것이다. 칭찬에 목메라는 것도, 욕먹는 것을 두려워하라는 이야기도 아니다. 이유 없이 먹는 욕에는 반박하고 더 심한 욕을 할 수도 있다. 잘못했으면 욕을 들어도 사과할 줄 알면 된다.

반드시 돈을 받을 만하게, 값어치 있게 일하라는 것이다.

큰돈을 받으면 그 돈의 적은 비중이라도 떼어 선물을 해보고, 깊은 감사 인사를 해보자. 내가 만약 해당 손님이라면, 마음에 안들었다가도 눈 녹듯 그런 마음이 사라질 것 같다. 입장 바꿔 생각해 보면 이해할 수 있다.

큰 계약보다는 작은 계약이 더 많다. 아니, 엄연히 계약에 크고 작음은 없다. 금액의 객관적인 크고 작음만 있을 뿐이다. 작은 계약에 감사하다 보면 큰 계약이 온다. 그럴 때의 기쁨과 효용은 극에 달한다. 처음부터 큰 계약만, 큰 금액만 끊임없이 할 수 있을 거라는 착각과 환상을 깨야 한다.

명심하자, 시나브로 정진!

유지비가 적어서 부담이 없다는 착각

확실히, 다른 업종에 비해 유지비 부분이 적은 것은 사실이다. 또한, 초반 창업 비용이 적은 것이 장점이다. 학원 등에서 마케팅으로 이를 가장 활용한다. 이 부분이 잘못된 것은 아니다. 강점과 장점을 거짓 없이 가장 좋게, 구입하고 싶게 만드는 것이 광고이기 때문이다. 앞서 수입 부분 파트에서도 언급한 사례처럼, 다른 업종에 비해 유지비가 적더라도 실제 매출이 얼마인지가 매우 중요하다. 매출이 낮아도 지출 비용과 유지비가 적다면 세법상 소득금액(순소득, Net Income)이 클 것이다. 다만, 일반적으로 다른 업종에 비해서 창업비용이나 유지비가 적다는 것일 뿐, 매출액에 대비해서 몇 %가 유지비인지가 중요한 것이다. 창업비용이 적은 이유는 그만큼 구비를 할 것이 적다는 것이다. 하지만, 이 역시 사무소의 권리금이나 회원제 가입비 등이 비싸다면? 인테리어에 큰돈을 지불했다면 창업비용은 매우 커진다. 물건을 팔아 이윤을 남기고 물건대금을 지불하는 방식의 상품 판매가 아닌 지식 서비스인 것은 단연코 큰 장점이다. 물론, 자격증의 레벨이 올라갈수록, 전문직일수록 이 서비스에 대한 대가는 커질 것이다.

"책상과 컴퓨터 한 대만 있으면 바로 돈을 벌 수 있다"는 획기적인 문구를 본 기억이 아직도 기억에 생생하다.

하지만, 여기서 가장 중요한 부분은, 인건비다. 내가 일하지 않으면, 내가 서비스의 주체가 되지 않으면 안 된다. 직원을 두게 되더라도 관리를 해야 할 것이고 책임소재는 고스란히 대표가 지게 되어있다. 생각하기도 싫지만 그로 인해 사고가 나면 과실책임 또한 대표인 개업공인중개사가 진다. 또한, 그렇게 되면 인건비라는 유지비가 들어가기 때문에 결국에는 유지비가 적다고 할 수 없다. 앞서 설명한 사례의 대표처럼, 월 1,000만 원의 수입이라는 금액은 듣기만 해도 커 보인다. 광고에서는 지출 금액, 유지비용이라는 부분을 제외하고 '월 1,000만 원의 고소득!'이라고 설명할 수도 있다. 순소득인지, 월 소득인지 구분하지는 않았으니 과대광고나 거짓말은 아니지 않냐고 할 수 있기 때문이다.

누군가는 "그 중개업소 사장님이 월 1,000만 원씩 버니까 연봉 1억 2천이네, 억대연봉자다!"라고 할 수도 있을 것이다. 하지만, 실상을 보면 직원 한 명과 5:5로 나누고, 차량도 없는 상태임에도 사무실 월 차임과 각종 렌탈 경비 등을 지불하면 월에 순소득은 200만 원 남짓이 된다고 했다. 유지비가 적다는 한 문장의 오류에 빠지면 안 된다. 비교할 수치가 있는 최종적인 금액, 비율로 계산을 해볼 필요가 있다는 것이다.

유지비는 본인이 어떤 항목들을 유지할 것인지에 따라 천차만별로 달라진다. 사무실에 CCTV를 설치하고, 광고를 다양하게 하고, 고객 임장용 차량을 별도로 구비하여 다닌다면 유지비가 만만치 않을 것이다. 흔히 착각하는, 책상과 컴퓨터만으로는 일차적인 단순한 업무만이 가능한 것이다. 결국에는 현장을 나가야 하고, 다양한 손님을 응대해야 한다. 그러다 보면 처음의 유지비에서 많은 추가적인 유지 항목이 생긴다. 거래정보망에 가입하여 최초 가입비와 이후 월정액비를 내고 공동중개도 해야 한다. 보수할 부분도 유지비에 들어간다. 시간이 지나면 컴퓨터나 비품 등을 교체해야 하고, 1년에 한 번씩 갱신해야 하는 공제증서(한국공인중개사협회 증서 기준) 등 정기적이지만 연 단위의 유지비 또는 비정기적인 지출도 분명히 많이 발생한다.

　한 예로, 집을 보거나 차를 보러 가도 처음의 예산에 맞추어 가면 생각보다 마음에 드는 매물이 없다. 금액을 조금 더 올려서 제안하는 중개업자 또는 딜러의 말에 일단 한 번 보기로 한다. 금액이 조금 더 올라가면, 확실히 더 좋은 매물이 나온다. 그러다 보면, 처음의 예산보다 훨씬 높은 금액으로 계약을 하게 되는 경우가 많다.

　중개업자나 딜러의 영업방식을 논하는 것이 아니라, 유지비가 이렇게 점점 늘어날 수 있다는 것이다. 고정비만이 유지비가 아니다. 유지하면서 들어가는 비용이 전반적인 유지비다. 예상치 못한, 비정기적인 유지비가 만만치 않다. 이 부분에 대한 착각과 환상에 빠지면 안된다는 것이다. 회계상 예비비라는 용어가 존재하듯, 지출 비용을 최소화하면서 일부 비상금을 확보해두는 방법도 필요하다. 사람의 본성이 얻었을 때의 기쁨보다 잃었을 때의 상실감이 훨씬 크다고 한다. 100만 원을 예를 들어, 100만 원을 벌 때와 100만 원을 쓸 때의 기분 차이를 생각해 보면 된다. 100만 원, 물론 큰돈이지만 크게 기쁘거나 감흥이 하루 이상 가진 않을 것이다. 100만 원을 쓴다면, 내 입장에서는 여러 번 깊은 고민 끝에 지출하게 될 것이고 또 그 돈이 나갈 때의 기분이 훨씬 더 오래 남을 것이다.

　따라서, 유지비에 대한 착각과 환상을, 단편적으로만 갖지 말자는 것이다. "어떻게, 매출 대비 몇 %로 유지를 할 것인가?"로 세부적인 계산을 통해 유지비를 계산해야 한다. 물론, 계획대로 100% 모두 다 들어맞진 못한다. 하지만 계획이라는 것을 괜히 세우는 것이 아니다. 기준점이 있어야 목표와 기준이 명확히 세워진다.

　유지비에 대한 함정에 빠지지 말고, "몇 %로 유지비를 잡겠다", "순소득을 얼마로 목표하겠다"는 것으로 계획을 세워 그에 따른 유지비의 비율을 역산해 보자.

광고 속에 있는 이면을 꼭 보자. 착각과 환상이 없어지며 계획이 어느 정도 섰다면,

개업을 해도 좋다!

03 겸업에 관하여

중개업에 대한 가장 많이 하는 환상, 착각을 앞부분에서 다루었다. 경기가 어렵고 또 중개업만으로는 소득 창출이 어려운 이 시장에서, 자연히 겸업에 대한 관심도 증가한다. 겸업에 대한 관심과 더불어 환상 역시 정말 많다는 것을 알 수 있다. 나 역시 겸업을 하고 있다. 또한, 본업에서 파생된 부업도 다양하게 하고 있다. 그러다 보니 많은 이들이 상담을 요청한다. 유튜브에도 겸업에 대해 올린 적이 있지만, 조금 더 자세하게, 솔직하게 이야기해 보고자 한다. 다소 냉소적인 부분들도 있을 수 있다. 괜한 기대감을 심어주는 글로 여러 사람의 밝은 앞길을 어둠이 가려진 희망이라는 이름으로 기대하게 하고 싶지는 않다. 그렇다고 하지 말라는 것도 아니다. 그렇기에, 자세하고 현실적으로 다룰 것이다.

이 부분에서는 겸업하고 있는 입장에서, 솔직한 의견과 생각을 말해보려 한다.

차려놓고 직원만 두고 저는 다른 일 하면 안 되나요?

내게 상담을 신청한 이들 중에, 몇 명이 이와 같은 질문을 했다.

'차려놓다'는 비유에 적합하게 밥상을 예로 들어보겠다. 중개사 자격증을 취득하고, 중개사무소를 개업하는 것을, 밥을 짓고 반찬을 만들고 밥상을 차려놓는 것이라고 치자. 본인은 다른 데를 보고 있다. 밥상에 뭐가 올려져 있는지, 음식에 이물질은 없는지, 혹여나 같이 밥 먹는 사람이 약이

나 독을 타는 것은 아닌지, 음식이 얼마나 남았는지 쳐다보지 않으면 알 수 없다. 다른 사람이 떠먹여 주고, 그 사람도 밥을 먹는다. 그 사람은 어쨌든 본인도 먹어야 하므로 차려놓은 것에 대한 고마움보다는, 시간이 지날수록 본인의 밥 먹는 것에 더 집중하게 될 것이다. 또한, 밥만 차려놓고 밥숟갈도 제대로 혼자 뜨지 않는 당신을 미워할지도, 다른 마음을 품을지도 모를 일이다. 모름지기 마주 보고 밥을 먹어야 하는데 말이다.

또한, 밥을 차려놓은 본인 역시 누가 떠먹여 주기만 한다고 했을 때 밥이 아직 다 넘어가기도 전인데 또 밥을 먹여줄 수도 있다. 속도가 매번 같지 않고 먹는 양, 컨디션이 매번 같지 않을 텐데 말이다. 물론 중간중간 얘기는 하겠지만 짜증도 섞일 것이고 오물오물 얘기하다 보면 정확히 표현이 안 될 수도 있다. 이러한 일들이 반복될 수도 있다. 차려놓은 밥상의 반찬 중에 제일 싫어하는 반찬만 연거푸 먹게 될 수도 있다. 밥을 직접 같이 먹다 보면 상대방이 무엇을 더 먹는지도 알 수 있다. 그렇다면 그 음식을 좋아하는지도 알 수 있고, 다음에 어떻게 밥을 차려야겠다는 것도 생각할 수 있다. 즉, 다음이 있고 발전이 있을 것이다.

위의 모든 비유가 더 정확히, 적절할 수는 없다. 하지만 내가 말하고자 하는 바가 전달되었다면 다행이다. 즉, 개업은 본인이 한 것이고, 대표는 본인이다. 어디까지나 무슨 일이 생기면 책임도, 이끌어나갈 의무도 모두 본인이 갖고 있다.

실제로 공동중개를 해보면, 가족 중 한 명이 자격만 취득해 놓고 개업을 한 경우가 있었다. 자격이 없이 보조원으로 오래 일한 가족 중 한 분이 사실상 업무도, 계약서 작성까지도 직접 다 한다. 물론, 보조원에게는 작성 권한이 없음에도 말이다. 직접 CCTV로 해당 순간을 적발하거나 녹음을 하지 않는 한, 적발하기도 쉽지 않다. 이러한 경우가 비일비재하다. 그럴 때마다 공동중개를 하는 상황에서 암행어사처럼, 또는 이장 통장 반장 보듯 다 짚어내고 뭐라고 할 수도 없는 노릇이다.

 몇 번 그런 일을 겪고 나서는 공동중개 시 명함을 먼저 요청하는 버릇이 생겼다. 누구와 진행하는지는 알아야 하기 때문이다. 번호를 저장하기 위함이라며 명함을 부탁한다. 이후 계약으로 진행하게 되면, 자연스레 묻는다. "대표님 계약 시간은 그 시간 괜찮으시다고 하시나요?"라는 식으로 말이다. 대표가 계약 체결 시 직접 같이 입회해야 한다는 것을 간접적으로, 불쾌하지 않게 강조하는 것이다.

 많은 사람들이 대표가 직접 계약을 작성해 줘야 한다는 것을 모른다.

 앞서 언급한 사례만 놓고 볼 때, 실무에서 믿을만한 사람이 있다면 차려 놓고 다른 일 한다는 것이 불가능하진 않다. 다만, 반드시 알아두어야 할 것이 있다.

 첫째, 롱런(long-run, 연극·영화의 장기 흥행의 뜻. 또는 권투에서, 챔피언이 여러 도전자를 방어하여 선수권을 장기간 보유하는 일을 비유한 뜻)하기 어렵다. 결국에 '바지사장'일 뿐이니까 말이다.

 둘째, 믿을만한 사람 또는 가족이 아니라면 추천하지 않는다. 내가 차려 놓은 밥상에 약이나 독을 타지 않을 사람은 가족뿐이다. 중개업을 하다보면 가장 많이 듣는 말이 있다. '머리 검은 짐승은 거두는 게 아니다'라는 말이다. 그만큼 배신과 배반이 판을 치는 곳이다. 길게 설명하기도 입 아플 만큼 빈번하다. 따라서, 맡겨놓고 다른 일을 한다는 무모함을 감행한다는 것은 본인의 재산을 누군가에게 맡겨놓고 자리를 비운다고 생각하는 것과 같다고 여기는 것이 좋다.

 셋째, 발전이 없다. 결국에 대표가 발전이 없으면 그 사무실은 발전해도 문제다. 밀도도 없고 경험도 없는 대표가 어떤 큰 계약과 손님을 응대하고 진행할 수 있겠는가?

 가끔 "저도 공인중개사에요"라고 말하는 사람들이 있다. 공인중개사가 운전면허증 수준이라고 여기는 사람들도 많다. 그만큼 공인중개사 자격증이 있는 사람이 많다.

 속으로 생각한다. '공인중개사라고 다 같은 중개사는 아니다'라고 말이다. 어떻게 저 사람이 공인중개사를 취득했지 싶을 만큼 무지한 사람도 많다. 같은 일을 하고 같은 돈을 받는 것이 너무 억울할 만큼 말이다. 명심할 것이 하나 있다. 그 자격을 득한 것뿐, 그 일에 대한 실무경험이 많은 프로는 아니다. 자격이 없음에도 실무경험이 많은 이들이 정말 많다. 하지만, 전문가는 필요한 '자격'의 검증이 필요하다고 생각한다. 즉, 자격을 득한 후에 실무 경험이 수반되어야 진정한 전문가로서의 의미가 완성된다.

 자격이 있고 실무 경험이 다양해야 그때부터 기본이 된 것이다. 그 후에 영업력, 서비스와 더불어 정말 일을 잘해야 프로다운 프로다. 둘 중에 하나라도 조건이 결여되어 있다면, '지식서비스'를 판매하는 '전문가'로서 고객이 비용을 지불할 수 있을까를 생각해보아야 한다. 기술직은 기술에 능하면 되지만, 전문직 또는 전문자격사는 반드시 그 자격을 득한 후에 실무의 세계에서 역량껏 경쟁해야 한다.

 이 글을 읽고도, 차려놓고 다른 사람이 돈을 벌어줄 것이라는 생각이 계속 든다면, 혹은 본인만의 확실한 명분이 있어서 그렇게 할 수 있다면, 해도 된다. 다만, 몇 년 후의 상황도 생각해 보는 것이 좋다. 차려놓고 다른 일을 했을 때 잠깐의 공백만 두고 그 후에는 업을 제대로 할 수 있겠다면, 그래도 할만하다. 다만, 도와줄 사람이 없음에도 혼자 개업만 해두고 내내 사무실을 비운다거나 앞으로도 본인은 중개업을 할 마음이 없음에도 누군가가 본인 사무실에서 계속 일해줄 것을 그림으로 그렸다면, 하지 않길 바란다. 강력히 강조한다. 중개업, 오토 매장을 돌리는 것처럼 그렇게 간단하지 않다. 자동화 수익이 될 것이라는 착각은 큰 오산이다.

주말만 나와서 일하면 어떤가요?

　이 질문 역시 많은 이들에게 문의받았다. 보통 직장인들은 평일 퇴근 후 저녁이나 주말에 집을 보러 다니기 때문에, 주말에만 몰아서 집을 보여주고 계약을 하면 되지 않나 싶은 생각 때문일 것이다. 실무를 하다 보면, 이 생각은 불가능하다는 것을 바로 알게 된다. 여러분이 중개사무소에 어떠한 매물이 궁금해서 전화를 건다고 생각해 보자. 전화 연결이 안되면 어떻게 할까? 바로 다른 중개업소에 전화를 하지, 그 중개업소의 연락만 하염없이 기다리지 않는다. 물론, 그 매물이 아주 마음에 들고 한 중개업소에서만 보유하고 있다면 여러 번 전화를 걸어볼 수도 있다. 하지만, 전화 연결이 잘 안되거나 자꾸 시간을 미룬다면 어떻게 생각할까? '여기는 일을 하겠다는 거야, 말겠다는 거야?'라는 생각부터 들 것이다. 직장인뿐 아니라 오전부터 저녁까지 정말 다양한 직업과 연령대의 손님들에게 연락받게 된다.

　매물에 대한 간단한 설명을 하고 나면, 가장 먼저 듣는 질문은 "지금 볼 수 있을까요?", "오늘 몇 시에 볼 수 있을까요?", "이번 주 무슨 요일 가능하세요?"가 된다. 모든 매물을 다 본인만 보유할 수 없거니와 초반엔 그렇게 매물을 받기가 힘들다. 대부분 경쟁을 해야 하는 매물들이다. 바로 응대가 가능한 중개업소, 친절한 중개업소와 진행한다. 그 부분에서 계약률은 현저하게 낮아지게 된다. 또한, 그러다 보면 한 번쯤이라도 올 수 있는 손님과의 접점도 없어진다. 이러한 과정이 누적되면 결국 "그 중개업소는 연락도 안되고, 응대도 잘 안된다"라는 평을 받는다. 중개업소는 보통 해당 동네의 매물을 취급한다. 자격증을 취득한 '개업공인중개사'라 전국의 모든 매물을 다 취급할 수 있다고 하더라도, 먼 동네에 원룸 하나를 보여주러 갈 것인가? 소위 단가도, 시간도 안 나온다. 더군다나 위의 질문처럼 주말만 일을 한다면 주말에 밀리는 손님을 감당하기 힘들다. 집을 보여주는 것도 스킬이고, 응대도 스킬이다. 나 역시 주말에 밀려오는 손님들을 시간 단위로 약속을 잡는 것이 비일비재하다. 불과 지난 주말에도 그랬다. 이제는 6년 차이기에, 정말 치밀하게 계획을 세울 수 있기에 어느 정도 가능한 것으로 생각한다. 맺고 끊음을 컨트롤할 수 있기 때문이다. 한데 이 경우는, 평일에 익숙해진 루틴 덕이며 모든 준비와 정리를 미리 끝냈기에 토요일에 시간 단위로 손님을 받을 수 있는 것이다. 주말에만 '몰아서' 받는 게 아니란 얘기다. 초보라면, 그리고 주말에 '만' 영업을 한다면 불가능에 가깝다고 확신한다. 생각대로, 계획대로 손님이 시간에 맞춰 오지 못하는 경우도 많다. 그러다 보면 다음 손님을 받을 시간이 되는데 마음이 조급해진다. 앞선 손님과 매물을 보다가 마음에 드는 매물을 발견했거나, 조금만 더 볼 수 없냐는 손님의 부탁을 거절하고 다른 손님을 받아야 된다며 그냥 갈 것인가? 그러기도 어렵다. 다 된 밥에 재 뿌리는 행동과 같다.

　그렇다면 방법은 한 가지가 있다. 앞서 말한 믿을만한 한 명이 사무실에서 근무하고 업무를 모두 봐줄 수 있는 경우이다. 이때, 오해하면 안될 것이 합동사무소 개념을 말하는 것이 아니다. 합동사무소는 같은 사무소를 사용하여 월세 등 경비 부담을 나눌 뿐이다. 철저히 다른 사무소로, 너는 너 나는 나 개념이라고 생각해야 한다. 수입을 각자 가져가야 한다. 물론, 서로 의견이 잘 맞아 수입도 나눌 수는 있지만 파트너십 개념보다는 각자 사업자로 생각하는 것이 신상에 좋다. 아예 본인의 사무소에 직원이 채용되어야 한다고 생각하면 된다. 단, 이에 따른 부작용이나 문제점, 단점은 앞서 설명했기에 다루지 않겠다.
　가장 중요한 것은 대표이자 개업공인중개사인 본인의 역량, 비전이다. 누군가가 일을 해줄 수는 있지만, 본인의 역량은 늘 그대로일 것이다. 경험과 시야를 넓혀서 그릇을 키우지 못하면 갖고 있는 그릇 이상의 것을 담을 수도 없다. 만약 사무실을 열어놓고 다른 일을 하면서 본인이 자동으로 생기는 수입의 일부만을 가져가겠다는 취지로 위와 같은 질문을 한다면, 24시 빨래방이나 무인 카페를 차리는 것이 맞다. 그 업이 쉽다는 것이 아니다. 자동화 수익, 관리를 함으로써 매장을 운영하는 흔히 준비하는 업종이기에 예를 든 것이다. 중개업이 전문직이라고 하기엔 어렵지만, 응당 그에 맞는 책임 의식 정도는 갖춰야 한다. 중개사에 대한 인식이 최근 '사기꾼', '허위 중고차 딜러' 수준이라는 것을 알 것이다. 중개사 하면 욕부터 한다. 그런 시장에서 주말만 일을 하겠다는 것은 기업에서 임원이 된 사람이 새로운 부서에서 본인 일도 모르는 상태로 부하직원들이 갖다주는 결재 서류가 뭔지도 모르고 본인 이름의 도장과 서명만 무한정 찍어주는 꼴과 같다. 게다가, 가장 큰 차이점이 있다면 적어도 그 임원은 그 회사에서나 그 업계에서 오래 일을 했고 인정을 받았기 때문에 임원이 된 것임을 잊지 말아야 한다.

 가장 중요한 점은 사람들을 항상 상대해야 하고, 사람끼리의 변수를 중개하는 일이기 때문이다. 중개대상물을 중개하는 것에서 끝나는 것이 아니다. 중개는 사람끼리의 의견 조율을 해가면서 해당 목적물이라는 매개를 통해 계약서를 작성하는 것이다. 다른 사람이 일해주고 계약서 쓸 때만 나와서 도장을 몰아서 찍어주는 일이 아니란 것이다. 또한, 다른 사람이 일해준다고 해도 평일 오전이나 오후밖에 계약서 작성을 할 수 있는 시간이 없다고 한다면 어떻게 할 것인가? 앞선 사례처럼 본인의 책임이 담긴 도장을 맡겨놓고, 대표님은 자리를 비웠으니 대표가 아닌 사람이 도장을 찍고 계약서를 쓴다고 하며 부정하게 일할 것인가?

 일반적인 중개를 한다면, 오프라인에서 손님을 만나고 매물을 보여주고 중개를 한다면 주말에만 일해서는 사실상 불가능에 가깝다. 가능하더라도, 내가 만약 손님이라면 이러한 사무소에 내 돈과 재산을 걸고 계약을 하는 행위를 하지 않겠다. 내 지인이라도 저런 중개업소에 가지 말라고 단단히 일러둘 것 같다.

만약, 그럼에도 정말 주말에만 열어두거나, 주말에만 일을 하고 싶을 수 있다. 그럴 땐 앞서 내가 말한 경우들과 변수들을 모두 포기한 채, 주말에만 손님을 받고 그때 생겨나는 계약으로만 수입을 얻는다는 생각을 해야 한다. 하지만, 주말에 손님이 없을 수도, 계약은 다른 날 할 수도 있다. 아니, 그러한 경우가 훨씬 많다. 매물 금액대가 높을수록 긴 호흡으로 계약이 이어진다. 당일에 결정이 되는 것은 보통 원룸, 투룸 정도뿐이다. 그렇다면, 토요일에 집만 보여주고 그 이후의 절차와 계약까지의 과정은 또 그다음 주 주말까지 기다릴 것인가? 그 사이에 지난주에 봐둔 매물들은 다른 중개업소들과 다 계약이 끝났을 것이다. 또한, 정말 너무 좋은 매물이거나 시장 상황이 급박하게 변하여 손님이 갑자기 특정 목적물의 종류를 급하게 찾을 때, 냉철하고 차분한 마음으로 그 모든 손님의 응대를 다 포기할 수 있는지 생각해 봐야 할 것이다.

중개업은 처음부터 긴 시간을 투자해야 하며, 나름대로 인고의 과정이 많이 필요한 업종이다. 나 역시 겸업을 하면서 6년 차임에도 항상 고된 부분은, '발 빠른 응대'이다.
나는 중개사무소 기준 월요일부터 토요일까지 오전 10시부터 저녁 8시 전후까지 일한다. 그럼에도 그 외의 시간대에 걸려 오는 전화와 방문 요청, 연락에 가끔 머리가 터질 것 같은 느낌을 받는 적이 한두 번이 아니다. 일요일에 글을 쓸 때도 휴무임을 고지했음에도 사람들은 신경 쓰지 않고 전화한다. 나는 유튜브와 상담 업무 등 때문에 더욱 그런 불필요한 문의나 개별 질문으로 인한 전화가 유독 많기는 하다.
평일에 직장이나 다른 업으로 인해 사무실을 못 나오는 상황이라고 가정해 보자. 다른 일로는 스트레스가 없는가? 여기 치이고 저기 치이고 스트레스를 받다가 주말에 중개사무소에 나와서 새로운 스트레스를 두 배 세 배 받으며 밀린 숙제를 풀어나가는 기분, 기계가 아닌 무수히 많은 성격의 사람들을 대하며 스트레스를 안 받을 수 있을까? 절대 불가능하다.

  선택지는 몇 개가 있음을 앞서 설명했다.

  중개업을 제대로 하는가, 정말 내 일처럼 해줄 누군가와 함께하며 몇 가지는 포기하든가, 주말에만 나올 거면 대부분을 포기하고 더 힘든 선택지임을 알고 선택을 하든가.

  내 말이 정 의심스럽다면, 시간을 조금이라도 내어 아는 곳에 잠깐 일해보자. 주말만 일해보자. 월요일부터 금요일까지 일어난 일에 대해 자세히 모르는 상태에서, 토요일에 사무실에 나가서 어떤 일부터 해야 할까? 화성에서 살던 외계인이 갑자기 지구에 떨어져 지구 문명을 받아들여야 하는 느낌이 들지도 모른다.

  만약, 이런 전통적인 1층의 오프라인 사무실이 어려운 경우에 다른 간단한 대안이 있으니 참고하길 바란다. 다만, 겸업으로는 추천하지 않는다. 하지만, 경비를 줄일 수 있고 나름 합리적으로 일할 방법이다. '공유오피스'를 이용하는 방법이다. 이 경우 로드, 워킹 손님은 받을 수 없다. 철저히 예약제로, 맨투맨 사전 연락을 통해 매물과 시간을 정하여 만나보는 방식이다. 계약 건수나 수입은 천차만별이라 확정할 수 없지만, 온라인으로 하이엔드(단순한 '고가'를 뜻하는 것이 아닌, '고급의, 럭셔리한' 느낌을 뜻하며, 성능이나 품질 등이 우수한 것을 강조하는 의미를 갖고 있다.) 매물만 알선할 수도 있다. 또는 주말에만 손님에게 매물을 보여줄 수 있도록 마케팅하여, 고급 주거 또는 건물만 알선한다면 정말 한 건만 진행해도, 주말만 일해도 큰 성과를 얻을 수는 있다. 하지만, 일반적인 경우가 아님을 밝히며 내가 경험하지 못한 세계이므로 쉽게 말하기는 어렵다. 확실한 것은, 그러한 계약과 손님들은 결코 평소 중개업을 않다가 주말에만 일하는 '비전문적인' 중개사에게 큰돈과 본인의 시간을 들이지는 않는다는 것을 명심해야 한다.

사람들은 결과만 본다. 과정을 보지 않는다. 하이엔드 목적물이나 고가의 주택, 건물은 그만큼 오랜 시간 많은 준비와 공부가 필요하다. 손님 한 명 한 명 케어할 때에도 정말 명품 매장 VIP를 대하듯 해야 한다. 언행부터, 중간에 임장하면서 나누는 대화까지 철저하게 고급스럽고 전문적이어야 한다. 타고난 자질로 그런 부분이 주말만 가능하다면, 해보아도 된다. 다만, 나는 전제를 얘기했다.

명심해야 한다. 물 위에 떠 있는 오리가 세상 편해 보이겠지만, 물 아래에서 보면 쉴 새 없이 갈퀴를 움직여 헤엄치고 있다는 사실을!

겸업을 할 거라면

설명에 앞서, 겸업의 기준은 소속 공인중개사가 아닌, 개업 공인중개사임을 밝힌다. 소속 공인중개사라면 취업을 했다는 것이고, 퇴사를 하지 않고 개업을 할 수 없다는 사실은 공인중개사법으로 규정되어 있기에 공인중개사라면 아주 잘 알 것이다. 또한, 취업한 소속 공인중개사에게 다른 겸업을 하라고 권장할 수 없다는 것은 도의상 당연하다.

겸업은, 자칫 잘못하면 죽도 밥도 안될 수 있다는 것을 명심해야 한다. 최근 부업, 겸업을 논하며 본업을 '본캐'라 표현한다고 한다. 부업, 또는 제2의 직업이나 겸업을 '부캐'라고 표현한다. 또한, 가장 흔하게 겸업에 대하여 생각할 때는 '겸사겸사'할 때의 겸업을 떠올린다. '죽기 살기의' 겸업으로 생각해야 그나마 해당 업에서의 '부캐 같지 않은 본캐'로서의 캐릭터로 뒤처지지 않을 수 있다.

만약, 자동으로 돌릴 수 있거나 안정화된 사업이 있는 상태라면 그 일을 관리 차원에서 두면서 중개업에 집중할 수 있어야 한다. 처음에는 무조건 투입량이 늘어나야 산출량이 나온다. 투입량 없이 산출량을 얻을 수 있는 것은 전문자격사의 분야에선 없다. 지식서비스이기 때문이다. 또한, 영업과 서비스 마인드까지 겸비해야 한다. 임기응변에도 능해야 하며, 시간을 잘 활용할 수 있어야 한다. 중개업과 함께하는 겸업은 이 모든 것을 갖춘 자들이 더 빠르고, 크게 성공을 하기 위해 한다고 생각하면 된다.

직장인이 쉬는 날이나 퇴근 후 배달 라이더 일을 하는 것과는 다르다. 개념 자체에 그렇게 접근하면 십중팔구 패망이다. 단순노동이나 단순 업무를 반복하는 일은 본인의 몸으로 때우거나, 시간과 맞바꾸는 교환일 뿐이다. 교환가치를 그렇게 치환해서는 중개업 겸업의 효용이 없다.

내게 주어진 시간을 10이라고 쳐보겠다.

겸업할 때에는, 본인의 시간 10중 다른 일 5, 이 일 5 이렇게 생각해선 안 된다. 남들과 다르게 20이 있는 것처럼 시간을 쪼개고 또 집중하고 그 이상을 해낼 수 있어야 겸업이 되는 것이다. 20을 가지려면 어떻게 해야 할까? 누구나 24시간은 동일한데 말이다. 유일하게 공평하고 평등한 것이 시간이기에, 이는 바꿀 수가 없는 요소다. 그렇다면, 앞서 말한 대로 20처럼 시간을 쪼개는 것이다. 공부를 해보았거나 큰 시험을 준비했다면 알 것이다. 시간을 쪼개서 자투리 시간을 활용했을 때의 공부가 모여 큰 결과를 낳는다는 것을. 그리고 그 시간이 결코 적은 시간이 아니라는 것을 말이다. 앞서 내가 경험한 '티끌 모아 내 집 마련에 성공한 것'처럼, 나는 티끌이 마냥 티끌로 남지 않는다는 것을 여러 번 깨달았다. 또한, 티끌을 모아서 계산해 보면 매우 큰 양이다. 따라서, 20처럼 본인의 시간을 갈아 넣어야지만 각각의 업에서 부캐가 아닌 본캐로서 활동을 할 수 있다.

다시 강조한다. 10을 5씩 나누어서 하는 것이 아니다. 그럴 거면 10을 온전히 한 개에 집중해서 그 일을 더 잘하는 편이 훨씬 낫다.

중개업을 제대로 하게 된다면 하루 종일 손님 응대, 전화 문의, 임장, 매물관리, 광고관리 등 할 것이 정말 많다. 쉴 새 없이 걸려 오는 전화와 급히 잡히는 임장, 계약 등 늘 전화기를 갖고 대응해야 한다. 정말 소일거리로 밥값이나 벌겠다는 생각이라면, 혹은 경제적 자유를 누리는 상태인데 명함이 필요한 상태라면 이 책의 이 부분을 편하게 봐도 좋다. 또한, 겸업을 하고 있는 경우라면, 이미 자리잡힌 사업이나 다른 업이 활성화되어 있고 본인이 관여하는 시간이 적다면 중개업을 집중하면 되기 때문에 10이라는 시간의 대부분을 중개업에 할애하면 될 일이다.

중개업으로 바쁜 날에는 거의 반송장이 된다. 육체적인 노동만이 피로를 유발하는 것이 아니다. 두뇌를 많이 쓰고 신경을 많이 쓰면 피로도가 극에 달한다. 실제로, 많은 이들과 이야기를 해보면 계약 단계에서 중간에 분쟁이 생겨 며칠 밤잠을 설치는 경우가 많다. 후에 나올 중개 에피소드에서도 다루겠지만, 인간관계의 거미줄처럼 얽히고설킨 복잡함은 이루 말할 수 없다.

손님이 밀리거나 계약 진행 중인 손님들이 많은 날인 경우 다른 일을 손도 못 대는 경우가 많다.

이제, 내가 어떻게 겸업을 유지할 수 있는지 설명할 차례다.

중개업에 집중도가 높을 수 있는 이유는, '오래되었고 자리를 잡은 사업을 하고 있기 때문'이다. 나는 직장생활을 하지 않고 부모님께서 30년 가까이 운영해 온 가업을 사실상 물려받다시피 시작했다. 정확히는, 25년째가 되던 해부터 같이 일을 하기 시작했다. 처음 시작하게 된 시점은, 모델활동을 하던 당시 해외 활동을 마치고 한국에 돌아와 취업을 고민하던 때이다. 앞서 언급한 파란만장했던 20대의 끝자락을 바라보며, 지긋지긋하게 불안정한 하루하루를 벗어나 안정감을 느끼는 직장을 갖고 싶었다. 장학금을 받아야 했기에 반강제적(?)으로 취득한 높은 학점, 다양한 자격증과 40개 가까이 경험한 장·단기 아르바이트, 다양한 해외 경험, 독특한 모델 경력까지……. 취업 시장에서 내가 관심 있는 분야에서는 별도로 학원에 다니지 않았음에도 서류 면접 합격률이 높았다. 진심을 담아 나를 소개했을 뿐이고 양식에 맞춰 최대한 내 장점을 사실대로 기재했을 뿐이었다.

그 무렵, 명분상으로는 '장남'이며 '오래 한 사업'이고 2,000여 개가 넘는 거래처를 그냥 놓치기 아쉬웠던 아버지는 내가 가업을 도와 함께 일하길 원하셨다. 당시 우연한 기회에 별다른 준비 없이 최종 면접까지 가게 됐던 항공사 승무원의 합격 발표를 기다리던 때라 더욱 고민이 컸다. 가장 큰 고민은, 내가 전혀 생각지도, 하고 싶다고 생각해 본 적도 없는 '소독제' 사업이었기 때문이었다. 사실 내가 사업에 투입되길 바라셨던 진짜 이유는, (여러 가지 밝히기 어려운 가정사가 있지만) 그중에서도 '직원의 배신'이 가장 컸다. 발로 뛰는 영업만으로 버텼던 아버지 시대에 현재 컴퓨터에 능하고 장부 등을 다양하게 관리해야 하는 업무들은 걸맞지 않았다. 그에 따라 이 사업의 빈틈이 보였고, 직원은 USB로 사무실의 모든 장부와 기밀, 상품 정보를 빼갔다. 나중에 내가 법적 다툼을 벌이며 알게 된 사실은, 그 직원은 신용불량자였으며 이미 무수히 많은 고소와 다툼을 벌여 본 악질 중의 악질이었다. 어떻게 대처해야 할지 몰랐던 아버지는 모든 것을 포기한 채 힘없이 몇 달을 보냈다. 의욕과 열정을 다 내려놓은 1인 사업장이 되다 보니 사업장은 폐허가 되어갔다. 처음엔 전혀 관심이 없었고 또 이 일에 대해 책임감도, 의무감도 없었다. 결정적으로, 이 책에서 모두 다 말하지 못할 아버지의 여러 가지 치명적인 가장으로서의 실수로 나는 아버지와 연락도 나누지 않다가 몇 년 만에 다시 연락을 나누게 됐던 터라, 더더욱 '남의 일'처럼 느꼈었다. 그렇게 부탁할 사람도, 맡길 사람도 없이 전전긍긍하다가 어머니가 어렵게 내게 부탁을 하시게 됐다. 그래서 사무실을 처음으로 나가보게 된 것이다. 그렇게 하루씩 "도와달라"는 요청에 경리 업무나 잔업무만 하고 알바비 정도 받으면 좋아했던 나도, 시간이 지나면서 "이건 아닌데…"라는 생각이 들었다. 무엇보다, 내가 태어날 무렵부터 이 사업을 했고, 이 사업으로 내가 유년 시절을 편안하게 보낸 집도, 나름 부유하게 자랄 수 있었던 기회도 얻었음을 알았기 때문도 있다.

사업장에 왔다 갔다 하는 빈도가 잦아지면서 하나둘 사업장의 상황도, 돌아가는 정황도 알아갔다. 상표권도, 법적으로 보호받을 수 있는 계약서 하나도 만들어두지 않았던 아버지의 사업 방식을 보고 또 한 번 기겁했다. 그때 발견한 무수히 많은 문제들을 해결하지 않으면 안 된다고 생각했다. 가족을 힘들게 했어도, 아버지가 그냥 무너지는 것을 보고만 있을 수는 없었다. 어머니 역시 같이 피해를 보는 상황이었기에 아들로서 내가 반드시 일으키리라 마음을 먹게 됐다. 그렇게 내가 뛰어들었다. 하나씩 정리를 해 나갔다. 배신한 직원과 욕설하며 싸우기도 하고, 태어나 처음으로 경찰서를 가서 부모님을 대신하여 대질신문을 했다.

당시 25년 유지해 왔던 거래처이자 제조사였던 공장장과도 내가 나서서 법적인 공방을 했다. 진흙탕 싸움을 여럿과 벌였다. 아버지가 개인적으로 벌려놓은 빚 때문에 사업장을 인수하고 나서는 빚쟁이들이 매일 찾아왔다. 싸우고, 소리 지르는 게, 돈 내놓으라는 욕을 듣는 게 처음 몇 달간의 일과였을 정도다. 정말 난투극을 빼고는 모든 분쟁은 다 겪었다. 나로 인한 문제도 아닌데, 아버지의 잘못으로 이 많은 다툼을 내가 다 해나가는 게 너무 한스러웠다. 20대를 고생만 하다가 20대 후반에 직장을 잡아 평범하게 살고 싶었건만. 또다시 진흙탕으로 빠진 기분이었다. 1 대 다수로 몇 달을 다투면서 극한의 스트레스를 받았다. 반면에 극도의 집중력으로 실전에서 업무를 도맡아 진행하다 보니 자연스레 거래처의 담당자들은 내게 연락을 하기 시작했다. 그러면서 운영하는 사업의 고질적으로 부족한 상품상 보완 사항들을 고객사들과 통화하며 파악했다. 피드백을 모아 기존 상품의 부족함을 모두 보완했고, 법적으로 보호받을 수 있는 장치들과 계약서들을 모두 만들었다. 돈을 아끼지 않고 모두 상표권을 취득했다.

거래처만 남아있었을 뿐, 사실상 아버지가 손을 놓은 긴 시간 동안 사업장은 곪을 대로 곪아있었다. 개인적인 보험료뿐 아니라 4대 보험료, 퇴직금 체납으로 인한 퇴사 직원의 고용노동부 신고, 다수 거래처의 공급 납기 지연으로 인한 손해배상 청구 건들, 그리고 매입 거래처들의 밀린 외상 대금 청구로 인한 내용증명들. 매일 지옥 같았지만 '비전'을 보았고 '사업의 핵심인 상품과 거래처는 다시 살리고 보완할 수 있다'는 확신이 있었다. 몇 년간의 장부를 보니 아버지가 '다른 데'에 실수를 하지 않았다면 큰돈을 벌 수도 있었을 거라는 생각도 들었다. 게다가 곪고 병들어 있는 사업장임에도 꾸준히 유지되는 많은 거래처들 역시 굉장한 영업상의 재산이라고 생각했다. 무엇보다, 내가 후방에서 온라인, 컴퓨터, 각종 CS 업무와 배송을 함께 나눠서 한다면 아버지의 장점인 '발로 뛰는 영업'에 다시 날개를 달 수 있을 것 같았다. 그렇게 금전적으로 어머니께서 총대를 메고, 나는 잃었던 거래처들 한 곳 한 곳을 모두 찾아다녔다. 나를 믿어주십사 하소연하고, 문전박대를 당하면서도 또 찾아갔다. 해명하고 또 해명하며 외상 대금 수천만 원을 모두 갚았다.

어머니가 큰돈을 들여 모두 복구했던 이유도, 딱 하나다. '아버지가 무너진 것'이지, '사업이 망한 것'은 아니기 때문이다. 다시 안정화만 시킬 수 있다면, 내가 여유롭게 다른 일도 충분히 가능할 것 같았다. 또한 사업의 마진율, 연혁, 고정 거래처의 숫자, 실제로 일하는 시간 대비 매출의 효율 등을 고려했을 때, 일으킬 수 있을 거로 생각했다. 거래처 한 곳 만들기가 하늘의 별 따기인데, 30년 다 돼가는 시간 동안 수천 개의 거래처와 유수의 대기업들을 거래하고 계신 부분만큼은 대단했고 또 놓칠 수 없었다. 그렇게 1년이 넘는 시간 동안 법적인 다툼을 모두 마쳤다. 채권·채무 관계도 끝내며 새로운 상품들을 개발했다. 배신한 직원에게 흡수당했던 거래처들을 일일이 찾아다니며 대부분의 거래처를 탈환했다. 그렇게 힘든 2년 가까운 시간에 고비와 위기를 여러 번 넘겼다.

앞서 언급했듯 인수인계자가 없었기에 영업이나 배송, 경리업무 등은 혼자 거래처에 욕을 먹어가며 부딪쳐야 했다. 명확한 인수인계자 또는 사수 없이 홀로 일을 배웠다. 다행히, 정말 감사하게도 건강하신 부모님 덕에 사업은 안정화가 되어갔으며, 부모님은 "마지막 불꽃을 태워보겠다"며 큰 프로젝트 또는 큰 기업들을 위주로 새로운 거래를 하기 위해 매일 열심히 영업을 다니고 계신다. 글을 쓰는 지금도 사업을 함께 꾸려나가고 있다. 그때 탈환한 거래처들의 담당자들 중 나를 좋게 봐주는 몇 명은 호형호제 하며 지내고 경조사가 있으면 아낌없이 참석하고 또 지원하기도 한다. 심지어 사업장이 너무 바쁠 때에는 단기 알바도 채용한다. 고생 끝에 사업을 안정화하고 나서는 상주하는 경리 사무직원도 채용했었다. 젊은 경리들을 채용해 봤으나, 책임감 없이 무단결근하거나 근무 첫날부터 무단으로 안 나오는 경우, 우리가 자리를 비운 틈에는 SNS에 사무실 공간을 이용하여 부업하다 걸린 직원도 있었다. 여럿 직원들의 시행착오를 겪다가, 연세가 조금 있는 경력자를 채용하게 됐다.

뜻이 잘 맞았고 가족같이 지냈다. 약 5년 간 근무했지만, 코로나 때 경기가 안 좋아지면서 회사의 사정이 급격히 나빠지는 위기를 맞았다. 식품에 특화된 소독제였던 상품 특성상, 코로나로 인해 대부분의 '외식업' 프랜차이즈, 호텔, 웨딩홀은 문을 닫았다. 영업시간 제한, 집합금지 명령 등으로 운영을 하지 않게 되며 큰 거래처들이 줄줄이 무너졌다. 정말 조그마한 사업장임에도 인건비, 운영비, 기타 물품 대금 등 각종 경비가 매월 수천만 원에 달하기 때문에, 급격히 떨어진 매출을 대출로 메꿔야 했다. 그때 생겼던 대출을 상환하기 위해 현재는 경리 직원을 다시 추가로 채용해도 되는 상황임에도 불구하고 인건비를 절약해서 얼마 안 남은 대출을 마저 끝내려 하고 있다. 경리 직원의 퇴사 후 약 2년째 내가 경리업무까지 모두 도맡아 보고 있다. 이제는 모든 업무에 올라운드 플레이어로 눈 감고도 가능한(?) 수준이 되었다. 처음에 인수인계를 받을 때는 그냥 앉아만 있어도 되는 일인 줄 알았던 경리업무가 이렇게 할 게 많았던 건가 싶을 만큼 당황스럽고 난감했다. 한 달 내내 쉴 새 없이 장부와 엑셀, 수십. 수백 가지 체크 할 것들을 빠짐없이 적고 또 연락해야 한다. 모두 돈을 다루는 일이기 때문이다. 재고 자산 관리, 발주, 계산서, 입출금, 택배, 결산, 지출 등 일일이 말할 수 없는 항목들이 시시각각 변동이 생긴다. 아침부터 밤까지 짬만 나면 메모를 하고 자리를 비웠다가 돌아오면 밀린 메모를 정리한다. 그리고 뒤에서도 설명하지만, 시간을 분 단위로 쪼개고 또 가장 효율적으로 활용하는 법을 익혔기에 지금은 모든 것이 가능하다.

또한, 중개업은 철저히 혼자 하면서 이제 자리가 잡힌 가족 사업은 내가 컴퓨터 업무를 보는 것 외에 납품과 재고 정리, 영업, 택배 물품 발송 등은 현재 부모님이 주로 하시기 때문에 상당히 알차고 또 많은 부담을 덜 수 있다. 자리 잡힌 사업을 하고 있음을 자랑하는 것이 아니다. 처음 내가 일을 시작할 당시에는 사업을 운영하신 지 25년 남짓의 시점이었지만, 앞서 언급했듯 모든 것이 힘들었다. 그 후로 함께한 지금은 35년의 연혁이 됐다. 2015년, 아버지의 모든 것이 무너졌지만 사업장을 되살리고 키우기 위해, 그리고 가족사업의 비전을 위해 하루 이틀 뛰어들다 보니 나 역시 10년 차 소독제 사업의 베테랑이 된 것이다. 몇 년 후엔 부모님이 일선에서 물러나실 거고, 내가 모두 이끌어나가야 한다. 아직도 갈 길이 멀다. 또한, 중간에 허가, 인증, 평가, 갱신 등을 해야 할 품목들을 판매하고 있고 소독제다 보니 화학적인 지식, 사용 매뉴얼, 각종 모니터링 등으로부터 눈코 뜰 새 없이 전화량이 넘친다. 내가 상품을 개발하고 또 상표권자이기 때문에 공장과의 커뮤니케이션 뿐 아니라 CS 응대를 모두 다 해야 한다. 거래처들 중 우리 상품을 턴키방식(제품을 곧바로 사용할 수 있도록 인도하는 것)으로 사입해 가는 곳이 많다. 일일이 대응이 어렵기에 대량 도소매 쇼핑몰과 제휴를 맺어 판매 수수료를 많이 지급하는 대신 FAQ 매뉴얼을 만들어 간단한 응대 수준은 해당 업체에서 하도록 시스템도 만들었다. 어려운 지식이 있어야 하는 부분만 직접 응대한다. 물론, 사무실로 직접 걸려오는 전화 모두 내가 주로 응대하기에 가장 바쁠 경우 사무실 전화기 4대, 휴대전화 2개가 거의 동시에 울린 적도 있다. 머리가 띵해지면서 순간적으로 블랙아웃이 몇 초 동안 온 적도 있다.

 운영한 지 35년이 된, 객단가가 낮지 않아 상대적으로 전화량이 많지 않은 업장도 이렇게 신경 쓸 게 많다. 심지어 일부분은 마진율을 줄이더라도 아웃 소싱으로 도매 또는 소매로 거래처 위탁 판매들로 전환을 했음에도 말이다. 자다가도 일할 수 있는 정도의 상황인 회사도 이렇게 정신이 없다. 그러면서 중개업까지 병행하며 바쁜 날에는 퇴근 시 정말 더 이상 아무도 만나고 싶지 않을 정도였다. 소독제 사업 특성상 거래처가 외식업이 많기 때문에 유통회사는 새벽에 전화나 문자가 온다. 주말에는 웨딩홀, 평일 밤에는 밤업소에서 연락이 온다. 그렇게 내 휴대폰은 24시간 누군가에게 열려있다. 개업 5년 차가 되면서 나만의 시스템과 선을 확실히 만들어 둔 이후에는 전화 아닌 문자로 요청을 했으며, 일요일에는 어떠한 응대도 하지 않기로 했다. 급한 계약이나 진행 중인 계약 손님, 약속된 건이나 급한 건들만 예외로 했다. 일요일 하루는 나도 숨을 쉬고 휴식을 가져야 하기 때문이다. 물론, 일요일에 유튜브 편집과 이렇게 책을 쓰는 시간, 밀린 공부를 하는 시간을 갖지만 나만의 시간이 있음에 감사하다.
 이렇게 10이 있을 때 나처럼 사업체가 2개인 경우 5와 5로 생각을 하면 안된다. 밤도, 낮도, 주말도 없어야 한 업무마다 10으로 온전히 다 본업에 집중할 수 있다는 것을 명심해야 한다. 사람은 본능과 육감이 뛰어난 동물이다. 본능적으로, 육감적으로 이 사람이 일을 제대로 하는 사람인가 아닌

가는 몇 마디, 몇 분만 있어 보면 안다.

 띄엄띄엄 하는 사람이 되고 싶은 건가? 아니라면, 겸업에 대해 '직장인보다 2배 열심히 뛰고, 2배 덜 잘 생각을 한다'면 추천한다. 그만큼 두 개의 바퀴가 굴러가게 될 것이다. 그것이 또한 가장 큰 장점이기도 하다.
 꼭 명심하도록 강조하고 싶은 것이 있다. 여러분이 다른 일로, 여러 개의 일을 하면서 바쁘다는 것은 자랑거리가 아니다. 여러분을 중개사로 찾아왔다면, 중개사로서의 여러분을 보여줘야 한다. 여러 개를 한다고 여러분을 높게 사지 않는다. 중개사로서 여러분의 능력과 실력만을 본다. 다른 것은 그들에게 중요한 것이 아니다. 애초에 중개사만 하는 사람들보다 신뢰감이 낮을 수 있다. 오히려 중개사로서 제대로 일을 하지 못하면, 그 신뢰감의 하락 속도는 훨씬 빠르다. 여러분이 손님이 되었다고 생각해 보자. 중개사만 전업으로 하는 사람을 찾고 싶은지, 아니면 이것도 저것도 하다가 또 중개사도 하는 사람을 찾고 싶은지 말이다.
 앞서 말했듯, 중개사로서도 10을 20처럼 사용하여 꽉꽉 채우고 발전한다면, 정말 두 마리의 토끼를 잡을 수 있다. 나는 그렇게 5년을 평일 3~4시간 이상 깊게 잠들지 못했다. 그래서 젊은 나이에 건강이 안 좋아지는 것도 느꼈다. 새벽에는 공부를 했기 때문에 더욱 잠을 줄였다. 바쁜 하루로 하루에 한 끼 먹는 것도 호사였다. 나처럼 일하면 안된다는 것을 말해주고 싶다. 그렇기에, 겸업은 신중하고, 또 신중해야 한다. 메타인지라고 하지 않는가. 내가 내 상황과 나를 객관적으로 들여다보아야 한다. 이 글을 읽고, 세 번을 고민하고, 그럼에도 할 수 있겠다면, 그땐 말리지 않겠다. 다만, 할 거면 정말 제대로 해야 한다.

겸업과 부업

1. 겸업과 부업의 차이는 '마음가짐'

　겸업과 겸직의 차이를 세분화하며 직장인 또는 공무원의 기준에서 가능, 불가능 여부를 논하는 이야기를 하는 것이 아니다. 겸업과 부업에 대한 마인드의 차이를 이야기하고자 하는 것이다. 흔히, 겸업을 하게 되면 겸업하는 것 중 하나를 부업 정도로 생각한다. 그것이 결국 마음가짐에서의 차이를 만든다. 내가 바로 이전 파트의 글을 적고 나서, 신사임당으로 이름이 알려진 주언규 PD의 자기개발 영상을 들으며 잠자리에 들었다. 그때, 소름이 돋았던 내용이 있다. 바로 앞서 내가 적은 내용을 그대로 말해주는 것이다. 그리고, 다음으로 적을 이 부분에 대해 어느 정도 비슷하게 언급을 했다. 바로 마음가짐의 차이다. 직장에서 '집에 갈 생각만'을 하는 사람은 발전할 수 없다는 것이다. 내가 말하고자 하는 부분이 바로 이 마음가짐이다. 겸업에서 가장 경계해야 할 부분은, "이것 안 해도 다른 것 있으니까", "아, 그거 잘 안 되는데 그냥 때려치우고 이거나 할까?"의 마음가짐이다. 소위 겸업이 곁다리가 되어 버린다면, 그 일을 할 때 태도에서 고스란히 묻어나온다. 또한, 일에 투하하는 시간과 마음이 적은 만큼 산출량이나 결괏값이 좋지 않다. 악순환의 반복이 된다. 겸업은 그것을 경계해야 한다. 꼭 강조하고 싶다. 단, 내가 말하는 겸업에서는 '중개업' 겸업을 기준으로 한다. 오토매징, 무인 내장 등은 목적 자체가 '추가 수입, 겸사겸사 도움이 되는 일'이다.

　대형 프랜차이즈를 만들고 싶은 포부를 가진 사람이 겸업으로 가게를 하나 돌려본다는 것은 말이 안되기 때문에, 그런 욕심을 가진 경우를 제외한다.

　겸업을 부업처럼 마음가짐을 세우는 순간, '+@'가 되어 버린다. 소위 말하는 플러스알파란, '거기에 더해주면 땡큐' 정도이다. 그게 부업의 정의다. 물론, 부업을 부담 없이 하면서 그 부업이 본인과 정말 잘 맞는 경우를 발견할 수도 있다. 또한, 부업을 통해 부가 수익을 창출하다가 잘 되어 본업이 될 수도 있다. 그렇지만, 시작점은 겸업과 부업은 달라야 한다. 그 마음가짐을 꼭 말해주고 싶다.

2. 부업을 하더라도 가급적 '본업과 연결된' 부업을 할 것
- 전혀 다른 캐릭터인 부캐가 아닌, 발전된 본캐로 부업을 할 것

뒷부분에서 자세히 다루겠지만, 부업할 때에도 가급적 본인의 기술, 능력이 발휘될 수 있는 일을 하는 것을 강력히 권한다. 또한, 시간이 지나면서 밀도나 능력치가 쌓일 수 있는 일을 하는 것이 좋다.

2020년 코로나 초반, 가족 사업인 소독제 사업이 대박이 났다.

'돈을 이렇게 벌어도 되나?' 싶을 만큼 소위 '억' 소리 날 정도로 돈을 벌게 된 날도 있다. 너무 오래되어 바꾸어야겠다고 생각했던 중고 컴퓨터가 있었다.

아무런 거리낌 없이 200만 원이나 되는 고가를 바로 결제해 버린 정도였다. 그럼에도 잔고에 영향이 없는 수준이었으니 대충 가늠이 될 것이다. 하지만, 그 이후 대량 주문이 들어오던 거래처들은 '집합 금지', '영업 제한' 등으로 운영을 모두 중단했다. 택배 알바까지 고용해야 했던, F5 새로고침을 누르면 주문 내역이 몇십 건씩 쌓이던 개인 주문은 모두 멈췄다. 오래 알고 지낸 거래처 담당자들 중 발주 권한이 있던 높은 직함들의 담당자들이나 젊은 시절부터 아버지와 동병상련의 마음으로 밑바닥부터 올라가며 높은 자리에 올라간 소위 임원급들 중 상당수가 인건비를 이유로 권고사직 됐다. 유수의 거래처들이 순식간에 추풍낙엽같이 떨어져 나갔다. 천국에서 불과 몇 개월 만에 지옥을 맛보게 됐다. 직원의 월급도 고민해야 했던 나는 갑자기 한가해진 가족 사업에 부업을 해야겠다고 생각했다.

21년 초, 급한 마음에 내가 무엇을 잘할 수 있는지 따위는 생각할 겨를이 없었다. 바로 돈이 되는 일을 해야 했다. 아니, 고민의 수준이 아니라 월급날은 너무 빨리 다가왔고, 며칠 전부터 걱정으로 잠이 안 올 정도였다. 당시 간간이 하루씩 하던 모델 일도 코로나 영향으로 모두 끊겼다. 정말 가성비 좋은 부업마저도 끊긴 것이다. 그때, 가장 먼저 생각난 것이 배달이었다. 당시 배달 앱은 신규 배달 기사들을 모집하기 위해 많은 보너스와 이벤트를 지급했다. 하루 종일 콜을 켜놓고 짬만 나면 차로 배달을 다녔다. 점점 자존감이 낮아졌다. '모델님', '중개사님', '사장님'으로 불리던 내가 '기사님', '아저씨', '저기요'가 됐다. 마스크를 쓰고 모자를 쓰면 인사조차도 잘 오가지 않았다. "음식, 저기 있어요" 정도가 인사였다. 또한 차로 다니다 보니 구석구석 주차가 힘들었다. 운전하며 불필요한 시비, 기분 나쁨을 여러 번 겪었다. 그러면서 예민해지는 내 모습에 안 되겠다 싶었다. 당시 내 인건비 정도는 보탬이 됐던 것 같다. 하지만 얻는 것보다 잃는 게 훨씬 많았다. 몇 년이 지난 지금도 그때의 안 좋은 기분과 기억은 가끔 나태해질 때 찬물을 끼얹어주는 강한 각성제 중 하나가 되었다. 배달 라이더 일이 안 좋다는 것이 아니다. 뚜렷한 목표가 있다면 그를 위한 과정이나 수단으로 일을 할 수도 있다. 직장인으로서 부업으로, 또는 상황이 여의찮아서 할 수도 있다. 생계를 위해 꼭 해야만 할 수도 있다.

폄하나 비하가 아니라는 것을 알아두었으면 한다. 중개업이 명예로운 직업이라는 것도 아니다. 다만, 중개업이라는 본업과 아예 관계없는 일을 했을 때의 내 기분과 자존감을 이야기하는 것이다. 배달 라이더가 본업이 아니었기에, 내가 느낀 마음가짐이 문제였다. "난 이 일이 잘 맞지 않는데 할 수 없이 하는 거야, 돈 벌어야 하니까"라는 생각이었기 때문에 안 좋고 힘든 기억으로 남는 것이다. 목표도, 일의 동기도 없었다. 그냥, 돈을 빨리 벌어야 했기 때문이었다. 그렇기에 내가 느낄 땐, 시간이라는 내 인생의 가치와 건당 지급하는 배달비와 맞바꾸는 것밖에 안 됐다. 시급이 오르지도, 내 경력이 인정받지도 않는다. 그냥 그날 배달을 많이 했으면 돈을 더 버는 것뿐이다. 지위의 상승도, 명예의 상승도 없었다. 경력이나 실력의 점진적 발전도 없었다. 몇 개월의 힘든 시간을 보내며, 나름 많이 좋아졌다고 생각했던 내 상황이 다시금 롤러코스터를 타는 듯 급강하하는 기분이 들었다. 당시 아파트 내 집 마련까지 했던 상황임에도 그렇게 자존감이 낮아질 수가 없는 상황이었다. 마음이 참 힘들었다.

그때 생각했다. "내가 잘할 수 있는 게 뭘까?" 아! 20대 때 내가 정말 힘들게 수십 가지 일을 하면서 느낀 한 가지가 있었지 않은가. 외모, 언변, 지식을 쓰는 일을 해야 가치가 올라가고 시간 대비 벌 수 있는 돈이 많아진다는 것을 말이다.

지금 내가 하는 일을 떠올렸다. 가족 사업에서 부업을 할 만한 것은 딱히 없었다. 매일 했던 공부가 떠올랐다. 마침 유튜브를 시작하며 공부했던 지식, 정보를 일기처럼 올리면서 조금씩 구독자가 올라가고 있었다. 100명, 200명… 그렇게 1,000명이 넘어가며 수익 신청도 할 수 있게 됐다. 지식을 활용해 보자고 생각했다. 중개사로서 지식을 갖추고 상담하는 것. 내 경험과 공부도 같이 늘어가며 실력도 키울 수 있는 점, 수많은 무례한 문의 전화에 '전화를 받는 입장, 그리고 내가 일방적으로 무언가를 주고 끝내는 불공평한 입장'이 아닌, '대화하는 입장, 내가 지식을 주면 돈을 받는 동등한 입장'으로 치환하기로 했다. 그렇게 상담 전문 중개사로 등록을 하고, 상담을 시작했다. 첫 상담 요청이 들어왔을 때의 떨림이 아직도 생생하다. 정말 최선을 다했다. 30분에 1만 원, 15,000원, 20,000원까지 다양한 상담 상품을 만들었다. 내가 정말 자신있게 설명할 수 있고 오래 공부한 분야만을 상품으로 등록했다. 그러다 보니, 강의 사이트들에서 내 유튜브와 상담 등을 보고 연락이 왔다. 마침 오프라인으로 강의를 나가면서 준비해 둔 강의 자료들이 있어 그 자료들을 추가로 정리했다. 손수 커리큘럼을 모두 만들고, 영상을 찍고, 옮겨서 편집하고, 자료를 만들었다.

자막 하나도 빠짐없이 1달간 밤을 새우다시피 했다. 그렇게 약 30강의 온라인 강의까지 완성이 되었다. 한 곳에 제휴가 되어 내 강의를 올렸더니, 다른 사이트들에서도 연락이 왔다. 여러 곳에서 판매가 개시됐다.

이제, 나는 중개사로서 중개업을 오프라인으로 본업으로 하면서 부업으로 중개에 파생된 상담, 유튜브, 내가 만들어둔 영상으로 인한 강의 수익, 이따금 오프라인 강의까지 파이프라인이 만들어졌다. 중개사로서 전국의 많은 중개사들을 만나고, 이야기를 듣고, 계약을 해갔다. 상담 숫자가 늘어나고, 수강생이 늘어나고, 구독자가 늘어났다. 점점 더 양질의 콘텐츠가 만들어지고, 지식수준이 높아졌다. 유명한 이들, 좋은 이들을 알게 됐다. 자연스레 중개업도 점점 더 바빠졌다. 부업을 해도 "내가 뭐 하는 거지?"라는 생각이 들지 않았다. 어차피 '공인중개사'로서 내 일을 조금 더 하는 것뿐이니 말이다. 중개사로서 조금 더 광범위한 업역을, 전문적으로 하는 것일 뿐이니까 말이다.

이렇게 부업을 4년째 하다 보니 중개사라는 타이틀로, 이승주 공인중개사로서 인지도와 평판이 좋아지고, 알려지게 되었다. 그 이후는 알 수 있을 것이다. 매일 많은 이들의 전화와 방문으로 하루 한 끼도 먹기 힘들 만큼 바쁜, 감사한 삶을 살게 됐다. 오프라인 강의도 아주 잘 맞기 때문에 사람들 앞에 서서 이야기를 하는 기쁨은 나를 늘 설레게 한다. 대상과 주제가 다른 강의를 제안받으면, 몇 날 밤을 새우기 일쑤지만 그렇게 완성된 자료를 하나씩 컴퓨터 폴더와 클라우드에 모을 때마다 어릴 때 모았던 딱지, 포켓몬 스티커처럼 마음이 든든해진다. 강사로서의 내 경력이 늘어나고 무엇보다 많은 이들에게 내가 아는 것을 아낌없이 알려주고 올 수 있다는 사실에 기분이 좋다. 물론, 나는 이제 시작이라고 생각한다.

앞서 내 사례처럼, 겸업과 부업에 대한 자아와 목적을 뚜렷이 설정하고, 구분해야 한다.

부업으로 본업의 시간을 뺏기는 일을 하면 안 된다. 본업과 함께 시너지가 나며 같이 성장할 수 있는 부업을 하면 된다. 혹은, 다른 업이나 관계 없는 일을 할 것이라면 '자동 또는 반자동'된 수익을 추구해야 한다. 사람을 만나는 일에는 '자동화'란 없다. 가급적 본인의 일에서 파생되는 일로서 지식을 나누거나 기술을 나누는 것, 가르치는 것 등이 성장과 효용이 높다.

중개업이 힘들다며 대리기사를 하는 이들의 이야기를 많이 들었다. 대리기사의 일이 하찮다는 것이 아니다. 다만, 그 일은 중개사와는 관계가 없다. 노동력을 시간으로 치환하는 일에 전혀 중개업과는 관계가 없다는 것이다. 그냥 시간을 바꾸며 생계를 유지하는 것이다. 이 책은 부업으로 돈을 많이 버는 책이 아니다. 본업인 중개사로 성장하는 과정에 대한 이야기를 다루는 것이기에, 그 부분을 강조하는 것뿐이다.

앞서 언급한 주언규 PD가 한 말을 조금 더 인용하자면, 가위바위보나 주사위는 아무리 일부러 져주고 싶어도 질 수 없는 확률의 영역이다. 팔씨름이나 게임, 스포츠 등 본인의 능력껏 이기고 지는 것을 조절할 수 있는 것은 실력의 영역이다.

예측할 수 없는, 내 힘으로 바꿀 수 없는 확률에 겸업이나 부업을 걸지 말고, 내 능력이나 힘으로 바꾸고 변화해 나갈 수 있는 일에 겸업이나 부업할 시간을 투자하길 바란다.

"Slow and Steady Wins the Race."

내가 재수를 결심하고, 입학한 학교를 호기롭게 '학사경고'를 자체 확정지으면서 바로 재수학원에 갔을 때 학원 자습실에서 봤던 가장 강렬한 문구다. 그 문장은 출입문 앞에 붙어 있었고, 아무도 그 문장을 눈여겨보지 않았다. 나는 그 문장을 깊이 새겼다. 그 습관을 들였을 뿐이다. 꾸준함도 재능이고, 능력이다. 그 재능은 누구나 가질 수 있다.

천천히, 꾸준하게 갔을 때 레이스에서 이기는 것은 거북이였다는 우화를 모르는 사람은 없을 것이다.

직접 눈으로 본 겸업을 하는 중개업소들의 현장

공교롭게 겸업에 대한 질문과 상담이 많았던 며칠이 있었다. 마치 짠 듯이 비슷한 시기에 여러 명이 비슷한 질문을 했다. 그래서, 멀리도 아닌 동네부터 겸업을 하는 중개업소들은 어떤지 한 번 찾아보기로 했다. 유튜브에도 유사한 내용을 올릴 겸, 겸사겸사 나와 같은 겸업자들을 찾아보기로 한 것이다. 시간을 내서 다니기는 어렵다고 생각했다. 마침 집을 보러 다니는 김에, 동네를 천천히 걸어봤다.

생각보다 등잔 밑이 어두웠다. 자주 지나갔던 길도, 잘 못 봐 왔던 곳들도 겸업을 많이 하고 있었다. 내가 본 겸업을 하는 중개업소들의 유형은 다음과 같다. 겸업을 하는 몇 곳을 직접 촬영해 보았다. 생생함이 전달되길 바란다.

1. 타 전문 자격사와 함께 겸업을 하는 곳

중개사로서는 가장 좋은 케이스라고 생각한다. 대부분 전문 자격사는 중개사보다 인지도가 높다. 직업적인 지위도 높은 게 현실이다. 또한, 그를 증명하듯 시험 난이도 역시 훨씬 어렵다.

우리 동네에서 찾은 전문직 겸업 사무소는 최근 중개사사무소를 **폐업한** 사장님의 사무실을 양도받은 법무사, 공인중개사사무소이다. 해당 자격사로 겸업하는 케이스는 동네에서 2~3곳 정도가 보인다. 다음으로 세무사, 중개사사무소가 있다. 내가 동네에서 본 케이스는 이러하지만, 검색을 해보면 전문자격사 여러 개를 취득하여 겸업하는 케이스가 생각보다 많다.

사례1 – 타 전문자격사와 겸업하는 사례가 심심치 않게 보인다.

  개인적으로 매우 명석한 두뇌를 이용한 것으로, 대단하다고 생각한다. 물론, 영업 스킬은 별도이기에, 똑똑한 것이 곧 돈을 잘 버는 것은 절대 아니다. 다만, 지식 서비스로서 전문자격사는 정년과 연봉의 한계가 없다. 자리만 잘 잡으면 꾸준히, 정년 걱정 없이 일할 수 있다. 또한 물건을 사입하여 재고 부담을 갖거나 유통기한을 걱정할 필요도 없다.

  나 역시 이러한 겸업은 매우 욕심이 나는 케이스다. 시너지 효과도 얻을 수 있으며, 중개사로서 그 이상의 지식을 보여줄 수 있고 또 연계할 수 있음을 증명하는 케이스가 될 수 있다. 다만, 앞서 설명했듯 죽도 밥도 안될 수도 있기에 그 외의 요소들은 철저히 본인 하기 나름이다.

2. 연계성이 없는 별도 업종의 겸업

이 경우가 동네에도 많았다. 대표적으로 몇 곳 예를 들자면, 생각지도 못한 업종들이 다양했다.

정말 뜬금없지만, 사주 철학과 궁합을 보는 분이 중개업을 같이하고 있었다. 그것도 사무실에서 5분도 안되는 거리에 있었다.

마주 보는 두 건물의 1층을 임대차하여 편의점과 중개업을 같이하면서 중개사사무실에 "맞은편 편의점으로 오시라"고 쓰여 있기도 했다. 건어물 가게와 같이 이어서 2개를 겸업하는 사장님도 있었다.

사례2 - 사주, 작명소와 겸업을 하는 부동산 사례

상도동에는 지금은 폐업을 했지만, 아파트 단지의 중개사무소가 기억난다. 사무실의 일부를 나누어 주스 전문점을 운영했다. 중개업이 힘들어지는 시기인 21년 이후, 22년부터 운영을 했던 기억이 난다. 몇 개월 남짓 운영을 하는 듯했다. 그 중개사무소는 현재 폐업을 했고, 고깃집으로 바뀐지 꽤 지났다. 이러한 예처럼, 우리 주변에는 중개업과 겸업하는 이들이 생각보다 많다.

몸은 하나이기 때문에, 앞서 말한 '사람'과 '마음가짐'이 가장 큰 요소임을 명심하자. 절대, 절대로 안 하느니만 못한 겸업을 하면 안된다!

사례3 - 건물을 마주보고 두 개의 임대차를 체결하여 부동산과 편의점, 세탁소를 겸업하기도 한다.

chapter 03

나의 중개 일기

01 나의 생생 중개 에피소드

개업 후 5년, 수백 개의 계약을 했다. 수백 개라고 하니 큰돈을 번 것 같지만 아직 만족스러울 정도의 수준은 아니다. 다만, 계약마다 배움과 스토리가 있었기에 경험치는 다양하다. 고가의 주택이나 빌딩, 건물을 계약하는 경우는 손에 꼽았기에 대부분 일확천금이라기보다는 가랑비에 옷 젖듯이 이루어졌다. 시나브로 꾸준히 계약 숫자가 늘다 보니 계약 건수가 많았다고 생각하면 좋겠다. 물론, 5년 차가 넘어가고 자리를 잡으면서 거래의 금액이 큰 계약의 거래 건수도 늘어났다. 보수가 큰 계약을 여러 건 했을 때는 매출이 정말 괜찮을 때도 있다. 단, 이번 시리즈에는 담기에 적합하지 않아 담지 않았다.

2019년, 개업한 지 2주가 지났을 때였다. 동생이 소개해 준 손님과 함께 봉천동의 원룸과 오피스텔을 보러 다녔던 기억이 난다.

물건지 중개업소와의 공동중개로 손님과 함께 간 봉천동 오피스텔 관리사무소에서 처음 계약서를 썼다. 쏙 늘어보고 싶었던 말, "계약할게요"라는 문장의 짜릿함. 처음으로 들어 본 "계약할게요"라는 문장의 기억은 글을 쓰는 지금의 순간까지도 매우 깊게 각인되어 있다.

한 건 한 건 감사하지 않은 계약은 없지만 늘 초심을 잃지 않아야 한다는 강박 수준의 마인드셋이 있다. 대부분은 초심을 잃기에 망가지고 무너진다. 항상 명심하고자 나와 처음 계약해준 고객들에게 꼭 '고객 방명록'을 요청한다. 연도별로 모은 방명록을 이따금 보기도 한다. 연도별로 모아둔 방명록은 2019년을 시작으로, 벌써 6개째의 파일을 채워나가고 있다.

성공한 사람들은 모두 메모를 즐겨한다. 성공을 떠나 본인을 들여다보고, 회고하는 것은 자신을 돌이켜보고 반성하여 발전할 수 있는 밑거름이 된다. 기록을 보존할 수 있는 유용한 저장수단이기에 나는 메모를 정말 세세하게 한다. 종이에 적기도, 오랫동안 편리하게 보관할 수 있는 클라우드 방식으로도 다양하게 기록한다. 수백 개의 모든 계약을 다 기록할 수 없었지만, 그래도 이 챕터를 통해 가능한 많고 생생한 내 중개 후기를 전하고자 한다.

주택 에피소드

Ep.1 개업 후 첫 계약 - 원룸 오피스텔로 시작하다

2019년 3월 1일, 당시에는 나름 기념적인 의미가 있는 날이었기에 공휴일임에도 개업을 했다.

개업식은 가족과 조촐하게 기도하고, 고사를 약식으로 하며 조촐하게 오픈하였다.

그렇게 아무것도 모르는, 자격증만 있는 생초보가 무리하게 개업을 하고나서 업무는 어떻게 하는지, 어떻게 일을 진행하고 중개사의 업무는 어떤지 등을 몸으로 익히고 있는 중이었다. 지금 생각해보면 계약서의 '계'자도 모르는 사람이 참 무모했다 싶다. 원효대사 해골물처럼, 이제 다 알고나니 그때 무식한 게 용감했다 싶다.

개업 후 2주 째, 직업이 여러 개였던 나는 개업을 하기 위해 투자했던 돈들을 빨리 회수할 계획을 세웠다. 페이가 괜찮은 다른 일을 잠시 하며 일이 끝나면 사무실에서 끊임없이 공부와 실무 업무 등을 하고 있었다.

처음 사무실에 물건을 내놓아준 임대인이 아직도 기억난다. 당시 부재중이었는데, 지금도 운영하고 있는 가족 사업의 직원이 문자를 주었다. 손님이 매물을 내놓고 갔는데, 어떤 매물인지와 인적사항 등을 메모장에 적은 문자였다. 그러면서 동네에서 간판을 보고 오는 임대인들, 토박이의 가장 큰 장점인 친구들의 부모님, 지인들이 물건을 하나둘 맡겨주시며 매물장에 차곡차곡 하나둘 쌓아가던 시점이었다.

그때 남동생에게 연락이 왔다. 동생의 지인이 원룸, 오피스텔을 구하고 있단다. 동생은 당연히 그 얘기를 듣고 내 생각이 났을거고, 마침 손님이 구하는 동네도 나의 사무실과 멀지 않아서 연락처를 받아 연락을 하게 되었다. 사실상 개업 후 2주간 제대로 된 손님을 만나보지 못했고, 감사하게도 오픈하고 따로 매물작업을 하지 않은 상태였다. (할 줄을 몰랐다는게 더 맞는 말 같다.)

중개사 공부를 하기 전 아버지의 개인 사무실 겸 쉴 공간으로 서울대입구쪽에 오피스텔을 구하러 부모님과 동행한 적이 있었다. 마침 손님이 구하는 위치가 그 부근이기에, 그때 거래했던 실장이 생각나 연락을 해보았다.

그 실장은 처음 만날 당시 자격증 공부 중이었던 상태로, 중개보조원이었다. 이후, 내가 합격을 하고 개업 공인중개사로서 매물을 구하며 연락을 할 때에는 본인도 재수를 하여 자격증 시험에 합격하고 오픈을 했단다. 마침 잘됐다 싶어 바로 누나동생 하자고 친근감있게 연락을 하며, 사무실에도 음료수를 들고 찾아 갔다. 어깨너머 업무도 구경하고, 같은 중개사끼리도 지역별로 알고 지내면 좋겠다는 생각이었기에 합격 후 개업 이전부터 연락을 종종 이어나갔다. (그 생각은 지금도 더더욱 많이 느낀다. 강조하지만 사람이 재산이다.) 그렇게 나의 첫 손님을 나의 사무실이 위치한 남성역, 사당동 위주로 보다가 서울대입구역의 오피스텔로 그 실장님의 물건을 추천받아 함께 임장하였다. 위치, 교통이 좋은데 가격도 꽤나 저렴한 오피스텔이라는 장점으로, 첫 손님이었던 20대 여성은 계약을 하겠다고 했다. 언제나 감사하고. 기분 좋은 문장이지만, 그때 처음 들었던 "계약할게요" 이 문장이 얼마나 짜릿하고 기분이 좋았던지 모른다. 그 당시에는 계약이라는 자체가 내게 아주 큰 의미였다. 수수료를 떠나 나를 통해 계약을 한다는 것, 드디어 공부로만, 책으로만, 강의로만 공부해왔던 계약이라는 프로세스를 실제로 돈을 받고 진행하였기 때문에 설렘과 긴장감이 반반씩 있었다.

처음에 내가 손님으로 찾아갔던 중개업소의 실장과, 지금은 각자 공인중개사사무소 대표의 위치로 만나게 되었다. 공동 중개를 통해, 동생의 지인이 첫 계약 고객이 되었다.

이 때부터 하나둘 엑셀 고객장부, 매물장부, 메모장 등의 정리 프로세스를 체계화해나가기 시작했다. 팁을 하나 드리자면, 지역별로 공동중개를 편하게 할 수 있는 일 잘하는 중개사 동료들을 알고 지내면 정말 좋다. 때로는 바로 옆 중개업소도 평소에는 경쟁이지만 큰 조력자가 될 수도 있다. 대부분은 종종 연락하며 공동중개의 가능성을 늘 열어두며 좋은 관계를 유지해나간다. 아쉽게도, 책을 쓰는 지금 시점에는 첫 공동중개의 연이 닿았던 그 실장과는 자연스럽게 연락이 끊긴 지 오래다.

오랫동안 기억에 남을 첫 계약 고객은 다른 동네로 가게 되어, 나의 엑셀 고객장부에 재계약여부란에는 x표시가 되었다.

수수료는 작았고, 거기에 지인이라 할인도 해주었으며, 동생에게 고마움의 인사로 용돈 명목으로 조금 떼주기도 했다. 첫 계약이기에 어머니께도 용돈을 조금 드렸던 터라 첫 계약의 수수료는 사실상 남는 게 없었다.

첫 계약의 기쁨, 설렘, 초심을 지금도 가끔 떠올려본다. 새삼 묘한 감정이 든다. 그 후, 수백 번을 들으며 이제는 큰 감흥을 느끼지 못하는 "계약 할게요"라는 문장이 그때는 어찌나 기분이 좋았던지 모른다.

> **Diary Point**
> 개업 후 첫 계약에서의 기분과 감사한 마음을, 초심을 잃지 말자.

Ep.2 휴양지의 바다를 보며 봤던 문자 "계약할게요"

개업한 첫 해의 5월이었다.

내 생일 기념으로 휴양지이자 곳곳이 정말 예뻤던 기억으로 남는 괌을 여행하고 있었다. 그렇게 고대하던 공인중개사 합격 후 개업, 그리고 틈틈이 생기기 시작한 계약으로 개업 첫 해 내 생일은 참 기분 좋게 보냈다.

석양 아래 펼쳐진 푸른 바다에서 휴양지의 잔잔한 음악과 시원한 음료는 내 마음을 평화롭고 기분 좋게 해주었다.

바다를 보며 이 생각 저 생각을 갖고 있던 중, 음료를 한 모금 마시다가 울리는 휴대폰을 집어들었다. 집을 구한다는 소식을 들었기에, 일할 때 만났을 당시 집을 구하게 되면 연락하라고 했던 동생이었다. 그 동생은 내가 여행 오기 전 이미 여러 군데 집을 보았다고 한다. 그중에 네이버를 통해 검색해서 봤던 서울대입구의 오피스텔 매물을 연락해 봐 줄 수 있냐고 했다. 매물을 보유한 해당 중개업소에 공동중개 의뢰 연락 후 집을 보고 난 후 여행을 떠나온 상태였다.

"형님~ 저 얼마 전에 같이 봤던 서울대입구역 ○○오피스텔 계약하고 싶습니다. 계약 진행 어떻게 하면 될까요?"

기분이 묘하고 좋았다. 외국에서, 개업 첫해에 그것도 2달째에, 계약을 벌써 몇 건째 하고 있다는 사실도 감사했는데 기분이 더욱 좋았다. 뭔가 나의 식업으로 그간 공부했던 것들을 보상받고, (비록 직접 일을 해야 돈을 벌 수 있는 상황일지라도) 내 직업이 돈을 벌어다 주는 시스템이 구축되어 가는 기분이랄까? 높지 않은 수수료를 떠나 짜릿한 기분이 들었다.

미래에 대한 내 목표와 동기부여도 강해지는 순간이자, 또 한 명의 계약 고객에게 감사함을 느끼는 순간이었다.

원래 업무적으로 만나는 관계는 카톡보다는 문자 위주로 진행하지만, 와이파이로 연결하여 연락해야 하는 상황이었으므로 하는 수 없이 상대편 물건지 중개업소에 카톡을 보냈다.

계약금의 일부를 이체하도록 했다. 다행히 대장과 등기서류 및 특이사항은 여행 전 미리 확인하고 왔던 터라, 계약금을 이체하는 것이 문제없는 상태였다. 상대편 중개업소에 사진으로 등기를 다시 한 번 확인받아 계약을 원하는 동생에게 보내주고, 자세히 설명을 해주었다. 그렇게 계약금 일부를 송금 후, 나는 기분 좋은 여행을 마무리할 수 있었다.

계약서 작성일은 기존 세입자 퇴거일자가 한 달 반가량 남아있었기에 계약금의 일부 입금일로부터 약 3주 후였지만, 변동 사항 없이 안전하게 계약을 마무리했다. 잔금 후 만족해하며 사는 동생에게 간단한 선물을 사 들고 인사를 하고 왔다.

바쁜 일상을 떠나 여행지에서도 일을 해야 한다고 투덜대는 마음은 전혀 들지 않았다. 너무너무 감사한 마음뿐이었다. 초보 공인중개사를 믿고 계약하겠다고 연락 준 동생과 많이 부족함에도 꾸준히 계약이 생기는 나의 중개사무소에 대한 기쁨으로 괌에서 마시는 음료수는 더욱더 달콤했고, 괌의 바다는 더욱 푸르렀다.

(그로부터 2년이 지난 후, 그 동생은 전세자금 대출을 받아 다른 집을 구해보려고 한다고 연락이 왔다. 처음 일기를 쓸 당시, 다음 집도 인연이 이어질지는 모르겠다는 일기를 썼었다. 그 후 2년, 다음 집을 또 계약해 주게 되었다.)

> **Diary Point**
>
> 여행을 하더라도 연락수단은 열어두어야 하며, 가급적 중개 상황에 맞춰 필요한 서류 등은 사진을 찍어두고 메모를 해두어 대응을 해주면 좋다. 글을 보시는 여러분들도 여행 중에 "계약할게요"라는 문자를 받길 바란다!

Ep.3 입주하자마자 나오게 된 원룸 손님, 다음 집은 서비스로 무상중개하다

개업 첫 해의 12월이었다. 개업 후 1년이 안 되어가는 무렵이지만 평소 동네에 지인들도 많고, 워낙 평소에 알고 지내는 친구들, 형 동생들이 많아 소개를 받거나 직접 집을 구하는 지인들이 제법 늘어났다.

계획한 것은 아니었는데, 첫 해는 자연스럽게 원룸 위주 거래가 많았다. 물론 중간중간 다른 종류의 물건들도 취급했으나, 지인들은 대부분 원/투룸을 구하는 경우가 많았다. 내가 젊다 보니 자연스레 사무실에 발을 들이는 손님들도, 소개를 해주는 손님들도 연령대가 젊었기 때문이다.

해당 중개건도 가까이 지내던 친한 형의 지인이라며 소개를 받았다. 보증금과 월세가 구하려는 컨디션에 비해 타이트했다. 대부분 원룸 손님들은 그렇다. 보증금/월세 여력이 많지 않지만, 방 한 칸도 본인만의 공간을 꾸리고 안락하고 아늑하게 살고 싶은 마음은 누구나 같기에, 자연스럽게 처음에는 눈높이가 높다. 본인이 원하는 이상적인 컨디션들을 막연하게 그리며 사무실에 내방하는 경우가 많다. 그리고 막연한 기대감과 이미지화 되어 있는 꾸며진 예쁜 원룸들에 대한 약간의 기대감이 불어넣어 주는 환상도 있을 것이니 충분히 이해된다.

원룸은 보통 당일에 보고 결정하는 경우가 10중 8이상이며, 손님의 특성도 정말 다양하다. 어느 물건이나 다 그렇겠지만, 방을 정말 여러 개 보면서 고민하는 이도 있고, 2~3개만 보고도 금방 마음에 드는 집이라며 계약하는 이도 있다. 지금까지 나의 기록으로는, 몇 회에 나누어 방문하였지만 총 35개 정도의 매물을 보고 계약한 손님도 있다. 지금은 그렇게 중개를 하지 않지만, 당시에는 모든게 배움이고 경험이라는 생각과 오기가 공존했던 것 같다. 반면에 1개만 보고 계약한 손님도 있다. 한 개와 35개의 차이였음에도 받는 보수는 비슷하다. 알 수 없는 중개의 길, 계약의 길이다. 1개만 보고 계약한 손님은 반지하 신축 집을 보여주었는데, 사무실에 와보니 계약을 하겠다며 기다리고 있었다. 그럴 땐 내심 '보너스 트랙' 같은 느낌이 들기도 한다.

　이번 에피소드 손님은 날을 잡고 내 차를 타고 여러 개의 매물을 몰아서 보았다. 그 중 가성비도 좋고 역에서도 가까운 집에 들어갔다. 깔끔하게 잔금까지 치르고, 언제나 감사한 중개수수료를 받는 순간까지 지인의 소개이니 적은 수수료임에도 할인도 해주면서 최선을 다했다.

　한데, 당일날 밤 나에게 세입자가 된 손님이 전화가 왔다. 방에서 짐을 풀고 가만~히 있었는데, 지하철이 다니는 길인 건지, 소음인지는 모르겠지만 이 소음으로 미치겠다는 것이다. 어느 정도이길래 그러냐고 물었다. (방 볼 때 예민하고 까다로운 친구라 생각했기에 매우 예민한가 싶었다.) 데시벨 측정기까지 구입하여 측정, 소음을 녹음하고 이미 주인과 이 부분으로 통화하여 마찰이 생겨버린 상태였다.

　이럴 때에는 빠르게 생각해야 한다. 시간이 흘러가면 상황도 바꾸기 힘들기 때문이다.

　결과적으로, 해당 집은 주인과 서로 양보하여 보증금을 바로 반환받고, 지낸 일수만큼만 월세와 관리비를 차감하고, 다음 세입자가 들어올 중개수수료만 부담하고 퇴거하는 조건으로 일단락했다. 그나마 다행이었다. 임대인이 본인은 과실없고, 위약에 동의해줄 의무가 없다고 했다면 큰 싸움이 났을 것이다. 다행히 잘 마무리를 하면서 그와 동시에 나는 그 손님을 오라고 하여 바로 새로운 집을 무상중개해 주기로 했다. 사실 무상중개할 당위성은 없다. 다른 중개업소에 가서 새로 찾으라고 할 수도 있다. 워낙 까다롭게 집을 보았던 기억이 있고 금액이 매우 적은데 차를 타고 골목골목을 다니고 집을 찾는 과정이 여간 어려운 게 아니었기 때문이다. 하지만 사람이 재산이며, 친한 형의 지인인데 그럴 수 있겠나. 그런 상황을 알기 때문에 마음 편히 못 지낼 거면 차라리 내가 몸이 조금 힘들어도 마음 편하자는 생각이었다. 그 손님도 고맙고 미안한 마음이 들었는지, 혹은 내 눈치가 보였는지는 모르겠으나 집을 몇 개 보지 않았는데도 그중에 마음에 드는 집을 선택하였다. 운이 좋게도 금액도 저렴하고, 역에서도 아주 가깝고, 주인이 여러 가지 편의를 많이 봐주어 넓은 옥탑방을 계약하게 되었다. 무상중개라 계약, 잔금 후에 금전적으로 남는 것은 없었지만, 시간이 흘러 그 손님에게 다른 분야에서 내가 필요한 부분의 도움을 얻기도 했다. 또한 이사 후 얼마 되지 않아 입주한 옥탑방에 초대해 주어 식사도 했다. 몇 년이 지난 지금, 그 친구를 거의 만나진 못하고 있다. 소개해 줬던 형에게 들은 소식으로는, 그 옥탑방에서 금전적으로 많은 성장을 하여 큰 집으로 이사 갈 도약을 하고 있다고 한다.

> **Diary Point**
> 집을 구해 준 손님이 문제가 있다면, 잔금 후에도 마음을 쓰자. 지인이라면 더더욱. 잔금까지가 중개가 아니라, 잔금 후 '잘 사는 것'까지가 중개라고 생각하자. 더 큰 보상이 돌아올 것이다.

Ep.4 오피스텔 - 단독중개 두 번의 감사함!
1. 동일 임대인 임차인의 첫 번째 단독중개 계약

사무실로 물건을 내놓는 전화, 구하는 전화들이 오는데, 상태가 좋은 매물은 반갑다. 하지만 한 가지 알아둬야 할 부분은, 나와 잘 아는 임대인 혹은 임차인이 아니라면, 이런 전화는 나한테만 오는 것이 아닐 터, 분명 '동네물건'이 될 터이므로 선착순 1명인 치열한 경쟁의 레이스가 시작되는 것이다. 그마저도 우리 사무실에 걸려온 전화가 순서가 느즈막히, 한참 뒤라면 이미 그 사이에 집이 나가는 경우도 있다.

개업 후 2년 차, 여름이었다. 나의 사무실이 위치한 동네는 주택, 상가, 아파트가 고루 밀집해 있는 번화가 상권이지만, 오피스텔은 별로 있지 않은 지역이다.

남성역에서 가장 괜찮은 신축형 오피스텔(공부상으로는 도시형 생활주택 아파트)의 현재 세입자가 내놓은 물건이었다. 만기 전 퇴거로 임차인이 수수료를 지불하는 건이며, 수수료를 2배로 준다고 했다. 법정 수수료를 초과하면 안됨을 고지하고, 매물장에 해당 호수와 조건을 받아 적었다. 임차인이 많이 급한가보다 싶었다. 보수를 2배로 준다는 파격적인 제안은 지극히 양심적인 나로써는 받아들일 수 없었지만, 다른 조건으로 새로 올 임차인에게 메리트를 주면 좋겠다는 계획정도는 머릿속에 세워두었다.

평범한 금액의 월세였고, 별다른 획기적인 물건이라는 느낌은 없이 매물장에 적은 후 기억을 해두고 시간이 차츰 지나갔다. 당연히 동네 물건이 되었을 테니 물건이 금방 빠지겠다 싶었다. 당시 물건이 많이 쌓이고 소화할 물건도 많았기에 해당 물건에 크게 관심을 두진 않았다.

그러던 중 네이버로 매물 문의가 왔다. 비슷한 조건의 금액을 찾는 손님이었고, 남자 손님이었다. 나와 연배가 비슷하여 대화가 잘 통했다. 집을 보러 다니며 걸어가며 이야기를 많이 나누었다. "이런 금액은 어떠세요?", "이런 위치의 이런 조건은 어떠세요?", "방금 보셨던 이 물건은 어떠셨어요? 어떤 부분이 좋았고 어떤 부분이 안 좋으셨는지 말씀해 주시면 다음 집 찾아드릴 때 도움이 될 것 같아요"라고 물었다.

더운데 열심히 매물을 보여주고 설명했던 부분에 감동했는지, 내가 보여준 물건 중 최종 후보군 2개 중 하나를 선택하겠다고 했다. 그중 하나가 바로 이 오피스텔이었다. 사실 별생각 없이, 조건을 보고 집을 하나 둘 보다 보니 '아, 그 오피스텔도 금액이 맞네. 한 번 말해 봐야겠다'라는 생각에 어느 정도 맞겠다 싶어 보여 주었는데, 이 매물을 마음에 들어 할지는 몰랐다. 최종적으로는 해당 오피스텔을 단독중개로 계약할 수 있었다.

신규 임차인에게는 다음에도 계약을 해달라는 의미로 수수료를 빼 주었다. 집 나가실 때 꼭 내놓아달라는 의미라며, 연장하게 되면 저한테만 말씀해달라는 의미라며 웃으며 빼 주었다. 기존 임차인에게는 "저에게 보너스 안 주셔도 되니, 신규 임차인에게 인사로 장 볼 수 있게 5만 원 정도 주시면 어떨까요?"라고 했다. 기존 임차인이 흔쾌히 수락했다. 그렇게 3자가 모두 만족하는 계약이 이루어졌다.

기존 임차인은 왜 그리 급했는지 알고 보니 아파트에 당첨이 되어 월세를 하루라도 빨리 절감해야 하는 상황이라고 했다. 처음에 한두 곳 내놓았는데 손님이 잘 없었는지 집이 생각보다 잘 빠지지 않아 힘들었던 모양이다. 내가 계약을 해주는 날 앓던 이 뺀 것 같은 표정이었다. 기분이 좋았다. 단독중개는 공동중개보다 딱 2배로 짜릿한 것 같다. 계약은 어느 때고 감사하다.

2. 동일 임대인, 임차인의 두 번째 단독중개 계약

그렇게 1년 계약을 하고, 2021년 여름이 오기 전, 이제 기존 임차인이 된 작년의 신규임차인에게서 연락이 왔다.

지금 사는 집이 마음에 들고 불편한 부분은 딱히 없으나, 전세로 이사를 가야 할 것 같다고 말이다. (월세가 안전성이 높기도 하거니와 금리도 높아져서 대출받아 입주하는 전세의 메리트가 없는 지금과는 다르게, 당시 상황은 월세는 부담되어 전세로 요청하는 임차인이 부쩍 많았다. 경기가 안 좋기 때문이기도 하고, 많은 금융 정보들이 쏟아지기에 월세를 대출받아 전세로 바꾸면 비용 절감이 많이 된다는 것을 알기 때문일 것이다.)

그 말을 듣고 "이 집에서 사는 것은 마음에 드는 상황이다. 그렇다면 임대인에게 문의하여 전세를 바꿔 달라고 해보면 어떨까?"라는 생각이 들었다.

임대인측도 젠틀한 이들이었고, 밑져야 본전이라는 생각에 임차인의 협의 의사를 확인하고 임대인에게 안부차 전화를 걸었다. 자초지종을 설명하니, 흔쾌히 전세 전환에 응해주었다.

전세가율이 높은 오피스텔이기 때문에 근저당 원금을 갚는 조건으로 임차인 대출을 받아 전세로 전환을 하기로 했다.

해당 호수의 근저당이 조금 있었다. 원활한 대출 상환을 위해 금액이 크지 않음에도 이례적으로 중도금을 넣었다.

중간 계약 과정에서 근저당 말소를 안전하게 한 후에 잔금을 치르는 게 어떻겠냐는 임대인의 감사한 제안 덕이었다. 중도금을 넣는 것으로 처리하며, 임차인의 개인 자금이 마침 등기부상 적힌 근저당 액수가 아닌 실제 근저당 잔액 3,500만 원 정도를 말소할 수 있는 여유가 있기에 이체를 할 수 있었다. 그 후, 근저당 말소를 확인하고 무사히 잔금을 치르며 근저당이 말소된 깨끗한 등기부로 마무리할 수 있었다.

중도금을 치른 이유는 위와 같이, 잔금 시 근저당 말소된 등기를 열람, 대출 실행 전 깨끗한 등기로 원활하게 전세 대출을 하기 위해서였다. 중도금을 위와 같은 상황에 넣으면 유용하다. 그렇게 계약서에 특약을 넣고 대출 심사가 통과되어 기존 계약 만료일이자, 새롭게 연장되는 신규 계약의 잔금일에 대출이 실행되었다.

임대인은 근저당에 대한 이자 절감 면에서 좋고, 착한 임차인을 유지할 수 있어 좋다는 판단이었으며, 새롭게 임차인을 받아서 계속 머리 아프고 싶지 않다고 했다. 근저당 이자도 아까우니 월세 받아 이자 내고 얼마 안 되는 돈 갖고 있는 것 말고, 전세로 그냥 깔끔하게 융자 갚고 갖고 있겠다고 했다.

임차인 역시 마음에 들며 살던 집에서 계속 살 수 있고, 지출 비용이 절반 이하로 떨어지니 훨씬 만족스러운 상황이었다.

그렇게 모든 일정과 조건을 계약서 작성 당시 사무실에서 여러 번 수정하여 최종 완성 계약서에 도장을 찍었다.

임차인에게는 절반의 수수료를 받았다. 임대인에게도 합리적인 수준으로 절사를 했다.

결과는 양쪽 모두 수수료를 감사하게도 원하는 금액만큼 잘 주었고, 잘 진행해줘서 고맙다는 인사를 남겨주며 기분좋은 마무리를 할 수 있었다.

신규 계약이지만, 크게 고생한 것이 없었을뿐더러, 기존 고객들의 계약으로 마음 쓰는 모습을 보여주고 싶었다. 보수 청구권은 정식으로 다 발생하지만 도의상, 양심상 다 받는 것은 한 것에 비해 많다 싶었다. 안다. 나처럼 마음 약하게 일하면 큰돈 못 번다. 하지만 실력, 인품은 갈수록 인정받는다. 그건 확실하게 느낀다.

그렇게, 오피스텔 한 호수를 신규로 같은 임대인, 임차인에게 재계약을 하며 두 건을 단독중개로 마무리할 수 있었던 계약이었다.

모든 매물의 중요성에 대해 다시금 깨달았다. 어떤 매물이 나에게 계약 인연으로 돌아올지 모르기 때문에, 항상 기억하고 또 가능성을 열어두어야 한다는 것을.

이 건에서는, 기존 거주자이자 신규 거주자가 된 (월세 ⇒ 전세 계약) 임차인의 만료일이 일요일인 관계로, 계약 기간 기산일은 일요일 그대로 적용, 대출 실행일을 금요일(금융기관 등은 주말, 공휴일은 휴무하므로)로 하여 이체를 완료했다. 2일은 사실상 서비스로 살게 된 경우로 (전세라 크게 상관은 없지 않을까 싶다. 게다가, 1년을 이미 잘 살고 있었던 임차인이었으므로 더더욱 임대인측에서 관대했다.)

임대인이 유한 성격이었고, 임차인 역시 성품이 바르고 협의가 원활하여 단독중개임에도 조율이나 신행이 어렵지 않았던 건이다. 그래서 그렇게 같은 임대인, 임차인 양쪽을 월세, 그 후 1년 만에 전세로 계약을 한 단독중개 2건 체결에 더더욱 감사했다.

물론, 임차인과 임대인 양쪽 모두 수수료는 많이 절사했다. 어떻게 보면, 임차인 임대인 쌍방이 개인적으로 연락하여 거래를 하였다면 대서료 정도의 금액도 받을 수 없었을 것이다. 나를 통해 진행해준 점, 신규 계약이지만 기존의 당사자들이었으므로 당연 수수료를 많이 받으면 안 되는 건이라고 생각했다. 협회나 타 지인 중개사들과 논의 시에는 "다 받아도 되지 않느냐", "보수 다 청구해도 되니 다 받으라"라는 의견이 있었다. 개인적으로 그렇게 받을 수가 없는 성격이라, 그럴 수는 없었다.

이렇게, 또 나의 중개실무에 한 건을 추가하며, 새로운 경우도 경험해 보며 이번 건을 마무리한다.

> **Diary Point**
> 1. 모든 물건은 기억해둬야 한다!
> 2. 역시나, 기존 계약 고객님들은 기존 거래처와 같으며, 서비스는 늘 중요하다!
> 3. 때로는 원활한 잔금을 위하여 중도금을 잘 활용하면 좋다.

Ep.5 상가주택 _ 3룸
- 공동중개 하고 난 후, 알고 보니 공동한 부동산의 손님이 아버지의 잘 아는 지인이었다니!

3년 차의 여름에 있었던 계약 건이다. 우연히 나와도 인연이 된 후로 나를 잘봐주신 사무실 근처 소재의 상가주택 건물주께서, 그간 거래했던 곳들이 많았음에도 전속으로 물건을 맡겨주기 시작했다. 전속 계약서는 쓰지 않았지만 이젠 동네에서도 그 건물은 내가 관리하고 나에게만 맡긴다는 것을 알고 있다.

거래하다 보니 느꼈다. 들어올 임차인의 조건을 사전에 많이 까다롭게 보고, 이러 저러한 내용들을 잘 맞춰드려야 계약을 수락하는 임대인이었다. 다음으로 가장 어려운 부분인, 수수료 부분에서 원래도 가뜩이나 임대인에게는 많이 받기 힘든데, 임대인 사모님의 할인을 원하는 눈빛을 마다할 수가 없었다. 주택은 할인 없이, 상가는 절반 보수로 하자는 임대인의 제안으로 최종 협의가 되어 이제는 보수에 대해서는 논의하지 않는 건물이다. 임차인을 까다롭게 보는 이유는, 그도 그럴 것이 임대를 오래 놓앉고 월세가 밀리거나 같은 건물에서 진상을 피우는 경우를 몇몇 경험해 보았다고 한다. 그러면 정말 골치가 아플 법하다. 중개사 입장에서 임차인이 월세를 잘 낼지 밀릴지 알 수가 없다. 임대인이 보증금을 만기에 못 빼줘서 임차권 등기가 걸리거나 세금이 밀려 국세, 지방세 체납 사실을 열람 시 체납세금이 있는 것은 알 수 있지만, 임차인의 신용을 조회할 권한이 없기 때문이다.

위의 물건은 한 건물에 공교롭게 주택 위아래 2호실과 상가 1호실이 비슷한 시기에 퇴거를 하게 되었고, 감사하고 운이 좋게도 한 층의 주택과 상가를 빠르게 계약할 수 있었다. 문제는, 선착순 입주 순으로 주차를 하는 관계로 남은 주택 한 호는 주차가 되지 않았다. 해당 호수의 이전 세입자가 오래 살다 나갔는데, 그 김에 집을 모두 수리하게 되었고, 기존의 금액보다 훨씬 높은 금액으로 책정하여 반전세 물건으로 금액을 잡아드려 매물을 접수받게 되었다. 월세가 90만 원이었는데, 보증금도 적지 않은 5천만 원이었기 때문에 해당 조건의 물건을 보는 이들은 대부분 주차를 필수로 찾았다. 그러한 연유로 계약이 빠르게 되지 않았다. 몇 번 계약하겠다는 손님들이 생겼어도 임대인이 임차인의 조건을 마음에 들어하지 않는 관계로 계약 목전에서 번번히 무산되었다. 반대로 임대인에게 협의를 요청하여 열심히 설득한 끝에 협의해두었는데, 임차인이 변심하여 계약을 안하겠다는 경우도 여러번이었다. 공실이 길어지며 앓던 이처럼 빨리 빼드려야 한다는 부담감이 쌓여갈 때쯤이었다. 평소 잘 알고 지내던 같은 동의 중개업소 실장에게서 전화가 왔다. 손님이 있는데 예전에 내가 알려주었던 매물이 나갔냐(계약이 되었냐)는 전화였다. 반가웠다. 아직 안 나갔다고 했고, 내가 부재중이라 동행을 할 수 없었지만 믿고 보여줄 수 있는 중개업소 실장님이었기에 "문을 열어두었으니 손님과 편하게 보시라"고 했다.

입주 시기 및 계약 기간을 잘 맞춰야 하는 이였는데, 특이하게 계약을 하겠다고 한 후 갑자기 20개월만 계약을 해달라고 했다. 임차인은 장사를 하고 금전적으로 여유가 있는 이였다. 20개월만 계약을 하는 이유를 알고 보니, 본인이 자가 보유한 넓은 아파트 신축 완공 후 입주해야 하는 시기가 20개월 후라고 했다. 월세는 부담이 안되는 모양이었고, 주차도 개인적으로 다른 데에 해결하며 새벽에 왔다가 오전 일찍 나간다고 문제가 없다고 했다. 해당 내역들을 모두 특약에 명시하기로 했다. 임대인이 20개월 후 집수리를 또 해야 한다는 고민 때문에 그렇다면 퇴거 시 도배장판 등 상태가 많이 안 좋아질 경우 임차인이 이 부분을 원상복구 해주는 조건으로 수락하여 계약을 체결하게 되었다.

임차인은 계약금도 쿨하게 전액을 미리 이체하고, 계약서 작성 시에도 별다른 말이 없었던 과묵한 이였다.

계약할 때, 아버지가 사무실에서 계시다가 자리를 비켜주셨는데, 자리를 나오며 임차인의 뒷모습을 보셨다고 한다. 계약 후 나에게 물으시길,

"혹시 계약자가 왕씨 아니냐?"

"맞아요. 어떻게 아세요?"

"아이고, 왕사장 나랑 친하고 모임도 같이 하는 양반인데, 왕○○ 아니야?"

맞다고 했다.

공동중개였기 때문에 왕 사장님은 공동중개하는 중개업소의 손님이다. 따라서 내가 수수료를 받을 수 없는 분이었다. 아버지가 안타까워하셨다. 부동산의 룰을 모르시니 그분께 전화해서 나한테 수수료를 내게 하겠다 하셨다. 나는 손사래를 치며 뜯어말렸다. 큰일난다고, 저를 위한 거라면 가만히 계시고 그분께 나중에 안부 전화나 한 통 하시라고 했다. 그 김에 말씀하실 것이 있으면 하시는 것이지 보수 문제로 전화하는 것은 오히려 문제를 키우는 꼴이라고 설명했다.

당신이 계약하신 계약서 써준 물건지의 부동산 공인중개사가 아들이었

다고.

전화하시는 것을 들었다. 그분은 그냥 관심이 없었다. 무덤덤해 보였달까. 성격을 알 것 같아서 크게 신기하지도 않았다. 이미 인연이 그렇게 된 것이기에 안타깝지도 않았다. 아니, 정확히 말하면 안타까워도 할 수 없는 거니까. 미련을 버린다는 게 맞는 말일지도 모른다.

나는 그런 경우가 종종 있기에 이해되고 잠깐 느낀 아쉬움 정도였으나, 아버지 입장에서는 본인의 지인이 아들이 보유한 중개 물건을 계약하는데 다른 중개업소에 손님으로 가서 그 쪽에 보수를 주니 얼마나 아까운 마음이 들었을지도 이해가 간다.

동네의 물건은 어떤 중개업소의 손님과 물건이 주인이고 임차인일지 모른다. 오래 살다보면 아는 사람들이 이렇게 종종 있다. 많고 많은 중개사무소가 있고, 모든 지인이 나에게 와서 의뢰하지도, 물건을 맡길 수도 없는 노릇이다. 이런 안타깝고도 신선한 경험을 통해 정말 세상이 좁고 인연은 다양하다는 것을 새삼 깨달았던 중개 건이었다.

> **Diary Point**
> 세상은 넓지만 또 좁기도 하다. 평소에 알던 지인, 또는 지인의 지인이 손님이 될 수 있다. 그럴 때에도 꼭 중개업자의 룰과 상도덕을 지켜야 롱런할 수 있다.

Ep.6 단독주택 - 다가구주택
유튜브 라이브방송 중 찾아온 손님, 놓쳤으면 큰일날 뻔 했지 뭐야!

구독자 약 3천 명을 넘겼을 무렵이다. 지금 다시 생각해 보면, 3천 명이라는 객관적 수치의 구독자수는 유튜브 세계에서 굉장히 적은 구독자다. 그럼에도, 전문 지식만 다루며 앉아서 얼굴만 내놓고 재미없이 어려운 지식, 정보, 법 관련 이야기만 하는 내 채널에 꾸준히 올라가던 구독자수가 신기할 정도였다. 더불어 채널의 특성상 먹방, 여행, 브이로그 등 편하게 보는 채널이 아니기 때문에 동종 유튜브 채널 기준으로 당시에는 굉장히 높은 구독자라고 생각하고 있었다. 당시 내 채널과 유사한 채널에서 가장 높은 구독자는 3만 명대였고, 1만 명이 넘는 공인중개사 유튜브는 손에 꼽았다. 신생 공인중개사 유튜버는 지금도 우후죽순 생겨나지만, 당시에도 정말 많은 공인중개사 유튜버가 있었다. 공부방법, 돈 버는 방법을 위주로 알려주는 채널은 구독자와 조회수가 빨리 올라갔지만, 내 채널은 그렇지 않다는 걸 알았다. 내가 유튜브를 시작할 당시 유튜브 마케팅 하는 이와도 우연히 기회가 생겨 운영하고 있는 채널에 대해 이야기했었다. 당시 내 구독자수는 100명대, 그 이는 "사람들이 찾는 채널이 아니라 구독자 올라가기가 매우 힘들 겁니다. 대부분 포기할 거예요. 사람들이 찾고 재미있게 보는 채널을 운영하셔야 합니다. 지금 채널은 구독자가 오르기 힘듭니다"라고 했다.

　어떤 이는 돈을 주고 구독자와 조회수를 살 수 있다며 나를 꼬득였다. 그 이는 당시 2천 명의 구독자를 보유했는데 100명이었던 내 채널의 기준에서는 1천 명이 넘는 채널은 모두 위대해 보였다. 하지만 그 꼬임에 넘어가지 않고, 정도를 걸으며 내 힘으로 꾸준히 일기처럼 내가 공부하고 겪은 실무에 관한, 지식에 관한 내용을 올리기로 했다. 본업을 하면서 경험한 내용들도, 공부한 내용들도 일기처럼 올리자는 취지로 꾸준함이 다 한 현재의 결과물이다.

　비슷한 시기에 큰 포부를 가지고 유튜브를 시작한 주변 지인 몇 명도 모두 구독자 100명대를 넘기지 못하고 포기했지만, 나는 현재 구독자 15,000명이 넘었다.

　서두가 길었다. 이번 스토리는 거슬러 올라가 위에 언급한 구독자 3천 명대일 때, 나름 '아, 이정도면 구독자 많은 거지~!'라고 생각하며 지낼 무렵이다. 라이브방송을 토요일에 한 번씩 하곤 했다. 나름 고정 시청자들과 팬이 몇 명 있었기에 그들과 소통하는 것이 즐거웠다. 오프라인으로 찾아와준 이도 있을만큼 내 채널에 관심을 가져주는 이들도 있었다. 중개 실무, 공부에 관한 라이브 방송을 촬영함에도 사무실이라서 출입문을 잠궈 두지 않았는데, 때마침 손님이 찾아왔다. 방송을 끄지 않고 일어서서 카메라의 촬영 각도를 벗어나 손님과 이야기했다. 처음 찾아준 손님이었고, 알고보니 바로 뒷 골목 건물의 소유주였다. 다부진 체격의 40대쯤 보이는 남성, 혹시 조금 이따 전화드리고 다시 뵐 수 있겠냐고 했는데, 지금 가야돼서 간단히만 얘기하고 가야 된다고 했다. 아마 라이브 녹화에 목소리가 담겼을 것이다. 그 손님과는 그렇게 이야기를 하며, 다가구 주택 투룸 반전세를 매물로 의뢰받았다. 그때 그 소유주가 나를 잘 보았는지, 그 뒤로 다른 부동산에 가지 않고 나랑만 거래하고 싶다고 했다. 건물 실제 명의자는 손님의 어머님이었는데, 어머님이 내놓는 곳 한 곳, 아들인 손님이 거래하고 싶어하는 나, 누님이 거래하는 곳 한 곳, 총 3곳에서 경쟁 아닌 경쟁을 하게 됐다. 다른 두 곳의 중개업소는 오래 된 곳이라 원래부터 거래를 하던 곳이라고 했다. 아드님인 손님과 연락을 자주 나누며, 실시간으로 안내할 손님들을 데리고 갔다. 손님의 문의 사항과 피드백 등을 공유했다. 감사하게도, 내가 계약을 할 수 있게 되었다. 라이브방송을 한다는 이유로 손님과 이야기를 이어가지 않았다면, 손님은 인연이 되지 않았을 것이다. 그 후로 좋은 인연이 되어 사무소의 고정 고객 중 한 명으로 자리매김하게 되었다.

    그 뒤로, 현재까지 약 4년 동안 그 손님과는 자주 연락을 나누고 있다. 부동산 관련된 도배, 장판업자, 철거업체, 서류 요청 시 도와주는 것, 부동산 지식 문의에 대한 답변, 임차인 및 건물 관리 등을 도우며 손과 발이 되어주고 있다. 인천에 사는 해당 손님은 서울에 오면 나에게 종종 들린다. 따끈한 국밥을 먹고 식후 커피 한 잔과 함께 이야기를 나누기도 한다. 글을 쓰는 현재는, 건물 매매를 의뢰했다. 동시에 공실 1곳이 생겼지만, 최근에 공실은 적합한 손님을 찾게 되어 계약을 체결했다.

> **Diary Point**
> 사무실에 오는 손님은 어떤 경우라도 반드시 응대하자. 귀한 발걸음을 그냥 보내면 가능성은 제로가 된다.

Ep.7 타이트했던 원룸 전세, LH계약
 – 괜히 LH가 아니구나… 까다로운 서류 준비와 친한 임대인에게 감사했던 전세 계약

책 순서로는 이번 에피소드가 챕터상 먼저 구성되어 먼저 설명이 되기에, 이후 '아파트' 에피소드 편에 나올 동일한 주인공인 '선배님'의 아파트 매물 중개에서 선배님에 대해 설명하겠다.

선배님이 내놓아 주신 원룸 매물들은, 의뢰해 주신 뒤로 작은 방 월세, 큰 방 월세를 한 개씩 계약했다. 그중 이번 스토리는 원룸 LH 전세 스토리다.

"따르릉~" 전화벨이 울렸다. 같은 사당3동 부동산이며, 아파트 공동중개를 통해 알게 된, 부동산 사장님의 아드님이자 실장님이었다. (이 실장님은 고등학교 4년 선배님으로 그 뒤로 선배님으로 부른다. 이번 에피소드의 주인공인 '선배님'과는 다른 이고, 오해가 없으시길 바란다.)

"사장님 LH만 전문으로 하는 중개업소가 있는데, 이 중개업소에서 LH 가능한 원룸 전세를 찾거든요. 혹시 있으신가 해서요, 소개해 드리려구요"

당시 LH를 한 번도 계약해보지 않고, 이론으로만 알고 있었다. 우선 경험만한 스승이 없다 생각했기에 LH 요건에 충족할 원룸 매물이 하나 있다고 했다. 선배님께서 매물 의뢰를 해주신 것 중 한 집은 전세로 계약하

고자 하신다고 했던 것이 기억났다. 대출의 가장 기본적인 조건인 위반건축물 내역이 없으며, 건물 등기사항전부증명서에 제한된 권리도 설정되어 있지 않았다. 또한, 선순위 임차보증금의 합계가 안정적인 금액인 건물이었다. 가능한 요건일 것 같다고 생각했다. 임대인인 선배님께 여쭤보았다.

"승주 씨가 물어보니 내가 얘길 해줘야겠네요. 예전에 한 번 LH 대출로 세입자를 받아본 적이 있는데, 그 뒤로 나랑 남편이랑 다신 SH, LH 안 하려고 마음먹었었어요. 너무 복잡하고, 힘들고, 세입자가 나간다고 말하면 바로 그 기관에서 마치 우리가 빚진 사람처럼 돈 빨리 돌려주라고 전화해서 막 뭐라고 하더라고요. 너무 기분도 나빴고 서류도 복잡해서 다신 안 하려고 했는데…… 승주 씨 전화니 내가 거절을 못하겠네. 우선 손님 보여주세요."

선배님께서 이렇게 내게 호의를 베풀어주셨다. LH 전문으로 하는 부동산에서 손님을 맞춰 나와 동행했다. 손님은 계약 의사를 보였고 LH 진행 전 제출할 서류와 요건 등을 정리했다.

처음으로 LH의 물건지 중개업소가 되어 진행한 LH 계약이었다. 담당자가 따로 배정되어 연락이 왔다. 계약자명이 임차인 본인이 아닌 LH 기관과 하는 것이라는 것도 새삼 신기하면서 각인이 되었다.

정리하면, LH계약의 특징은

1. 계약서는 물건지 중개업소에서 작성하거나 준비한 양식으로 계약서를 작성하지 않고, LH에서 준비한 계약서로 진행한다.
2. 공동명의일 경우 한 명이 대리할 때 인감증명을 반드시 요청한다. 실무에서 공동명의자일 경우 인감증명, 위임장 등을 자세히 요청하지 않고 전화통화 혹은 1인이 대표로 도장과 신분증을 들고 와서 간단히 계약하는 경우가 많다. 하지만 LH는 원칙 그대로 해야 한다.
3. 다가구 형태일 경우 선순위보증금 내역을 호수별로 상세히 기재해야 한다.

4. 담당자의 시간도 함께 맞춰야 한다. 계약 담당자는 법무사로 보통 저녁이나 주말은 일을 하지 않고 싶어하기 때문에 가능한 스케줄을 평일 오후 시간대로 잡는 것이 좋다.스케줄 물론, 담당자에 따라 야근 개념으로 저녁에 계약이 가능하기도 하다. (운이 좋았던 건지, 내가 계약할 때에는 '토요일 오후 6시'였다. 스케줄이 부득 주말밖에 안될 때에는 주말도 가능하다.) 업무시간 외에 일하는 것을 선호할 이는 없으니, 최대한 담당자 스케줄도 고려해주는 것이 좋다.

주의할 점은, 위에 언급한 대로 계약 당사자 자체가 LH가 되므로 담당자가 직접 나와서 계약을 한다. 따라서 임차인과 임대인의 개별적인 특약은 양 당사자가 문자로 자리에서 주고 받는 게 좋다. LH는 법인이기에 임대차보호를 받지 않음을 알아야 한다. 보증금 반환확약서라는 것을 요청하는 경우가 있다. 이는 임차인이 만기 전에 나간다고 일정을 고지하는 순간, 계약서 상의 계약 당사자인 임대인과 LH 간의 보증금 반환 일정에 대해 연락을 취하게 된다. LH 입장에서는 임대인에게 직접 보증금을 받아야 하는데, 임차인이 만기 전에 나간다고 함에도 돈을 달라고 하는 것이 못마땅한 임대인과 트러블이 생기는 경우가 있다. 이 때문에 임대인들이 LH 대출에 대해 협조하는 부분을 꺼려한다. 따라서, 임대인이 작성해주는 '보증금 반환확약서'는 임차인이 퇴거할 무렵에 해주는 것이 좋다. 미리 작성해주게 된다면 나갈 시점을 임차인 입장에서 자유롭게 조정할 수 있고, 임대인이 상황에 따라 대응하기가 불리해지기 때문이다. 철저히 임차인에게 유리한 본 계약에서 임대인의 반환확약서는 만기 시점 시기를 조율하여 작성해주는 것이 좋다.

  LH에 대한 경험, 신뢰를 바탕으로 LH 매물을 만들어 계약을 하게 된 경험, 좋은 VIP손님 한 분을 통해 계약을 하게 된 경험 등 경험이라는 단어에 함축된 많은 요소들로 내 계약은 적은 보수였지만 알찬 경험치를 주었던 계약으로 기억된다.

감사합니다, 선배님!

> **Diary Point**
> 'LH 가능한 매물'은 별도로 있는 게 아니라, 서류 요건을 충족한 매물 중 임대인에게 LH 동의를 받는 것이다. 즉, 의뢰받은 매물을 LH 매물로 만들어야 하는 것이다.

Ep.8 고가 빌라, 계약한 빌라 중 가장 큰 금액의 빌라전세계약서
- 친구 어머니 덕에 체결된 계약

성인이 되어서 가끔 안부 연락 정도 하는 친구가 있다. 그 친구보다는 친구 부모님을 더 자주 뵈었다. 친구 부모님이 거주하는 친구의 본가가 사무실 앞이어서 매일 오가며 뵙기 때문이다. 내 딴에 도움을 드리는 거라고는 우리 사무실 앞 주차 공간을 내어드릴 겸 연락드리고 편하게 주차하시게끔 해드린 정도, 늘 반갑게 인사드린 정도였다. 보험회사에서 오래 일하고 계시는 친구 어머니 직업 특성상 많은 동네 고객분들의 물건을 종종 소개해 주시기도 하였다. 물론, 바로 앞 동네 매물은 아니고, 다른 동네에 이미 터를 잡고 있는 중개업소들에도 내놓았던 터라 물건도 호시탐탐 노리고 빼가려는 양아치들과 더불어 계약이 잘 안되어 왔었다. 하지만, 친구 어머니의 몇 번 소개해주신 건들 중 드디어 첫 계약이 되었다. 이 거래 역시 주변 중개업소들에서 득달같이 달려들며, '더 높은 가격에 손님이 있다, 더 받아주겠으니 계약하지 말아라'라는 등으로 임대인을 혼란스럽게 하였다. 갈팡질팡하는 임대인의 모습을 보고 친구 어머니는 나를 위해 티타임 명목으로 임대인의 집까지 찾아가셨다. 끝끝내 나와 거래하게끔 도움을 주셨다. 이번 계약은, 친구 어머니의 힘이 정말 컸다. 보험업을 하시

는 친구 어머니의 오랜 고객이었던 임대인과 사적으로 가깝게 지내고 계시던 터라, 매물 의뢰가 잘 들어오지 않는 방배동의 고가 빌라 매물을 소개해 주신 것이다.

중간중간 위기가 많았다. 위에서 언급했듯 다른 중개업소들의 훼방, 임대인과의 입주 시기 조율(임대인도 새로 집을 구하지도 못한 상황에서 매물을 의뢰하자마자 내가 바로 손님을 맞춰 모시고 갔던 것이다. 손님도 집을 딱 한 집만 보고 맘에 들어 계약하게 된 것이다.)

상대편인 임차인 쪽 중개업소와 조율하는 과정에서, 임대인이 원했던 중도금을 넣으면 어떨까 했다. 중도금은 임대차에 없다는 말도 안 되는 말부터 시작하여, 잔금일자를 계속 뒤로 미루며 여러 번 바꾸는 등의 불안한 행동을 취했다.

오히려 "중개사가 왜 이렇게 어렵게 일을 만들지?"라는 의구가 생기며 짜증이 났다.

나중에 알고 보니 임차인 역시 집을 내놓지도 않고 자금이 확보되지 않은 상황에서 집을 구한 거였다. 그래서 잔금일이 늦을수록 좋고 중도금도 못 주는 상황이었던 것이다.

결국 모든 조율과 협의와 풍파를 뚫고 계약을 완료했다.

계약서 쓰는 날에도 상대편 중개업소와 임차인이 먼저 도착했다. 글자 하나하나 임차인 유리한 쪽으로 계약서 바꾸기를 요청하며 짜증을 유발하였다. 동네에서 한참 오래 한 중개사 선배라고 하니(연배도 훨씬 높으시고, 오래 하셨다 하니 선배님 아니신가?) 이에 따라주며 진행하느라 기분이 좋지는 않았다. 그래도 임대인과 임차인 양 당사자가 너무 성격이 온화하시고 호전적이지 않은 분들이라 큰 문제 없이 계약이 마무리되었다. 계약서 중간중간 바꿔 달라는 부분이 매우 많았던 계약이었다. 종잇값이 아깝다 느낄 정도였지만 감사함에 비할 바 없는 수준이었다. 친구 어머니께 바로 연락을 드렸다. 덕분에 너무 감사하게 계약을 했다는 인사를 드리기 위해서

다, 잔금은 계약일로부터 약 3개월 후에 마무리했다. 그때 잘 마무리하고 나서 인사를 드리겠다는 연락을 기억하고, 잔금 후 입주까지 마무리한 후에 친구 어머니께 감사 선물을 드렸다. 나름 큰 선물이라 안 받겠다 손사래를 치셨지만, 제 감사한 마음을 꼭 받아주셨으면 좋겠다고 했다.

많은 계약을 했지만, 공동중개가 많았고 임차인 쪽이 더 많았던 내 중개 경험 특성상 물건지인 임대인 쪽 중개업소에서 계약서를 작성한 횟수가 더 많았다. 물론, 단독중개 계약서 쓸 때가 가장 좋지만, 이번 계약은 내가 물건지로 중개한 빌라 계약 중에서 가장 거래금액이 컸다. 8억에서 1천만 원 조율한 7억 9천만 원.

잘 생각해 보면, 아무리 비싸진 사당동일지라도 20년도까지만 해도 전세 8억이면 50평대 아파트도 구할 수 있었다. 임대차 3법과 더불어 전세 공급 물량의 부족 등으로 임차인이 나가려 하지 않고, 임대인은 집을 내놓게 되면 4년까지 생각해서 내놓게 되는 터라 천정부지로 전셋값이 폭등했다. 방배동 좋은 입지의 신축급 방 4개와 옥상까지 누릴 수 있는 고급빌라라지만, 정말 세상은 넓고 돈은 벌어도 벌어도 끝이 없겠다고 생각하게 되었던 계약이었다.

글을 쓸 당시 약 3개월 전인 21년 9월쯤부터 적용된 고가주택 매매, 임대차의 요율 반값 적용으로 640만 원부터 시작했던 중개보수가 316만 원에서 시작하게 되었다. 공동중개로 양쪽에서 보수를 받지 못하는 점, 친구 어머니 지인인 점, 친구 어머니께 감사 인사를 따로 드려야하는 점 등 이것저것 포 떼고 차를 뗄 것이 많았다. 그러고 나면 가져갈 수 있는 금액이 훨씬 적었다. 하지만 돈보다 감사한 친구 어머니 덕에 체결한 값진 계약이라는 사실이 너무나 기뻤다.

> **Diary Point**
> 계약 당사자 또는 관계인 중 한 명이라도 내 편이 확실하게 되어준다면, 계약에 큰 도움이 된다.

Ep.9 배우자처럼 부동산은 정말 내 집이 따로 있다!
전세난에도, 매물이 없어도 될 놈은 된다!
- 전세난 속의 행운 같은 빌라 계약 건

개업 후 3년차 가을, 모르는 번호로 전화가 왔다. 중개업을 하고나서 자주 있는 일이라, 일단은 받았다. (070이나 16XX 등으로 오는 번호는 보통 그냥 끊어버린다. 전화번호가 여기저기 공유됐는지 정말 하루에도 불필요한 전화 문자 메일이 몇 개가 오는지 모른다. 그래서 업무폰을 따로 쓰는 게 좋다.)

이승주 씨 휴대폰이 맞냐고 하며, 맞다 하니 잘 지냈냐며, △△형이라고 하였다. 오랜만에 연락이 온 터라 △△형이라고 할 때 잠깐 의아했으나, 금새 기억이 났다. 10년 전, 내가 정말 힘들 때 급하게 이사를 갔던 곳의 옆집 형으로 만났다. 반가웠다. 나랑은 8살 차이, 그 당시 형은 30대 초반으로, 글을 쓰는 시점의 내 나이보다도 나이가 어렸다.

요즘같이 삭막한 시국에 옆집과 친해지기 쉽지 않은데, 인연이 되려고 했는지 집에도 놀러가곤 했다. 촬영 감독을 하는 형님의 일터에 알바로도 불러주고, 친구와 치맥도 사주었다. 착한 형님이었다. 무뚝뚝했으나 똑부러지는 형으로 기억되어 불필요한 일로 한 연락은 아닐 거라 생각했다.

형님은 그사이 결혼하셨고, 주변에서 반전세로 거주하고 있었다. 2번째 시도였으나 집이 구해지지 않아서 고민하던 중에 근처에서 내가 공인중개사를 하는 걸 SNS로 알게 되어 연락했다고 했다.

그 형님이 구하는 금액과 조건은 '3억 초반까지의 깨끗한 2~3룸 빌라, 주차 1대 필수, 신혼 어울리는 집'이었다. 신혼, 2~3인 거주 가정이 가장 많이 찾는 금액과 수요 매물인데 공급이 부족해서 난제였다. 반가운 인사도 잠시, 집을 찾아보니 물건이 턱없이 부족했다. 다른 중개업소들에 연락을 해봐도 문제는 마찬가지였다. 대기수요까지 있을 정도였으니 말이다.

그렇게 몇 곳을 샅샅이 찾아보았으나 눈높이가 높고, 조건이 확실한 형님의 마음에는 썩 들지 않았나 보다. 1~2주를 구하다가 형님이 마지막 집을 보더니, 일단 이번에 여기까지만 보고, 내년 3월에 다시 보자고, 주인 분이 마침 좋은 이라 몇 개월씩 연장을 해주신다고.. 미리만 말하면 빼준 다고 하는 이라 내년 초에 다시 오겠다고 하셨다. 씁쓸했다. 마음도 편하지 않았다. 일 보고 뒤처리를 끝까지 못한 기분이랄까? 내년 초에 상황은 달라질 리 없을 것 같았다. 이번에 고생은 고생대로 했음에도 만족스럽지 못해, 여러 가지 안 좋은 감정들이 교차했다. 내가 무능한가란 생각까지 들었다.

3월 초가 되자 형님이 연락을 다시 주셨다. 알람이 울리듯 정확한 성격이다. 계약 만기 시점이 다가오다 보니 마음이 급해진 듯했다. 원래 거래하던 동네의 중개업소에도 알아봐야 할 것 같다며, 동시에 두 군데와 같이 진행해야 할 것 같아 미안하다며 양해를 부탁했다. 이번에는 정말 이사를 가야 하므로 급하기 때문이라고. 백번 이해했다. 그럴만하다 싶으면서도 아쉬운 마음이 동시에 엄습했다. 이미 카운트다운은 들어갔고, 일단 시작해 보자 싶어서 날짜를 잡고 매물을 찾았다. 몇 개 없었던 매물 중 조건을 자세히 보고 이번엔 사전 임장까지 미리 해보았다. 적합한 매물을 찾는 족족 모두 다 전달했다. "너무 막 던지지 말아줘. 고르기 힘들다"라는 형님의 부탁에 꼼꼼하게 조건을 1, 2차까지 필터링한 후에 자세한 브리핑을 했다.

결국 본 집은 단 1채, 그 한 채는 내부가 아주 마음에 들었으나 언덕이 매우 심하고 보안이 불안한 느낌, 역에서 많이 멀었다.

씁쓸한 마음에 일단 커피를 한잔하면서 새롭게 찾아서 다시 연락을 드리기로 하며 당일 임장을 마무리했다. 형과 형수가 가시자마자 때마침 좋은 물건 하나가 보였다. 형이 사는 동네의 중개업소에서 내게 메시지가 왔다. 바로 전화를 하고, 밥만 후다닥 먹고 1시간 후에 출발했다. 본격적인 스토리는, 인연이 있다는 것은 여기서부터다.

형이 가장 필요하며 선호하는 스타일의 주차 1대 방식은 아파트식 주차장 형태였다. 기존의 집은 필로티 형태의 빌라 주차장으로, 앞뒤로 일렬주차를 해서 차를 빼주느라 여간 불편한 게 아니었다고 한다. 주차장을 먼저 봤다. 아파트식 주차라 매우 원활하고 편리했다. 준공 2년에 첫 세입자가 살다가 나가는 집으로, 형수님과 공통으로 원했던 '신축 10년 이내 준공' 조건이었다. 엘리베이터도 있었다. 또한 세탁실이 있었으면 하는 조건까지 만족했다. 짐이 많아 방이 3개였으면 하는 조건도, 화장실이 2개에 해가 잘 드는 집에 신축 조건까지. 심지어 지금 살던 집의 바로 옆이었다.

까다로우리만치 꼼꼼했던 형님도 마음에 드는 표정을 감추지 못했다. 형수님도 마찬가지였다.

우리는 아이컨텍을 하며 '이거다' 싶었고, 빠르게 사무실에 복귀하여 기본 서류를 열람했다. 이런 집이 바로 안나갔을 리가? 알아보니 2년 전 들어오고 싶던 신혼부부가 보고 갔는데 계약을 하려고 한다는 것. 중개사 입장에서 그런 말은 흔하게 할수 있어서 크게 개념치는 않았으나, 육감적으로 봐도 이런 집은 금방 빠진다.

서류를 보았더니 금상첨화로 건축물대장의 위반내역(대출 제한문제로 잘 봐야 한다.) 없이, 등기부도 정말 깨끗한 집이었다. (나는 개인적인 열람은 말 소사항까지 포함해서 뽑아본다. 그 집의 역사와 소유주의 금전관계를 어느정도 파악할 수 있기 때문이다.) 서류까지 문제가 없으니 계약을 안할 이유가 없었다. 간단한 문제는 형네는 입주가 5월 6일 고정, 기존 임차인은 4월 29일 고정을 원했다. 다행히도 형네 기존집 임대인이 4월 29일을 맞춰주었다. 고마운 사람이다. 그렇게 계약금 일부를 양 당사자 기본 특약을 조율 후에 문자로 고지하고 이체하였다.

임차인도 필수로 원하는 특약은 전세대출에 협조 및 물건의 하자로 인한 대출 불가시 계약금 반환 특약이었으며, 등기부 잔금 익일까지 유지하는 기본적인 특약이라 크게 어렵진 않았다.

계약일 당일, 인상이 편안해 보이는 임대인이 왔다. 계약을 문제없이 마무리하고 서류 정리 겸 근처에서 티타임을 했다.

정말 인연은 따로 있구나, 내가 입버릇처럼 말하는 내 집은 따로 있다는 게 이런 거라는 것을 한 번 더 느끼고 있던 계약인데, 형수님이 한마디를 더 붙였다.

"알고 보니 제 친한 친구가 그 빌라 저희 아래층에 2년째 살고 있더라고요. 이번에 계약 연장한대요. 이런저런 이야기 들었어요. 정말 신기해요."

그 집이 왜 바로 안 나갔을까 보니 네이버로 매물을 올린 해당 중개업소가, 실수로 해당 빌라를 신축하기 전 이전 이름의 구옥 빌라 사진을 올렸다. 그러다 보니 허름하고 별로인 집이 왜 이렇게 비싸? 가 된 것이다.

직접 보러가지 않았다면 몰랐을 것이다.

그 이후, 잔금일에 오전 일찍 하는 청소 문제로 조금 복잡할 뻔(?) 했으나, 다행히 잘 마무리 되고 늘 그래왔듯 고객 감사인사로 집들이 선물을 드렸다.

며칠 후 연락드려보니 편안하게 기분 좋게 잘 살고 계신다는 말에 기분 좋게 또 한 건의 중개를 마무리할 수 있었다.

중개보수도 기분 좋게 빼드린다고 금액까지 구체적으로 말씀드렸는데, "고생한건 다 받아야지. 편하게 받아줘"라고 하시며 한 푼도 깎지 않고 보내주셨다. 선물이라도 더 좋은 걸 사나느릴 걸 그랬다.

얼마 후 집들이를 한다며 올 수 있냐고 연락을 주셨지만 바쁜 스케줄로, 갑자기 받은 연락에 미리 시간을 뺄 수 없어 가보진 못했다.

이번 스토리의 주인공인, 계약하신 형님이 했던 말이 기억난다.

"나는 결혼 안 하려고 했거든. 짝을 만나기가 어려워서. 근데 정말 인연이란 게 따로 있더라."

아직 미혼인 나 역시 결혼도 안 해봤지만 자주 하는 말이 있다. "내 집이랑 배우자는 모두 다 따로 있다"고.

매매는 아니지만, 이번 계약한 이 집 역시 이 형님에겐 인연이 될 집이었나보다. 이렇게 '될 인연과 될 놈은 된다'는 말. '인연은 정말 따로 있다'는 말을 소름 돋게 한 번 더 느낀 계약이었다.

120% 만족이라는 단어는 고객 입장에서 하기 쉽지 않다. 중개사 입장에서 정말 뿌듯한 칭찬인데, 이번 계약은 저 문장을 여러 번 들었다. 몇 개월간 고생 끝에 구한 집이기도, 만족스러운 집이기도 하여 뿌듯했던 2022년의 기억에 남을 계약이었다.

> **Diary Point**
> 될 인연은 결국 된다. 하지만 순간 순간에 최선을 다함과 동시에 가능성을 높이는 과정은 꼭 수반되어야 한다.

Ep.10 3번 연속 같은 원룸 호수 중개
- 역시 집은 타이밍이 5할! (feat. 사람들 보는 눈은 비슷하다.)

나는 자투리 시간을 활용하여 이것저것 부업과 겸업을 한다.

부업 중 하나인 유튜브의 콘텐츠는 평소 토요일 오후에 촬영한다.

당시 토요일도 너무 바쁜 업무들이 예상 되었다. 콘텐츠 촬영 일정이 계속 연기될 것 같아 더 이상 미룰 수 없었기에, 금요일 늦은 오전에 촬영을 시작했다.

약 10분간 콘텐츠 촬영을 하고 촬영 종료 버튼을 누르자마자, 사무실 문이 열렸다. 잘못 들어왔나? 싶은 표정을 하시며 약간은 당황해 하는 젊고 건장한 청년 한 명과, 흰머리가 구렛나루 쪽에 보이며 염색머리를 하신, 나긋한 중년 여성 한 분이 같이 들어왔다. 모자지간이겠구나 라는 느낌이 들었다. 일어나서 인사를 했다.

"안녕하세요, 무엇을 도와드릴까요?"

"방 좀 구하려고요. 입주 바로 되는 걸로요."

보증금, 월세, 기타 조건을 하나씩 풀어나가며 머릿속에 적합한 물건을 추리기 시작했다. 바로 입주 가능하며, 보증금과 월세 조건을 맞출 수 있고, 직장에 출퇴근이 가능할 만한 7호선 역세권에 넓은, 반지하 이하는 싫고 옵션이 구비된 곳.

신축급 원룸이어야 마땅한데, 신축급 원룸은 관리비를 포함해서 예산이 조금 넘지 싶었다. 가성비 좋은 원룸들 중 구옥인데 내부 수리를 했거나 넓고 역세권인 집, 약간 내려가더라도 수리가 잘 되고 옵션이 좋은 집, 끝으로 집을 구하려는 아드님 어머님의 평소 로망이라던 옥탑방도 한 집 보여주었다.(어머님을 위해서라고 하는 게 맞는 것 같다.)

오가며 나에게 "여기 원룸 공실 있는데 같이 좀 빼줘 사장님"이라고 했던 동네 중개업소 사장님들과, 뒷통수 안칠 것 같은 나름 신뢰관계 있는 사장님 한두 명에게 전화를 했다. 집을 보러 가는 길에 이런저런 이야기를 나누며 동선을 짜고, 집을 보기 전 통화가 안 되는 집은 올 때까지 다른 집을 보면서 중간중간 전화를 돌려 짜임새 있게 동선을 짜면서 매물을 확보했다.

나의 매물은 5개. 결론부터 말하면, 3번째 본 집을 정말 마음에 들어했다. 해당 집은 위에서 언급한 새로 입주할 임차인의 모든 조건에 부합했다. 어머님도 아드님도 모두 "이거네"라고 했다. 근데 내가 정말 신기하다고 생각한 부분이 한 가지 있다. 그 원룸은, 벌써 3번 째 임차인을 내가 중개하게 된 집이다. 해당 층에만 원룸이 3호실이 있고, 다른 호실도 공실이 있는 경우가 많았는데, 내가 개업한 후 만 3년이 지난 무렵까지 3번째 임차인을 들인다는 것은, 그간 그 호실의 공실은 다 내가 계약했다는 얘기가 된다.

2년 계약한 최초의 임차인 손님이(트레이너 선생님인데, 감사하게 이사할 다음집도 나에게 구해주었다.) 살고 나가면서 다음 임차인(이 분 역시 다음집도 내가 계약을 해주었다.)도 계약을 하게 됐고, 당시 거주하던 임차인이 입주 후 얼마 안돼서 다시 고향에 내려가게 되면서 급하게 내놓은 물건이었다. 그렇게 새로 올 임차인과, 기존 임차인의 옵션 관련, 시설물 및 입주일 관련 모든 조율을 약 1시간 가까이 한 것 같다. 정말 타이밍이 좋은 것이, 새로 올 임차인은 입주를 주말 내에 끝내야 한다고 했다. 월요일부터 출근인데 현재 거주 중인 집이 너무 멀어서 출퇴근이 힘들기 때문에, 주말에 입주를 하고 싶은 것이었고, 그래서 바로 입주가 가능한 집을 찾았던 것이다.

조건에 모두 맞는 집을 찾기가 쉽지 않다. 때로는 원룸 손님들이 더 까다롭고, 어렵다. 심지어 40개 넘게 집을 보여준 손님도 있다. "누가 이기나 해보자. 이정도 하면 고르겠지"라는 생각으로 끝까지 서로를 믿고 집을 계약해드린 손님도 있었다. (보통 중개업소에서는 원룸 수수료가 얼마 안되고 많은 시간을 쏟으려 하지 않는다. 가까운 곳 매물 2~3개를 보여주고 마음에 드는 집이 없어보이거나, 까다로워 보인다고 느껴지면 소위 '버린다'는 표현을 쓰는 경우가 많다.) 위의 손님은 10개 중 9.5개의 조건은 맞았다고 볼 수 있다. 뿐만 아니라 옵션 중 유독 침대 옵션의 필요성을 강조하던 이였는데, 사당동은 단기월세나 침대까지 갖춘 풀옵션이 잘 없다. 아니, 여타 동네도 마찬가지일 것이다. '풀옵션'이라고 하면 보통 침대와 TV는 제외한 옵션을 이야기하는 경우가 많다. 새로 올 임차인이 해당 집을 마음에 두고 조율을 하면서, 옵션에 관한 이야기를 나누던 중이었다.

"침대를 구비해야 하나……. 기존에 쓰시던 거는 저에게 파시면 안 되겠죠?"라고 이야기 나누던 중에, 기존 임차인에게 문자가 왔다. 정말 물어보지도, 생각지도 않았는데, "그리고 침대 필요하시면 쓰셔도 된다고 말씀드려주세요"라는 문자가 왔다. 너무 신기해서 문자를 보여주었다.

다음 문제는 입주 일자인데, 기존 임차인이 아무리 바로 입주할 수 있게끔 짐도 빼놓고 어느 정도 정리를 했어도 퇴실 청소 문제와 남은 짐 처리가 문제였다. 임차인은 지방에 내려간 상태였다.

　나는 고민 끝에 해당 물건지와 우리 사무실이 코앞이니, 월요일에 짐을 뺄 수 있다는 기존 임차인의 의견을 수렴해 토요일부터 월요일까지 얼마 안 남은 짐을 우리 사무실에 보관해 주기로 했다. 임대인이 여행문제로 일요일 퇴실청소 및 잔금처리가 어렵다고 했기에 퇴실청소는 신규 임차인이 해주기로 하고, 대신 청소비를 수령하도록 합의했다. 모두와 협의를 마치고 이 내용을 계약서에 꼼꼼히 작성했다.

　또한 보증금 및 선불 월세와 관리비, 공과금은 일할 계산하여 기존 임차인과 임대인의 계약 관계를 마무리했다. 신규 임차인이 입주하고자 하는 일요일 오전에 보낸 잔금을 임대인이 수령하면, 기존 임차인이 청소 후 입주할 수 있도록 모든 준비를 마쳤다. (영수증과 비밀번호, 전입신고와 확정일자, 임대차신고 등을 포스트잇에 적어 전달했다.)

　두서가 없어 보여서 신기하지 않을 수 있지만, 이번 원룸 중개는
1. 역시 타이밍이 5할이다. (해당 집도 만약 며칠 이따 짐을 빼야 되거나 입주일자가 바로 안 맞았다면 결국 인연이 안 됐을 거다.)
2. 인연이 되려는 집은 결국 된다. (임대인, 기존 임차인, 신규 임차인 3인에게 제안한 보는 조율과 협의가 이루어져서 나의 중개가 성공할 수 있었다.)
3. 내 눈에 좋은 집은 다른 사람 눈에도 좋다. (많고 많은 신축, 넓은 원룸들 중에 유독 그 구옥 내부 인테리어가 깔끔한 집은 보여주면 계약을 하는 집이다. 그것도 내가 연속 3번째로 했다니 인연인 방인가 싶다. 이전 손님들도 많은 집들을 보여주고 결국 그 집을 선택한 것으로 보아, 내 눈에도 좋은 집은 다른 사람 눈에도 좋구나 싶은 것이다.)

일기를 쓴 날은 햇볕이 화사한 봄날의 토요일, 이른 오후였다.
　그렇게 기억에 남을 2022년의 원룸 단독중개일기를 써 내려 갔다.

> **Diary Point**
> 내 눈에 좋은 집은 다른 사람 눈에도 좋다. 협의가 가능한 범위라면 최대한 협의를 하여 눈앞에 있는 계약 체결을 포기하면 안 된다.

Ep.11 나한테 맡긴 열쇠 하나씩 빠질 때마다 기분이 좋다
– 경쟁 끝에 얻은, 4번의 계약 수정으로 완성한 원룸 단독중개 계약 건

4년 차에 접어들며 다양한 계약도 해보고, 다양한 경우의 수도 겪었다. 물론 늘 기분이 좋은 일만 있지 않고, 회의감이 올 때도, 스트레스가 극심할 때도 많다. 어떤 일이건 안 그러겠냐마는, 누구나 본인이 하는 일이 힘들고 어렵다고 생각하지 않겠는가.

5월 초 날이 따뜻한 어느 오후에, 30분 정도 시간이 비어서 독서를 하기 위해 책을 펼쳤다. 책을 읽고 있는데 20대 후반쯤 돼 보이는 젊은 청년 한 명이 사무실에 들어왔다. 특이하게도 '오래된 집'을 찾았다. 옵션도 별로 필요하지 않은.

마침 우리 건물 3층에 원룸이 꽤 오랜 기간 비었었는데(기존 임차인이 워낙 오래 살다 가서 빈집 같지 않은 느낌이었다.) 우리 건물의 모든 호수는 다 내가 중개했고, 건물의 반은 우리 쪽 주인, 반은 옆 건물(편의상) 주인이다. 우리 쪽 임대인은 나에게만 늘 물건을 의뢰하고, 내가 믿음에 보답해왔다. (원하는 임대료로 맞춰주고 좋은 이들이 입주했다는 이야기다.)

반면, 옆 건물주분은 으레 나에게 같이 의뢰해 주긴 하지만 오래전부터 거래하던 부동산들에도 늘 같이 내놓는다. 그럴 때마다 내게 옆 건물 쪽 공실은 부담과 긴박감, 중압감이 있다. (다른 부동산들에서 왔다 갔다 손님과 오가는 것을 보면 같은 건물 쓰는 입장에서 기분이 나쁘고 괜스레 섭섭하다.)

원룸은 사실 구옥이고 시설 상태가 좋지 않으나 위치가 매우 좋고 방이 넓다. 오래된 구옥을 찾는 원룸 손님은 잘 없기에 중개가 쉽사리 되지 않았다. 당시 상황은 넘치는 원룸 공실 매물에 임차인이 쉽게 들어올 리 만

무했다. 그러다 보니 임대인은 여기저기 거래 안 하던 중개업소들까지 매물을 내놓았다. 심지어 단체문자를 보내기도 했다. 그 안에 나도 들어있었기에 그 문자를 받으면서도 씁쓸했다. 기간을 주고 나에게만 전속으로 내놓은 후에 기간 내에 못 빠지면 다른 데에도 놓겠다도 아닌, 처음부터 여기저기 내놓으니 공실로 인한 임대료 못 받는 기간을 임대인이 못 참는 듯했다.

그 청년과 이야기를 나누어보았다. 구옥에 넓은 집. 바로 우리 건물 3층이 생각났기에 설명을 했다. 다른 중개업소에서 보고 왔다고 했다. 속으로 생각했다. '아, 정말 동네 다 내놨구나. 쩝'

해당 방이 서류상 약 14평인데, 옆 호수와 한 집으로 서류상 나와 있고 방을 쪼개놓은 것이라 설명했다. 중개할 때 도면도 첨부해야 하며, 확정일자 받을 때 전입신고 호수를 기재하는 방법을 설명했다. 다른 중개업소에서 들은 금액에 대한 설명 중 이런 부분은 수정이 필요하단 보충 설명을 자세히 했다. 일단 내가 젊은 중개사여서 그런지 젊은 사람들끼리의 케미(?)와 소통이 괜찮았다. 방을 다시 보며 수리 상태, 임대인이 설치 예정인 것 등을 자세히 설명했다.

그 옆방에 거주하는 임차인도 내가 중개했던 임차인이었는데, 그 임차인이 지인을 데려와서 방을 보고 있었다. "어쩐 일이세요?", "아, 주인 사장님이 방 봐도 된다고 해서요" 속으로, 무슨 말이지? 했지만 우선 자세히 묻기 그러해서 해당 방 계약 의사를 보이는 28세 부산 출신 청년에게 자세한 설명을 이어나갔다.

임대인에게 의사가 있는 이가 있고 이런저런 부분들 조율이 필요하단 설명을 했다. 근데, 기존 옆 방 살던 임차인이 공실인 방이 더 넓다고 월세 5만 원 더 주고 그 방으로 옮기기로 했다는 거다. '분명 나 좀 전 만났을 땐 그런 말 없었는데?' 전화를 걸었다. 그렇게 됐단다. 짜증이 났다. 만났을 땐 아무 얘기 없고 계약하려는 손님이 있다고 말을 했는데 아무 말 없더니?

　방을 보고 이 방으로 고민하고 내일까지 하는 쪽으로 결정하겠다고 말하고 간 손님에게 다시 전화를 걸었다. 기존 임차인이 방을 옆으로 옮기기로 했다는, 그도 들었을 때 다소 어이없을 만한 이야기를 전달했다. 기존 임차인이 살던, 처음 봤던 방의 옆방이 약 1.5평 정도 적어서 그 방 월세를 잘 조율해 볼 테니 다시 번거롭지만 내방해줄 수 있냐고 했다. 이 청년은 다행히도 흔쾌히 다시 오겠다 했다. 친구와 함께 와서 보기로 하고 그 안에 방이 정말 지저분하다는 임대인의 말을 참고하여 전화를 걸어 방을 정리해 달라고, 30분쯤 후에 올라가겠다고 했다.

　짐도 꽉 차 있고 원래 보던 방보다 평수가 작기에 집이 더 작아 보였을 거다. 그럼에도 나에게 좋은 마음을 느낀 임차인은 월세 조율을 잘 해달라고 했다. 임대인이 새로 들여줄 신규 가전을 이 방으로 들여오기로 하는 조건, 옆방에 크게 놓여있던 장 중 1개를 옮겨달라는 조건, 곰팡이가 핀 곳 도배하는 조건으로 금액 조율을 끝냈다. 원래 보던 방이 아닌 옆방으로 입주하기로 약조하고 다음 날 계약서를 쓰기로 했다. 나름 몇 시간의 우여곡절 끝에 결정을 했다. 그날 저녁 그렇게 임대인 임차인 양 당사자 모든 조율을 완료했다.

　다음날 계약서를 쓰기 전 정오가 지나 임대인에게서 전화가 왔다.

　"아니 이사장, 그 옆방 친구가 이사한다더니 다시 갈팡질팡해. 어떻게 하자는 건지 모르겠어. 전화 좀 해서 얘기해 봐."

　또 짜증이 났다. 원래 보던 방까지 취소하고 가던 손님 붙잡아서 새로 옆방을 보여주고 간신히 조건을 맞춰놨더니, 다시 원래 방에 살겠다고? 계약서도 미리 써 놓고 서류를 다 준비해놓았는데, 그리고 고객대장에 다 적어놨는데 또 바꾼다니?

　기존에 살던 옆방 임차인에게 전화를 걸었다. 임대인께서 이렇게 말씀하셨는데 그게 맞냐 했더니 "아 죄송해서 그러죠… 저야 가면 좋죠"라고 했다. 자꾸 번복하는 게 더 미안한 일이라고 일침을 놓았다. 원래대로 이사하고 싶으면 그대로 하는 게 좋겠다 했다. 다시 방을 옮기기로 얘기를 마치고 원래대로 기존 임차인이 살던 작은방(편의상 작은방이라 부른다.)으로 계약서를 썼다. 기존 임차인도 옆 방으로 가니 비어있는 큰 방으로 계약서를 새로 쓰고 정리를 마쳤다.

그날 저녁이 될 무렵, 기존 임차인이 전화가 왔다. 잠깐 내려온단다. 느낌상 불안한 예감은 틀리지 않는다. 짜증 나게. 아니나 다를까, 너무 죄송한데, 자기 그냥 원래 방에 살겠단다. 정말 죄송하단다.

다시 원점이다. 처음부터 손님에게 다시 연락해서 원래 보던 방으로 사는 것부터 양해를 구하고 새롭게 금액도 조율하며 새로운 특약과 수리 등 자세하게 맞춰야 한다. 정말 짜증이 나서 표정이 일그러지는 것을 감출수가 없어서 뭐라고 했다.

왜 자꾸 이랬다저랬다 바꾸는지, 이러면 일처리는 내가 다 해야 되는데 계속 바꾸면 어떻게 하냐고. 내가 난처하고 거짓말쟁이가 되지 않느냐고. 짜증을 냈다. 좋게 봤는데 이 사람 정말 줏대가 없다. 예전부터 느끼긴 했으나 이번에 정말 제대로 느꼈다. 짜증내고 나서 돌이켜 생각해 보며 내가 심했나 싶었지만, 그런 상황에서까지 웃으며 괜찮다고 하는 것은 바보다.

다행히 새로 들어올 임차인이 내 의견을 잘 수용해 주었다. 모든 조율을 임대인과 다시 했다. 새로 입주할 청년도 원래대로 처음 본 방으로 입주하는 것으로 구두상 조율을 끝냈다.

그다음 주 토요일에 계약서를 수정하기로 했다. 입주 일자 등을 재확인했다. 하나의 계약을 4번 계약한 것 같은 단독중개 계약을 끝냈다. 보수가 큰 계약도 이렇게 여러 번 계약서를 수정한 적은 없었다.

임대인과 신규 임차인의 조율이 순조로워서 나도 다행히 머리 아프진 않았지만, 너무 번거로웠다. 비록 원룸이지만 다른 부동산에서 왔다 갔다 하는 걸 여러 번 보면서 조마조마했던 마음도 해결되었다. 임대인들 중에서는 나에게 아예 키를 맡기고 나만 보여주라고 한 몇몇 이들이 있다. 비록 이 임대인은 여러 곳에 내놨지만, 그래도 같은 건물이라고 내게 키를 맡겼다. 그렇게 내가 보관하는 여러 개의 키 중에 한 개가 새로운 주인에게 가게 되어 마음이 홀가분했다. 보관 중인 키가 내가 체결한 계약으로 한 개씩 빠질 때마다 기분이 좋다.

새로 입주한 청년과는 호형호제를 하기로 했다. 이후 그 청년의 친구들도 내게 중개 의뢰를 했으며, 계약도 했다.

> **Diary Point**
>
> 공실 리스크(Risk)는 임대인에게만 있는 것이 아니다. 마음이 조급한 중개사 역시 공실에 대한 리스크를 안고 있다. 또한, 이번 사례처럼 나에 대한 좋은 이미지를 심어주게 된다면 여러 번 어긋날 수 있었던 계약을 끝내 체결할 수 있게 된다.

Ep.12 상가주택 투룸, 전속 물건의 부담감과 묵은 체증을 해결하다
- 오랜 시간 100번은 보고 간, 계약 전 10번은 틀어졌었던 전속 매물, 드디어 믿음에 보답하다! – 당일 급계약

상담일지에 적은 기록을 보니, 매물 접수 날짜가 1월 21일이었다.

글을 쓰는 시점은 5월 중순이었다. (실제 계약일은 5월 14일이며, 글을 쓰는 당시는 5월 17일, 날이 좋은 오후였다.) 4개월이라는 시간이 길다면 길고, 짧다면 짧다. 내 기준에서 4개월이란 시간은 공실인 중개 물건으로서는 굉장히 긴 시간이다. 나에게 이번 물건은 특히나 그랬다. 하루하루 부담감과 중압감이 시간이 지날수록 비례하여 엄습해왔기 때문이다.

4개월간 100번은 왔다 갔다 했다, 100팀은 보았다는 뜻이다. 내가 부재 중일 때 전화로만 안내하고 다른 중개업소에서 대신 손님을 안내하여 본 것까지 합하면 그 이상이 된다. 긴 시간이었고, 일일이 설명하기엔 다 담

을 수 없을 만큼 가지각색의 풍파와 우여곡절을 겪었던 계약이다.

22년 1월 중순의 추운 어느날이었다. 나에게만 전속으로 물건을 맡기시는 건물주는 나의 어머니와 동년배다. 애연가이며, 차분한 성격이다. 반면에 뚜렷한 특징이 있었는데, 임차인의 인적 사항을 사전에 대략이나마 조사하는 것이었다. 계약 전 특약을 자세히 기재하고 계약 현장에서도 여러 번 수정을 요청하시거나, 대출의 종류를 가려서 임차인을 받는 것 등 몇 가지가 있다. 중개사 입장에서는 가려서 받을 수밖에 없는 손님이 많아진다. 한 번 거래를 트고 마음을 열어주신 이후로는 다른 데에 안 내놓고 나와만 거래를 해주었다. 사모님도 사장님의 의사를 적극 따라주는, 차분한 분이셨으며 동시에 내공이 아주 높은 분이었다.

이들의 건물에 3개의 물건이 지금까지 나왔었다. 나는 모든 중개 물건을 빠르면 하루, 늦으면 1달 안에 계약을 체결하곤 했다. 물론 시세보다 높게 세입자를 받아주었고, 세입자도 마음에 드는 이들로(솔직히, 한 팀 빼고) 구했다. 모든 것이 나와 잘 맞았다.

한데, 이번에 전속으로 나온 호수는 지난번 중개 때부터 유독 나와 연대가 안 맞는지 아무리 노력해도 많이 보여주어도 나가질 않았다. 지난번은 그래서 부득 임대인의 장모님(사모님의 어머니)이 공실을 메울 겸 입주하셨다가, 다른 집 이사로 인해 나가셔야 하는 상황으로 물건을 내놓게 됐다.

그동안 한 번도 전세를 내놓은 적이 없었다고 한다. 하기사, 등기부나 서류를 보면 정말 깔끔하고 돈 관계도 정확한 분들임엔 틀림없다. 등기부 말소사항까지 이력을 보면 어느정도 임대인의 성향을 알 수 있다. (앞서 내가 등기사항전부증명서를 말소사항까지 확인할 겸 열람한다는 이유다.) 위반내역 있는 것 없고, 근저당 한 번 찍은 적 없으며, 압류건 하나 없었던 정말 깔끔한 매물이라 중개하기엔 정말 편한 물건이다.

또한, 다가구 형태의 주거 특성상 선순위 임차보증금 내역이 중요한데, 모두 월세 임차인만 있어 첫 전세를 받아도 가액대비 권리 상태가 아주 안전한 물건이었다.

  게다가 작은 방이 남향인 점, 역에서 1분도 안되는 거리에 입지한 점, 주인 내외는 아직도 홑창 알루미늄 새시에 거주하면서도 세입자들을 위한 집은 모두 새시와 욕실, 싱크대까지 수리한 상태였다. 그럼에도 정말 지겹도록 계약이 되질 않았다.

  여기저기 온동네 부동산들이 한 번쯤은 왔다갔을 정도로 집을 보여줬으니 100번은 되지 싶다. 한 번은 계약을 하겠다고 이것저것 제반사항들을 조율해달라는 연락이 왔다. 조율할 사항이 많아 임대인 내외를 직접 찾아갔다. 감사하게도 조건에 최대한 맞춰주셨기에 최종적으로 다시 연락했다. (상대편 중개업소인지 임차인인지 모를 일이지만) 조율이 끝났으니 계약서를 작성하자고 했더니, 이런저런 말같잖은 핑계를 댔다. 이런식으로 상대편의 갑작스런 캔슬, 말바꿈으로 틀어진 경우들만 해도 대략 9~10번은 되는 것 같다. 마치 양치기 소년이 된 것처럼 말을 바꾼 것 같아 녹음파일까지 들려드린 적도 있다. 계약이 틀어질 때마다 한숨을 푹푹 쉬며 돌아오길 여러 차례였다.

  이번 중개 물건에 하도 같은 일이 여러 번 생기니, 어머니까지도 걱정을 하셨다. "대체 얼마나 좋은 분들이 들어오시려고 이렇게 고생을 시키나~"라고 하실 정도였다. 하지만 또 한 마디 덧붙이시길, "부동산 임자는 언제 그랬냐는 듯 순식간에 짝이 생기면 홀리듯이 금방 계약되니까 더 기다려보고 최선 다해봐"라고 하셨다. 나의 정신적 지주인 어머니의 말씀은 역시 반무당이 따로 없다. 아니나 다를까, 최근 다른 계약들이 많아 기분이 좋았던 요 며칠사이, 예전에 공동중개를 한 번 같이 했던 건너편 중개업소 사장님이 전화가 왔다. (내가 마트에 가려던 찰나 공동중개 회원망에 적합한 손님 찾는 글이 있었다. 그 중개업소가 맞춘 손님은 주차를 원했으나, 주차는 안 된다는 글과 함께 내가 보유한 해당 매물 정보를 적어서 메시지를 보내놓고 자리를 비웠다.)

전화 온 중개업소 사장님에게 집에 대해 자세히 설명했더니, '지금 오겠다'고 했다. 10분 남짓, 중개업소 사장님과 중년의 남성, 20대 정도 돼 보이는 여성(딱 보아도 부녀지간이었다.)이 오고 있었다. 인사를 나누고, 꼼꼼히 집을 보시기 시작했다. 체류 시간이 가장 긴 손님으로 기억하며, 당시 현장에서 안내하며 그 말도 직접 했던 것 같다. 임대업(빌라)을 한다던 충북 제천 출신의 아버님과 이것저것 조율 사항들을 먼저 논의했다. 20대 아들(오빠)와 딸(동생)이 살 거라고 했다. 어느 정도 내가 아는 선에서 조율을 해놓고 위층으로 올라갔다. 주인 내외께 다소 흥분된 목소리로 말했다.

"드디어 계약할 사람이 왔습니다. 오늘 계약금을 이체하신다는데 몇 가지 이야기를 마무리할 것이 있습니다. 아래층 내려가서 한 번 같이 만나보시겠는지요?"

사모님이 내려오셨다. 다른 조건들은 모두 맞았지만, 입주일이 6월 30일이었다. 살던 집을 그때 빼줄 수 있다고 했다. 최종적으로 그 전에 빠지면 더 빨리 들어오는 걸로 협의하고, 모든 조율이 끝나 쌍방은 즉흥에서 계약서를 작성하자고 했다.

사무실에 계약서를 작성하러 오는 발걸음이 유독 흥분됐다. 수수료가 몇천만 원도 아니고, 정말 큰 계약도 아닌데, 그동안 묵은 체증이 사라지는 기분이라 그랬던 것 같다. 말이 100번이고, 말이 10번 계약 틀어지는 상황이시, 실제로 한 건씩 틀어질 때마다 어찌나 그날 기분이 안 좋은지, 그 집을 지나갈 때마다 어찌나 걱정됐는지 모른다. 심지어 중간에 두 번 정도는 내외분을 찾아뵈었다. "저를 믿어주시는데 제가 보답을 못하고 있으니, 다른 중개업소들에 내놓으셔도 제가 뭐라고 말씀 못 드리겠다"라는 말까지 했다. 두 분은 그때마다 "괜찮으니 열심히 마저 해봐라"라고 하셨다. 드디어 그 믿음에 보답하게 되는 순간이라 그렇게도 기뻤던 것 같다. 중개보수 75만 원. 그것보다 훨씬 큰 중개보수는 많이 받아보았다. 이번엔 돈으로 환원되지 않는 마음속 깊은 무언가의 값어치가 있었다. 내 숙제를 풀었다는 그 해방감도 한몫했다. 즉흥으로 계약서를 작성하다 보니 수정하고 고치며 계약서를 여러 차례 바꾸었다. A4 용지를 약 40장 정도를 버렸지만 아깝지 않았다. 기분 좋은 계약을 마무리하고 정리를 했다. 늦은 시간임에도 양해를 구하고, 퇴근길에 주인 사모님께 전화를 드렸다. 그간 계약하기로 했다가 빠그라진다는 연락도 많이 드렸기에 늦은 저녁 시간에 전화할 일이 잘 없는 내가 전화를 하니 약간 긴장한 목소리였다.

"다름이 아니라, 오늘 계약이 돼서 너무 기뻐서요, 아까 경황이 없어 말씀드렸는지 기억이 안 나네요. 저를 믿어주시고 기다려주셔서 재차 감사드립니다. 편안한 주말 저녁 되세요!"

"사장님 우리가 고맙지~ 아까도 인사하셨어. 고맙습니다."

그후, 잔금까지 원활하게 이뤄졌다. 대출도 안 받는 손님들이라(물론 대출이 되지만) 만에 하나 경우의 수도 없는 확실한 잔금 건이었기에 마음이 편안했다. 열쇠와 도어락 비밀번호는 잔금 때 인계했지만, 체감상 '계약한 순간'이 곧 '나에게만 맡겨진 열쇠 중 하나가 기분 좋게 빠지는 순간'처럼 느껴졌다.

> **Diary Point**
> 나를 믿어주는 이들에 대한 보답을 하는 순간, 그 기쁨은 돈으로 바꿀 수 없다.

Ep.13 2달 간 시간이 맞지 않아 찾아 본 물건만 대략 50개.
배수의 진을 치고 당일 집 보고 결정한 계약건 소개 손님, 결국 인연이 되어 계약하다!

"형님, 저랑 친한 형 하나가 있는데 사당 쪽에 집을 구하는데요. 소개해 드릴테니 한 번 알아봐주실래요?"

친하게 지내던 동생에게 카톡이 왔다. 고마웠다. 중개업 3년 차가 될 때였다. 지인들의 소개, 계약 고객들의 재방문, 소개 등으로 먹고 산다는 것을 새삼 깨닫기 시작한 시점이다. 그렇게 2달 전쯤, 연락했다. 조건을 자세히 확인한 후에 손님 방문 일자를 잡았다. 적합한 매물을 필터링한 후에 집을 보기로 했다. 첫 달에는 손님의 일정이 바쁘다고 하여 방문하기로 한 일정이 2번가량 취소되었다. 달이 넘어가고, 또 오기로 한 날짜에는 손님이 코로나에 걸려 오지 못했다. 그다음 주 방문키로 했으나 나의 일정이 안 되었고, 그다음 주에는 보기로 한 집들이 모두 나가버려 볼 수 있는 게 없었다. 워낙 많이 알아보고 준비했었는데, 계속 연기가 되다 보니 좋은 집들, 만족스러울 만한 집들은 모두 금방 나가버리고 말았다.

매물 정보를 정리해둔 프린트 출력물들은 유효하지 않은 매물로 변해갔다. 종이의 파쇄만 늘어갔고, 아쉬운 매물들은 그렇게 사라져만 갔다. 알아보고 보려고 했던 매물들만 최종적으로 대략 40~50개 정도였다. 많은 숫자다.

1달 반이 넘어가며 달은 또 바뀌었다. 추울 때 연락했던 손님이 반팔을 입어도 춥지 않은 날에 제대로 집을 보게 되었다. 정식으로 처음 집을 보게 됐을 때 7개 정도 추렸는데, 당일에 갑자기 나가버린 매물들이 생겨 4개를 보았다. 그 주에는 집을 결정하지 못했다. 입주가 2달 후라 지금쯤이면 구해도 되지만 아주 여유가 없는 것은 아니었기에, 한 주 더 고르고 더 찾고 최종적으로 결정하자고 서로 말을 뱉어놓고 함께 배수의 진을 쳤다. 이번엔 기필코 결정하리라는 마음을 먹었다. 손님은 고맙게도, 다른 중개업소들을 아예 가지 않았다. 오직 나를 통해서만 시간, 요일 상관없이 카톡으로 피드백을 주고받고 이야기를 나누었다. 손님을 위한 배려로 물건 정보들을 추려 모두 보내준 후 위치와 조건이 마음에 드는 것만 위주로 골라서 보았다. 이 방식은 내 방문 고객들이나 소개 손님들에게 내가 해주는 작은 배려이자, 나의 고유 업무 프로세스이다. 이렇게 진행할 경우 상호 신뢰감이 높아지게 된다. 그에 따라 계약률이 굉장히 높으며 손님의 번거로움을 피하게 해주어 만족도가 높다. 나만의 영업 전략으로 많은 이들이 계약할 때 이 부분이 남달랐다고 말해주었다.

다행히, 마지막주 차에 본 집들 중 2개가 마음에 들었고, 가성비가 좋고 위치와 조건, 입주일 등 모든 것이 맞아떨어진 집을 찾을 수 있었다.

그 집은 또 공교롭게 바로 위층이 그 전 주에 나왔으나 집이 나가버려 볼 수 없었던, 손님이 나름 기대했던 매물이었다. 방향이 더 좋은 남향으로 아래층 매물이 나온 것이다.

주인들도 임대 사업자인데, 관리를 잘 하시는 노부부셨으며, 교양 있어 보이셨다.

첫 주에 정식으로 보기 전에 사무실 근처 비슷한 조건의 매물을 잠깐 본 적이 있다. (그 집은 1주일에 화요일 한 번, 6시에 딱 1팀만, 1명만 보여주는 세입자였다. 이 손님이 집을 본 이후 마음에 들어 하지 않아 계약이 되지 않았다. 그다음 주, 내가 네이버에 올려 둔 매물 광고를 보고 방문한 손님이 계약을 하게 됐다. 단 2번 만에 계약이 되었다. 그것도 단독중개로 말이다! 그 이야기는 이 책의 에피소드에는 없다.)

그때 이후로 정식으로 직접 현장을 다녀본 것은 지난번과 이번 2번이었다. 마침내, 계약을 할 수 있게 되었다. 계약금의 일부에 대한 효력과 서류 일체를 열람 후 안내했다. 계약금의 일부를 입금한 후 원래 금요일 오후 6시 계약을 하기로 했으나, 손님이 몸이 안 좋다고 하여 토요일 오전으로 임대인과 협의 후 계약하게 되었다. 오전 10시라 손님이 조금 피곤해 보였다. 임대 사업자 특성상 표준임대차계약서를 써야 하기에 출력물의 양이 많았다. 이를 모두 설명하느라 시간이 길어졌던 관계로, 손님은 더 피곤해 보였다.

계약 손님들에게 늘 잊지 않고 하는 나만의 서비스가 있다. 계약 시 커피를 한 잔 산다. 그리고, 잔금시에는 입주 선물을 전달한다. 작은 마음이 큰 의미가 되어 전달되고, 대부분 그 마음을 잊지 않고 다시 나를 찾아준다.

 기분 좋게 계약을 마무리 한 후에, 손님은 또 한 명의 직장동료가 집을 구한다고 하며 소개를 해주었다.

 아쉽게도 그 당시 손님은 다른 곳에 집을 구하게 되었지만, 2년 후 다시 연락이 왔다. 그리고, 이번에는 나에게 집을 구했다. 그렇게 그 손님은 뒤에 나올 중개일기에 계약 고객 중 한 명의 에피소드로 담기게 되었다.

> **Diary Point**
> 발품뿐 아니라 손품도 많은 수고를 덜어줄 수 있다. 조건이 확실한 이들은 손품으로 1차 필터링을 해야 불필요한 수고를 덜 수 있다. 조건이 정확한 손님의 요구 조건을 잘 파악하여 계약을 하게 될 경우, 다른 손님을 소개할 확률이 높다. 이 경우처럼 말이다.

Ep.14 **생일날 정말 빼고 싶던 집을 단독중개로 계약하다.**
마음에 들어 한다면 바로 '두 번' 보여주고 확답을 받자! 반지하는 보지 않는다던 손님, 단독중개로 계약한 원룸 건

 내가 오랜 기간 다니는 헬스장이 있다. 사무실 바로 앞이라 업무 특성상 규칙적으로 똑같은 시간에 갈 수 없는 관계로 그날그날 상황을 본다. 1시간 이상 시간이 나겠다 싶으면 지체 없이 운동하러 간다. 10년 가까이 다녔으니 무수히 많은 트레이너들을 봤다. (단, PT는 한 번도 받지 않았다.) 헬스 트레이너들은 보통 이직률이 높다. 그럼에도, 내가 다닐 때부터 근무하던 트레이너가 있다. 임원도 아닌데 소속 트레이너가 그 정도로 오래 일하는 경우는 처음 봤다. 그 트레이너는 친절하고 인품이 좋아 늘 PT회원이 많았다. 개인적으로 사담도 많이 나누면서 경제관념이나 재테크 부분의 준비가 되어있지 않은 것을 알게 됐다. 자산관리사(FP)를 취득하여 종종 지인들과 재무 관련된 이야기를 나누곤 했기에, 개인적인 친분으로 오

랜 기간 이야기를 들어주었다. 지출을 줄이고, 건전한 투자를 시작하게 했다. 나보다 몇 살이 많음에도 당시 모은 돈이 없다는 말을 듣고 놀랐던 기억이 난다. 그 후 무리한 지출로 타고 다니던 외제차의 할부도 끝내고, 더 열심히 일하여 목돈도 모았다고 한다. 뿌듯했으나, 얼마 가지 않아 내가 절대 하지 말라고 당부했던 '묻지 마 테마주 주식 투자'로 모은 돈 전부를 잃었다고 했다. 답답했다. 그 결과 이번 손님인 트레이너의 집을 구해줄 때 보증금을 아주 적은 금액으로 구할 수밖에 없었다. 비록 월세방을 구하더라도 목돈을 모아놨다면 같은 월세여도 훨씬 좋은 집을 구할 수 있었을 것이다. 혹은 다른 데에 작은 집이라도 하나쯤은 전세를 끼고 사두었을 수 있었다. 알고 지낸 긴 시간 동안 간신히 경제관념을 바꾸게 하고, 돈을 '처음으로' 모으기 시작했다며 내게 환한 미소로 자랑하던 트레이너의 모습이 떠올랐다. 아깝다는 생각에서 트레이너와의 스토리를 먼저 열거했다. 앞서 말했듯 트레이너는 처음으로 독립한다고 했다. 트레이너들은 센터가 직장이라 자취한다면 집과 센터 거리가 무조건 가까운 게 최고다. 처음에 작년쯤 독립한다고 했다가 취소했는데, 그땐 정말 직장인 센터 코앞에 매물들도 있었다. 그 이후 올해는 정말 구한다고, 날을 잡고 방문 시간까지 잡았다. 나도 본격적으로 찾아보았다. 직주근접, 직장에서 무조건 가까운 쪽으로만 찾아보았다. 방을 10개 정도 추려 보기로 했다. 보다 보니 이 선생님이 말했던 조건에서 필터링해야 할 만한 것들이 생겼다. 지금 집을 못 보는 매물, 계약이 된 매물 등을 제외하니 5개가 남았다. 문득 절대 안 본다던 '반지하'방 중, 이 트레이너가 괜찮다고 했던 위치의 내 친구의 신축 원룸 건물이 생각났다. 20년 지기 친구의 신축 원룸 건물이며 반지하여도 상태가 워낙 깨끗했다. 지대가 높아 크게 지하 같은 느낌은 들지 않는, 관리가 잘 되어있는 건물이었다. 일단 보는 게 어떻냐고 했다. 같은 건물 위층의 방들은 모두 전세 매물로 나와 있지만, 빠른 입주를 해야 하는 트레이너와는 맞지 않았다. 우선 샘플삼 하나라도 보자고 했다. 막상 집을 보니, 예상외로 그 집이 너무 괜찮다고 했다.

다행히 내 예상은 틀리지 않았다. 장단점을 객관적으로 설명했다. 일단 그전까지 본 매물은 모두 별로였지만, 반지하방을 보기 바로 전 매물이 마음에 들었다며 사실 고민이 된다고 했다. 엘리베이터가 있어서 그런가 싶었지만, 내 시야로는 다른 부분들이 들어왔다. 한 층에 너무 많은 호실이 다닥다닥 붙어있는 점, 관리 상태가 부족한 점 등이 평소 소음과 위생에 신경 쓰는 트레이너에겐 적합해 보이지 않았다. 그래서 "방금 본 집은 조용하고 관리가 잘 되어있는데, 반지하라 마음을 바꾸셨냐" 물었더니, "그 집은 역과 지금 본 집이랑도 거리가 멀지 않아요? 저는 엘리베이터 있는 이전 집 위치가 특히 마음에 드는데요"라는 것이다. '응?' 이상했다. 그 엘리베이터가 있는 건물과 방금 마음에 든다던 반지하 방은 바로 옆이었기 때문이다. 골목을 이야기하면서 천천히 걷느라 위치가 헷갈릴 수 있다고, 방금 마음에 든다던 반지하방은 마음에 든다던 엘리베이터 있는 집 바로 옆이라고 했다. 이전 집이 엘리베이터뿐 아니라 위치가 중요한 부분을 차지했다면, 반지하 집도 위치가 거의 비슷하니 문제 될 것이 없다고 했다. 가까운 곳에 있는 건물이 '거리가 멀다'고 느낀 것은, 길을 모르고 나를 따라오기만 했었다면 당연히 그럴 수 있다고 생각했다. 그래서 한 번 더 그 길로 가서 집 위치를 보면 어떻겠냐고 제안했다. 1분, 아니 30초도 채 안 되는 시간 만에 도착하니 "어? 아… 제가 착각했나 봐요 정말 가깝네요? 이 집으로 계약할게요"라고 했다. 중개는 어떻게 어떤 일로 인연이 될지 모르며 계약 바로 직전에서도 사소한 조건 하나, 작은 돈 몇 푼 때문에 틀어지고 깨지는 경우가 정말 부지기수다. 그렇게 집을 본 날은 22년 5월 27일이었고, 5월 28일인 내 생일 전날이었다. 공교롭게도 그날 집주인인 친구와, 다른 동창들과 내 생일 겸 모임을 하기로 한 날이었다. 계약서 작성은 28일 내 생일에 하게 되었다. 계약 금액이나 보수가 크지 않은 원룸 단독중개 계약이었지만 그 집을 계약하며 기분이 좋았던 점은, 내 생일날 계약인 부분도 물론이거니와 정말 오랫동안 여러 중개업소들에 내놓고도 계약이 되지 않았던 집이었다는 것이다. 뿐만 아니라 친구의 집이었으며, 내가 단독중개를 했고, 꼭 구해주고 싶었던 트레이너의 마음에 쏙 드는 집을 구해주었기 때문이다. 친구 아버지도 통화했을 때 좋아하시는 모습이 나도 참 기분이 좋았다. 모든 것이 좋았던, 원룸 단독중개 계약이었다. 중개보수의 금액보다도 여러 상황과 조건이 참 기분이 좋았다. 원룸 중개보수는 얼마 되지 않는다고 우습게 아는 경우가 많은데, 가랑비에 옷 젖는다. 단독중개로 원룸 한 달에 5개씩만 해도 중소기업 직장인 월급이 나온다. 그렇게 계약 건수가 많아지면 가랑비가 옷을 적시는 것이다.

"돈보다 사람을 남기는 중개사가 되자", "반드시 실력으로 승부하는 중개사가 되겠다", "거짓말하고 사람을 팔지 않겠다"는 것은 개업부터 꼭 지켜오는 나의 모토이다. 4년 차 중개사가 되어 어느덧 자리를 잡아가고, 주변 중개업소들에서도 잘 소화하지 못한 어려운 매물들도 하나씩 계약해 나가며 실력을 갖춰가는 모습에 나 자신이 대견했던 계약 건이었다.

그 뒤로, 2년 후 24년의 봄 무렵. 트레이너는 따로 독립을 하여 PT샵의 대표가 되었다. 물론, 그 PT샵 역시 여러 번의 우여곡절을 함께 하며 나와 계약을 했다. 단독중개로 좋은 임대인을 만나 장기간의 렌트프리 기간을 받았다. 또한, 개업 선물로 여러 화환까지 받으며 많은 축하 속에 영업을 개시했다. 뿐만 아니라, PT샵 같은 건물에 넓은 옥탑방도 공실로 나오게 되어 비슷한 시기에 옥탑방까지 계약을 마쳤다. 반지하에서 지상으로 이사를 가게 된 것이다. 직장과 집이 10초 남짓의 두 층 거리로 가까워진, 여러모로 좋은 상황이 되었다.

> **Diary Point**
> 반지하를 안본다는 손님도 반지하 계약해 준 경우가 여럿 있다. 정말 확고한 이가 아니라면, 가능성을 열어두고 시간을 내어보자. 다른 매물을 보러 가는 길에 동선을 맞춘다던지, 좋은 점을 설명해서 한 번쯤 보게끔 한다면, 0%의 가능성이 1%로 바뀐다.

Ep.15 동사무소 직원이 집을 구하러 오다!

덥고 땀이 나는 계절인 여름이 오기 바로 전, 반팔을 입고 다니며 마트에 수박이 하나둘 보이기 시작하는 6월 초였다. 사무실에서 손님과 이야기를 나누고 있었다. 반듯하게 생긴 건장한 남성이 사무실에 "사장님~ 아 손님이 계시는군요, 다음에 올까요?"라고 했다. 일어서서 "괜찮습니다. 무엇을 도와드릴까요?"라고 했다. 동사무소에서 나왔다고 했다.

참고로 동사무소는 사무실에서 2분 거리 위쪽에 있었는데, 이번에 신축공사를 하면서 공사 기간 동안 우리 사무실 옆 교회 건물을 장기간 임대차했다. 그래서 글을 쓰는 당시부터 지금까지 사무실 바로 옆 건물에 있다.

"동사무소에서 무슨 일로 오셨을까"하고 궁금해 하는데, 어느 정도 이야기를 나눈 손님이 마저 이야기 나누라고 본인은 먼저 가봐도 된다고 센스껏 배려를 해주었다. 그 덕에 배턴 터치를 했다. 상담의 내용은 이러했다. 서울복지재단에서 동사무소와 제휴하여 동별로 기초수급자들 중 주거환경이 위급한 이들을 선정하여 주거 지원을 해주고, 동사무소 주무관이 직접 예산에 맞추어 집을 구해준다는 것. 바로 옆에 중개업소가 있어서 처음으로 들어와 봤다고 했다. 동별로 한 곳씩 들릴 예정이었으나, 나와 이야기해 보고 나서 나에게만 의뢰하는 것으로 마음을 정했다고 했다. 사람을 다룰 줄 아는 이인가. 짧은 시간에 내 성격을 파악했나 보다. 신뢰를 주면 그에 걸맞는 믿음과 신용으로 보답하는 성격이라는 걸 눈치챘을지도 모를 일이다.

가감 없이 솔직담백하게 이야기를 나누다 보면 사람의 진심은 통하는가 보다. 늘 그래왔다. 눈을 보고 이야기하면 다르다. 이야기를 들어보니 집을 구해드려야 하는 분의 조건은 이러했다.

　40년 초반생, 약 만 80세 가량 추정. 거동 정정하심. 기초수급자이며 할머니 혼자 거주하시는데, 보증금 없이 가진 돈이 없어서 고시원에 생활하다가 강제 철거를 하게 되어 급히 이사를 나오셔야 한다고 했다. 어르신 혼자 사시지만 필요 짐을 조금 여유롭게 놓고 싶다고 했다. 복지재단에서 나오는 예산은 보증금 600만 원, 월차임 35만 원까지이며, 월차임은 연체 없이 재단에서 정확하게 입금되니 오히려 좋다고 했다. 내심 이 부분을 임대인들에게 어필해야겠다는 계획이 섰다. 계약자명은 입주자 어르신 본인이 하시며 보증금은 계약하는 날 잔금까지 모두 일괄 입금하는 조건으로 정했다. 담당 주무관은 "층수는 상관없으며 워낙 월세와 예산이 적어 원룸도 구하기 빠듯한 상황일 것임을 알고 있다"고 했다. 재단에 서류를 올리면 해당 어르신이 탈락할 확률은 5% 남짓이라고 듣고, 당일 바로 집을 구해보았다.

　매물은 딱 2개, 주무관이 미리 부탁한 대로 매물에 대한 설명을 문자로 먼저 보냈다. 그 후 전화 통화를 나누고, 다음날 오전 매물을 보기로 하며 두 곳 모두 약속을 잡았다. 다음날 오전, 시간 내에 칼같이 도착하여 사무실 앞에서 나를 기다리고 있었다. 약속된 물건을 내 차를 타고 보러 갔다. 오래된 구옥의 빨간 벽돌집이었으나 허물어져가는 느낌은 아니었다. 정겨운 정도의 구옥이라고 표현하면 맞겠다. 미리 들었던 대로 공부상 지하층이지만 실제 높이는 계단 1개만 내려가는 1층 높이의 반지층. 무난했다. 문을 열었더니 방이 2개였으며, 거실 겸 주방도 있었다. 화장실은 노후되었으나 나름 변기는 수리가 되었다. 마침 재단에서 도배장판 시공비도 지원을 해준다고 했다. 가전도 구비가 되어있지 않으면 지원이 된다고 했다. 다가구 주택은 한 집에 한 주인이라 해당 집은 수급자 어르신이 입주하신다면 수도요금 면제가 되고, 전기 가스 등 공과금도 할인을 받는다. 그리고 재단에서 입금을 해주기에 월세 밀릴 걱정도 없었기에 설명이 용이했다. 주인 어르신이 내려오셨다. 입주 예정인 임차인 어르신보다 4살 어린 분으로, 서로 이야기도 잘 통할 것 같았다. 입주 예정일 7월도 맞출 수 있으며, 원래 나와 있던 보증금 500만 원에 월 차임 40만 원 금액에서 보증금 600만 원 ~ 월 차임 35만 원으로 재단 예산에 맞추어 조정을 했다. 모든 것이 완벽했고, 계약은 6월 말 재단 심사가 통과되면 즉시 하기로 했다. 다만, 그동안 누가 보고 찜하면 끝이 나는 것 아니겠는가 싶었다. 오는 길 차에서 담당 주무관에게 상황 설명을 했다. 내가 설명한 상황을 납득했다. 담당 주무관은, 일단 임차인 어르신 돈으로 20만 원 가계약금을 보내겠다고 했다. 이후 재단 승인 불발 시, 그 돈을 그냥 해제위약금으로 갈음하고 임대인에게 가계약금 반환을 요청하는 실례를 범하진 않겠다고 했다. 하지만 위약금 명목의 별도 약정이 없다면 반환을 받을 수 있고, 설득을 잘 하면 되겠다고 판단했다. 내 입장에서는 한 푼이 귀한 수급자 어르신이기에 적은 금액도 잃게 하고 싶지 않은 마음이 있었다.

　재단 승인이 나면, 6월 말 바로 계약을 하고, 계약금 20만 원은 어르신께 반환, 재단 돈으로 600만 원을 채우기로 했다. 계약이 될 것이니 다른 이들이 더 이상 집을 볼 수 없게끔 매물을 거두어주십사 이야기를 해놓았다. 그 다음 주 금요일 임차 예정 어르신과 최종 임장 후 계약금 이체, 6월 말 확정이 되면 7월 계약서를 작성하고 입주하는 것으로 정리했다. "완벽히 처리해주셔서 감사합니다"라는 답장을 받고 상황을 일단락 했다. 추후 동사무소 담당 주무관은 같은 건이 있을 때 또 연락을 주겠다고 연신 고마움을 표시했다. 집을 구하기 어려운 조건임에도 성심성의껏 구해주는 모습에 감동을 받은 듯 했다. 중개수수료 예산이 25만 원이 나왔다고, 다 준다고 하기에, 법정 보수가 있으며 초과보수는 불법 행위라 정해진 보수만 주시면 된다고 했다. 돈 몇 푼에 양심을 팔기 싫었다. 사실 좋은 일 해달라고 요청하면 중개 보수 받지 않을 수도 있다. (그래도 일은 일이라 받는 게 맞긴 하다. 기분 좋은 덕을 베풀어달라는 요청이라면 해 드릴 수도 있으며, 추후 내 계획이자 작은 목표이기도 하다.)

그렇게 일단락되어 계약을 기다리고 있는 마음이 따뜻한 하루였다.

며칠 후 입주하실 지원대상자 어르신을 모시고 담당 주무관이 왔다. 최종적으로 한 번 더 해당 집을 보러 갔다. 언덕이 있다며 집주인분 앞에서도 완강하게 거절 의사를 보이셨다. '처음부터 다시 시작해야겠구나. 이런 경우가 많았지만.. 다시 시작해야겠네.' 라고 생각했다. 그리고 하루 시간을 두고 추가로 몇 가구를 더 찾았다. 어르신의 상황과 금액에 맞추어 설명하고 임대인 측과 조율을 해둔 후 집을 보았다. 2곳을 보았는데, 모두 마음에 들어 하셨다.

그렇게 내 차에 타시고선

"사당1동은 없어요?" (사당1동은 사당역쪽인데, 아예 처음 들었던 구하는 범위와 완전히 달랐다. 처음엔 아예 3동만, 멀면 4, 5동 정도였으니 말이다.)

"사당1동은 왜요 어르신?"

"나 파지를 줍는데 수레를 끌고 다녀야 해서"

'뭐라? 파지를 주우신다? 수레를 끄신다?' 못들었던 새로운 정보와 조건이었다. 그런 임차인을 누가 받겠는가. 담당 주무관도 고지를 해주었으면 좋았을 텐데……. 조건이 늘어나고 갑자기 예정에도 없던 사당1동을 찾으시며, 파지까지 주우시고 수레를 놓고 다니셔야 한다면, 600만 원에 월세 35만 원, 평지에 역세권, 80 넘은 어르신 한 분을 받을 만한 넓은 원룸이나 투룸은 없을 거라 생각했다. 내 능력이 부족할지 모르지만, 마음에 든다고 했던 집들은 모두 주무관의 요청에 따라 사전에 고지 못한 '파지와 손수레'건을 이야기했고, 당연히 거절당했다. 임대인 측에서는 "그런 조건은 없지 않았냐. 그렇다면 안된다"고 차갑게 전화를 끊었다. 내가 말을 숨긴 꼴이 되어버렸다. 좋은 일을 하려고 신경 쓰고, 돈보다 좋은 마음으로 시작한 일. 2번이나 누가 봐도 괜찮으실만한 집을 거절하시고, 갑자기 저쪽 1동을 찾아봐 달라고 하시니. 일단 예의상 알겠다고 하고. 매물 검색을 멈추었다.

그로부터 하루 후, 사당역(방배동인데, 사당역을 기준해서 건너편엔 사당1동이다.)을 지나가는데 우연히 파지 줍는 어르신을 보았다. 말 그대로 손수레가 아닌 '리어카'를 끌고 다니시는 것이다. 그렇게 그 어르신과는 인연을 마무리 짓는 줄 알았다.

그 뒤로, 약 3주 후, 담당 주무관에게 전화가 왔다. '어르신의 입주비 재단 승인이 났으며, 어르신이 파지를 줍지 않기로 했으니 이전에 봤던 집이 나갔는지 확인해줄 수 있냐'는 것. 확인 결과 다행히도 아직 매물이 나가지 않았고, 그 내용을 전달했다.

그렇게 글을 쓰는 당시, 중간중간 조율할 특별한 부분인
1. 재단에 계약서를 제출 후 계약서상의 잔금일자에 보증금을 일괄 입금하기 때문에 월세를 선불로 드리는 조건,
2. 계약금을 보내지 않는 대신 월세를 가계약금조로 지급하고, 잔금일에 보증금 전체를 입금하기로

하는 상황을 협의 후 해당 집 계약을 마쳤다.

> **Diary Point**
> 복지재단에서 기초생활보장 수급자들을 지원하는 경우, 생각보다 당사자들이 눈높이가 높은 경우가 많다. 따라서, 지원 대상자가 거주할 집이므로 그들이 원하는 조건을 먼저 면밀히 살펴보아야 한다. 지원 조건 중 특이사항이나 계약 시 꼭 필요한 조건을 파악하고 매물을 찾아야 한다.

Ep.16   바로 이전 계약 중개일지를 쓰자마자 걸려온 전화,
반지하 안 본다던 손님, 반지하집을 보고 바로 계약하다!
끝까지 가능성을 열어두고 중개할 것

방을 구하는 이들에게 가장 많이 듣는 한 문장이 있다. "반지하는 안 볼 게요", 그렇듯 '일단 거르는' 대부분의 물건 종류가 반지하 혹은 지하방이다.

상가임대차의 경우 지하(스튜디오, 연습실, pc방 등)를 선호하거나 지하가 필요한 경우를 제외하고는 대부분 주거 형태는 지상을 원하기 마련이다.

다만, 반지하나 지하도 나름이다. 고객의 조건을 듣고 메모하며 맞는 물건을 찾아나갈 때에는 비록 비선호하는 조건일지라도 가능성을 열어두어야 한다. 정말 혀를 내두르는 정도의 비선호가 아니라면, 다른 매물을 보는 길에 동선을 맞춰 번거롭지 않은 선에서 보는 쪽으로 제안을 해봄직하다. 그것이 중개사로서의 완숙미와 수완을 보여주는 부분이다. 다만, 절대 거짓말이나 과대 포장은 해선 안 될 것이다. 그것이 삼류와 고수의 차이다.

이번 계약 역시 처음에 반지하는 절대, 무조건 제외해달라고 했던 손님이었다. 사무실로 전화가 왔다. 근처에 있다고 했다. 손님을 만나서 안내를 하기 전, 전화상으로 먼저 설명했다. '아시다시피 물건이 지금 별로 없고, 구하시는 금액에 크기가 맞는 걸 찾기가 힘들지만, 초역세권에 인프라와 교통이 좋고 이번 폭우에도 침수되지 않았던 습기 없는 집'임을 설명하였다. 기존 거주중인 임차인이 집을 보여줄 수 있는지 물어야했기에, 먼저 확인을 해보았다. 기존 임차인은 마침 주변 카페에 있다고 하여 10분 후 만남으로 조율했다. 나는 근처 역 출구로 마중을 나갔고, 통화 후 5분 정도만에 손님을 만났다. 네이버 전화 연결을 통해 방문한 손님이었으며, (네이버검색 후 전화연결을 하면 수신자인 중개업소에는 "네이버가 연결해드립니다"라는 인사문구가 뜨며 전화가 연결된다.) 통화로 신뢰감을 주었던 부분이 만남

을 성사시킬 수 있었던 계기라고 본다. 다른 매물들은 이미 7개의 중개업소를 통해 들러 보았고, 집이 다들 없다고 하여 더 이상 매물을 볼 수 없었다고 한다. 한두 곳 정도 보여주더니 더 없다고 했다고도 한다. 손님은 인천 거주 중인데, 7호선 논현역에 직장을 잡아 출퇴근하게 되었다. 7호선 남성역이 위치도 좋고 강남보다 저렴한데 인프라나 교통이 잘 되어있어 찾았다고 했다. 강남에 출퇴근을 하는 손님들을 중개한 사례를 통해 동질감을 형성했다. 또한, 실제 사례와 구체적인 내용을 전달하며 신뢰감을 형성하였다.

이번 역시 될 인연은 되며, 인연은 따로 있다는 표현이 들어맞는다. 집 앞에서 임차인을 기다리려고 집 앞에 도착할 무렵이었다. 공교롭게 임대인 사모님이 시장을 보신다고 나오셨다. 임대인 사모님은 벌써 나와 4번이나 계약을 해주었으며, 물건을 나에게만 의뢰 해주실 만큼 신뢰가 쌓인 분이다. 물론 내가 임대인의 조건에 맞추어 계약을 진행해드린 부분, 공실 리스크 없이 계약이 바로바로 된 부분 등 궁합과 타이밍이 다 들어맞은 연유도 있을 것이다. 그 역시 인연이라면 인연이겠지 싶지만 말이다. 임대인 사모님은 공실을 못 참는 몇몇 분 중 한 분으로, 정 안 나갈 경우 공동 매물 등록 사이트에 등록도 한다. 그 임대인 사모님은 아들이 집에 잘 안 오는 관계로, 그리고 지금은 돌아가신 부군께서 당시 암으로 편찮으셨던 관계로 개인 심부름도 여러 번 도와드렸다. 2층 가파른 계단에서 무거운 장판지를 들어 날라드리는 것(크게 다칠 뻔 했다.), 보험금 청구를 할 줄 모르셔서 아들이라고 하고 담당자와 통화 후 서류팩스 등을 준비해드린 것, 각종 동사무소 민원 업무, 부군의 사망신고와 상속을 도와드리고 각종 업체를 소개해드리는 등 개인적인 서비스로도 신뢰와 호감을 샀다.

앞서 설명한 임대인과 기존 거주중인 임차인, 새로 방문한 손님이 집 앞에서 공교롭게 다 같이 만나게 되었다.

1. 웃음을 유발하시는 구수한 말투의 츤데레 같은 임대인 어르신의 맞아주심과,
2. 때마침 도착한 기존 세입자와 임대인의 친근한 관계,
3. 신규 임차인은 여성이기에 옆집에 남자가 사는 것을 불편해했는데, 마침 젊은 아가씨들이 옆방에 6년째 살고 있으며,
4. 새로 올 손님과 임대인 서로가 마음에 들어 하는 상황까지.

집을 보기도 전에 집 앞에서 입주일까지 즉흥적으로 모두 조율이 되었다. 기존 임차인과 입주일도 딱 맞았다. 간단히 수리 예정인 부분에 대한 협의도 끝냈다. 동시에 해당 중개대상물의 서류와 권리관계에 대한 구두 설명을 마치고 같이 집을 보았다. 본인이 생각하는 크기보다도 훨씬 괜찮았는지, 집 전체를 둘러보기도 전에 "저, 이 집 계약할게요"라고 했다. 현장에서 바로 다같이 모여 나의 사무실로 방문했다. 계약서 작성과 서류를 준비하는 시간 동안 정적도 없이 즐겁게 이야기를 나누었다. 계약 중 가장 긴장감이 가장 적었다고 표현할 수 있을 만큼 편안하고 재미있게 계약을 마쳤다. (긴장감이 없었을 뿐 실수는 없었다.) 이번 계약도 내가 양쪽 모두 직접 중개한 단독중개 계약 건으로, 이 손님 역시 반지하나 지하라는 단어만 들어도 너무 싫어하던 이였다. 앞선 에피소드 건을 포함해서 두 건 모두 양쪽을 내가 직접 중개한 단독중개 건이다. 중개보수 역시 약간씩은 할인해주었음에도 단독중개였기에 그렇지 적지는 않았다. 중개보수보다 감사한 것은 늘 '많고 많은 중개업소 중에 나를 선택해준 것'이다. 그래서 최대한 성실하게, 열심히, 정직하게, 보수의 대가를 지불함에 전혀 아깝지 않게 만들어주는 것이 내 업무 목표이자, 꾸준히 실행중인 사항이기도 하다.

1. 금액을 고객의 말보다 조금 더 광범위하게 찾아볼 것. (5만 원의 차이로 집의 컨디션이 바뀐다.)
2. 위치도 구하는 지역보다 조금 더 넓게 찾아볼 수 있다는 점.(다만, 이

부분은 고객이 꼭 해당 역, 위치 등을 고수한다면 그 부분만 진행해야 한다.)
3. 동선을 짜면서 비선호 조건이어도 가능성이 있다면 이동 경로에 포함시킬 것. 불필요한 시간을 들이게 하거나 비선호하는 조건을 더 '비선호스럽게' 만들지 않도록 안내할 것.
4. '단점'이 있을 테니 팩트를 설명하되, 장점과 어울러 설명할 것. 더불어 단점을 커버할 수 있는 긍정적인 단어로 표현할 것.

이 방법들이 비록 반지하여도, 반지하를 절대 보지 않는다는 손님이 있어도 그들이 본인 의사로 계약하게끔 만들 수 있었던 이유인 것 같다. 강요나 강제적인 부분이 없었음에도, 본인들이 매물을 보고 선택할 때 위의 조건들이 많은 영향을 끼쳤다. 이후 거주만족도도 중간 중간 체크해 본다. (젊은 여성 손님은 개인적으로 추가적인 연락은 내가 하지 않는다. 오해의 여지를 남기고 싶지 않기 때문이다.)

이번 계약 역시 감사한, 고객의 말과 원하는 조건을 모두 믿지 않고(?) 범위를 넓혀 보여줬을 때의 가능성은 늘 열려 있다는 것을 증명해 주었던, 소중한 계약이었다.

> **Diary Point**
> "반지하는 안볼게요"라는 손님도, 반지하를 보자마자 계약할 수 있다. 보지 않는다면 0%가 되지만, 보는 순간 1% 이상의 가능성이 열린다.

Ep.17 유튜브 자취남 '월세지원 프로젝트' 담당 중개사로 성남의 집을 원정 계약하다

공인중개사로서 부동산의 지식, 정보를 전달하는 유튜브 채널을 운영하고 있다. 그러면서 자연히 공인중개사 외의 부동산, 다양한 집 소개 등을 하는 채널들도 유튜브 알고리즘에 뜬다. 평소에 애청하던 유튜브 채널인 '자취남'은 당시 구독자가 40만을 조금 넘었던 것 같다. 40만이라는 숫자 역시 정말 대단한 구독자를 보유한 것이고, 그 채널 운영자인 정성권 님은 직장생활을 하며 유튜브를 시작하다가 유튜버로 전향하게 된 케이스다. 한마디로, 나만 그 이를 먼저 알고 있었고, 그 이는 당시 구독자가 5천 명 남짓에 불과했던 나를 알고 있었을 리 없다. (글을 쓰는 현재도 종종 안부도 물으며 좋은 관계를 맺고 있다.)

22년 봄쯤이었다. 내가 전세 계약을 해준, 안 지 10년이 넘어가는 형님이 있는데, 그 형님에게서 카톡이 왔다. 아직도 기억이 생생히 난다. 헬스장에서 웨이트 운동을 마무리 하고 복근 운동을 하러 테라스 쪽으로 갔는데 카톡을 확인해서 답장했던 기억이.

"승주야, 이 채널 알지? 이 영상 한 번 봐봐. 여기서 공인중개사들을 월세 구하기 프로젝트에 참여해 달라고 모집한다는데, 영상 보고 관심있으면 지원해 봐."

솔깃했다. 복근 운동을 하다 말고 영상을 보았다. 지역별로 집을 구해주어야 하는 이들이 있을 수 있다는 것. 지원자들을 선정한 후에야 구할 집 위치를 알 수 있지만, 해당 지역별로 집을 구해줄 공인중개사가 필요하다는 것이다. 주저 않고 운동을 마무리 한 후에 사무실에 가서 메일을 보냈다.

"안녕하세요, 사당동에서 공인중개사를 하고 있는 이승주라고 합니다" 로, 사당동 토박이인점, 주로 중개를 하는 지역, 유튜브 채널도 소박하게 명함과 담아 설명을 보냈다.

잊고 지내다가 여름이 다가올 무렵, PD님으로부터 메일이 왔다. 진행을 하고자 하는데 나를 선정해주었고, 이후 번호를 주고받아 카톡 메시지로 대화를 이어갔다.

이야기를 나누다 보니, 지역이 내가 주로 하는 지역이 아니라 '경기도 성남'이었다. 이번 사연의 선정자들이 학생 2명인데, 그들이 성남의 대학교를 다니고 있어 주변으로 구해주어야 하는 상황. 그럼에도 나와 진행을 하고자 함이 감사하기도 했고, 나 역시 성남은 중개해본 적 없지만 도전해 보고 또 경험해 보고 싶은 도전정신이 생겨서 흔쾌히 수락했다.

8월, 이 프로젝트가 시작됐다. 사연자들과 성권 님, PD님이 사무실을 방문하셨다. 처음 보는 유튜버 자취남. 연극영화과를 나와 모델 활동을 하면서 학교 선후배 뿐만 아니라 정말 많은 연예인을 수도 없이 보았음에도 묘하게 신기했다. 잘 알던, 친하던 사람들이 연예인이 된 경우도 몇 있었기에 방송인, 유명인에 대해서 '신기함'은 무디다고 생각했다. 그럼에도 즐겨보던 유튜브 채널의 주인공을 만나 참 반갑고 신기했다. 인트로 영상으로 월세 지원 프로젝트의 대장정을 시작하며 자기소개를 하고, 집을 본격적으로 구하기 시작했다. 8월 무렵은 대학생들이 주변의 집을 구하는 시기다. 해당 지역은 직장인 등도 많고 재건축 예정 지역과 근처라 매물 찾는 것이 어려웠다. 카톡방을 구성하여 각각 보고 싶은 매물들을 내게 링크로 달라고 했다. 나 역시 동시에 같이 찾아보며 근처의 매물을 보유한 중개업소에는 모두 전화를 했다.

마음에 드는 집을 바로 보러 가기가 어려웠던 이유는, 촬영을 해야 하며 모두 다 같이 가봐야 하니 일정을 그때그때 한 집씩 볼 수 없었기 때문이다. 거리도 디들 멀리 떨어져 있었기 때문에 만나는 것이 쉽지 않았다. 중간에 리스트업 해둔 집들 중 좋은 매물은 일정을 맞춰보려는 사이에도, 다 같이 만나 현장을 다니는 중에도 바로바로 계약이 되어버렸다. 집을 구하는 분들의 조건을 들어주지 않는 경우들, 권리나 서류상 안전하지 않은 경우들 등으로 정말 난항을 겪었다. 보증금과 월세가 조건과 다르게 나온 매물은 금액을 맞춰 주인과 협의를 해야 했다. 임대인 쪽 매물을 보유한 중개업소들과 연락을 할 때 그들이 같이 협조를 해줄지, 임대인에게 전달을 잘 해줄지도 모든 경우에 발생하는 어려움 중 하나였다.

중간에 솔직히 이 프로젝트를 진행하기로 한 것에 후회도 됐다. 돈을 보고 했다면 그만두었을 것이다. 보수가 30만 원 남짓 되었는데, 성남까지 여러 번 왔다 갔다 하는 시간, 먼 동네 중개업소들에 한 발짝 물러서서 정중하게, 더 조심하게 진행해야 하는 부분, 수십 개 이상의 매물을 전화하면서 조건이 안 맞는 집이 대부분이었기 때문에 지쳐갔다. 하지만 이번에도 유종의 미를 꼭 거두리라 다짐했다. 8월에는 도저히 맞는 매물이 없어 회의 끝에, 가을쯤으로 다시 진행을 하기로 했다. 12월 입주도 가능한 상황이라 아직은 시간이 있었다. 그렇게 9월 중순, 인터미션을 둬야 하는 회의 영상을 촬영하며 진행 과정을 일단락 했다. 11월에 보기로 했다. 매물에 대한 관심은 바쁜 와중에도 놓지 않았다. 10월 말경 괜찮은 매물을 발견했다. 나의 연락으로 급하게 다시 성남에서 모였다. 괜찮은 매물 3개 정도를 추려 다 같이 날을 잡고 보러 갔다. 다행히 그중에 한 집이 모든 조건을 충족했다. 선호하는 구조였으며, 필요했던 가전 옵션 역시 임대인이 지급하기로 했다. 구하는 매물의 구체적인 위치상 범위도 조건에 부합했다. 무엇보다 애완동물을 키워야 한다는 어려운 조건을 해결했다. 임대인에게 직접 찾아가 애완동물 사육을 허락받았다. 끝으로, 여성 2명이 안전하게 살만한 곳이어야 하는 조건 또한 벗어나지 않았다. 등기상 근저당이 있었으나 가액 대비 안전한 범위였다. 보증금을 낮추어 월세를 올려 위험성을 낮췄다. 보통의 빌라 계약처럼, 보증금이 다소 높은 경우 기존의 근저당을 말소하는 조건으로 계약을 진행한다. 이번 계약 역시 보증금으로 근저당을 말소했다면 너무 좋았겠지만, 임대인은 본인도 받은 보증금으로 이사를 가야 해서 말소는 어렵다고 했다. 곰곰이 생각을 해보았다. 빌라는 보통 전세가율 높은 특성을 보인다. 이번 계약 역시 빌라였기에 매매 시세 대비 전세가율을 주안으로 두었다. 계약 조건이 완전한 전세였다면 무조건 등기부의 근저당 말소 조건으로 계약했을 것이다. 다만, 반전세로 보증금을 낮춘 점, 주변 시세와 환경 등을 고려하여 판단해 보았을 때 추후 시세가 하락하거나 극단적으로 근저당으로 인한 경매가 되어도 보증금은 지킬 수 있겠다 싶었다. 최종적으로, 괜찮겠다 싶었다.

그래서 협의가 모두 완료되어 최종 계약을 하기로 약정하고 계약금 일부를 이체하도록 했다.

모두가 만날 수 있는 날은 일요일이었기에, 일요일에 계약서를 작성하기로 했다.

매물 소재지는 성남이지만, 매물을 보유한 중개업소는 송파구 방이동에 위치해있었다. 이유를 물어보니 방이동 중개업소 사장님과 임대인은 오랜 친구라고 했다. 그 이유로 그곳에만 내놓았다고 했다. 방이동 중개업소 사장님은 한 번도 물건 현장에 안내를 오지는 않았다. 때문에 한 편으로 '공동중개'임에도 내가 일을 다 한 것 같은 기분에 씁쓸함도 있었다. 계약서 한 장으로 중개보수를 벌었다는 생각도 했다. 일 한 것으로 보면 내가 몇 배를 더 했겠지만, 그래도 좋은 일을 하기로 한 내 취지를 생각했다. 이번 일은 돈을 목적으로 일한 것이 아님을 상기했다. 자취남 프로젝트의 일원이 되었다는 사실만으로, 그리고 내 도전이 끝끝내 계약으로 이루어졌다는 성공에 대한 성취감은 모든 노고와 적은 보수에 대한 아쉬움을 상쇄시켜주었다.

그렇게 11월 초, 일요일, 사무실에 모여 내 차로 이동했다. 방이동에서 계약서를 무사히 작성했다. 12월, 무사히 잔금을 치르고 입주를 했다. 입주 후 프로젝트에 참여한 20대 두 자매의 집을 촬영하는 것을 끝으로 자취남 프로젝트의 영상이 마무리 되었다.

내게도 성남이라는 먼 곳의 원정 중개를 해보게 되는 경험, 만나고 싶었던 자취남과의 콜라보레이션. 그리고 좋은 일을 하고 싶었던 내 마음이 이뤄졌기에 뜻깊은 계약이 되었다. 긴 시간 고생하며 함께 포기하지 않고 끝까지 방법과 길을 찾았기에 계약을 마무리할 수 있었다. 그렇기에 성취감이 높았던 이번 프로젝트는 내게도 오래 기억이 남을 것이다.

영상은 몇 개월이 지난 후 4월에 업로드가 되었다. 내 유튜브가 아닌 유명 유튜브 채널에 내가 나오니 신기했다. 글을 쓰는 지금 시점은 자취남 채널의 구독자가 70만 명이 넘었다. 나 역시 감사하게도 1만 명이 훌쩍 넘은 1만 5천 명이 되었다.

【 유튜브 자취남 월세지원프로젝트 참여 영상 】

그 후로 자취남은 상업적인 판매 목적이 아닌, 홍익인간의 이념으로 '자취백과사전'이라는 책을 쓰게 됐다. 중간에 책을 쓰는 과정에서 내게 연락이 왔다. '부동산의 기초 지식 A to Z'였기에 중개사의 지식이 필요하다며 감수를 요청했다. 그리하여 단어만으로도 내게는 거창한 '감수'를 하게 되었다. 날을 잡고 작성한 글들과 정보들을 꼼꼼히 보았다. 틀린 부분이나 수정할 부분들을 찾아보았는데, 집을 정말 많이 보고 자연스레 체득하며 공부한 노하우들이 잘 묻어있었다. 법적으로 많이 어려운 지식들이 없기에 수정할 부분도 별로 보이지 않았다. 이후 책을 출간하고 무료 배포를 하며 감수에 내 이름을 넣어주었다. 영상에서도 나를 언급해주었다. 요청하지도, 바라지도 않았지만, 공로를 인정해 준 부분이 새삼 고마웠다. 한 것에 비해 과한 인사를 받은 것 같아 부끄러웠다. 나 역시 좋은 마음으로 이번에도 좋은 일을 할 수 있게 되어 기뻤다. 책이 나오고 현장 배포 라이브 영상을 보았다. 나는 당시 또 다른 시험을 준비하고 있었기에 시간이 없어 참여할 수 없었지만, 정말 많은 이들이 줄을 서서 기다리는 것을 보고 그의 파급력 또한 느낄 수 있었다. 시간이 지나 23년의 끝자락에, 책을 직접 주고 싶다며 나의 사무실에 방문을 해준 그의 세심한 배려와 태도에 되려 내가 많이 배우기도 했다. 비용을 받지 않고 감수를 했다고 절대 허투루 보지 않았으니, 많은 분들이 그 책을 통해 기본적인 지식을 얻어가시는 것도 좋겠다.

그렇게, 기억에 남았던 자취남 월세 지원 프로젝트는 그렇게 약 5개월 만에 성공적으로 마무리되었다!

> **Diary Point**
> 돈으로 얻을 수 없는 값진 경험을 했다. 중개업을 하다 보면 돈보다 값진, 돈으로 살 수 없는 경험을 하게 될 기회들이 온다. 그럴 때에는 꼭 수락해 보고, 도전해보길 바란다.

Ep.18 어머니가 주신 귤 한 개로 맺어진 인연, 그 얼마 후 이어진 계약

35년째 이어지는 가족 사업을 이어받아 부모님과 열심히 하고 있다. (일전에도 자주 언급했던, 내가 중개업과 병행하며 겸업하는 사업체이다.)

거래처들이 주로 웨딩홀, 호텔, 식자재, 외식 프랜차이즈 등이기에 (식품 소독제이다 보니) 우리를 잘 봐준 거래처들에서는 납품할 수 있는 품목을 추가하게끔 도와주었다. 계절과일 등을 판매해 보라고 구입처를 알려주어 중간 마진을 볼 수 있게끔 도와주기도 한다.

이번 에피소드는, 위에 언급한 거래처에 납품을 시작하게 된 겨울 계절 과일인 귤 덕에 계약을 하게 되었다. 귤 납품을 요청 받아 매입처를 알아보던 중, 고향이 제주도인 막내이모부의 친한 친구가 제주에서 귤 농장을 하신다기에 소개를 받았다. 귤을 매주 사입하여 거래처에 판매를 시작했다.

택배로 일주일에 한 번 오는데, 택배로 물품 하차를 하고 사무실 앞에서 택배 송장을 뜯고 있었다. 이 동네에는 나를 모르는 이가 거의 없다고 생각했는데, 그것도 사무실 코 앞의 단독 주택가에서 연세가 지긋하신 사모님 한 분이 나오셨다. 귤을 보고 물으셨다.

"이거 파는 거예요?"

어머니와 함께 귤을 작업하던 나는 그렇다고 했다. 인심이 좋으시고 인자하신 어머니께서는 귤을 한 개 드셔보시라며 드렸다. 사모님과 어머니는 몇 마디를 나누다가, 어머니가 내 소개를 했다.

"우리 아들인데, 여기에서 부동산 하잖아요~"라고 하셨다. 그렇게 귤을 드시며 담소를 나누던 사모님은 본인이 앞에 보이는 단독주택 소유주인데, 본인의 집 2층 세입자가 나간다고 했다. 집을 내놓을테니 받아적어보라 하셨다. 바로 펜과 고객대장을 들고 나와 받아적으며 물건에 대한 정보를 확인하고, 세입자 번호를 적어두었다. 단독주택 2층에 수리가 안 되어있어 입지가 좋은 것 말고는 큰 이점은 없다고 느꼈다. 월세가 생각보다 비쌌지만, 임대인의 의뢰이니 맞춰보고자 했다. 매물을 접수받은 후, 이따금 문의가 왔지만 조건들이 맞지 않아 현장 답사를 같이 갈 정도의 상황은 없었다.

여러 번 집을 본 한 손님이 있었다. 공동중개로 동네 중개업소에서 데리고 온 손님인데, 첫 번째 집을 볼 때에는 임대인이 금액 조정을 전혀 해줄 수 없다 하여 예산이 맞지 않아 무산되었다. 두 번째에는 내가 바로 통화 연결이 되지 않았다고 첫 번째 같이 봤던 중개업소에서 손님을 데리고 임대인에게 직접 갔더란다. (중개업 도의상 사실 이 경우는 순서가 잘못 되었다. 물건지 중개업소가 있으면 그 중개업소를 반드시 끼거나 사전 연락을 득하고 현장을 봐야 예의인 것이다.)

임대인과 그 당시에도 협의가 되지 않아 무산. 임대인에게 이 얘길 들었고 임차인쪽 중개업소에 전화로 자연스럽게 물었다. "보고 가셨다면서요

~? 임대인이 그러시던데~"라고 하였더니 "아~ 사장님 전화 안 받아서 다녀왔어요~"라고 했다.

그때 내가 분명 전화 회신을 했었고 그 당시엔 손님이 안 보고 그냥 갔다고 했다. 거짓말이 난무하는 이 바닥이다, 사실 그 중개업소의 실장은 '뒷빵'으로 유명한 사람이라 경계를 하고 있었다. (중개업 은어로 뒷통수를 치는 것이다. 손님을 뺐거나 매물을 빼가는 양아치들이 뒷통수를 '빡'하고 때린다고 해서 뒷빵이다.) 그 손님이 집을 찾는다는 내용으로 해당 중개업소의 상호가 거래정보망 알림에 계속 떴다. '그 손님 아직 못 구했나보다' 정도로 생각하고 넘겼다.

이제부터 다른 중개업소가 등장하기에, 앞서 설명한 중개업소를 A라고 하겠다. 집을 보기 전날에 친하진 않고 얼굴만 알며 인사 정도만 하는 건너편 중개업소에서 우리 사무실 마주보는 앞 건물에 위치한 매물을 보러 손님을 데리고 오는듯 했다. 손님이 누구인지는 눈여겨보지 않았다. 지금까지 10년 동안 동네 주민끼리 대고 빼고 해줬던 임시 주차 자리를 가지고 대뜸 "차를 이렇게 대놓으면 안된다, 어떻다" 간섭을 해대기 시작했다. 나이가 한참 위인 아버지에게 투덜대는 소리를 듣고 누군가 하여 나가보았다. 그 사장이었다. 내가 "아 저희 차인데 원래 그렇게들 다들 대요~ 바로 앞이라 제가 창으로 지켜보고 있기도 하고, 전화 주시면 바로 빼드려요~" 이랬더니 발을 그렇게 하면 안 된다고 오지랖과 고성을 치기 시작했다. 뭣도 모르는 사람의 오지랖에 화가 났지만, 한참 어른이기에 불쾌함만 드러내고 그냥 보냈다. 이 해프닝을 설명한 이유는, 이 중개업소를 B라고 하기 위함이다. 그 날, 즉 전날 저녁, 처음 같이 집을 본 A 중개업소에서 전화가 왔다.

내막을 들어보니 낮에 B 중개업소에서 데리고 간 손님은 똑같은 손님이란다. 즉, 한 손님이 여러 중개업소를 다니고 있는 상황인데, 같은 매물을 계속 보고 있었던 것이다. B 중개업소에서 해당 매물을 안내할 줄 몰랐던 손님은, 먼저 해당 매물을 같이 본 A 중개업소가 있으니 그곳과 거래를 해야 도의상 맞는 것이 아니냐고 B 중개업소에 이야기했단다. 나는 물건을 보유하지 않은 A 중개업소에 공동중개를 하는 상황이었다. B 중개업소와는 관계가 없고 또 같은 매물을 보유한 입장이다. 그렇기에 사실상 A 중개업소와 공동중개를 하면 될 일이었다. 즉, A 중개업소는 매물이 아닌 손님 쪽 중개업소인 것이다. B 중개업소는 더불어 A 중개업소에서 안내한 손님도 같이 안내한 상황으로 이해하면 된다. 바로 전날 B 중개업소에서 괜한 오지랖에 기분을 상하게도 했기에, 내가 물건지 중개업소로 계약하고 싶은 오기가 생긴 부분도 있었다. 바로 사무실 앞에 매물인 집이 있기에 임대인에게 직접 찾아갔다. 바로 앞인데 전화보다는 얼굴 보고 이야기 나누는 게 좋겠다 싶었다.

금액 절충이 되냐고 물었더니, 임대인은 끝까지 금액 절충은 되지 않는다고 하였다. 나는 초지일관 단 한 번의 거짓말도 하지 않았다. 임대인이 제시한 금액과 내용을 그대로 A 중개업소에 말했다. B 중개업소에서 임대인을 어떻게 요리했는지, 월세가 확 낮춰져 있었다.

손님을 데리고 온, 먼저 같이 매물을 본 A 중개업소에서는 그래도 나와 먼저 보았으니 도의를 지켜야 할 것 같다고 했다. B 중개업소에서 손님에게 전화가 간 모양이다. 임대인이 금액 절충해 준다고 했다 한다. 나에게는 절충이 안된다던 임대인은, B 중개업소와 절충을 한 모양이었다. A 중개업소 실장은 친구 사이인 손님이 전달해 준 해당 정보를 내게 알려주었다. A 중개업소 실장은 내게 임대인에게 찾아가 협의를 해보라고 했다. 평소엔 적으로 경계 대상이었던 A 실장, 이번엔 나와 같은 편이 되었다. 이렇듯 중개업은 어제의 적도 오늘의 같은 편이 된다. (공동중개 이후에는, 길에서 만나도 아는 척도 잘 하지 않는다.) 받은 정보를 토대로 임대인에게 한 번 더 찾아갔다.

"사모님이 여러 군데 집을 내놓으시는 것까지는 제가 드릴 말씀이 없지만, 금액을 다 다르게 조정하시면 제가 거짓말쟁이가 될 수도 있어요. 같은 손님인데 여기 중개업소와 저기 중개업소가 설명하는 월세가 15만 원씩이나 차이가 난다고 하면 안 되죠."

임대인은 B 중개업소에서 임의로 금액을 낮추어 광고한 것이며, 하도 부탁하길래 깎아주겠다고 했다고 한다. 그럼 나한테도 그렇게 협의를 해주었어야 했다.

그렇게 우여곡절, 실랑이 끝에 A 중개업소 실장과 손님이 사무실에 왔다. 늦은 저녁, 이번에는 다같이 임대인을 직접 찾아갔다. 금액을 추가로 더 설득하였다. (이 역시 나중에 집을 보러 온 B 중개업소에서 금액을 휘저어놓아서 임대인도 휘둘리고 결국 이렇게 의뢰 금액이 엉망이 됐다. 통화가 수십 차례 서로 오갔으니, 이 내용을 설명하기란 너무 힘들다는 것을 예상할 수 있을 것이다.) 최종적으로 계약을 한 손님은 총 4번을 찾아갔던 집이 된 것이다. (중간에 3번 째에는 건너편 B에서 데려왔지만 말이다.) 그렇게 최종 금액을 협의하고, 계약금 일부를 이체하고 그날 저녁을 보냈다.

계약서를 작성하기로 하고 준비를 해두었다. 그날 낮, 전화가 왔다. 임대인이 코로나에 걸렸다고 했다. 임대인에게 찾아가 도장을 받았다. 손님과 A 중개업소 실장에게 해당 상황을 설명했다. 집이 바로 앞이고, 임대인과 이미 여러 번 만난 손님은 임대인이 입회하지 못하는 부분에 크게 걱정을 하진 않았다. 너불어 손님이 방문하여 계약서를 작성할 때에 임대인에게 전화를 걸어 재확인도 해주었다.

계약 전, 위기가 찾아왔다. 임차인이 방문하자마자 큰일났다고 한다. 어제 어렵게 맞춰놓았던 입주일을 바꿔야 할 것 같다고 한다. 기존 임차인에게 협조를 구해보라는 것이다. 기존에 거주하던 임차인의 협조가 매우 중요한 상황이었다. 사전에 조율했던 입주 조건이 잘 맞아 계약이 체결되는 상태였기에, 입주일자가 변경되면 계약도 무산될 확률이 높았다. 기존 임차인에게 정말 정중하고 진심 어리게 상황 설명을 했다. 기존 임차인이 퇴거일을 2일 당겨주는 것으로 협의가 됐다. 일정을 맞추어 잔금일자를 변경하여 계약서를 작성했다.

　단, 임대인이 신규 임차인이 될 해당 손님의 보증금으로 기존 임차인의 보증금을 반환해야 하므로, 잔금일을 하루 더 당겨서 맞춰달라고 했다. 집이 비는 하루 동안에 도배장판 시공을 하기로 했다.

　그렇게 계약서를 작성하고, 임대인의 서명을 받으러 코로나의 무서움을 뚫고 댁으로 가서 서명을 받았다. 도장과 신분증을 가져다주고, 전화로 실시간 통화를 여러 번 했다. 뛰면 5초, 걸으면 10초인 그 거리를 두고 몇 번을 왔다 갔다 하며 계약서 작성 및 조율을 마무리했다.

　한 건 한 건이 쉬운 계약도, 어려운 계약도 있다. 배움이 많은 계약도 있다. 내 직업에서 돈으로 살 수 없는 것은, 다양하고 좋은 '경험들'이다. 모든 경험들은 다 뼈와 살이 되고, 나의 단단한 근육을 만들어준다.

　그렇게 내 영역에서 백전노장이 되어갈 날을 꿈꾸며 귤 한 개로, 어머니와의 담소 덕에 이어진 임대인과의 계약 건을 마무리했다.

> **Diary Point**
> 중개업과 전혀 관계없는 사업을 하는 중에도, 우연한 계기로 인연이 될 수 있다. 중개는 결국 사람끼리의 일로 진행이 된다. 가능성을 열어두고, 관계도 열어두자.

Ep.19 　손님이 원하는 다른 동네 매물,
　　　　포기하지 말고 다른 중개업소의 매물이 있는지 확인하자 – 보라매 계약

　이것 역시 진리이자, 단순한 정답이다.

　내게 가장 희망적이고 늘 고무적인 상황 하나가 있다. 계약 고객들의 만족도가 높다는 것이다. 대부분 재방문을 해주고, 소개를 많이 해준다는 것이다. 양으로 대결하기 보다 질로 대결하며, 늘 진심을 보여주었기 때문이

라 생각한다. 너무도 감사하다.

　또한 로드 손님, 워크인 손님이 적기 때문에 고객님들과 스케줄을 잡아 1:1로 집중할 수 있도록 예약제로 운영하는 것이 나만의 전략 중 하나이다. 손님에게 특별함을 선사할 수 있어 큰 만족도를 주게 되는 부분도 컸다. 내 스케줄을 조정하기에도 용이하고, 손님의 방문 목적을 파악해둔 상태이기에 준비를 할 수 있어 좋다. 앞서 설명한 감사한 이들 중에서 한 명이, 같은 회사 동료를 소개해주었다. 본인이 현재 거주하는 집을 구하기 전, 나름 까다롭고 꼼꼼하게 찾아보며 나와 함께 많이 보러 다녔다. 지금의 거주하는 집은 그 끝에 계약을 하게 되어 그런지, 만족도가 매우 높다고 했다. 놀러 온 지인들도 이 금액에 이렇게 좋은 집을 구했냐며 다들 좋아했다고 한다. 그렇게 소개받은 직장 동료를 데리고 직접 방문해주었다. 고마웠다.

　사전에 연락을 나누고 물건을 추리고, 바로 임장을 다녔다. 그렇게 여러 곳을 내 차로 이동하며 보고, 또 봤다. 그 중에 한 건물은 신축이었는데, 매물을 보유한 중개업소에서는 바로 지척에 본인 사무실이 있으면서도 몇 호 몇호 비어 있는 곳이 있으니 보라고만 했다. 그래도 좋게 생각하려 했다. 신축 좋은 매물을 볼 수 있으니 말이다. 그 중개업소 사장이 안왔으니 더 편하게, 많이 보자고 긍정적으로 생각을 바꾸어 한 호실씩 천천히, 꼼꼼이 보았나. 앞서 언급한 신축 건물을 끝으로 임장이 끝났다. 매물을 다 보고 난 후, 계약할 손님은 여자 친구와 함께 살아야 하니 오늘 보고 마음에 든 집들을 추려 한 번 더 여자 친구와 오겠다고 했다.

　그렇게 며칠 후, 여자 친구와 같이 방문했다. 얼마 전 봤던 매물들 중 최종적으로 다시 보고 싶은 물건을 한 번 더 보았다. 아무래도 젊은 남녀다 보니, 신축집을 압도적으로 선호했다. 위의 신축건물 중 처음 물건지 중개업소에게 고지 받은 호실들만 보고 있었다. 혹시 몰라 엘리베이터를 타고 한 층 더 위로 올라가 보았다. 테라스가 있는 예쁜 집이 비어있었다. (물론 테라스가 있기에 금액은 더 비쌌지만, 나름 금액은 합리적이었고 예산이 맞았다.)
해당 중개업소에 전화로 문의를 했다. 중개가 가능하다고 했다. (그 사장님이 해당 호수는 좋은 매물이라 혼자 계약 하고자 했나 싶은 생각이 든다. 아예 말을 해주지 않았고, 해당 호수를 봤다고 했더니 나지막이 한숨을 쉬었다.)

  해당 집을 계약하고 싶다는 연락을 받고, 물건지에서는 한 번도 만나지 못한 중개업소 사장에게 전화를 걸었다. 집주인이 손님에게 궁금한 사항들을 물어봤다고 한다. 몇 명이 사는 지, 입주는 언제인지, 여타 협의 사항은 무엇인지 등 문의에 자세히 답을 해주었다. 계약을 하고 싶으니 연락을 주십사 했다. 어렵지 않은 조건임에도 계속 답을 주지 않아 기다리고, 또 전화하고 다시 기다림을 반복했다.

  하루가 지나도 답이 없기에 중개업소에 전화를 다시 했다. 회신을 달라고 해도 주지 않기를 여러 번, 계속 말장난을 하는 것처럼, 뜨뜬미지근하게, "집주인이 뭐 말을 안 하시네요. 그냥 사무실에 있다가 다른 친구하고 얘기만 하고 가시고" 등등 어이없는 답변들이 돌아왔다. 저녁까지도 약 4~5회 피드백을 주십사 요청을 했다. 대답이 핑계라고는 상식선을 벗어나는 수준으로 돌아왔다. 아무래도 문제가 있음을 직감했다. 하루를 더 기다리고 최종적으로 다음 날 아침에도 연락이 없었다. 이렇게 답이 없을 수가 없기 때문에, 이 매물의 계약은 물 건너갔다고 확신했다. 한마디는 해야겠기에 전화했다.

  "그 집 계약은 말씀하신 대로 답이 안 나와서 못 하겠지만요, 여러 번 연락을 드렸고 또 회신을 기다렸고 계약을 하겠다고 했으면 사장님이 물건지 입장에서 주인이 답을 안 준다고 기다리기만 하고 말씀을 안 하실 게 아니라 어떤 이유로 못한다, 계약이 될 거면 어떤 조건을 수용하면 계약을 한다를 정해주셔야 하는 거 아닐까요? 그게 우리 중개사의 일이잖아요?"라고 쏘아붙였다.

  맞는 말씀이라고, 죄송하다고 한다. 그래도 사과를 할 줄 아는 사장님이었다. 불쾌함을 쏟아붙이고 나니 화가 풀리고서 또 한참 연배가 위인 이에게 뭐라고 했다는 부분이 내심 미안한 마음도 들었다. 하지만 임차인이 될 손님과 내 입장은 그 이상을 화내도 이상하지 않을 정도의 상황이었다. 며칠을 몇 번을 장난치는 느낌을 받는다면 어땠겠는가?

그렇게 내가 보여준 매물들이 모두 소위 파토가 났다. 열심히, 며칠간 노력하고 연락하며 계약을 눈앞에 둔 손님들을 그렇게 놓쳤다. 놓친 이유는, 동네 외의 원래 손님의 여자 친구가 거주하던 보라매라는 동네에 중개업소가 있는데, 그쪽과도 집을 보고 있었고 마음에 너무 드는 매물이 있다고 했다. 나와 본 이 집을 간신히 설득해서 계약하기로 했었다고 한다. 결국 못하게 됐으니, 여자 친구와 사전에 약속한 대로 해야 한다고 했다. 이 매물을 손님의 의사에 따라 계약하려 했지만, 사정상 못하게 됐으니 손님의 여자 친구가 보라매에서 본 매물을 계약하자고 하여 어쩔 수 없다는 것이다. 이해했다. 그렇게 보내주려 했다. 그날 저녁, 연락이 왔다.

원래 하려던 중개업소가 갈수록 양아치 같고, 무성의하고, 기분이 불쾌하여 거기랑 일을 못 하겠다고 한다. 내가 너무 좋았다고. 내가 보라매에서 계약을 해줄 수 있겠냐는 것이었다. 다행히 마음에 안 든다던 중개업소의 물건만 나온 것이 아니라, 또 다른 중개업소들에도 광고가 나와 있는 물건이었다. 그중 한 곳에 전화를 걸었다. 감사하게도 공동중개를 해준다고 했다. 임차인이 서너 늦게만 집을 보여준다고 하기에, 피곤하고 힘들었지만 꾹 참으며 차를 이끌고 보라매로 향했다. 그렇게 그날 밤, 비 오는 날 9시가 넘어서 보라매에 집을 보러 갔다. 돌아오며 통화로 필요한 부분들의 조율을 마쳤다.

그렇게 계약서을 작성하게 되었고, 2개월 후 안전하게 잔금을 치렀다. 너무 만족하며 잘 살고 있다는 연락을 나눴다. 손님은 잔금 날까지 혹시 모를 변수를 걱정했다. 큰 변수는 없었지만, 계약일 당시 손님이 급하게 인적 사항을 적어주느라 주민번호 한 자리가 오기재되었다. 이 때문에 계약서를 한 번 수정하게 되는 번거로움이 있었으나, 사소하고 문제 되지 않을 해프닝이었다.

　진심으로, 성실하게 임하면 모두 통한다는 만고불변의 진리를 또 한 번 느낀 계약이었다. 결국 계약은 사람끼리의 일이기에, 내 마음을 알아주는 이들은 이렇게 다른 동네여도, 다른 물건이어도 계약을 해준다.

　그렇게 인연이 된 이번 손님과는, 계약 후 사적으로 만나 식사와 티타임을 갖기도 했다. 하며 이후에도 종종 연락을 나누고 있다.

> **Diary Point**
> 진실, 성실, 친절은 결국 엄청난 차별화를 가져온다. 레드오션을 탓하지 말 것이며, 레드오션 안에서 나만의 작은 블루오션은 무엇일지 찾아보자. 나에게는 그것이 '나를 기억하게 하는 것'이다.

Ep.20 끝까지 포기하지 않고 다른 경우의 수로 계약을 이끌다.

23년 9월 초 계약 건이다.

　8월 말경, 연락이 왔다. 이 손님은 재작년 중개를 해준 청년의 친구로, 청년 집을 보러 갈 때와 계약을 할 때 같이 동행 겸 방문하며 안면이 생긴 이다. 인상이 강하고, 성격이 꽝끈하며 저돌적이었다. 작년에는 나를 기억해서 남성역에 치킨집을 구하고자 한다며 연락이 왔었다. 이미 여러 중개업소와 지역별로 교류를 하고 있었다. 기존에 다른 술집을 하며 하나의 사업을 더 하려는 터라, 구하는 기간에는 여유가 있었다. 치킨집은 프랜차이즈를 할 예정이라 본사 담당자와 같이 교류가 있어야 했다. 하지만 본사 담당 매니저는 나를 통하지 않고 직접 매물들을 찾아 다녔다. 따로 다른 중개업소들을 찾아다니는 터라, 결국 내가 손님에게 알아봐 준 매물들을 계약하지 못했다. 가맹점주인 손님은 숭실대입구역의 대로변 1층 점포 하나를 나와 임장하며 계약 직전까지 갔었다. 하지만 임대인이 고민 끝에 계약을 거절했다. 이유인즉슨, 해당 건물 위층인 2층에 맥주 전문점이 있는데 1층에서 치킨을 팔면 맥주를 판매함에 영향이 올 것 같다는 것이다. 코로나로 한참 고전하던 오래된 2층 임차인이 신경 쓰인다며 계약을 거절한 것이다. 그렇게 치킨집은 교대 쪽에 가맹 본사가 직접 찾아본 매물을 계약하게 됐다고 했다. (시간이 지난 지금 2층의 맥주집은 폐점했고, 1층에는 샐러드 가게가 들어왔다.)

그 뒤로 연락이 온 이번 8월, 이번엔 본인이 살 집을 구해달라고 했다.

고마웠다. 그래도 생각해 주고 연락해 준다는 것이 말이다. 잘 생각해 보면 한 집 걸러 한 집이 중개업소이고, 본인도 거래하는 중개업소들이 많은 것으로 아는데 말이다. 이후, 거래정보망을 통해 위의 손님으로 추정되는 조건으로 집을 구한다는 알림이 자주, 여러 곳에서 보였다. 이러이러한 조건의 손님이 있으니 매물이 있으면 알려달라는 여러 중개업소들의 글을 보고 손님에게 물어보았다. 몇 곳 말해두었다고 한다. 나에게만 의뢰해야 하는 의무도 없고, 그 정도의 유대도 아니기에 말해줬다는 것만으로도 고마웠다. 다만, 여러 중개업소에서 보게 되더라도 매물은 겹칠 확률이 많을 것임은 미리 언질 줬다. 아니나 다를까. 중간중간 설명한 매물들은 "이 매물은 봤어요"가 많았다. 전략을 바꾸기로 했다. 시중에 풀린 매물은 거의 다 본 것 같으니, 본인도 네이버 부동산 매물 등을 통해 본 것이 있으면 내게 링크를 보내주면 좋겠다고 했다. 받은 링크를 바탕으로 내가 직접 그 중개업소에 전화해서 공동중개를 요청해 보겠다고 했다. 본인이 선호하는 스타일과 조건이 매우 명확했고 구하는 범위도 매우 한정적이고 협소했다. 또한 조건이 명확했기에 몇 안 되는 매물이 겹칠 수밖에 없었다. 본인이 보지 않은 매물을 본인이 알 수 있을 테니, 보지 않은 매물만 내게 모두 전달해 주면 어떻겠냐고 했다. 굳이 발품 팔고 그 중개업소에 가지 않더라도 내가 공동중개를 요청해서 진행하면 서로 좋지 않을까 라는 취지였다. 손님도 이에 동의하여 그 방법 위주로 진행했다. 1주일간 거의 매일,

정말 매일 나온 매물을 다 찾아보며 임장을 했다. 그중에 한 집은 이미 나와 보기 전에 다른 중개업소와 봤다고 했다. 들어보니 해당 중개업소에서 조율을 잘 해주지 않았다고 한다. 자세히 보니 매우 많은 중개업소에 내놓은 매물이라 어디와 계약해도 상관이 없는 집이었다. 그 매물은 손님이 가장 마음에 들었던 매물이었지만, 화장실 수리 부분에서 조율이 되지 않아 포기했었던 집이었다. 중간에 여러 번, 몇 번이나 금액과 수리 사항을 최대한 조율했다. 임대인이 욕실에서 타일을 교체해 주지 않는다고 해서, 중간점이 협의되지 않아 불발되기도 했다. 그러면서 계속 다른 매물들을 보았지만, 그만큼 그 손님에게 적합하고 손님이 마음에 들어 하는 물건은 찾기 어려웠다. 결국 그 손님은 본인이 타일 수리를 자비로 교체할 테니 임대인이 매물을 내놓은 금액인 1억이 아닌 5천만 원으로 보증금을 낮추고, 대신 월세를 올리는 조건으로 진행해달라고 제안을 요청했다. 공동중개를 요청한 물건지 중개업소 사장님에게 이 부분을 제안했다. 그사이, 앞서 말한 대로 저돌적인 성격의 손님은 그 사이 임대인 집에 찾아가서 직접 얘기도 했다고 한다. 문제는, 임대인 노부부와 아들이 같은 건물에 사는데 부부 중 남편과 부인을 각각 만났을 때 조율하기로 했던 부분들이 계속 말이 달랐다는 것이다. 남편은 해주겠다, 부인은 해준다고 한 적 없다. 해줄 수 없다는 식이다. 협의가 되질 않고 있었다.

"남편이 뭐라고 했는지 몰라도 나는 가스렌인지 놔주지 인덕션 못 놔줘"
"주인 어르신께서 인덕션 해주시기로 집 볼 때 말씀하셨는데요"
와 같은 도돌이표가 되는 이슈가 몇 가지 발생했다.

주인과 손님의 마찰이 번질 것 같아 중간에서 분위기를 맞추며 이야기를 순화했다. 여차여차 다행히 보증금을 원하는 5천만 원에 맞췄다. 처음에는 월세 125만 원으로 협의를 하기로 했다. 그 후 바로, 손님이 다른 요청이 왔다. 월세 5만 원을 뺀 120만 원으로 해주는 대신 타일 수리는 손님이 하겠다는 조건이었다. 나머지 사전에 협의 된 수리조건과 월세를 맞춰

줄 수 있냐는 조건에서는 오케이가 됐다. 다만 주인 두 명 중 한 명이 "안 된다"며 "보증금 1억으로 해야겠다"는 날벼락 같은 노선변경이 갑자기 일어났다. 공동중개하는 중개업소 사장님은 연세가 많으며, 평소 나름 베테랑이라고 알고 있었다. 집주인의 성화를 이기질 못하며 계약서를 작성하기로 하면서도 계속 추가되는 변경 사항들에 갈피를 잡기 어려워했다. 가감 없이, 수십 차례 전화가 오며 내게 도움을 요청했다.

심지어 인적 사항을 법인으로 계약하는 데 법인 계약서 작성 시 사업자등록번호를 입력하는지 법인등록번호를 입력하는지조차 헷갈려 내게 수차례 전화했다. 일요일, 유일하게 하루 쉬는 날이기에 스터디 카페 시간권을 결제하여 당시 얼마 안 남은 시험의 준비를 온전히 하려고 했다. 그 유일한 하루에, 무려 40통이 넘는 전화를 받았다. 앉으면 전화가 오고, 전화를 그냥 끊으려 하면 급한 일이라는 문자가 돌아와 또 나가서 전화를 걸었다. 또 전화를 받고 또 걸고를 수십 차례 반복했다. 손님, 공동중개 중개업소 사장님과 통화 및 문자를 하면서 나중에는 이 상황이 짜증 났다. 머리가 지끈거렸다. 머리를 식히러 밖에 나와 아이스아메리카노를 원샷하기도 했다. 40통 가까운 전화 통화를 한 날, 결국 집주인 두 명 중 한 명이 "우리는 그 보증금에 그 월세 못 받아"라고 하여 협상이 결렬됐다. 5만 원의 협의와 보증금 1,000만 원의 협의가 안 돼서 그 몇 시간, 몇 일을 씨름하고도 계약이 들어졌다. 허무했다. 몇 일을, 매일같이 보고 또 보고 찾던 매물 중에 가장 좋은 매물을, 그것도 9부 능선까지 왔는데 말이다. 중개보수는 계약을 체결해야 받을 수 있기에 보수를 받을 수도 없거니와 운전하며 쓴 시간과 기름도, 커피값도 그 어떤 실비도 보상받을 수 없었다. 그게 중개사의 쓸쓸한 현실이기에 어쩔 수 없다고 포기하려던 찰나, 번뜩이는 다양한 경우의 수 몇 가지가 떠올랐다. 가능할 법한 경우의 수들을 메모해 보았다. 포기할 바에, 마지막으로 다른 경우라도 제안해 보자는 생각이었다.

최종적으로, 한 마디 한 마디 심혈을 기울여 제안한 결과, 임대인도 임차인도 납득할 수 있는 중간 협의점이 보이기 시작했다. 손님도 자신의 비용으로 300만 원 가까이 되는 수리비를 내면서까지 수리를 한다는 점을 앞세우기로 했다. 계약 기간을 1년으로 협의하고, 이후 집주인이 원하는 보증금 1억 원을 맞춰주는 조건으로 제안해 보는 것이다. 마침 손님도 그때는 보증금을 더 준비할 수 있다고 했다. 기간으로 1년씩 끊어 양 당사자의 원하는 바를 서로 맞추기로 협의가 되었다. 즉, 2년 계약에서 1년 단위로 양 당사자가 원하는 보증금과 월세 기준을 충족시키기로 한 것이다.
　이번 중개는, 계약이 틀어지면서 사실상 끝난 순간에도 끝까지 포기하지 않았기에 체결될 수 있었다. 끝까지 끝났다고 생각하지 않고 5천만 원을 넘으면 계약을 하지 않겠다는 손님을 설득한 결과였다. "고생해 주셨는데 안타깝다"는 마지막 카톡과 스타벅스 기프티콘을 받은 순간, 그 인사가 무색할 만큼 번뜩이는 아이디어로 그 손님을 붙잡았다.
　금액을 1년 후에 집주인이 원하는 1억 원으로 변경이 가능한 것으로 최종 조율에 성공했다. 1년 후 계약 금액을 변경하는 조건으로 중간점인 7천만 원에 협의를 완료하였다. 월세는 임차인이 원하는 금액으로 맞추어 집수리는 예정대로 진행하며 손님 자비로 화장실 타일만 시공하기로 했다. 모든 조건을 특약에 자세히 기재했다. 그렇게 안전하게 계약을 마무리했다. 중간점을 기준으로 협의와 타협, 설득을 통한 우여곡절 끝에 계약금 입금이 완료되었다. 그날은 비록 공부와 맞바꾼 시간들이자 소중한 휴일이 일로 가득 찬 하루가 되었더라도, 계약으로 매듭을 지을 수 있던 하루였다.
　잔금 후 안전하게 잘 살고 있는 손님 뿐 아니라 그 손님의 친구들 모두 내가 집을 구해준 상황이 되었다. 추후 시간이 되면 내가 그 손님이 운영하는 술집에서 한 끼 산다고 했다. 물론, 술을 입에 대지 않는 나는 술을 마시진 않을 것이다. 안주만 먹고 술값 엄청 내게 생겼다. 그래도 "사람을 남기는 중개사가 되자"는 내 마음가짐은 변함이 없기에, 고마운 마음을 표현하고자 한다.

> **Diary Point**
> 끝날 때까지 끝난게 아니다. 양 당사자가 원하는 부분이 무엇인지 적어보자. 그리고 그 중간점을 찾아 말해보자. 생각보다 정답은 간단하게도 '중간'에 있을지도 모른다. 어쩌면, 그게 진정한 '협의'가 될지도 모르니 말이다.

Ep.21 친한 형의 "구해줘, 홈즈! 남성역 매물 좀 찾아줘"
전날 봐둔 방을 계약하다.

알고 지낸 지, 친하게 지낸 지 10년이 된 형이 있다. 내가 모델을 할 때 배우의 꿈을 안고 연기를 하던 형이었다. 부업처럼 알바하던 일이 있는데, 외모가 나쁘지 않은 사람들을 건별로 채용하여 명품, 유명 브랜드 등의 행사장에서 하루 일일 알바를 하는 형태의 알바였다. 일당이 보통 알바비의 2배 이상은 되기에 틈틈이 시간이 될 때 저축할 추가 자금을 마련하기에 유용했고, 내가 내 집 마련을 할 때 큰 보탬이 되기도 했다. 이 형은 그 알바를 하며 만난 형이다. 보통은 그 일을 하면서 좋은 사람을 찾기 힘들었던 터라 마음을 열고 일을 하지는 않았다. 우연한 기회에 이야기를 나누게 되었다. 재수를 한 덧에, 동갑이지만 한 기수 선배인 대학 친구의 사촌 형이라는 사실을 알게 됐다. 이야기를 나누다 보니 금방 친해지게 됐다.

거주하던 아파트에서 나와 원룸으로 옮기기 전, 내가 방을 알아봐 주었었다. 하지만 거주하던 동네인 낙성대에서 특정 출구 쪽의 특정 구역만 집을 찾았던 터라, 매물이 매우 제한적이고 개수가 적었다. 공동중개를 안 하거나 광고를 안 하는 중개업소들이 보유한 매물들 뿐이라 공동중개가 쉽지 않았다. 며칠을 차로 왔다 갔다 하다 보니 마음도, 입주 일자도 급해진 형은 적은 보수에 대비하여 내 고초가 크다며 부득 개인적으로 동네 중개업소들을 돌아다녀 보겠다 했다. 아쉽지만, 고맙게도 이전에 살던 아파트를 나오게 되면서 단독중개 계약을 할 수 있도록 협조해준 형의 마음을 이해했다.

여러 중개업소를 다녀보며 원룸을 수십 개 보았다고 한다. 그중에 저렴한 보증금에 합리적인 월세로 계약을 하기로 했단다. 중개업소에 계약서를 쓰러 갔더니 그제서야 서류상 근린생활시설로 되어있다는 얘기를 했다고 한다. 보증금에 대한 안정성은 있다지만 용도가 다른 부분에 대한 사전 설명을 해주지 않은 것이, 확인 설명을 해주지 않은 부분이 불쾌했다고 한다.

그래도 그 정도는 넘어가자 싶어 입주했는데, 넓은 30평대 아파트에 살다 원룸에 이사를 가서 그러려니 하려 했지만 도무지 견딜 수 없는 것이 하나 있었다고 한다. 바로 '소음'이었다. 이전 아파트에서도 층간소음이 심해서 나온 부분도 있었지만, 그 집이 그리울 만큼 다닥다닥 붙어있는 집, 더군다나 위반건축물로 사무소를 개조해서 방 쪼개기를 했으니 방과 방 사이의 소음마저도 심했다고 한다. 심지어 방에서 평범한 목소리로 통화를 하면 양쪽 방에서 한 쪽은 서울대생의 한숨소리, 한쪽 방은 오토바이 배달 기사의 조용히하라는 신호로 벽을 치는 소리가 들렸다고 한다. 첫 날에 잠을 자려고 누웠는데, 위층에서 임차인의 애인이 놀러왔는지 신음소리가 너무 적나라하게 들려 놀라 잠을 설쳤다고 한다. 안되겠다 싶어 이런 상황을 말하고 집을 나오겠다 하고, 임대인과 계약한 중개업소와 말다툼이 있었던 상황에 나를 찾았다.

토요일 아침이었다. 전날 지방에서 방문한 손님의 방을 알아볼 때 같이 임장을 하며 눈여겨본 매물 2개가 있었다. 다른 손님이 생길 경우, 적합한 조건의 손님이라면 이 집을 같이 보여주어야겠다는 생각을 하고 있었다.

남성역을 원래 구하지 않던 형이 남성역을 봐야할 것 같다며 내게 연락을 주었다. 그 타이밍에 마침 형이 구하는 조건은 내가 어제 봐둔 조건들과 매우 흡사했다. 다른 중개업소들을 통해서 매번 당하고 다투기만 하는 경험을 했던 형은 나에 대한 믿음이 더욱더 두터워졌다고 한다. 워낙 친형 같은 마음을 두고 있기에

"형, 어제 내가 봐둔 매물 중에 괜찮은 2개 매물이 있어. 그것 먼저 보고 다른 매물을 나중에 보자."

그렇게 먼저 1번 집을 보러갔다. 다행히 집이 2곳 모두 나가지 않았기에 내가 늘 자주하는 말인 '고민은 깊게, 결정은 빠르게' 하라고 했다.

1번 집은 마당이 있었으며 1.5층이었고 층간소음 고통의 가능성은 0%일, 단독주택이었다. 위층은 임대인 노부부가 사시는데 너무나도 조용했고 내부는 손을 적당히 본 상태라 깔끔했다. 넓은 창문을 열면 감나무가 마당에 열려 고즈넉한 분위기마저 연출되었다.

"사당동에 이런 집이 있었네."

수천 개는 족히 집을 봤지만 보다 보면 참 가지각색의 매력을 가진, 세월과 유행을 타지 않는 집들도 많이 보게 된다. 1번 집은 형 마음에도 쏙 든 모양이었다. 자취를 오래했고 이사를 많이 다녀본 터라 본인이 원하는 기준과 조건을 잘 맞추어 보는 형이었다. 1번 집을 같이 본 물건지 중개업소 사장님에게 형이 말했다.

"이 집을 계약할 것 같은데, 고민하고 말씀드릴게요."

근데, 2번 집을 본 순간 형의 순서는 바뀌었다. 남성역 3분 거리, 분리형 원룸인데 공실이었던 1번 집과는 달리 임차인이 거주하며 보일러를 따뜻하게 켜놓고 나갔기에 분위기와 느낌이 안락했다. 형은 그 집에 더 끌린 모양이었다. 사실 2번 집은 계약을 하고자 하는 다른 이가 있었고, 아직 계약금을 넣거나 진행이 되지 않았기에 형에게 상황을 설명했다.

"형, 이거 잡을 거면 빨리 해야 해. 내가 이런 말 원래 잘 안 하는 거 알지? 근데 계약하고 싶어 하는 다른 분이 또 있어. 그건 참고해야 해."

형은 몇 분간 고민하더니, 결정했다. 이 집으로 하자고. 그렇게 먼저 본

이에게는 미안했으나, 사실 먼저 계약하는 사람이 임자였기에, 형은 그 자리에서 계약금을 보내려 했다.

나는 우선 사무실로 가서, 등기 및 제반 서류를 보고 집을 파악해 보았다. 특이사항은 보이지 않았으며 원룸 월세였기에 최우선변제에 대한 설명을 해주었다. 확인 후 계약금을 이체했다. 형이 찜한 집이 되었다.

임대인이 외국 여행 중이라고 했다. 입주일자를 맞추고, 도배를 해주기로 임대인과 협의를 끝냈다. 계약서를 작성한 후 잔금일에 잔금과 입주를 하며 마무리를 하는 평소의 프로세스와는 달리, 이번 계약은 특이하게도 임대인이 외국에 있는 관계로 계약금 10%를 보내고 입금확인증을 받은 후 잔금일 계약서를 작성했다. 잔금일에 잔금을 보내놓고 이삿짐을 풀고 계약서를 작성하기로 했다. 즉, 계약서 없이 보증금 전액을 다 넣고 계약서를 쓴 것이다.

금액이 컸다면, 나는 이렇게 진행하지 않았을 거다. 공동중개 하는 중개업소도 평소 여러 번 거래해 본 곳이 아니었다면 이 역시 마찬가지다.

잔금 당일, 계약서까지 마무리하였고 변수는 없었다. 미리 전날에 봐둔 집이 형에게 안성맞춤이었다니. 꼼꼼한 형에게 두 집 모두 만족스러웠다는 점도, 뿌듯했다. 형에게 좋은 동기부여를 줬다.

"형, 이 집에서 살다가 다음 집은 꼭 좋은 아파트로 가는 거다!"

> **Diary Point**
> 모든 매물을 눈여겨보아야 한다. 전날 봐둔 집도 다음 날 다른 손님에게 적합하여 계약이 될 수 있다. 모든 매물은 소중하다. 그리고, 나를 믿어주는 사람은 가장 소중하다.

Ep.22 전국에서 방문하는 구독자님들, 이번엔 대전! 유튜브 구독자님, 주말 체류하며 원룸 계약을 마무리하다.

해당 계약을 하는 시점에는 전국 팔도에서 구독자님들의 전화를 받고, 만나며 계약을 했다. 남녀노소 구분 않고 집을 구하는 이들이 많았다. 이 구독자님 역시 그 중 한 명이다. 많은 이들 중 대표로 한 명을 에피소드로 기재하고자 한다.

"네이버가 연결해드립니다."

하루에도 여러 건을 위와 같은 문의로 이제는 귀에서도 메아리가 들려올 정도로 익숙하다.

이번 계약의 주인공 역시, 네이버로 나의 사무실을 검색 후 전화를 주었다. 더불어 '유튜브 구독자님'이었다. 차분한 음성, 친절한 말투로 기분이 좋아지는 목소리였다. 전국 각지에서 온 이들과 만나며 나 역시 다양한 삶의 경험을 하게 된다. 아무 얘기도 안하고 집만 보진 않기 때문이다. 걸어가며, 차를 타고 가며 사담도 나누고, 유튜브를 통해 방문했기에 이런저런 이야기도 많이 나눈다. 이번 구독자님도 약속을 잡고 올라왔다. 집을 처음 구하는 이였다. 구하는 프로세스, 구할 때 주의해야 할 점을 사전에 설명했다.

대출을 받아 전세나 반전세로 집을 구하고자 했다. 대전에서 서울로 올라오기로 한 닐, 시간을 맞추어 기다렸다. 만나서 상담을 나누어 보니, 대출을 받으려는 종류에 대해서 조건이나 특징에 대한 숙지가 전혀 되지 않은 상태였다. 기본적으로 대출은 소득 조건과 증빙 서류가 있어야 한다. 일반적인 대출상품들과 마찬가지로 건축물대장상 위반 내역이 없어야 하며, 등기사항전부증명서상 선순위 근저당이 거의 없는 조건이어야 한다. 있더라도 소액이어야 하며, 목적물 가액 대비 적은 비율이어야 하므로 없는 것을 찾는 것이 편하다. 다세대 전세일 경우에는 보통 근저당을 말소하는 조건으로 계약서 특약을 작성 후 대출을 진행해야 한다. 또한, 다가구

주택과 같은 형태는 앞서 입주한 세입자들 보증금의 합(선순위 임차보증금 합계) 역시 대출 가부의 중요 요소가 된다. 그 외의 보증보험을 가입하는 조건의 상품인 HUG 버팀목 대출인지, HF 대출인지 등을 설명했다. 처음 듣는 단어들의 조합에 구독자님은 어안이 벙벙해 했다.

사실, 낮에 연락을 하면서 다른 중개업소에 연락을 해보았고 전화도 해보았다고 한다. 한 곳에 들렀는데, 위와 같이 대출에 대해 잘 모른다고 했더니 "나가라"고 했단다. 제대로 알아보고 다시 오라고, 그냥 내보냈다고 한다. 상처를 받은 듯한, 하지만 멋쩍은 웃음을 짓는 분께 "내 구독자님이니, 내가 알려드려야겠다"는 생각을 했다.

다른 한 중개업소에 가기로 한 곳이 있다고 했다. 근데, 친구와 같이 알아보니 거긴 걸러야 할 것 같다고 했다. 알아보니 모두 허위매물로 악명 높은 곳이란다. 다른 중개업소의 다른 매물을 내가 뒤에서 험담할 필요는 없고, 말해봐야 이득 될 게 없기에 말을 아꼈다. 적당한 의성어 정도를 넣어, "음… 아~ 거기… 아…….." 등의 표현으로 나의 마음을 대략 느끼게 해주었다.

대전에서 올라온다고 하기에 열심히 알아본 매물들은 결국 현재 구독자님의 소득 상태도, 대출 가능 여부도 확인되지 않고 은행에서 상담도 받아보지 않은 상태에서 특정하기 어려웠다. 대출의 비율도 모르거니와, 대출 상품의 특징이나 조건 등은 기본적인 조건 외에는 미세하게 다르기에 적어도 어떤 상품을 어떻게 대출받을 것인지 정도는 상담받고 오는 것을 추천했다. 하지만, 멀리서 온 이에게 집을 하나도 보여주지 않는다면 미안할 것 같았다. 내 차를 타고, 몇 집을 보았다. 집을 보면서 말했다.

"어차피 오늘 보신 집들은 계약이 어려울 거예요. 조건이 특정되지 않았으니까요. 그렇지만, 구독자님이 집을 보는 스킬, 노하우, 그리고 앞으로는 집을 어떻게 봐야하는지를 제가 알려드리려는 차원입니다. 편하게 보시고, 다시 찾아주세요."

감동을 받은 듯 했다. 며칠 후, 대전에 다시 내려갔던 구독자님은 서울에 나를 보러 재방문을 하겠다고 했다. 조건은 대출 없이 월세로, 부모님이 지원을 해주겠다고 했다. 전세 상품일 경우 대출을 받으면 어떠한 특징이 있고 어떠한 위험성이 있는지, 어떻게 계약을 해줄 것인지를 이야기해주었다. 사실상 원룸 전세 상품은 임대인이 목돈이나 급전이 필요하거나, 근저당 등 채무를 상환하기 위해 놓는 경우가 많다. 그런 부분과 함께 원룸 전세라는 목적물과 임대 형식에 대한 근본적인 이해를 시켜주었다.

사실 이 부분은 수익을 창출하는 중개사 입장에서는 할 말들이 아닐 수 있다. 하지만 결론적으로, 이러한 내 진심과 양심적인 중개는 롱런을 할 수 있게 해주는 초석이 되어가고 있다.

날이 좋은 어느 평일, 구독자님은 시간에 맞춰 사무실에 왔다. 월세 매물은 상대적으로 많았기에 (물론, 당시 상황은 원룸 매물이 많지 않아서 전세보다는 많았다는 의미이다.)

'남향, 채광이 있는, 지하 아닌 지상으로, 신축처럼 깔끔하고 역에서 멀지 않은' 1순위 조건 몇 집을 추렸다. 그 중 정말 문을 열자마자 '이 집이다' 싶은 집을 찾았다. 아마 3개의 매물 중 두 번째 집이었을 거다. 기존에 거주하고 있던 임차인은 만기 전 퇴거를 한다고 했다. 입주일을 맞춰주기로 했다. 나를 어디서 본 것인지 힐끔힐끔 계속 나를 쳐다보았다. 남향에, 넓은 창문, 채광이 좋고 신축급, 엘리베이터가 있는 4층 원룸 건물이었다. 평수도, 옵션도 모두 만족할 만한 집이었다. 거기에 화룡점정으로, 기존 임차인이 손님인 내 구독자님에게 쐐기를 박았다.

"이 침대, 새것인데요. 만약 쓰신다고 하시면 드리고 갈게요."

마침 옵션에 침대만 없던 터라 침대를 사야 하는 구독자님은, 깨끗하고 잘 구비된, 새것처럼 보이는 침대를 준다는 말에 안 그래도 마음에 들었던 상황에 도장까지 꽝꽝 찍게 해준 것 같았다. 집을 보고, 서류를 열람해 보았다. 문제 될만한 소지는 없었다.

그렇게 입주일자를 협의하고, 구독자님은 대전으로 내려갔다. 아직 계약 의사를 밝히진 않은 상태였다. 집이 금방 나갈 것 같아 내심 걱정이 되었다. 당일 저녁에 연락이 왔다. 계약금 중 일부를 송금할 테니 예약을 확정해달라는 것. 제반 조건들을 하나씩 짚어보고 내용에 문제가 없겠다는 확신이 들어 계좌번호를 받았다. 임차인은 임대인에게 송금 후 문의를 남겼다. 대전에서 계약서를 쓰러 한 번 더 올라왔다가, 잔금 때 또 올라와야 하는 번거로움이 있다고 했다. 그리하여 잔금 날 한 번에 보증금 전액을 입금하고 계약서를 쓰면 안 되는지 여부였다. 앞서 설명한 에피소드 등과 같이 앞서 요청한 방식처럼 계약해 본 적은 몇 번 있었다. 다만, 임대인과 상대편 중개업소에서는 그건 아닌 것 같다며 거절했다. 부득 번거롭지만 날짜를 잡아 계약서를 쓰러 한 번 더 올라와 주십사 했다. 다행히 시간이 맞았고, 계약서를 쓰는 날을 잡았다. 계약서를 쓰기로 한 토요일 오전, 구독자님으로부터 전화가 왔다. 서울 올라가는 차편을 다른 방향으로 잘못 끊어, 1시간만 늦춰달라는 것. 어렵지 않게 약속을 변경했다.

계약서를 수월하게 작성했다. 너무 추워 눈까지 얼어붙은 날씨에 대전에서 올라온 구독자님에게 따뜻한 아메리카노를 사주었다.

매번 장거리를 이동하느라 휴대폰을 많이 사용했던 구독자님은, 늘 배터리가 부족했다. 이전까지는 늘 사무실에서 배터리를 충전했다. 나와 함께 매물을 보고 집에 가기 전 충전해 둔 휴대폰을 다시 들고 내려가는 방식이었다. 계약하는 날에도 휴대전화 배터리가 부족했다. 충전을 못한 채 계약 장소인 물건지 중개업소로 이동한 구독자님의 휴대폰은 방전이 되었다. 이 때문에 걱정이 된 구독자님의 어머니는 내게 수차례 전화가 왔다. 바로 내 휴대전화로 전화를 걸었다. 계약서를 보내주십사 하시기에 계약의 내용을 자세히 설명했다. 더불어 안심시켜 드리며 사진을 보내드렸다.

100% 만족할 만한 집을 구하기란 쉽지 않다. 또한, 원룸은 보수도 적지만 '가성비'라는 단어가 나오기 어렵다. 그 이유는, 오히려 조건 대비 좋은

집을 구하기가 더 까다롭기 때문이다. 사사로운 부분들로 협의나 트러블이 많이 일어나기 때문에 고가의 목적물보다 세세하게 신경 쓸 일이 더 많을 때가 흔하다. 정말 '사사건건', '하나하나' 따지고 드는 원룸 임차인을 여럿 경험해보았다. 그래서 중개업자들끼리는, "원룸은 당일 계약할 사람으로, 동네만 보여준다. 깐깐한 사람은 버린다"는 말을 많이 한다. 그만큼 피곤하고 또 힘들었으며, 보수 대비 너무 지나친 손님들을 많이 경험해 본 이들이 한 말일 것이다.

이번 경우는 목적물에 대한 문제도 없었고, 조건에 100% 적합한 만족스러운 매물을 구해줄 수 있었기에 뿌듯함이 컸다. 참고로, 초보 중개사거나 법을 깊이 알지 못하는 중개사들이 가끔 실수하는 부분이 있다. 이번 계약에서도 계약 시 공동중개를 한 중개업소 사장님의 브리핑이 조금 잘못되어 자연스럽게 수정을 해주었다. (자존심이 상하지 않도록 정말 자연스럽게 다른 이야기와 버무려 흘리듯이 이야기해서 인지하도록 했다.) 내용인즉슨, 계약 시점의 전년에 설정한 근저당이 약 1억 8천만 원이 있었다.

중개업소 사장님이 설명하길, "23년은 최우선변제금 5,500만 원까지 되니까 걱정 없어요"라고 했다. 물론, 그 부분만 보면 맞다. 하지만, <u>최우선변제금은 '근저당 또는 담보물권을 설정한 시점'을 기준으로 지급한다.</u> 가령, 22년 3월에 근저당을 설정했다면, 22년 3월 당시의 최우선변제금을 기준으로 최우선변제가 됨을 알려야 한다. 부끄럽지만, 나 역시 초보중개사일 때는 이 부분까지 깊이 알지 못했었다.

이번 계약은 보증금이 3,000만 원이었기에 위험성 측면에서는 큰 문제가 없었다. 서울시에서 22년도에는 3,000만 원을 훨씬 넘는 금액인 5,000만 원까지 최우선변제가 보장되어 괜찮았다. 주택 가격 대비 근저당권 설정금액과 보증금의 합계도 안정권이었다. 다만 5,000만 원의 보증금이었을 경우, 그리고 근저당설정 금액이 훨씬 높았다면 상황이 달라진다.

최우선변제금은 주택 가액의 1/2 이내에서만 최우선변제금을 지급하는 것이기 때문이다. 선순위 임차인들 중 소액보증금 우선변제권이 얼마나 있는지, 전체 선순위임차보증금 합계는 얼마인지도 반드시 따져볼 일이다. 1/2 이내에서 여러 최우선변제권자들과 금액으로 비례하여 안분해야 하기 때문이다. 다가구 주택에서 여러 세입자들이 최우선변제금액에 해당된다면, 어쩌면 경매시에 보증금을 전액 받지 못할 수도 있는 상황이 생길지도 모른다.

다행히, 근저당과 선순위임차보증금의 합계를 모두 합쳐도 건물 가액의 1/2 이내에서는 안정권이었다. 3,000만 원 전액을 보장받을 수 있다는 판단이 섰다. 원룸을 중개할 때 나처럼 이렇게까지 깊이 계산해 보는 사람은 거의 없을 것이다. 하지만, 이런 계산도 수백 번을 하다 보면 도가 튼다. 자동으로 계산이 될 정도다. 그런 모습을 보여주고 걱정될 만한 부분을 하나하나 꼼꼼히 봐주면, 어떤 누구든 감동한다.

"제 친구가 이 동네로 오게 되면 꼭! 무조건 소개할 거예요."

커피를 기다리며 구독자님이 웃는 얼굴로 말했다.

모든 사람은 느끼는 게 비슷하다. 친절을 고마움으로 받아들일 줄 아는 보통의 사람이라면, 이는 좋은 결과를 만든다.

대전으로 내려가는 구독자님을 배웅했다. 그 주에는 목포, 전주 등 참 많은 구독자들을 만나고 계약했다. 전국의 많은 이들을 만나는 기쁨. 전국에서 찾아와주는 기쁨.

이 글을 보는 여러분도, 느끼길 바란다.

> **Diary Point**
> 가장 주안으로 두는 조건이 무엇인지를 파악하는 것이 원룸 계약에서의 핵심이다. 원룸 계약을 할 때에도 권리분석을 꼼꼼히 하는 습관을 들이자. 큰 계약도 습관의 힘이 발휘될 것이다.

아파트 에피소드

Ep.1   A4용지 벽보 매물장,
　　　　꽉잡고 있던 매물 하나로 아파트 단독중개 계약을 하다.

바로 이전 중개일기의 주인공인 '선배님'의 LH 원룸 전세 매물을 기억할 것이다. 앞서 간단히 설명했지만, 이번 에피소드는 그 '선배님'의 아파트 매물 단독중개 계약 스토리다. 시간상 이번 아파트 계약 에피소드가 앞선 '선배님의 LH 원룸' 에피소드보다 9개월 쯤 먼저였음을 밝힌다. 따라서, 앞선 선배님에 대한 설명을 이 곳에 넣기로 했다.

3년 전쯤이다. 우연히 지나가면서 들렸다며 차분한 목소리의 중년 여성분이 마스크를 쓰고 사무실에 방문했다. 간단히 상담 겸 이야기를 나누면서, 손님은 나처럼 사당동, 남성역 토박이라는 걸 알게 됐다. 내가 졸업한 초등학교의 1회 졸업생으로, 지금 손님의 아들이 내 동생과 동갑이며, 둘이 동창이라는 것도 알게 됐다. 내 영업스킬이자 고객과 빨리 가까워지는 가장 큰 노하우가 있다. '공통분모 찾기'이다. 매물에 관련돼서만 듣지 않고, 동질감을 형성하고, 고객의 말을 들으면서 공감을 하면, 대부분 사연이 나오거나 본인 이야기가 나온다. 공감하고, 또 동질감을 형성하면 경계와 긴장을 풀게 된다. 마음을 열게 하는 것은 어렵지 않다. 정말 불친절하거나, 딱딱한 태도를 보이는 사람과는 말을 하고싶지 않은 것은 누구나 마찬가지이다.

나의 신체조건은 190㎝에 육박하는 키와 체중이 100㎏을 웃도는 몸무게로 거구인 편이다. 그렇기에 가능한 위협적인 느낌을 받지 않도록 웃는 얼굴로 맞이하려 노력한다. 손님이 오시면 필히 일어나되, 허리를 숙이고 대화를 할 때에는 다리를 넓게 벌린다. 앉아서 이야기를 나눌 때에는 반드시 고객상담일지로 메모를 하며 눈을 바라볼 때 웃는 얼굴로 이야기한다.

그 당시에도 개업 2년이 지난 시점이었다. 이미 계약을 여러 번 하게 된 고객도 생기고, 동네에서 간판이 눈에 익어갈 즈음이라 항상 언행을 조심했다. 손님은 어디에서 소개 받은 것은 아니지만 그냥 한 번 들어와 보고 싶었다고 했다. 사담을 시작으로 많은 이야기들을 나누다 보니, 아파트도 소유하고 있는 것을 알았다. 사무실 주변 가장 좋고 인기가 많은 아파트의 RR(Royal동의 Royal층이라는 뜻으로, 가장 호가를 높게 받을 수 있는 매물이다.) 매물을 보유하고 있었다.

호칭이 '선배님'으로 바뀐, 친동생 동창의 어머니이신, 지금 내 VIP 손님 중 한 분이 되었다. 그 이후 원룸 공실도 꼭 알려주시며, 보유하신 아파트에 현재 거주중인 세입자가 퇴거 시 나에게만 내놓아주시기로 약속을 해주셨다. 그렇게 종종 안부도 주고받았다. 선배님께서 연락을 주셨다.

"승주 씨, 예전에 얘기한 아파트 반전세 살고 계시는 세입자분 있죠? 월세가 너무 밀리셔서… 아무래도 좋게 이야기해서 정리해야 할 것 같아요."

긴 시간 몇 번 이 건에 대해 논의하고, 같이 현재 거주하는 임차인과 우리 사무실에서 만나게 됐다. 스토리가 매우 길지만, 어려워진 형편상 임차인도 월세가 밀렸을 뿐 성품 자체는 좋은 중년의 남성분이었으며, 악기를 연주하는 악단의 단장님이었다. 내 외모를 여러 번 칭찬해 주셨기에 더더욱 좋은 인상(?)으로 남아있다. 그 분과 임대인인 선배님과 두 분만의 이야기로 흘러갔다면 중간에 합의점을 찾는 데에 난항을 겪을 수 있는 부분이 있었을 것이다. 내가 중재자 역할로 중화도 하며, 순화도 하여 잘 마무리 되었다. 인기 있는 아파트의 로얄동, 로얄층에 게다가 월세 매물이 귀해서 손님은 많고 매물이 없는 시점이었다. 네이버에 광고 매물을 올려두니 주변 중개업소들에서 아니나 다를까, 벌떼같이 선배님에게 연락했다. 중개업소들이 선배님의 번호를 아는 것은 예전에 원룸 때문에 거래를 했기 때문이었다. 내 광고를 보고 이때다 싶어 전화번호가 있으니 파렴치하게 선배님에게 전화를 직접 건 것이다. 이때, 물건을 꽉 잡고 있는 부동산의 파워가 어떤지 새삼 느꼈다. 임대인인 선배님께서는 차분하지만 단호하게, 그리고 팩트만을 기반하여 논리정연하게 다음과 같이 말씀하셨다고 한다.

"전화주신 것은 감사한데요, 저는 전속으로 매물을 맡기기로 한 부동산 총각이 있어요. 그 부동산 아시죠? 말씀대로 손님이 있으시면 그 부동산의 총각과 전화 통화하셔서 같이 진행하세요."

내가 늘 이야기하는데, 정말 싸움을 잘하는 사람은 위와 같이 할 말을 정확하게 하며 사실에 근거하여 상대방이 반박할 수 없게 말하는 사람이다. 감정보단 이성에 기반하여 요목조목 맞는 말로 이기는 사람이다. 이 선배님은 다툼은 아니었지만, 겪어본 결과 위태롭거나 폭풍전야와 같은 상황에서도 늘 위와 같은 대처를 하셨다. 배울 점이 많은 분이셨다.

이 선배님은 내게는 천군만마였다. 선배님께서는 감사하게 내게만 맡겨 주셨다. 손님이 있다던 중개업소들은 한 곳도 내게 전화 오는 곳이 없었다. (물론, 나도 친절하게 안 했을 것 같지만, 그 중개업소들은 분명 얘기했던 '손님'이 없었을 거다. 물건만 따려고 했던 것이 뻔하다. 정말 계약할 손님이 있었다면 왜 연락을 하지 않았겠는가?)

아파트 매물이나 인기있는 매물은 광고조차 올리기 힘들다. 이런 식으로 물건을 뒤로 따내는 중개업소들이 대부분이며, 뒤에서 가로채는 소위 "뒤빡"도 심심치 않게 일어난다. 매우 더러운 곳이다. 상도의가 없는 중개업소는 경험해보게 되면 다시는 연락도, 공유도 하지 않는다.

그렇게, 나는 네이버 광고도 유지하면서 사무실 유리창에 만들어둔 10개의 플라스틱 아크릴 판에 꽂아둔 매물 중 한 개로 □□아파트 월세, 로얄층, 로얄동 이라는 문구로 매물장을 부착해두었다.

지나가며 전화하시는 이도, 방문하는 손님도 적잖이 있었다. 해당 매물이 몇 동인지, 몇호인지 물어보는 빼꼼이들부터, 실제로 보고 싶다는 이들도 있었다. 손님 한 명이 사무실에 들어왔다. 덩치가 매우 큰 중년의 남성이었다. 어디서 많이 뵈었다 싶었더니, 사무실 앞 큰 상가건물의 한 층에서 음식점을 운영하는 사장님이었다.

벽보 매물장을 보고 오셨다고 한다. 현재 논현동에 사는데, 전세 만기가 돼가고 남성역에서 장사를 하다 보니 늦게 끝나면 집에 가는 것이 피곤하여 여기에 아파트를 구하려고 한다고 했다. 현재 거주하시는 임차인과 만기일도 맞고, 이미 나와도 안면이 생긴 임차인이기 때문에 전화통화를 해도 협조적이며 수월했다. 그렇게 식당 사장님은 집을 보고 계약 의사를 보였다. 선배님과 계약 전 수리할 부분 등에 대해 조율했다. 이전 임차인이 오래 거주했기 때문에 안그래도 손 볼 부분들이 많았기에, 선배님은 기간을 조금 두고 입주일을 협의한 후 새시, 문 교체 등 큼지막한 수리들을 해주시기로 했다. 물론 도배장판과 같은 기본 수리도 해주시기로 했다. 다음 임차인이 될 사장님 역시 통이 컸다. 오래 살 마음이니 주방 싱크대는 가구로 유명한 브랜드인 한○의 것으로 본인이 자비로 직접 하겠다고 했다. 주방 욕실 타일 교체, 중문 설치와 조명 설치도 다 본인이 직접 하겠다고 했다.

그렇게 수리 범위와 원상복구 범위, 계약 기간 만료 후 수리한 부분의 소유권 귀속 부분 등을 꼼꼼하게 정리하고 계약을 마무리했다. 이번 계약 건과 같이, '<u>필요비</u>'와 '<u>유익비</u>'<u>적인 측면으로 나누어 해당 목적물의 가치를 증가시키는, 소위 비싼 돈이 들어가는 '유익비' 항목은 임대차 계약 후 소유권의 귀속과 원상복구의 범위를 명확히 정해야 탈이 없다.</u>

잔금 후 선배님이 밥을 사주신다 하여 임차인이 된 그 음식점 사장님의 가게에 방문했다. 샤부샤부를 배불리 먹으며, "선배님, 제가 사드리는 게 맞는 것 같은데요"라고 했지만, "에이, 승주 씨가 잘 해줬으니 이 정도는 내가 해줘도 돼요. 편하게 먹어요"라고 하셨다. "받을 줄 아는 마음도 배워야 한다. 그래야 더 잘 줄 수 있다"는 말도 깊이 새기고 있기에, 호의를 받을 때는 감사한 마음으로 받기로 했다.

그렇게 아크릴 매물장에 넣어둔 'A4용지 단 한 장'으로 아파트 월세 단독중개 계약을 했다. 보증금 1억 2천만 원, 월차임 150만 원의 아파트 단독중개 계약이다. 중개 보수는 임대인 쪽 보수는 만기 전 임차인의 퇴거로 사전 계약서 약정한 것과 위약금 명목으로 중개보수를 임차인이 지불하기로 했다. 밀린 월세는 보증금에서 제하고 반환하기로 한 날, 정산을 하러 모인 장소에서 선배님은 다음과 같이 정리를 해주셨다.

"제가 월세 밀린 것 중에 xx만 원을 덜 받을게요. 대신에 중개 보수 xx만 원은 이 총각에게 그냥 깎지 말고 다 주세요. 그럼 단장님도 월세 xx만 원 할인받으신 거고, 낼 보수 안 깎아도 훨씬 남는 장사죠?"

어쩜, 어디까지 나를 챙겨주시는 걸까. 얼마나 내가 갚을 빚이 많아지는 걸까. 너무 감사했다. "아닙니다. 마음만으로 충분히 감사한데요, 보수 몇만 원 빼고 주셔도 괜찮습니다"라고 했지만, 임대인 임차인 양쪽 모두 보수를 안 깎고 주시겠다는 입장이었다. 감사히 받았다. 중개업을 하다 보면 악인도 많다. 아니, 악인이 더 많다. 하지만 이렇게 가끔은, 진주 같은 분도 계신다. 잊지 말아야 한다. 이 분에 대한 감사함은 내가 잘 되면 될수록 꼭 더 갚아야 하고, 더 잘해드려야 한다. 잊지 말자.

> **Diary Point**
> 좋은 매물을 전속매물로 가지고 있으면, 엄청난 힘을 갖게 된 것과 같다.

Ep.2 내 중개 보수를 반 나누더라도, 친구의 집을 구해주자!
 - 고가 아파트 전세 계약건

유튜브를 통해 내 사무실의 위치와 정보를 보고 젊은 남자 손님 두 명이 들어왔다. 그 중에 한 명은 위압감이 느껴질 만큼 정말 덩치가 크고, 낯이 익었다.

"아니? 이게 누구야?"

"ㅎㅎ 승주 맞구나. 유튜브 보고 찾아왔어."

초등학교와 중학교를 같이 나온 (초등학교 때 친했던) 친구가 찾아왔다.

그간 살던 이야기도 간단히 나누고, 찾는 물건의 종류와 금액을 상담했다. 상담하면서 느낀 것이 있다. 내 주변에 내 당시 나이인 33살의 친구 중 가장 돈이 많은(자기자본) 친구라는 점이다. 대출 없이 전액 현금 9억에 아파트 전세를 구했고, 그에 해당하는 물건은 당연히 고급 아파트였다.

마침 사당동에서 아파트 전세를 구한다고 했다. 현금이 그렇게 있으면 집을 매매하는게 낫겠다 생각이 들었지만, 상담을 해보니 이미 다주택자라 추가되는 다주택 중과세로 매매를 못하는, 가진 자의 비애를 겪고 있는 친구였다. 임대차 3법이 시행되며 전세가가 무섭게 오르고 있던 20년 6~7월경, 사당3동의 신축 겸 대장 아파트를 눈여겨 보고 있다고 했다.

주변 이수역 근처 해당 신축 아파트 쪽 단지를 전문으로 하는 중개업소를 소개받아 전화를 걸었다.

"안녕하세요 대표님, 사당3동 시작좋은 부동산(당시 변경 전 최초 사용했던 상호)입니다. □□부동산 형님이 제가 래○안 아파트 찾는다고 하니 소개해주셔서 전화드렸어요."

일단 소개로 전화하면 거부감이나 마음의 경계를 어느정도 허물기 때문에 반갑게 맞아주었다. 원하는 물건의 금액과 종류를 말했는데,

"아, 사장님 적합한 물건이 있기는 한데……"

"네 그런데 무슨 문제가 있나요?"

"이 매물이 매매 건으로 소유주가 바뀌는데 새로운 소유주가 전세를 이번에 새로 맞추는 거라, 매매만 수수료가 있어서 전세 수수료가 없어요, 그래서 공동중개가 어려운데 어쩌죠?"

해당 중개업소는 매매 건으로 단독중개 수수료를 얻게 되는 상황임을 먼저 파악했다, 그리고 생각했다.

"그럼 제 수수료 반을 드리겠습니다. 그럼 매매는 대표님이 다 하신 것

이고, 전세를 공동 중개의 반쪽 보수를 얻은 것이라고 생각하시고 진행해주실 수 없을까요? 친구가 구하는 집을 중개해주고 싶습니다."

사실 지금 돌이켜보면, 임대인 쪽 보수가 없다는 것은 경험상 거짓말이 많다. 공동중개는 해주는데 그냥 반을 주기는 아깝고, 임대인 쪽 보수를 다 받기는 어려울 것 같고, 매물은 좋은데 빨리 계약하면 좋으니 그럴 때에는 보수가 없다고 하면 상대편인 손님쪽 중개업소 입장에서는 알 길이 없다. 아쉬운 쪽이 제안을 해야만 한다. 좋은 매물을 잡고 있는 중개업소의 힘이다. 물론, 같은 경우 내가 물건을 보유한 상황에서는 나처럼 이렇게 보수를 반 떼어준다는 중개업소는 단 한 곳도 없었다. 심지어, 나는 보수가 없다고 말한 적도 없다. 내가 좋은 물건을 갖고 있고 보수를 정말 적게 주는 임대인의 매물이었을 경우에도 마찬가지다. 공동 중개를 해줘도 고맙다는 인사나 돌아오는 정도이지, 보답이나 보상이 없는 경우가 대부분이다. 하지만 내 손님의 원하는 집을 구해주기 위해서 나는 "경험보다, 사람보다 중요한 재산은 없다"고 생각했다. 당시 아직은 고가의 전세 계약을 체결해본 적 없는 나로서는 개업 초창기에 모든 경험이 다 큰 밑거름이 된다고 생각했다. 돈을 주고도 못 배우는 경험을 돈 받고 배우는 게 어디인가 싶었다. 그래서 흔쾌히 내 보수 절반을 나누겠다고 한 것이다.

그렇게 오케이가 되었고, 바로 임장을 갔다. 제수씨도 함께 동행했다. 그 친구 내외는 덩연 그 집이 마음에 들어 계약을 하겠다고 했다.

전세금은 깎지 못했지만, 계약 당시 수수료에 대해 친구와 허심탄회하고 솔직담백하게 이야기를 오픈하고, 이 상황을 설명했다.

친구에게 만족스러울 수준만큼의 수수료 할인을 해주었다. 나 역시 상대편 중개업소에 반을 떼주어도 크게 손해본다는 마음이 들지 않는 금액선이었다. 중개를 하다보면 계약 당사자의 말을 걸러서, 순화해서, 선의의 거짓말을 하며 좋은 쪽으로 다툼이 없이 진행해야 하는 경우가 많다. 그 과정에서 외줄타기하는 듯한 한마디 한마디에 촉각을 곤두세우는 상대방을 신경 쓰느라 계약 조율이 완료되면 녹초가 되기도 한다. 정신적인 스트레스가 어마어마하다. 하지만 돈에 관해, 나에 관해 얘기할 때에는 솔직한 진심이 필요한 때가 있단 것도 느꼈다.

참고로, 아는 중개업소를 통해 새로운 중개업소를 소개받았을 때에는 소정의 인사치례를 하는 것이 상도덕적으로도, 인간적으로도 좋은 관계를 오래 지속할 수 있는 방법이라고 생각한다.

내심 소개에 대해 소정의 인사 정도는 해주길 바랄 수도, 안 바랄수도 있지만 말이다. 내심의 의사까지는 몰라도, 감사인사를 돈으로 드릴 때 싫어하는 사람은 단 한 명도 없을 것이라 단연코 말할 수 있다.

아니나 다를까, 잔금 이후에 친구에게 미리 협의해준 금액의 중개보수를 받자마자 절반을 상대편 중개업소에 이체했다. 상대편 중개업소는 수수료율을 너무 싸게 해주었다고 조금 아쉬워했지만, 내 솔직함과 정직함에 어느 정도 수긍했다. 그리고 앞서 말했듯 그 중개업소는 해당 매물의 소유주와 매매건도 단독중개로 진행해서 보수가 이미 넉넉했다. (보수가 천만 원 단위가 넘어갔으니, 넉넉하다 표현해도 좋겠다.) 그 집을 전세로 +@로 계약하는데 또 보수를 받는 것이기에 공돈이라 여겼을 수 있다. 만약 정말 임대인쪽 보수가 없었다면 내 보수 절반을 지급했을 때 본인이 받아야할 법정 보수만큼 안 들어왔는데도 흔쾌히 웃으며 그냥 넘어갔을까? 사람은 그렇지 않다는 걸 안다. 소개해 준 중개업소에 연락을 해서 인사를 하고 싶다고 했다. 소개해 준 중개업소 사장님은 오토바이를 타고 한걸음에 왔다. 미리 사 둔 아이스아메리카노와 함께, 미리 만들어 둔 감사인사 봉투와 함께 인사를 했다.

그렇게, 10억에 가까운 어마무시한(?) 전세금의 두 번째 아파트 중개도, 성공적으로 끝났다.

그리고 그렇게, 오랫동안 연락이 끊겼던 초등학교 때부터 친구와 다시 연이 되었다. 그 친구는 후에도 내게 큰 VIP손님으로 남게 된다.

> **Diary Point**
> 완전한 내 손님일 때, 손님이 원하는 매물을 내가 보유하지 않았을 때에는 매물을 보유한 중개업소에 많은 보상을 하는 제안을 해보자. 밑져야 본전 아니겠는가. 그리고, 소개를 받았다면 반드시 감사 인사를 하자. 좋은 평판과 롱런의 지름길이다.

Ep.3 전세사기로부터 친구를 구하라! 내용증명 보내고 임대인에게 반환 받은 보증금으로 구해준 시흥의 신축 아파트

친구의 신혼집, 친구 어머니의 집을 동시에 구해주다

고등학교 2학년 때 같은 반이었던 친구가 연락이 왔다. 평소 SNS로 안부를 전하는 정도로 따로 보진 않았던 친구지만, 같은 반이었기에 어느 정도 친하게 지냈다. 나쁜 기억은 없는 그 친구가 연락을 주니 반가웠다. 곧 결혼을 한다며 신혼집을 알아보던 친구는 몇몇 동네를 후보지로 뒀다. 그중 우리 동네도 후보지에 있었고, 내가 생각이 났다며 연락을 줬다.

'사당동 = 이승주'라는 이미지를 만들려고 노력했다. SNS로 알게 모르게 마케팅을 한 효과가 있는지, 다른 동네 친구들이나 선후배들도 종종 이렇게 연락이 오곤 했다.

3년 전, 당시 임대차 3법으로 인해 전세 대란에 허덕이던, 정말 줄서서 전세를 기나리며 계약하던 시기였다. 당시에는 집도 안보고 계약금부터 넣었을 정도로 신축이나 입지가 좋은 빌라들은 정말 말 그대로 줄을 서서 집을 보고 심지어 서로 먼저라며 다투기도 했다. 그런 상황에서 친구가 집을 구한다고 하니 내심 부담도 됐다.

하지만 최선을 다하는 것이 내 일이기에, 상도동에 친한 중개업소에 연락했다. 친구와 상도동까지 보는 것으로 범위를 정했다.

마침 친구의 어머니도 집을 구하셔야 한다고 했고, 친구의 결혼한 누나도 이사할 집을 구해야 한다고 했다. 가족 모두가 내게 집을 구해주신다고 하니 더더욱 책임감이 막중해졌다. 친구와 동시에 친구 어머니의 이사하실 집도 같이 알아보았다. 조건이 비슷했기 때문에 친구가 보면 친구 어머니도 보여드리고, 차로 모시고 와서 같이 보는 식이었다. 매물을 보고 고민을 할만한 후보지를 올려놓는 사이에 협의가 필요하여 해당 매물을 다시 문의하면, 그 사이에 계약금이 들어왔다는 답변이 돌아오기 일쑤였다. 급한 마음이 들더라도 무리하게 집을 계약하면 안 된다, 탈난다고 친구를 진정시켰다. 친구는 빨리 집을 구해야 한다는 부담감에 점점 마음이 급해진 듯 했다. 그 당시 그래도 나름 3년 차로 계약도 많이 해보고 많은 손님들을 만나보며 이런저런 상황을 겪어봤던 터라, 그 마음을 이해는 하지만 급할수록 돌아가라는 말처럼 차분히 될 인연을 기다려보자 했다. 그러던 중, 친구가 살기 정말 좋은 집이 나타났다. 예전부터 평소에 한 번 중개해 보고 싶었는데, 때마침 그 전 해에 아는 형이 신혼집을 구한다고 하여 중개해본 적 있는 빌라였다. 해당 빌라의 장점과 특징, 거주하며 만족도나 선호도를 잘 알고 있던 터라 더 자신 있게 추천해 줄 수 있었다. 주차 공간이 여느 빌라와 다르게 정말 좋았다. 필로티지만 일렬 주차가 아니라 호수별로 주차를 할 수 있고 전화로 차를 빼달라고 할 필요도 없는 좋은 빌라. 엘리베이터는 없었지만 3층의 매물이며 호수별로 평형이 달랐는데 저렴한 가격에 가장 큰 평수로 거실과 베란다, 방 3개가 잘 갖춰져 있는 깨끗한 집이었다. 그렇게 첫 눈에 반하듯 친구는 계약하고자 했다. 비록 제수씨 출퇴근이 대중교통으로 편하지 않아 약간 반대했지만, 친구가 매일 출근하며 차로 태워다주는 조건으로 합의를 보았다고 했다. 뿐만 아니라 강아지를 키우는 조건으로, 보통 임대인이 꺼리는 상황임에도 해당 집 임대인은 흔쾌히 허락을 해주었다. 그렇게 친구의 집을 구하고 친구 어머니도 멀지 않은 남성역에, 친구 어머니 역시 애완동물인 강아지를 키울 수 있는 조건으로 적합한 집으로 계약을 해드리게 되었다.

친구의 누나는 정말 아쉽게도, 내가 중개가 가능했던 집을 다른 중개업소에 연락을 하여 먼저 보게 되면서 계약을 했다고 한다. 그래도 친구 어머니, 친구의 집을 계약할 수 있어서 당시에 참 기쁘게 마무리를 했다. 그리고 입주를 한 친구는, 얼마 후 결혼식을 올렸다. 결혼식장에서 내가 집을 구해준 친구, 친구의 어머니와 나란히 인사를 하고 기쁜 마음으로 축하를 해주었다.

2년 후 전세 사기의 위험에 놓이다

그 후 약 1년 반이 조금 지나, 만기시 연장 여부를 생각해야할 즈음이었다. 친구는 곧 아기가 태어날 예정이라 아파트로 이사를 가고 싶다고 했다.

친구는 수도권 외곽으로 집을 몇 개 보았다고 한다. 처음 구했던 2년 전과는 강산이 변한 것처럼 전세 사기가 판을 치기 시작하고 연일 뉴스에 전세는 위험하다는 내용이 보도되고 있었다. 남의 일이라고 생각했다. 하지만 내심 불안했다.

그 불안감은 귀신같이 항상 들어맞는다. 친구에게 당시 시점 기준으로 만기가 몇 개월 남았으니 연장을 안 한다고 전달하라고 했다. 다음 세입자가 될 사람들 집을 보는 것에 적극 협조하겠다는 말과 함께 말이다. 얼마 후 친구가 전화가 왔다.

"집주인이링 통화했는데, 사기가 사업이 어려워지고 보증금 빼줄 돈이 없다고, 집을 매매로만 내놓겠데."

뭐라? 큰일이다. 빌라 매매를 지금 시국에 누가 한단 말인가. 아파트도 아무도 안 사는 지금 상황에. 집값은 쭉쭉 떨어지고 있었으며 규제를 완화해도 매수 수요는 거의 제로에 가까워 오래 운영하던 중개업소 사장님들도 속속 폐업을 하는 상황이었다. 아파트만 전문으로 하는 중개업소들은 경기에 직격탄을 맞아 연일 곡소리가 곳곳에 울려퍼져 통곡의 벽이 만들어지려는 지금 상황에, 세입자에게 내어줄 보증금 없으니 빌라 매매될 때까지 기다리라고?

  걱정이 되기 시작했지만 아직 기간이 많이 남았으니 방법을 찾아보자고 생각했다. 시간은 야속하게도 날아가듯 빨리 지나갔다. 친구는 연일 걱정에 내게 연락했다. 매매만 내놓다 보니 아무도 집을 보러 오지 않는다며, 방법이 없는지 물었다.

  안 되겠기에 임대인이 전속으로 내놓은, 친구의 집을 공동중개 했던 중개업소에 전화했다. 임대인이 매매만 놓는다니 별수 있냐고 했다. 친구는 기일이 다가올수록 법적 조치에 대해 인터넷을 뒤져 공부하고, 또 알아보며, 법대로 해야 할 것 같다고 했다. 도의상 친구가 전세 사기를 당할 위험에 놓이자, 남 일 같지 않아 그 부동산에 다시 연락했다. 친구는 만기 때 돈을 받고 나와야 한다고, 안 주면 법대로 할 수밖에 없는데 서로 안 좋지 않겠냐고 했다. 중개업소 실장은 "어디 세상이 법대로만 되나요"라고 했다. 책임감 없다고 느낀 그 말에 순간 짜증이 났다. "뭐 그럼 할 수 없죠, 집 경매에 부치고 그 돈 가져가는 수밖에"라고 했다. 그렇게 통화를 마무리하고, 방법을 생각해 보니 그 방법은 일시적인 화풀이일 뿐, 궁극적인 해결책도 아니며 중요한 것은 빠른 해결 방법이 아니었다.

  전세는 수요가 그래도 훨씬 나으니, 전세를 놓고 다음 세입자를 받은 후 전세 기간 중에 매매를 할 수 있도록 시간을 버는 방법이 최선이라 생각이 들었다. 그 중개업소에만 매물을 내놓았던 임대인은, 친구가 전화하면 "난 모르니 그 중개업소랑 얘기하라"는 헛소리만 남발하였다. 집은 자기 것인데 왜 그 중개업소에 얘길 하는지 이해가 되지 않았다. 그 중개업소에서도 설득하려는 모습이 보이지 않았다. 안되겠다는 생각이 들어, 친구에게 일단 극약처방을 하도록 했다.

  "내. 용. 증. 명"

  우리나라에서는 내용을 증명하는 공시송달 효과로서의 역할보다는, 소송을 가기 전, 법적인 공방을 벌이기 전 단계로 인식이 되어있는 경우가 강하기에 내용증명을 사전에 보내도록 했다. 행정사를 소개받아 내용증명 작성을 했다. 약발은 바로 듣기 시작했다.

밤늦게 친구에게 음성녹음파일이 하나 왔다. 임대인과의 통화 내용이었다. 임대인은 잔뜩 화가 났는지 술에 취해 술기운을 빌려 친구에게 욕지거리를 했다. 다행히 친구는 "네네"라는 단순한 답변만 하고 욕을 맞받아치지 않았다. 다음날, 그 중개업소에서 친구에게 연락이 갔다. 임대인이 매매만 놓지 않고 전세도 받기로 했단다. 전날 실수를 한 것이 부끄러웠는지, 해결책이 필요하다 생각한 모양이다. 내가 제안한 처방의 약발이 다행히 먹힌 듯 했다.

거기에 그 중개업소만으로는 현재 위험할 수 있다는 판단에, 임대인에게 허락을 받고 주변 중개업소에 다 내놓겠다고 말하라고 했다.

임대인은 '드디어' 다른 데에도 내놓으라고 했다. 친구는 기다렸다는 듯 수십 군데 중개업소에 전화를 걸었다. 동네방네 이 집에 전세 매물이 있음을 알렸다.

드디어 전셋집이 나갔다

나 역시 손님이 있으면 틈틈이 데리고 가서 집을 보았다. 계약할 듯 말 듯 계약이 되지 않았다. 임대인이 최초에 내놓은 전세가로는 보증보험 가입이 가능하지 않았나. 나음 세입자를 지켜야 하는 부분도 필요하기에 협의를 했다. 보증보험 가능한 금액으로 전세금을 약 2천만 원가량 낮췄다.

임대인의 현재 거주지로 돼있는 곳의 등기부를 열람했다. 사업이 많이 어려운지 현재 사는 집에도 근저당을 잔뜩 받아놨다. 다행히 친구가 사는 전셋집은 전세가율도 높고 추가 근저당 설정을 못하게 하는 특약을 설정해 둔 터라 근저당은 없었다. 압류 등을 걱정했으나 압류 등이 걸려있진 않아 아직 일촉즉발의 상황은 아니다 싶었다.

근처 다른 친한 중개업소에도 내가 매물을 내놓아주었다.

결과적으로, 내가 소개한 중개업소에서 계약을 하게 됐다고 한다. 나는 소개만 했고, 중개에는 참여하지 않았다. 다만, 좋은 일을 할 수 있었고 친구의 사기를 피할 수 있었기에 마음이 가벼워졌다. 친구는 내게 고마웠는지, 다음 집이 조금 멀더라도 나와 계약을 하겠다고 했다. 솔직히 말하면, 중간에 나도 힘들었기에 장난식으로, 하지만 진심이기도 했던 멘트를 날렸다. "내가 이번에 신경 쓸 테니까, 다음 집도 꼭 나랑 해줘~ 내가 다음 집은 더 안전하게 구해줄게"라고 말하며 어필을 하긴 했다.

친구는 시흥의 신도시에 아파트가 많이 있는 곳으로 집을 정했다. 개인적인 이런저런 이유가 있었다. 매물을 같이 찾았다. 친구가 봐둔 매물 몇 개의 링크를 받아 전화를 돌렸다. 공동중개가 가능한, 조건이 적합한, 아직 유효한 매물들을 추려 입장할 시간을 정하여 중개업소를 찾았다.

방문한 중개업소의 사장님은 나를 유독 마음에 들어 했다. 정말 멋쩍어질만큼 쉴 새 없이 칭찬을 해주어서 참 고맙기도 했다. (그 후로 그 사장님으로부터 계속 연락이 왔다. 그리고 정말 우리 동네를 찾아와 나와 식사를 같이 했다.)

그렇게 친구가 봐둔 그 매물을, 그 중개업소와 공동중개로 계약서를 작성하게 되었다. 이번에는 작정을 하고 주안점을 안정성에 두었다. 먼저, 매매가 대비 가율을 20~30% 이내로 아주 낮추어 반전세로 계약을 하고 추가적으로 보증보험도 안전하게 들게끔 했다. 이번 기회를 통해 친구 역시 큰 공부가 되었고, 나 역시 전세사기를 처음으로 겪을 뻔 하며 실상을 깨닫고 한 번 더 각성하게 된 강력한 동기가 생겼다.

전세 사기는 임차인이 온전히 피해를 볼 수밖에 없는 아주 불합리한 구조다. 본인의 의사와 상관없이 보증금을 받지 못해 대출금을 반환하지 못하게 되는 것이기 때문이다. 울며 겨자 먹기로 계약을 연장하며 대출 기간을 연장하여 시간을 벌고 시한폭탄을 넘길 다음 세입자를 찾는 방법뿐이다. <u>등기부를 믿고 거래했을 때 이를 인정해주는 '공신력' 또한 우리나라</u>

법에는 없다. 독일의 법에는 '공신력'이 인정됨을 배운 적이 있다. 공부하면서 "독일법을 따라야지, 아우"라고 중얼거렸던 것이 생각난다.

만기 시 반환하지 못하는 대출금 채무가 연체되면, 대출의 연장 방식이 채무자인 임차인에게 굉장히 불리하게 되어있는 구조이며 이를 증명하더라도 구제방법이 없다는 사실을 알게 됐다. 임대인의 과실임에도 채무이자, 연체에 대한 신용 문제 모두 임차인이 책임을 지게 된다는 사실에 법제도를 개선하고 싶은 마음이 굴뚝 같이 솟구쳤다. 참 많은 생각을 했다. 내가 유명해지면, 권력을 갖게 되면 이런 제도를 꼭 개선하겠다는 당돌한 포부까지도 세우게 되었다.

연말이 다가왔다. 내가 총무로 있는 모임이 있다. 고등학교 2학년 때 친구들이 모여 매월 일정 회비를 내고, 연말에는 한 번씩 꼭 모인다. 12월 중순의 금요일, 안전하게 이사를 한 이 친구도 오기로 했지만, 이사 간 집에서 태어난 아기를 돌보느라 참석하지 못했다. 멀리 시흥으로 이사를 갔지만, 출근은 우리 동네 주변으로 하고 있다고 한다.

"이사 간 집 어때?"라고 종종 묻는다.

친구는 그럴 때마다 "너무 좋아. 정말 너무너무 좋아"라고 한다. SNS로 가끔 보는 친구의 일상은 더할 나위 없이 행복해 보이는 딸바보가 됐다. 다행이다. 내가 자주 하는 말이 있다.

"결국엔 해피엔딩."

이번 에피소드도, 결국엔 해피엔딩이 되었다.

> **Diary Point**
> 빌라 전세는 필수 공식이 생겼다. '보증보험'. 아무리 강조해도 지나치지 않는다. 전세 사기는 등기부만으로는 절대 예방할 수 없다. 두 개, 세 개 안전장치를 만들자.

Ep.4 고등학교 졸업 이후 연락되어 만난 친구의 집, 전세 매물 대란 속 절묘한 타이밍에서 '딱 1개' 남은 조건의 집을 계약하다.

인스타그램에 다이렉트 메시지 기능이 있다. 나는 다이렉트 메시지(DM)의 기능을 선호하지 않는다. 불순한 내용들을 많이 접하고 들었고 또 친하다면 SNS메시지로 하지 않을 것이기 때문이다.

이번에는 예외의 경우로, DM으로 오랜만에 연락이 닿아 계약을 하게 된 에피소드이다. 고등학교 2학년 반장이었을 때, 학생회장이었던 친구가 있다. 체격과 힘이 좋고 똑똑하기도 했던 친구다. 나는 문과, 친구는 이과로 나뉘며 자주 볼 일도, 겹치는 친한 친구도 없었기에 인사 정도 하는 사이로 학창시절을 지나갔다. 그 후 인스타그램으로 친구를 맺고 몇 년간 아주 가끔 댓글로 안부를 묻는 사이 정도로 지냈던 것 같다. 내 번호가 없었는지, 카톡 메시지로 보내기는 불편했는지 DM이 왔다.

"승주야 잘 지내지? 다름 아니라 내가 사당동에 아파트를 구하고 있는데 네 도움을 받을 수 있을까 해서."

모르는 사람, 불필요한 사람의 DM은 받지 않지만 지인의 DM까지 무시할 수 있나. 답을 했다. 그렇게 연락을 나누며 친구와 상황을 파악했다. 만나서 얘기를 들어보니, 이 부근의 중개업소에는 모두 전화를 해보았다고 한다. 대부분 전화 매너나, 응대 방식, 매물을 보여주는 조건 등이 친구 본인이 볼 때는 '공갈친다'는 표현을 사용할 만큼 마음에 들지 않았나보다. 오랜 시간 연락을 안하는 동안 친구는 멋진 변호사가 됐다. 법적인 이야기를 주고받는 데에 매우 편리했다. 또한 집을 구하는 조건이 확실하여 매물은 적은데 광범위하게 볼 필요는 없는 장점과 단점을 동시에 갖고 있었다. 대화를 하다 보니 원하는 금액, 조건 등이 추려졌다. 가장 적합한 아파트로, 30평대 1층의 전세 매물을 제안해보았다. 마침 친구는 곧 2세가 출생할 예정이기에 1층을 찾고 있었다. 해당 매물은 아직 보지 않았다고 한다. 근처의 다른 매물들은 모두 보았는데 해당 매물을 보지 못한 것은, 매물이 이번에 광고로 나왔기 때문. 타이밍이 매우 좋았다. 아직 공동중개를 안해본, 일면식이 없는 해당 매물을 보유한 중개업소에 전화를 걸었다. 다행히도 흔쾌히, 공동중개를 해주겠다고 했다. 매물을 바로 보러갔다. 마음에 들어하는 친구, 그 자리에서 임대인과 다같이 만나 내용들을 조율했다. 친구의 부모님은 근처 방배동에서 중개업을 하신다고 한다. 지난번 신혼집을 구할 때까진 부모님이 구해주셨는데, 이번엔 직접 구해보겠다고 하여 친구가 구하기 시작한 것이란다. 구해보니 집 구하는 것이 참 어렵고 믿을 만한 중개사가 없어 스트레스가 조금 있는 모양이었다. 다행히 나를 만나 너무 잘해줘서 고맙다고, 내 덕분이라는 말을 수차례 해주었다. "이승주가 정말 일을 잘하네. 내가 볼 때 적어도 이 동네에서 너가 탑이야." 잔뜩 힘이 들어가는 어깨를 애써 내리며, '되려 내가 고마운 일인데……'라고 생각했다. 필요한 조율 사항들과 제반되는 협의 사항들을 하나씩 맞추어 나갔다. 집을 보러 갔을 때 작은 방 책상에는 '서울대 의대' 책자가 놓여있었다. 해당 책자를 주제 삼아, 적막을 깰겸 임대인에게 물어봤다. "이 서울대 의대 책은 뭐에요? 가족께서 서울대 의대가 있으세요?" 임대인의 자제분이 서울대 의대생이라고 한다. 임대인에게 웃는 얼굴로 아드님 잘두셔서 참 좋으시겠다고 하며 낯선 분위기를 전환했다. 근저당이 설정되어 있었는데, 이를 말소하고 1순위로 보증금 순위를 유지하는 조건과 도배, 페인드, 입주 청소 등은 친구가 신행하기로 하는 협의 등을 원활히 마치고 계약서를 작성했다. 내가 구해준 집에는 문제가 없었다. 문제는 친구가 살던, 앞으로 나올 집의 집주인과 있었다. 사연을 들어보니 아파트 형태의 다세대 빌라를 지어 첫 입주로 임차인이 다 들어갔다가, 만기 시점이 다 겹치면서 동시에 다 나가려고 하는 상황이었다. 당시 전세 사기 뉴스가 매일같이 터지던 때라 다음 세입자도 잘 안 구해지는 시기였다. 집값이 하락하며 전세 가격도 하락했기에 임대인이 내놓은 다소 높은 금액에 다음 임차인이 쉽게 구해지지 않는 상황인 듯했다. 보증금을 제때 받지 못하면 맞물려 진행해야 하는 다음 집과 문제가 생기는 상황이었다. 변호사인 친구는 바로 법으로 해결했다. 내용증명을 보냈고 임대인과는 별도로 감정싸움을 하지 않는 듯 보였다. 친구의 부인에게는 만날 때마다 언성을 높이며 뭐라고 했다는 임대인도 친구와 만났을 때에는 별말을 하지 않았다고 한다. 다음 이사 갈 집이 내게는 중개의 대상이었기에 입주 전 도배, 페인트 등 하는 이들을 소개했다. 친구는 본인이 알아본 곳과 비교해 보았다. 금액이나 상황 등이 좋아 내가 소개한 이들과 진행하기로 했다. 입주일자를 하루 더 뒤로 미루어서 이삿짐을 하루 동안 대기할 수 있게 하여 도배, 페인트, 입주 청소까지 모두 마무리하고 들어갈 수 있게 스케줄을 짰다. 다행히 친구는 이전 집에서 보증금을 잘 받았지만 퇴거 후 이전 집의 상태로 인해 트러블이 계속 생긴 것 같았다. 반반인지, 친구가 보상했는지까지는 잘 기억이 나지 않지만 해결했다고 한다. 그 후, 이사한 집에서 너무 잘 살고 있다며, 고맙다는 연락을 받았다.

　이번 에피소드의 핵심은 '아파트 전세의 매물 수요와 공급'이었다. 친구가 집을 구하는 시점, 빌라는 매물이 넘쳐났다. 아파트 역시 얼마 전까지만 해도 넘치던 전세 공급량이었음이 분명했다. 얼마가 안 되어 체감이 될 만큼 아파트 전세 매물은 마파람에 게 눈 감추듯 싹 사라졌다. 심지어 하루 사이에 호가가 높아져도 바로 계약이 되는 상황이 되었다. 빌라는 전세를 잘 안 구하는데, 매매가율 대비 안전한 전세가율을 보유한 아파트는 수요가 급상승한 것이다. 그런 타이밍에, 친구는 막차를 탄 것처럼 원하는 집을 계약하고 입주할 수 있게 되었던 것이다. 공동중개한 중개업소의 말로는, 친구가 계약을 하자마자 다른 사람들이 그 집을 계약하고 싶다는 연락이 줄지어 왔단다. 나 역시 그 매물에 대해 문의를 여러 번 받았다. 내가 계약을 했다는 생각에 내심 뿌듯하고 기분이 좋기도 했다. 친구 부부 내외도 그 사실을 알고, 내게 정말 고맙다고 했다. 사실 나는 중개대상물을 열심히 중개한 것밖엔 없는데, 타이밍이 도와준 덕이다. 친구와는 종종 안부를 전하며, 이따금 소식을 전하고 있다.

몇 개월 후, 친구는 내게 고마움을 전하고 싶다고 했다. 약속을 잡아 사무실 근처 오래된 치킨집에서 만나 긴 담소를 나눴다. 그로부터 약 3개월 쯤 후, 친구는 내가 구해준 집에서 득남을 했다.

사당동의 아파트 한 호수에 이승주 공인중개사사무소의 깃발이 또 하나 꽂혔다.

> **Diary Point**
> 중개영역에서 아주 중요한 요소 중 하나는, '타이밍'이다.

Ep.5 　만기 전 임차인이 내 편이 되어주어,
　　　낙성대 아파트 단독중개 계약을 하다.

이번 사연은 앞서 설명한 10년지기 친한 형의 이사하기 전, 살던 아파트의 스토리다. 시간상으로는 앞선 중개 에피소드보다 먼저임을 밝힌다. 이 형은 공교롭게 나의 에피소드에서 2건이나 주인공이 되었다.

낙성대에는 아파트가 적다. 낙성대역의 특징을 먼저 설명하면, 원룸이나 오피스텔이 많으며 직장인, 학생의 수요가 많다. 1년 계약도 흔히 하고, 그러다 보니 임차인의 입주와 퇴거 수요가 꾸준하고 빈번하다.

특히, 역 근처의 역세권 아파트는 더더욱 적기에 아파트 월세 매물이 귀한 편이다. 내 사무소가 위치한 남성역에 낙성대역의 아파트 매물 의뢰가 오는 경우는 없었다. 그 이유는, 낙성대역의 중개업소들은 경쟁이 굉장히 치열하기 때문이다. 일요일도 휴무가 없을만큼 치열하고, 공동중개망에서 정보를 공유할 때에도 낙성대 중개업소들은 절대 통화하기 전까지는 세부 지번을 노출하지 않는다. 그만큼 매물의 정보가 노출되면 다른 중개업소들이 득달같이 달려들어 물건을 서로 뺐고 뺐긴다고 했다. 또한, 매물이 귀하거나 좋은 경우 절대 공동중개를 하지 않는다.

이렇게 매물 코앞에서도 서로 난리가 나는 마당에, 남성역까지 매물 의뢰가 올 수가 없는 것이다. (물론, 친분이 두터운 임대인일 경우 전속으로 내놓아준다면 천군만마가 된다.)

앞선 에피소드들처럼 전속 물건으로 꽉 잡고 있는 좋은 매물도 계약은 따놓은 당상이지만, 이번 에피소드처럼 만기 전 임차인의 적극적인 협조와 조력으로 매물을 꽉 잡고 단독중개계약을 할 수 있는 경우도 있다.

임차인 형의 개인사정으로 거주하던 30평형의 방3개, 화장실2개, 넓은 거실이 있는 남향집 나홀로 아파트를 중도 퇴실해야 했다. 관례상 당연하게 진행하는, 만기 전 위약 개념으로 중개 보수를 지불하기로 하며 (물론 특약에 기재되어 있었다.) 다음 임차인을 구하고 나가기로 통화를 마친 상태였다. 내게 전화가 왔다.

"승주야, 임대인하고는 통화를 해놨어. 임대인은 원래 거래하는 ○○부동산이 있다고, 지난번에 얘기한 곳 알지? 거기에서만 이 아파트는 모두 계약을 한다고 거기에 내놓으라고 하더라고. 그래서 내가 거래하는 중개업소가 있으니까 거기에다가만 내놓겠다고 했어."

통화 후 형은 얼굴도 볼 겸, 자세한 이야기를 나눌 겸 커피를 마시러 사무실에 방문했다. 매물에 대한 정보를 기재하고 바로 광고를 띄워보았다.

이 때, 처음으로 말로만 듣던 낙성대 매물의 인기와 더불어 치열함과 무서움을 맛볼 수 있었다. 광고 매물을 올린 즉시, 몇 분 안되어 임대인으로부터 임차인 형에게 전화가 걸려 왔다. 임대인이 형에게 전화로 한 말은 다음과 같다. "원래 이 아파트 계약을 주로 하는 그 ○○부동산에서, 바로 전화가 왔네요. 그냥 복비 제가 낼 테니까 원래 거래하던 ○○부동산에서 거래하면 안 될까요?"라는 것. 소름이 돋았다. 그 중개업소는 대체 어떻게 호수까지 알고 임대인에게 전화를 건 걸까?(내 예상에는, 사진을 보고 집 구조와 평형, 타입을 파악한 듯싶었다.) 네이버에 매물 광고를 할 경우 층까지만 노출이 가능하고, 호수 노출은 불가하다. 물론, 나에게만 내놓아주었고 사진도 찍어둔 터라 사진을 올리긴 했다. 정말 그 사진만 보고 호수까지 파악하고 전화를 했단 말인가? 그리고, 나도 모르는 어떤 알림 기능이 있길래 광고가 승인되어 매물이 노출되자마자 임대인에게 전화를 걸었단 말인가? 거기에, 뭐라고 했기에 별 관심 없던 임대인이 본인이 중개보수를 그냥 낼 테니 그 부동산에서 하자는 말까지 하는 걸까?

그 소름은 계속 이어졌다. 임차인 형은 그래도 거래하는 중개업소가 있으니 처음 얘기한 대로 내게만 맡기겠다고 다시 정중히 말했다. 통화를 마친 형의 말로는, 평소에 젠틀했던 임대인의 말투가 이번에 처음으로 약간 불쾌해하는 느낌이라고 했다.

중개업을 하며 광고를 올렸을 때 '중개 시장, 무섭다'라고 진심으로 생각한 적이 종종 있다. 이렇게 좋은 매물을, 특히 고가의 집이거나 아파트의 매물을 올릴 경우에 정말 벌떼같이 부지불식간에 달려들 때가 그렇다. 한발 더 나아가서 그 매물을 빼앗으려고 갖은 노력을 하는 부분들을 보면 기가 찰 정도다. 임대인 번호를 아는 경우 손님이 있다며 전화를 해서 임대인을 회유하는 방법, 임대인 연락처를 모를 경우 내게 전화를 걸어 손님이 있다며 집을 보여달라고 하는 경우가 대표적인 예다. 후자의 경우는 직원이나 지인을 시켜 집을 보는 사람인 것처럼 하고 집을 본 다음 집의 동호수를 파악하여 동일한 매물을 광고한다. 본인들에게 의뢰하지도 않은 매물을 올려서 인터넷으로 손품 파는 사람들에게 본인들에게 전화하게끔 한다. 그런 다음 정말 손님이 생기면 물건지 중개업소에 전화를 해서 손님이 있으니 공동중개 해달라고 하여 수수료 절반을 가져가는 방식이다. 그런 잔머리와 깡다구면 뭐든 할 수 있을 텐데, 왜 그렇게 사는지 궁금할 정도였다.

위에 언급한 '무서움'을 느끼는 중에, 형과 이야기를 나눴다.

"형, 정말 장난 아니네. 어떻게 저 집이 형네 집인 줄 알았을까? 그것도 몇 분 만에. 우선 최대한 빨리 빼보자. 반응 지켜보자고."

해당 아파트를 주로 거래한다던 ○○중개업소에서 임차인인 형에게 전화가 왔다. 다음 세입자는 월세 그 돈으로 못 받는다는 말과 함께(형이 싸게 거주했다는 것을 생색내는 것이다.), 손님 있으니 집 좀 보여달라는 것.

임차인 형은 불쾌해하며 그 중개업소에 매물을 의뢰하지 않았다, 시간 약속도 없이 왜 집에 온다고 하는 것이며 임대인은 형이 살던 금액 그대로 내놓기로 했는데 왜 갑자기 20만 원이나 올렸는지에 대해 항의하며 언쟁을 했다.

그 김에, 그 중개업소와 거래할 의사가 없다고 하며 전화를 끊었다.

내막을 알고 보니, 그 중개업소에서 계약하고 입주할 당시 계약서를 작성할 때까지도 무성의했다고 한다. 협의나 조율도 전혀 해주지 않았고, 입주하자마자부터는 본인들한테 연락 그만하고 임대인이랑 알아서 하라고 했다는 것이다. 태도가 180도 돌변하는 모습을 보며, 여러 가지 안 좋은 생각이 들었다고 했다.

당일을 시작으로 낯선 번호의 전화가 연거푸 수차례 걸려 왔다. 심지어 그 중개업소 대표가 내게 전화를 걸어왔다. 낮에 잠깐 시간이 남아 운동을 하고 온 1시간 동안 부재중이 8통이 와있었다. 하나씩 순서대로 전화를 걸었다. 그 중개업소 대표와 제일 먼저 통화를 했다. 나머지 번호들은 수하 직원들로 보이는 번호들 같았다. 아니나 다를까, 나머지 번호들은 회신을 전화 온 숫자만큼 동일하게 했는데도 모두 받지 않았다. (한 번호로 두 번이 왔으면, 두 번씩 동일하게 전화를 걸었다는 뜻이다.) 그 대표는, "제가 임대인한테 얘기해서 월세를 올렸어요. 죄송해요~"라고 했다. 나도 감정적으로 하고 싶지 않았다. 월세를 20만 원이나 갑자기 올려서 훼방을 놓으려는 속셈을 알았지만 금방 계약할 수 있을 것 같아, "할 수 없죠. 페어플레

이해요"라고 마무리지었다. 그쪽에서 임의로 매물을 자신의 것처럼 만들어 페이스를 가져가려는 방식과 당연함을 보이는 부분에 나 역시 내 편을 확실히 해야겠다고 생각했다. 다행히, 임차인인 형이 나의 확실한 편이 되어준 것이다. 일요일까지 전화가 빗발쳤다. 매물 하나로 이렇게 빨리, 많이 전화가 온 적은 처음일 정도로 전화가 쉴 새 없이 왔으며, '이건 분명 중개업소인데' 느낌의 떠보는 전화도 자주 걸려 왔다.

매물을 광고하고 다음 날, '이분은 100% 실수요 손님임이 확실한' 정중한 남성이 전화가 왔다. 물건지에서 만나기로 하고 제일 먼저 집을 보여주었다. 임차인인 형은 집을 보여주는 시간을 정해주었고 그 시간에 몰아서 손님을 데리고 가기로 했다. 형이 의뢰하지 않은 ○○중개업소에는 집을 보여주지 않았는데, 형은 그렇게 버틸 수 있는 시간이 길지 않음을 얘기했다. 1주일만 내게 시간을 주고 그 안에 계약이 안 되면 부득 임대인이 내놓은 ○○중개업소에 같이 집을 보여주겠다고 했다. 내게 남은 시간은 1주일. 오기가 생겼다. 처음 집을 보는 손님과 상황 설명을 하고 진심으로 손님을 대하며 집을 보여주었다. 인간미가 느껴졌는지, 다른 동네 중개업소들과는 다르다고 느껴졌는지 그 손님은 "내일 저녁 와이프랑 한 번만 더 와도 될까요?"라고 물어보았다. 밤늦은 시간으로 예약을 잡았지만 형은 수락해주었다. 다음날, 약속 시간보다 훨씬 빨리 손님이 도착했다는 연락이 왔다. 첫 끼로 허섭시섭 먹기 시작하던 늦은 저녁 식사 중, 급하게 수저를 내려놓고 바로 차를 타고 출발했다. 그 손님이 가장 현실적으로, 조건적으로 가능성이 높아보였고 내게는 단독중개의 계약이었기 때문에 공동중개를 하지 않아도 되었기 때문이다. 한편으론 이 손님에게 내가 너무 절실하거나, 목을 매면 내가 이상해 보이기 때문에 마음을 편하게 가지려고 했다. 인연이 되려면 어떻게든 될 것이고, 내가 마음대로 되는 부분이 아니기 때문이다.

집을 두 번째 보는 손님과 부인 되는 이가 저녁 늦게 집을 같이 보니 묘한 친밀감이 생겼다. 스탠드 에어컨은 가져가는지, 팔 수 있는지, 금액은 얼마에 팔 건지까지 협의가 됐다. 속으로 '됐다'는 생각이 들었다. 다음 날, 임차인 부부는 계약 의사를 보였다. 수십 통 걸려 온 여러 중개업소들, ○○중개업소의 훼방에도 처음 집을 본 부부 내외와 계약을 할 수 있게 된 것이다.

지금이야 편하게 웃으며 얘기하지만, 처음 손님과 집을 보러 갈 때 ○○중개업소에서 사람을 보냈는지 집 앞에서 내가 손님과 들어가는 것을 보고 임차인인 형에게 전화를 걸었다. "다른 중개업소는 집 보여주시고 저희는 왜 안 보여주시냐"라는 것. 스토킹을 당하면 이런 기분인가 싶었다. 무서울 정도였다. 그 매물에 무슨 목숨이 걸려있는 것인가? 그 매물만 중개하고 다른 집은 중개를 하지 않는가? 시간이 많은 건지 그 집에 애착이 심한 건지 알 수가 없었다. 별의별 생각이 다 들면서 스토커 같은 그 전화에 포커페이스를 유지하려 노력했다.

우여곡절 끝에 계약을 체결하기로 하고, 임대인에게 전화를 걸었다. "최대한 정중하게, 빠르게 협의를 보고 끝내자. 자연스럽게 마무리하자"라는 생각을 갖고 약간은 떨리는 마음으로 전화 통화를 시작했다. 다행히도 임대인은 협조적이었으며, 공동명의자인 어머님과 여동생 중 여동생이 못 오는 상황이었다. 열람해본 등기부에, 갑자기 발생한 건강보험공단의 압류에 대한 말소 내용을 고지했다. 화들짝 놀란 임대인은, 몰랐다며 수일 내로 말소를 해주기로 했다. 다음 임차인의 대략적인 조건, 신원 등을 설명하며 협의가 된 부분들을 전달했다. 무엇보다, 등기부가 가장 중요한 서류 중 하나인데, 거기에 걸려있는 압류 건이 말소돼야 계약서를 작성할 수 있음을 설명하고 통화를 마쳤다. 압류가 걸린 내용은, 임대인 중 한 명인 여동생이 장기간 자동이체로 건강보험을 납부하지 않아 압류가 들어왔다고 했다. 임대인은 이를 몰랐던 것이다. (통화를 해보면 어느 정도 느낌이 오는데, 정말 몰랐던 게 맞다. 바로 말소가 된 것이 이를 증명한다.) 당시 거주하고 있던 임차인인 형 입장에서는 '압류'라는 단어가 주는 단어 때문에 매우 놀랄 일이었기에 차분히 설명했다. 말소 후 바로 알리며 안심을 시켜주었다.

그렇게 시간을 맞추다 보니 일요일밖에 계약서를 작성할 시간이 되지 않았다. 일요일이어도 아파트 단독중개 계약이라면 당연히 기분 좋게 나와야 하지 않겠는가!

좋은 마음으로 계약서를 작성했다. 문제없이, 잔잔하게 계약이 마무리되었다.

임대인은 이때 나를 잘 보았는지, 근처 상도동에 40평형 다른 아파트를 보유하고 있다고 알려주었다. 기존 임차인 임대차 만료 시점과 현재 월차임에 대한 시세, 묵시적 갱신, 계약갱신요구권에 대한 상담을 열심히 했다. 기존 임차인이 계약연장을 하지 않으면 내게 매물 의뢰를 해준다고 했다. 그 후 비록 임차인이 계약갱신요구를 하여 임대인이 연장을 할 수밖에 없었으나, 주변 아파트 소유주들에게 내 명함과 번호를 주었다고 한다. 사실 몇 개월 지난 후에도 임대인을 비롯하여 다른 소유주들에게 연락이 온 것은 없다. 하지만, 이 과정을 통해 나는 한 번 더 단단해지는, 강해지는 좋은 경험을 했다.

새로 올 임차인도 기존 거주하던 아파트의 보증금을 제 때 못 받을 상황에 놓였다. 내가 중개한 것은 아니지만 성심성의껏 상담하고 전입신고를 기존 집에 부부 중 한 분은 꼭 유지하도록 낭부했다. 잔금 후 입주 후에도 전입신고할 때 재차 강조했다. 부부이기 때문에 한 명은 이전 집에 전입을 유지하고, 한 명은 잔금을 치른 새로운 집에 전입을 하도록 했다. 이전 집의 보증금 반환이 끝나면 남은 짐을 빼면서 점유를 종료하고, 이사한 집에 남은 부부 중 한 명의 전입을 완료하도록 했다. 다행히 지금은 모두 정리가 되어 계약해 준 아파트에 잘 살고 있다.

이번 아파트 단독중개 계약은 임차인 형의 협조를 시작으로, 새로 이사 올 손님과의 기가 막힌 타이밍, 임대인의 동의 삼박자가 모두 맞아 가능했다. 한 요소라도 틀어졌다면 계약은 물 건너가고, 다른 중개업소에서 바로 잡아먹었을 계약이었다. 다른 동네의 좋은 매물을 의뢰받아 계약한다는 것. 참 어렵다고 생각했다. 그만큼 내 동네, 내 물건에 대한 소중함도 재차 느낄 수 있었다. 내게만 의뢰해주는 임대인, 임차인들에 대한 고마움을 절대 잊으면 안 된다는 생각도 했다.

이번 계약에 대한 감사함으로, 만기 전 퇴거 임차인인 형에게는 보수를 1/3만 받았다. 새로 올 임차인들께도 보수를 할인해 주고, 간단한 입주 선물을 했다.
돈보다 값진, 큰 경험을 했다.

> **Diary Point**
> 만기 전 임차인의 협조가 정말 중요하다. 단, 최종적으로 계약의 권한은 임대인에게 있으므로, 임대인과의 관계를 절대 간과해서는 안 된다. 계약, 특히 단독중개 계약은 '새로 올 임차인'이라는 요소까지, 삼박자가 맞춰져야 한다.

상가 에피소드

Ep.1 개업 후 첫 상가 단독중개 계약, 그 후 5년째 함께하고 있는 옷가게

개업 후 3개월이 지난 무렵이었다. 아무것도 모르던 중개업에 대해 하나씩 부딪쳐가던 시기, 치열하게 공부하며 하루하루 성장해나가던 시점이었다. 계약에 대한 익숙함, 과정을 이해하고자 고가의 매물보다는 원룸, 투룸 및 주택 위주로 다수의 계약을 하고 있었던 시점이다.

중개업 창업 초창기에는 매물 작업과 영업 등 체계를 갖춰가며 자리를 잡아가기에 바쁘지만, 나는 따로 매물 작업을 하지는 않았다. 하지만 우선 한 동네에서 오래 살았다는 이점으로 가까운 지인들은 물론이거니와, 내 사무실이 있는 건물과 근처 건물들의 건물주들에게만큼은 확실하게 매물을 확보하자는 계획이 있었다. 다행히 나를 좋게 봐주는 주변의 임대인들은 자연스레 나에게 물건 의뢰를 맡겨주기도 했다. 친한 친구의 어머니는 내가 처음에 못 알아뵙자, 따로 말씀을 안 하시고 조용히 내게 매물만 의뢰를 해주시기도 했다. (이후에 알아 뵙고 늦은 인사를 드렸다. 지금은 너무나도 감사한 임대인 중 한 분으로, 전속으로 맡겨주신다.) 로드 손님으로 지나가며 물건을 내놓기도 하면서 물건이 하나둘 쌓여갔다, 그 무렵 우리 사무실 옆 호실 임차인이 나간다고 하면서 조그마한 상가 매물도 확보하게 되었다.

사실 싱가라고 하기에는 좀 부끄러운 정도이다. 공부상 10평도 안되는 크기에, 1000/45 정도 되는 1층의 권리금 없는 공부상 근생(근린생활시설의 줄임말)인 곳이었다. 우리 사무실은 역에서 1분 이내의 평지로 직선거리는 아주 가깝고 좋지만, 가지상권(메인이 아닌 주택이 껴있는 골목이 있는 상권) 쪽이라 가시성이 좋지는 않다. 하지만 지름길로 통하는 길이라 정말 많은 유동 인구와 차가 쉴 새 없이 다닌다. 그렇기에 벽보 매물장이 효과를 볼 것이라 생각했다. 매물의 문 앞에 가보니, 한발 빠른 건물주의 번호가 기재된 A4용지가 해당 호수의 출입문에 붙어있었다. 임대인에게 전화

를 걸어, 나도 같이 벽보 매물장 광고를 해도 되는지 물어보았다. 허락을 받고, 같은 A4사이즈이지만 교묘하게 건물주의 매물장보다 예쁘고 눈에 띄게 임대문의 종이를 만들어 붙였다.

 당시 권리금 붙은 상가는 계약을 해보지도 않았고, 계약서를 두 번(임대차, 권리금) 써야하기에 막연하게 어렵다고 생각되는 부분이 있었다. 권리금이 붙지 않은 상가이며 금액이 적기 때문에 부담감 없이 평소의 나처럼 저돌적으로 부딪쳐보기 시작했다. 위치와 금액이 좋기 때문에 문의가 바로바로 오기 시작했다. 한 여성이 전화가 와서 보자고 했다. 목소리가 걸걸하고, 대장부 같은 스타일의, 육두문자도 시원하게 뱉는 성격의 손님이었다. 물건을 바로 보여주었다. 원하는 조건을 양측과 맞추기 시작했다. 다행히 딱히 까다로운 요구가 있다거나 협의 사항에 불응하는 부분이 없었다. 임차하려는 여사장님은 강원도 사람으로 이야기를 나눌수록 성격이 털털하고 화끈했다. 계약서를 쓰기 전에도, 쓰면서도, 쓰고 나서도 우리 바로 옆으로 오게 될 이라 앞으로 매일 봐야 하니 더욱더 이런저런 많은 대화를 나눌 수 있었다.

 계약 후 들은 이야기지만, 두 개의 벽보가 붙어져 있었지만 아니나 다를까 내 벽보가 눈에 띄었고, 중개업소라고 적혀 있었기에 내게 전화를 걸었다고 한다. 즉, 핵심적인 이유는 <u>나의 벽보와 숫자, 설명이 더 눈에 띄었다는 것</u>이다. 만약 건물주의 전화로 전화를 해서 조율을 했다면, 쌍방합의로 계약서 써달라고 했을 것이다. 현행법상 중개사는 하면 안된다고 하나 암암리에 실무상에서 매일 이루어지는, 대필을 요청했을 수도 있다. 번외로 말하지만, 대필은 행정사법 및 변호사법 위반으로 실무상 중개사가 대필을 해주면 안된다. 물론 이 일로 법정 소송에 가도 중개사가 계약서에는 도장 및 이름이 없더라도 장소를 제공했으며 계약서를 작성해준 이유로 과실비율이 인정된다는 판례가 있다. 하지만 실무에서 건물주, 지인 등이 대필을 부탁하는 경우 거절하기가 쉽지 않으며, 소정의 밥값을 위해서라도 암암리에 대부분 이루어지고 있는 실정이다.

나의 경우 합법적으로 하기 위해서, 내 도장과 인장을 넣고 중개 서류를 교부한다. 비용은 소위 대필료보다는 조금 더 받지만 안전하게 거래하고 또 정식 서류를 교부하면서 서로가 나쁠 것 없는 상황이기 때문이다. 그렇게 상가 첫 단독중개 계약을 하게 되었다. 금액이 적은데도 법정 요율이 0.9%에서 협의로 시작하므로 당시 주로 계약하던 0.3% 0.4% 이내의 주택에 비해 시작되는 수수료가 훨씬 괜찮았다. 첫 상가 계약을 하며 느꼈다.

1. 우리 옆 호수의 건물주는 정말 수수료가 인색하구나.
2. 일반적으로 짠돌이, 짠순이 임대인에게 0.5% 이상은 받기가 힘들다.
3. 단독중개 계약은 정말 짜릿하다.

주택과는 사뭇 다른 느낌의 첫 상가점포 계약이었다. 시간이 많이 지나 계약 한 지 2년이 돼가는 시점에, 계약 연장을 한다고 했다. 그리고 또 4년이 더 지나고 있다. 총 6년간, 내 사무소를 개업한 지 몇 개월 안 된 시점에 계약해주며 만난 옷가게 사장님은 글을 쓰는 오늘도 함께 이웃이 되어 지내고 있다. 첫 상가 계약 이후 오랜 시간이 후 다시 글을 쓰는 이 시점, 해당 에피소드 이후로 나는 정말 많은 상가 계약을 하게 되었다. 계약 건별로 모두 특징이 있을 만큼 많은 경험치를 쌓고 또 많은 사람들을 만났다. 주력이 상가는 아니지만, 상가 임대차 계약도 종종 하며 상가만의 에피소드를 다양하게 적을 수 있게 되었다.

> **Diary Point**
> 주택과는 다른 상가 계약만의 고유한 느낌과 기분이 있다. 임대인에게 허락을 받아서, 눈에 띄는 매물장을 붙여놓자. 단, 벽보 매물장을 부착할 때에는 '중개사법의 광고방법'에 맞도록 해야 한다.

Ep.2   우리 건물이 효자다! 조용하고 깔끔한 영어학원 지사 사무실 계약

개업 첫 해, 첫 상가 단독중개를 한 후 얼마 안 되어 2번째 상가 단독중개를 하게 됐다.

7월의 첫 날 계약서를 썼고, 기분이 아주 좋은 7월의 첫날이었다. 살면서 부동산 계약서를 제대로 들춰 볼 일도 없었던 내 입장에서 매일 매일이 새롭고 배움의 연속이었던 시점이다. 하기야 개업 4개월 차, 신입 중에서도 신입에 자격증을 따고 나서 실무 경험 없이 바로 개업을 했다니 시간이 지난 지금 생각해봐도 참 무모하리만큼 대담했다. 하지만 한편으론 그런 내가 기특하다.

앞선 상가 계약처럼 초보인 내가 권리금이 붙은 큰 건을 하기에는 소속 공인중개사의 경력도 없을 뿐더러, 경험 자체가 부족한 상태였다. 막연한 두려움도 있었던 것이 사실이다. 당연히 잘 아는 임대인들, 그리고 가까운 건물이나 우리 건물의 임대인들과의 거래부터 확실히 하고 배우며 정확히 하는 것을 목표로 했다. 다행히 우리 건물 2층, 즉 우리 사무실 바로 위층이 공실로 나왔다. 건물주는 당연히 본인의 건물 1층 세입자가 중개업소라며, 내게 물건을 내놓아주었다. 만약 사이가 안 좋다면 같은 건물이라고 해도 매물을 내놓지 않는 경우도 있다. 무조건 본인 세입자라고 다 내놓는 것은 아니니까 말이다. 임대인은 월세 안 밀리고, 친절하게 항상 건물을 관리해주려고 하는 나를 좋게 봐주었다. 그렇게 상가 2층 공실의 기간은 이어졌다. 나중에 알고 보니, 내게 의뢰하기 전부터 동네 다른 중개업소들 여기저기에 매물을 모두 내놓았었던 상태였다. 내가 개업하기 전부터 공실이 되어 내놓았다고 하니, 오랫동안 안 나갔다는 이야기이다. 내가 해당 호수의 열쇠를 갖고 있었는데, 다른 중개업소들에서 계속 열쇠 좀 가져가겠다며 다녀갔다. 당시 왕초보였던 나는 그게 기분 나쁜 일인지도 몰랐다. 지금 보면 모르는 게 약이었던 시절이다. 지금이었다면 임대인에게 협조를 구해 나에게만 의뢰를 하게끔 방향을 전환했을 것이다. 내가 물건을 꽉

잡고 다른 중개업소와 공동중개 하는 방향으로 진행했을 것이다.

다른 중개업소들도 마찬가지겠지만, "내가 임차한 건물의 주변은 내가 빼야 된다"라는 자존심 같은 게 있다. 주변 건물에 왔다 갔다 하는 것도 반갑지 않은데, 우리 건물을 다른 중개업소가 왔다 갔다 하며 심지어 다른 중개업소에서 계약을 쓴다면 얼마나 기분이 나쁠지 상상이 간다. 비록 법적으로 문제도 없고 할 말은 없더라도 억울할 거다. 내 능력이 부족하다고도 느껴질 것 같았다. 벽보에 붙여놓으며 오가며 보는 손님이 많았던 2층 물건, 다행히 나에게 전화가 걸려 왔다. 참고로, 온라인이든 벽보 매물장이든 상대방은 나의 사무실 정보 등을 알고 전화한다. 반면 나는 상대방에 대한 정보가 없기에 정보력에서 일방적으로 불리한 상황에서 항상 통화를 맞이할 수밖에 없다. 이러한 <u>정보의 편면적 비대칭은 더더욱 조심스러운 대화와 친절한 대화로 매끄럽게 풀어나가야 한다</u>는 것을 느껴갈 때쯤이었다.

점잖은 중년 여성의 목소리였다. 전화 통화를 많이 하게 되는 부동산 중개업 특성상 많은 통화를 몇 개월 하다 보니 어느 정도 의사가 확실한 사람임이 느껴졌다. 적극적으로 설명을 하고, 방문을 하게 했다. 다음날 사무실을 내방하기로 했다. 인자한 표정으로 직접 방문했다는 것에 정말 관심이 있구나 라는 것을 재차 느꼈다. 이날 계약이 갑자기 동시에 3건이 진행이 되었으며, 내가 1년 차, 반 4개월 만에 처음으로 맞이한 '바빠서 당황한' 날이었다. 손님이 계약하겠다고 사무실에서 대기하고, 줄을 서있는 상황이 처음이었다. 모델 쪽 후배가 방을 구했었는데, 임장이 끝나고 연락이 와서 며칠 후 계약을 하기로 약속을 했었다.

그 계약일이 바로 그날이었다. 또한 네이버 문의로 방을 보여준 손님이 현장 안내 후 얼마 지나지 않아 사무실에 찾아와 계약하겠다고 앉아 있었다. 동시에 계약 손님 두 팀이 내 사무실에 대기하고 있던 상황에 새로운 손님을 또 맞이하니, 내가 정신이 없을 수밖에!

방문한 손님은 나를 약 5~10분 기다리다가 많이 바쁘면 다음에 오겠다고 했다, 본능적으로 이 때를 놓치면 손님이 이미 실망을 한 상태에서 다시 오지는 않을 거라는 판단이 들었다.

그래서 계약 대기 고객님들에게 양해를 구한 후, 바로 같은 건물 2층이니 (정말 한 층만 올라가면 되는 가까운 물건이니) 빠르게 보여주며 세부적인 사항을 브리핑했다.

그렇게 계약이 두 건 모두 끝나고, 잠시 숨을 돌리고 있는데 사무실을 보고 간 손님에게 전화가 왔다. 월세를 관리비 포함 5만 원만 빼준다면 바로 계약을 하겠다는 거였다. 업종 등 기타 조건들이 매우 괜찮았다. 임대인의 요구사항일 뿐만 아니라 매일 얼굴을 봐야 하는 우리도 모두 새로 올 이의 '성품과 업종'이 마음에 들었다. 나는 적극적으로 임대인에게 어필했다. 장기 공실로 인한 리스크, 임차인의 품성, 출장 나가는 학원의 사무실이며 깨끗하고 조용하게 쓸 것을 약속한 부분, 기타 특약이 임대인에게 불리할 것 없이 맞출 수 있는 조건 등 다양하게 설명을 마쳤다. 날 믿어주는 임대인의 동의하에 계약서 쓰는 날짜를 잡았다. 개업 첫 해, 7월의 첫날 저녁은 기분 좋게 두 번째 상가 단독중개 계약을 마무리하며 끝났다. 또한 기분이 좋았던 부분은, 우리 건물의 장기 공실을 내가 뺐다는 것. 이전 공실도, 모두 내가 뺐다는 부분이 기뻤다. 단독중개는 정말 짜릿하다는 것을 알고 있었지만 두 번째 상가도 단독중개로 계약하며 당시의 내 눈높이에서는 보수가 꽤 괜찮았다.

우리 건물은 2필지로 외관상 1개의 건물이며 중간에 출입구가 있는데, 출입구 기점으로 소유주가 다르다. 그래서 두 명의 소유주 각각의 공실을 뺐으니 각 소유주와의 첫 거래를 안전하고 무난하게 단독중개로 마친 셈이었다. 초보가 단독중개 두 건을, 빠른 시간에 처리했으니 얼마나 기뻤던지! 그 후 건물의 모든 공실은 다 내가 소화하고, 모두 내가 계약하고 있다. 익숙함에 젖어가다가도, 그때의 기분이 새록새록 떠오를 때면 새삼 기분이 좋다.

> **Diary Point**
> 손님이 밀려있어도 절대 아무 말 없이, 응대중인 손님을 기다리게 해선 안된다. 바쁠 때일수록 집중해야 하는 이가 누구이며, 매물이 마음에 든 부분이 어떤 것인지 빨리 파악하여 계약의사를 높여야 한다.

Ep.3 3개월간 동네 방방곡곡, 끝까지 포기하지 않은 '서초동 카페' 계약

3개월이라는 긴 동안 중개를 해준 손님이 있다. 이 손님은 상가 계약 손님 중 가장 기억에 남는다. 서로가 끝까지 포기하지 않았고, 의리가 생겨 계약까지 끝끝내 성공하게 되었다. 계약한 카페 매물은 예정에 없던 매물이었다. 근처를 보러 가자고 하여 차를 타고 다른 매물을 보러 갔다가, 지나가는 길에 우연히 발견하여 지금의 '잘 되는' 카페가 되었.

개업 첫해의 12월, 크리스마스 무렵이었다. 지나가면서 벽보 매물장을 보고 전화했다고 한 손님이었다. 최초에는 다른 지하층 공실을 매물 광고로 올려둔 것을 보았고, 직접 보니 마음에 들지 않아 2차 방문을 하기로 했다. 다음으로는 근처에 지하층의 물건을 보여주었는데, 손님은 시설은 마음에 드나 금액이 많이 올라간다며 고민했다. 커피 로스팅만 하려고 하는데 서렴할수록 좋으며, 층고가 조금 높고 닥트(환풍기)를 설치할 수 있어야 한다고 했다. 첫 방문 시에는 부모님으로 보이는 두 분이 같이 오셨다. 두 번째부터는 직접 로스팅을 하려고 한다는 임차 예정인도 방문하였다. 2번, 3번 만나면서 자연스럽게 사담도 하게 되었다. 호주에서 커피를 배우고 왔고, 나보다 1살 어린 예비 사장님이었으며, 우리 사무실 근처(가장 좋은) 아파트에 거주하고 있었다. 카페 사장님은 이런저런 이야기를 나누며 유대가 생겼다. 나의 정성과 진심에 감동했는지 다른 데에서 안보고 나에게 보겠다고 했다. 최초에는 로스팅만 하려고 했지만, 점점 스케일이 커지면서 결국엔 카페를 같이 오픈하고 로스팅도 같이할 수 있도록 부모님과 이야기를 나누었다고 한다. 금액이 높아지고 조건 등이 더 많아지자 책임감도 늘었고, 덩달아 물건을 더 많은 시간을 할애하여 찾아보게 되었다.

  차를 타고 다른 동네도 다니고, 계속해서 이 손님의 물건을 찾았다. 메모해둔 이력을 다시금 들춰보니, 2019년 12월 24일 첫 방문을 기점으로 1주일에 1~2회씩은 만나며 매물을 보았다. 대략 15~20회 정도의 임장, 1회 임장 시 1~2개 이상씩 보았다. 서로가 지쳐갔다. 그 이도 다른 중개업소에 가봐야 하는지 내게 직접 물어볼 정도였다. 나 역시 1~2회만 더 찾아보고 그럼에도 마음에 드는 물건이 없으면 이제 놓아야겠다라고 생각했다. (사실 그 당시에는 "정말 많이 까다롭게 보는구나, 꼼꼼하기 때문에 매물 구하기가 정말 어렵구나"라고 느끼고 있었다. 중간중간 마음에 드는 게 조금씩 보였으나 조건 등이 안 맞거나 한두 개 요소가 아쉬워 계속 계약이 안되었다.) 더 이상 볼 데가 없을 만큼 주변의 모든 매물을 다 찾아보았다. 더 이상 찾을 것도, 볼 것도 없기에 서초동까지 물건을 보러 가게 되었다. 사전에 연락해서 보기로 한 매물들은 모두 임차인이 마음에 들지 않아 했다. 이제 정말 더 이상 매물이 없다는 생각에, 포기할 마음을 갖고 돌아가는 길, 우연히 어떤 골목을 지나갔다. 코너 자리이면서 멀리서도 간판이 보이고, 길을 이어주는 세 갈래길의 모퉁이 자리에 '임대문의'가 붙어 있었다.

  주인 직접 임대 아니면 중개업소일 것이다. 주저 없이 전화를 걸었다. 중개업소였다. 임대가 가능한지 거래가 가능한지 물었고, 마침 문 닫고 퇴근 하기 전이라며 중년의 여실장님이 물건을 보여주러 왔다. 권리금 없으며 평수, 층고, 위치, 조건, 위반 내역 등 없이 모든 조건이 딱 맞았다.

  간판이 그대로 있기에 검색창에 해당 점포가 어땠는지 검색을 해보았다. 서초동의 나름 유명한 맛집이었다. 장사가 안되어 그만둔 게 아니었다. (하기야, 나보다 손님이 더 많이 검색해보고 알아봤을 테지만) 손님이 임장 후 마음에 들고 이것저것 조사를 하기 시작했다.

그 후 시간대별 유동인구, 매출 예상 등을 꼼꼼히 상권 분석 하였다. 예비 사장님인 임차인이 고민 후 하루 이틀 이따 전화가 왔다. 부모님과 동행해서 보고 결정하겠다고 했다.

부모님 되시는 분들과 함께 임장했고, 부모님도 처음으로 "괜찮네"라는 답을 하셨다. 괜찮다는 말은 처음이었다. 그렇게 아래층에서 건축일을 하고 있는 건물주와 미팅을 요청했다. 직접 임차인이 어필을 하고 또 협의를 보고 싶다고 했다. 임대인과 만나 계약 조건 등을 이야기 했고, 렌트프리(상가 임대료인 월세를 일정 기간 무료로 면제해주는 계약 조건을 말한다. 상가는 영업을 위한 용도로 주로 임대차 하므로 인테리어 또는 영업 준비를 하는 기간에 월세를 받지 않는 것으로 임차인의 부담을 덜어주는 임대인의 호의를 베푸는 기간이라고 보면 된다. 의무는 아니기 때문에 렌트프리가 없을 수도 있다.) 등을 사전 협의하였다. 계약서 쓰는 날짜를 정하고, 계약을 하는 도중 법적 지식이 담긴 질문들을 하나씩 응대했다. 물건지 중개업소인 서초동의 중개업소에서 3개월 간의 대장정을 마치고 계약하게 됐다. 물론, 계약하고 나서도 공사할 때까지, 공사 중에, 공사 후 잔금까지의 기간 동안 정말 많은 통화와 설명이 필요했다. 해당 임차인은 꼼꼼하고 깐깐하게 보는 이였기 때문에, 초보인 내가, 늘 공부를 꾸준히 했던 것이 다시 한번 잘했다는 생각이 들었다. 경험이 부족한 초보이고, 나이가 젊기 때문에 법적인 지식과 정보를 자세히 알고 설명한다면, 오히려 신뢰감이 높아지고 젊은 중개사의 장점인 트렌디함과 빠른 업무능력이 배가되어 실력이 늘게 되는 것이다.

보수를 더 깎아줄 수 있었겠지만, 3개월 간의 노고, 수십 차례의 통화와 계약 전 건물주와 직접 미팅하며 조율을 요청한 부분들까지 생각하여 약 0.7% 조금 안 되는 금액을 수수료로 조율했다. 0.2~0.3%를 빼주었는데, 금액으로는 대략 50~60만 원 정도를 할인해 준 기억이 난다. 그렇다 해도 초보인 내가 받기에는 사회 초년 중소기업 직장인 월급 이상인 금액이었으니 감사하고, 기쁜 수수료였다. 처음에 사장님(임차인)은, "사장님, 정말 고생하셨는데 다 받으셔야죠"라는 예의상(?)의 멘트를 했다. "마음 바뀌기 전에 빨리 오케이 수락하세요!"라고 장난으로 맞받아쳤다.

임대인과 만났을 때 협의한 렌트프리 기간을 마무리하고, 인테리어하는 이와도 한 번씩 만나 피드백을 듣기도 했다. 드디어 가오픈 날을 지나, 오픈한 사장님에게 화분을 직접 사다 주었다. 당시 유튜브 초보였던 나는 개업 축하 겸, 중개해 드린 물건을 찍기 위해 Vlog를 찍어 올리기도 했다. 내가 중개해 준 손님들이 잘 살고, 잘 되어가는 모습을 보면 더할 나위 없이 기쁘고 뿌듯함을 알아가는 개업 첫해였다. 그렇게 초보이자 개업 만 1년이 안되었던 내가, 비록 권리금은 없었지만 끈기와 노력으로 일궈낸 3개월의 성과를 얻을 수 있었다. 그 카페는 운영이 잘 되었다. 사장님과는 가끔 연락을 나누는 좋은 사이로 남게 되었다.

그리고 5년이 지났다. 그 후로 카페는 승승장구하여, 2호점을 알아보고 있다고 연락이 왔다. 2호점은 서촌 쪽에 알아본다고 했다. 기회가 닿는다면 내가 같이 알아보기로 했다. 그렇게 1호점 카페는 서초동을 지나가게 되면 한 번씩 들리기도 하는, 내게는 가장 좋은 기억에 남는 상가 중개가 되었다.

> **Diary Point**
> 손님과의 진행 기간이 길수록. 간절할수록 계약이 됐을 때의 쾌감은 정말 크다. 손님의 매물을 꼭 구해주고 싶다면, 중개사가 먼저 포기하는 모습을 보여선 안된다. 머리를 맞대고 움직여보자. 이렇게 길이 생긴다.

Ep.4 최악의 임차인, '배달대행', 1년간 스트레스를 받다

이번 에피소드를 적었던 당시 시점은 해당 중개건의 마무리가 끝나고, 퇴거 정산까지 끝나고 난 후 며칠이 지난 상태였다. 아주 개운하고 홀가분한 기분에서 작성했던 기억이 난다. (물론, 공실이 됐기에 새로운 임차인을 구해야 하는 책임감과 부담감이 생기긴 했지만 말이다.)

이번 계약은 같은 건물이지만 우리쪽이 아닌 반대쪽의 소유주, 즉 바로 옆 필지의 지하를 중개했던 건에 관한 이야기이다.

20년 5월, 네이버 부동산 광고를 띄웠을 때였다. 전화가 왔다. 배달회사라고 했다. 음식점 운영하는 배달이 아니라 배달기사들의 휴식 사무실로 임차하려고 하는데, 1~2명씩 잠깐씩 쉬는 공간이라고 했다. 음, 한 두명만 간단히 쉬는 휴게실이라. 괜찮겠다 싶었다. 임대인도, 나도 해당 업종의 임차인을 받아본 적은 없었고, 임차를 원하는 당사자가 그렇게 설명을 하니 딱히 경계할 부분도 없었다. 임대인은 흔쾌히 바로 계약을 한다고 하였고, 계약금을 이체하기로 했었다. 한데, 계약금을 이체하기로 한 시간이 지나도 함흥차사였다. 한참 동안 기다린 후, 저녁 늦게 연락을 받았다. 내가 싫은 소리를 한 마디 했다. 그렇게 우여곡절 끝에 계약금을 받았다. 계약서를 작성하는 시간도 언제가 괜찮은지 물어봐도 명확히 답을 하지 않았다. 그에 대한 신뢰감이 쭉쭉 떨어지며 불안하기 시작했다. 간신히 계약을 하고 잔금일이 되었다. 아니나 다를까, 잔금 날은 아직도 잊혀지지가 않는다. 나의 생일이었고, 내가 생애 첫 내 집 마련으로 아파트를 매수하여 계약한 날이라 정말 기분도 좋고 감회가 새로운 날이었다. 아파트 매수 계약 후 사무실에 들어왔는데, 사무실 앞부터 온 건물에 오토바이들이 도열하며 각종 짐을 사방에 두고 담배를 피며 진을 치고 있었다. 정말 실제로 보면 장관이었다.

이야기를 나누니 잔금 전에 먼저 짐을 넣으면 안되냐고 하기에, 임대인에게 물어본다고 하고 전화를 걸었다. 임대인은 당연히 거절하였고, 싫은 소리를 들었다. 나 역시 처음부터 그게 맞다고 생각했지만, 물어보기라도 해달라 하여 그대로 전달했다. 보증금이 500만 원이었는데, 계약금 100만 원을 제외한 400만 원을 입금하지 않았다. 계속 이체하지 않고 배달기사들이 집단으로 모여 연신 담배를 피우고, 동네에 위압감을 조성했다. 잔금이 지연되자, 느낌이 안 좋았다. 아무래도 그 날 다른 곳 이동은 힘들겠다 싶어, 이후에 예정된 동선을 모두 취소하고 사무실 앞에서 양쪽을 마주보며 대치하는 상황이 되어버렸다. 시간이 2시간 가량 지체되며 나도 사무실에서 계속 입금이 안되냐고 닦달했다, 최종적으로 많은 사람들 중 2~3명의 이름으로 십시일반 보증금을 모아 입금이 완료했다. 짐을 넣게 했다. 그리고 우연히 그들이 하는 말을 들었다. "복비는 나중에 천천히줘"라는 문장이 들렸다. 그 타이밍에 나는 자연스럽게 그들 중 우두머리로 보이는 사람을 불렀다. "사장님 수수료도 지금 같이 처리해주셔야 해요"라고 했다. 정말 다행히 수수료를 그 자리에서 받았다. (정말 처음으로 수수료를 뜯길 수도 있겠다라는 불안감이 엄습했다.)

문신이 가득한 몸에 담배를 피우며 대화의 절반은 욕이 섞이지 않으면 어색할 정도의 젊은 청년들이 잔뜩 와있으니, 골목길이 삽시간에 할렘가처럼 무서워졌다.

그날부터 1년간의 지옥은 시작되었다.

같은 건물을 쓰는 사람들은 물론이거니와, 앞, 옆, 뒤, 온 동네 주민과 상인들이 우리 사무실에 문의를 했다. 도대체 저 오토바이들은 무엇이며, 야간에 소음과 오토바이 굉음이 너무 심해 잠을 못 자겠다는 것. 중개업소인 우리 사무실뿐만 아니라 임대인마저도 수차례 주변 동네 사람들에게 같은 질문 세례를 받게 되었다.

아마 민원을 안 넣어본 주민이 없을 것이다. 초창기에 매일같이 구청에서 나와 오토바이 주차문제, 담배꽁초 투기 문제 등을 갖고 권장 방문을 하였으나 그때 뿐이었다. 게다가 공간만 있으면 그 틈에 오토바이를 대놓아 주차를 못하게 하거나 통행을 방해했다. 사무실 앞이든 집 앞이든 무관하게 주차를 해버리고 퇴근하거나 연락이 안 되는 경우는 부지기수였다. 심지어 담배꽁초 무더기를 사무실 앞에 내버리기까지 하여 CCTV로 내용을 확보한 후 고스란히 담아 종이에 투기하지 말라고 적어서 그 사무실 앞에 갖다 놓은 적도 있다. 도어락 장치를 해 둔 우리 쪽 화장실을 호시탐탐 사용하려는 이들도 있었다.

밤이 되면 그들이 삼삼오오 모이며, 처음 보는 얼굴들이 쉴 새 없이 생겨나고, 아무리 주차와 담배꽁초 등에 대해 이야기해도 계속 새로운 사람들이 생겨났다. 지인들이 방문하는지 큰소리와 담배 연기가 코에 밸 정도로 심했다. 내가 뉴욕에 갔을 때, 할렘가를 경험해 본 적이 있다. 밤이 되면 가로등이 꺼지고 어두워진 골목에 정말 딱 할렘가가 따로 없이 그 골목은 그들의 소유가 되었다. 지하에서 올라오는 담배 연기, 1층 밖에서도 끊임없는 소음과 담배 연기, 그리고 쉴 새 없이 인원이 증감되며 뉴페이스가 하루가 멀다하고 바뀌었다. 오토바이 소굴이 되자 거리 자체가 오기 싫은 거리가 되었다. 배달 오토바이들이 날이 덥거나 좋을 때 밖에서 오토바이에 앉아있다가, 여자가 지나가면 위아래로 훑거나 뚫어지게 쳐다보기도 했다. 가래침 뱉는 소리가 사계절 내내 들렸다. 욕설과 오토바이 굉음은 밤이나 아침이나 끊이질 않았다. 끔찍했다.

하기야, 나는 퇴근하면 되는 동네인데, 정말 주민들은 밤낮없이 곤욕이겠다 싶었다. 밤에는 오토바이들이 시동을 켜두고 싸이키를 켜두어 경찰도 여러 번 왔다고 한다.

아이 유모차를 끌고 가는 새댁들은 무서워서 지나가질 못하는 듯하였다. 동네는 삽시간에 입소문이 났다. '지름길'이었던 도로가 '피해야 할 도로'로 바뀌었다.

덩치가 크고 건장한 남자인 나도 여러 명이 모여있으면 경계심이 들고 긴장감이 드는데, 당연한 것이다. 이루 말할 것 없이, 수십 가지도 더 쓸 수 있을 만큼 불편하고 힘든 부분이 많았다.

  뼈저리게 해당 중개 건을 후회하며 1년을 보냈다. 언제 1년이 흐르나 아찔하기까지 했다. 군 시절의 전역일 계산 이후로 디데이를 이렇게 간절히 기다려본 적이 없었다.

  천만다행인 것이, 임차인이 1년 계약을 원했었고, 임대인이 퇴거 요청을 하자 순순히 응해주었다. 마지막에 해당 사무실 관리인 같은 이와 대화를 나눴었는데, 사무실을 아직도 못 구하고 짐을 빼놓고 공터 같은 데에서 모여 쉬고 있다고 했다. 마지막에는 친근하고 상냥하게 인사해주는 모습을 나누며 마무리 지었지만, 시원섭섭은 어울리지 않는 단어였다. 정말 시원~했다. 몇 년 숙제가 한 번에 쫙 풀리며 해결된 느낌으로. 정산을 내가 도맡아 해주었는데, 이 역시 서비스하는 생각이라기 보단 정말 한 편으로 나를 위한 것이라는 생각까지 들었다. 계약자는 현재 이 일을 하지 않는다며 정산 때 안오려고 하며 다른 사람을 보내려 했다. 보증금 입금자도 다 다르고, 계약자가 직접 수령 및 확인서를 써주어야 한다고 설득을 하여 다행히 계약자가 내방했다. 그렇게 걱정한 것과 다르게 깔끔하게 정산을 했다.

  임대인은 나이가 70대 중반이 돼가는 분이다. 계약갱신요구를 할 수 있고 임대인 본인 및 직계존비속이 사용치 않으면 퇴거 요청 시 계약갱신요구 거절을 못하니 바로 매물 광고를 올릴 수 없다는 설명에 화를 냈다. 내 건물에서 기간 채워서 나가라는데 말이 많냐며.

  내심 짜증이 났지만 참았다. 임대인이고, 어르신이니까. 낱낱이 말할 필요는 없겠다 싶었다.

  다음 세입자를 더 가려서 받아야 하고, 코로나로 인해 공실이 넘쳐나며, 부담감도 있었다. 하지만 그때처럼 속 시원하고 나가는 게 반가운 임차인의 퇴거는 없었다. 앞으로도 이런 부류의 반가움은 느끼지 않았으면 한다.

  비가 추적추적 내리는 날 글을 썼는데, 오토바이 모터 소리와 굉음이 들리지 않는 빗소리가 그날따라 참 좋았다.

> **Diary Point**
> 중개가 다소 늦어지더라도 같은 건물에 들어올 상가, 사무실 임차인은 정말 신중하게 고려해야 한다. 중개사 입장에서도, 동네 사람으로서도 업종에 대해 꼼꼼하고 깐깐하게 구해야 입주 후 탈이 적다. 정말 최악의 경험이었다.

Ep.5　처음 뵌 의리의 해병대 삼계탕 재료 사장님, 의리의리하게 계약까지!
개업 2년 차 가을 무렵이었다.

네이버로 올려둔 상가 물건 광고를 보고 연락을 준 손님이었다. 연세가 아버지뻘 정도 되시며, 강원도 쪽 사투리를 구수하게 쓰는 분이었다. 머리가 백발로 하얗게 쉬었으며, 강직해 보이는 느낌에 예의가 바른 분이었다. 당일 통화 후 바로 해당 물건을 보러 사무실로 오토바이를 타고 오셨다.

내가 보여드린 해당 광고 물건은 조건이 맞지 않았다. 어렵지 않은 조건이기에 더 찾으면 매물이 있을 것 같았다. 뿐만 아니라 인연이 끊기는 게 아쉬웠기에, 공동 중개망에 연이어 물건을 찾았다.

"무권리 상가 손님, 1층이어야 함, 주차를 1대 잠깐씩이라도 하여 식자재 물품을 상하차해야 하며, 새벽 일찍 오가야 함, 사당3~5동 이내로만."

금액도 정확히 예산이 정해져 있어서 조건이 확실하지만 반대로는 조건이 안 맞으면 계약이 되기 어려운 손님이었다. 거래정보망을 통해 매물 정보를 보내준 중개업소들과 연락을 하여 몇 군데를 더 안내했다.

사장님은 오토바이를 타고 다시 오셨다. 오토바이 뒤에 타고 다니며 그 날 한 곳, 또 다음날 마음에 드는 물건이 없었다 하면 또 한 번, 또 한두 곳, 그렇게 만나면서 손님은 누차, "다른 것도 좀 잘 찾아주세요"라고 했다. 처음엔 '눈높이가 높으신 건가'라는 생각을 막연하게 했지만, 시간이 지날수록 감사한 마음이 들었다.

많고 많은 중개업소들 중에, 다른 곳들도 안 가시고,

"내가 다른 데 안 가고 사장님한테만 볼 테니까, 사장님도 열심히 찾아봐 주세요."

라고 하셨기 때문이다. 처음 본 이들 중에서 이처럼 '의리'가 있는 이들이 간혹 있으나, 드물다. 누군가의 소개를 받고 와도 다른 중개업소들에 가보기도 하는 게 많은데, 생각할수록 감사한 손님이었다. 그 한 문장이 이번 계약의 중요한 원동력이 되어주었다.

최초에 보았던 곳 중에 마음에 들어 했던 한 곳이 있었다. 추석 지나고 혹시 그곳 계약이 됐는지 물어보는 연락이 왔다. 전화해 보니 바로 계약이 됐다고 했다. 손님은 점점 기일이 다가오고, 초조해하시는 기색이었다. 기존의 임차 중이던 업장이 만기일이 다가오고, 그만한 조건을 찾으시려니 쉽지가 않았던 터였다. 그도 그럴 것이, 한 번 자리를 잡으면 정말 오래 계시다 보니 이전 임차했던 곳도 아주 오랜 기간 임차를 했다고 한다. 임대인 역시 그 사장님과 관계가 좋아 월세를 올리지 않았다고 한다. 한참 전 월세를 금액 그대로 오랜 기간 쓰셨으니, 정말 가성비가 좋은 업장을 사용 중이었겠다 싶었다. 이번에 알아보던 곳 중 그래도 마음에 들었던 곳이 계약이 되어버려 다시 원점이 되었다. 그러다가 마침 그 근처에 매물이 한 개 더 나왔다. 처음 마음에 들어 하셨던 곳보다는 거주하시는 곳과의 거리가 조금 더 멀어졌지만 큰 차이는 없었다. 한두 블록 정도의 차이였다. 금액도 조건도 잘 맞았다. 이전에 임차하던 곳을 생각하면 다른 곳을 구할 수가 없는 수준이었다. 집에서 도보 2분 거리, 말도 안 되는 저렴한 월세.. 사장님의 매물을 구하는 조건은 모두 지금 사업장에서의 장점들만 모아두었기 때문에 그 금액에는 도저히 불가능했다.

제목에서처럼 해당 사장님의 업종은 삼계탕집에 납품하는, 닭에 삼계탕 재료들을 넣은 후 준비해서 납품을 하는 사업장이었다. 즉, 식재료를 준비하는 업종이었다.

마지막으로 보았던 매물을 결정하게 되었다. 다소 아쉬운 부분은 있었다. 집과의 거리가 더 멀어졌다는 점, 주차 공간이 안정적으로는 확보가 되지 않는 점, 월세가 소폭 올라갔다는 점이었다. 하지만, 내가 봐도 그 이상 좋은 조건은 찾기 어려울 만큼 사장님에게는 최적이었다. 그렇게 최종적으로, 중개업을 하면서 가장 듣기 좋은, 언제 들어도 기분 좋은 문장 "계약할게요"라는 말을 들었다.

감사했다. 부족하지만 최선을 다해 역량껏 물건을 찾아봤고, 서류상 문제없는지는 기본이거니와 사장님이 원하는 사항들을 추가로 조율했다.

나를 선택해 주시고, 나를 믿어주신 부분이 새삼 감사했다.

수수료도 감사의 마음에서 나름(?) 많이 빼드렸다.

꼬깃꼬깃, 빳빳한 현금을 봉투에 넣어 들고오셨다.

현금으로 주면 기분 좋지 않으냐면서.

그때 계약해드린 사장님은 두고두고 생각이 났다. 그래서 내가 먼저 종종 용건없이, 때로는 그 앞을 지나가며 안부전화를 드리곤 했다.

건강하신지, 일은 어떠신지. 계약 후 업장을 손보시고 입주 후 물건을 나르시다가 부상을 입으셨다고 하신 적도 있다. 그 후에 통화시에는 완치되셨고 코로나사태가 괜찮아지면 한 번 보자고 하셨다. 그 후 4년이 더 지났지만 아직도 따로 뵙고 식사를 하지는 못했다.

내가 따뜻한 갈비탕을 대접하겠다고 벌써 몇 번을 이야기했던 터라, 말뿐인 사람이 되지 않기 위해서 꼭 한 번은 뵙고 의리의 사장님과 좋은 관계를 오랫동안 유지하고 싶다.

p.s 추가로 들었던 내용인데, 사장님은 우리 동네에서도 오래 거주한 분이며 평판이 좋았다. 내 눈에 좋은 사람은 다른 사람들 눈에도 똑같이 좋은 사람일 확률이 높다. 좋은 사람이 좋은 사람을 알아보는 것도 맞다. 하지만 좋은 사람은 어딜 가든 좋은 사람이라 눈에 띄는 것이다. 소문을 들어보니, 그 사장님은 옛날옛적 귀신 잡는 시절의 해병대 출신이라고 했다. 또한 정말 성품이 좋고 의리가 있기로 유명하다고 했다. 이번 손님인 사장님의 가게를 중개하면서, '인간적으로 정말 좋은 손님 만났구나, 좋은 분

들은 이렇게 오래 기억에 남는구나!' 싶었다.

대박나세요, 그리고 오래오래 건강하세요 사장님!

> **Diary Point**
> 중개를 하면서 좋은 사람을 만나면 그 사람의 에너지와 성품에 깊은 감동을 할 때가 있다. 중개를 하며 많은 사람들을 만나다보면, 단맛 쓴맛을 다 보면서 인생을 알아가고 그렇게 매일을 배워간다.

Ep.6 우여곡절, 엄청난 경험치 상승을 가져다준 상가 단독중개 계약
― 녹음의 중요성, 허가를 받아야 하는 업종에서 위반건축물이 있다면, "안 된다"고 생각하자.

앞서 설명한 적이 있다. 나의 사무실이 위치한 건물은 2필지를 합쳐 건축한 건물로, 필지 2개가 소유주가 다르다. 각 소유주는 건물 4층에 마주 보고 거주한다.

나의 사무실 소재 지번은 위반건축물 내용이 없어서 인허가 업종이 가능하며, 다행히 그래서 지금의 사무실을 오픈하는데에 문제가 없었다.

옆 필지는 평수나 조건은 똑같음에도 위반건축물 내역이 있어, 인허가 업종에 제한이 많다.

서두에 이러한 이야기를 다시 한 이유는, 이번 계약은 정말 피를 말리는 하루하루를 보냈던 건이었기 때문이다. 정말 눈 뜰 때부터 걱정이 가시질 않고 다른 일도 손에 잡히질 않았던, 며칠을 마음고생했던 계약이었다.

개업 3년 차의 끝 무렵이었다. 추운 겨울, 기존에 오래 거주하던 임차인이 퇴거하게 되었다. 약 7~8년 정도를 거주했다고 한다. 하긴 내가 사무실을 운영하면서 내내 봤던 어르신이니 너무나도 건물 내에서 익숙한 분이었다. 해당 층은 2층으로, 용도상 근린생활시설이지만 주거로 거주하셨다. 오랜 기간 거주하시다가 퇴거하신 끝인지 집을 가보니 '정말 어떻게 이렇게 춥고 수리가 안 된 집에서 사셨을까'라는 생각으로 마음이 좋지 않았다. (임차인은 연로하신 할머니셨는데, 인품이 차분하시고 예의가 바르신 분이셨다.) 매물의 소유주인 옆 필지 임대인은 연배가 높은데, 내 사무실 오픈 전부터 오래 거래하던 중개업소들이 있기에 그곳들을 배제할 수 없다며 늘 나 포함해 여러 곳에 매물을 내놓는다. 매물이 나오게 되면 자연스레 피 튀기는 경쟁을 하게 된다. 내가 있는 건물 공실이 났다고 다른 중개업소들이 왔다 갔다 하는 모습을 누가 좋아하겠는가, 우리 필지 임대인은 나에게 전속으로 의뢰해 주지만, 옆 필지 임대인의 마음도 듣고 보니 이해는 갔다. 아니, 이해해야 내 마음이 편해진다는 표현이 맞겠다. 내가 달리 부탁해 보았지만, 임대인의 의지는 완강했다. 더 이상 방법은 없었기에 내가 빨리 계약을 체결하는 방법뿐이었다.

공실이 되자마자 네이버 광고를 띄우고, 열심히 손님을 찾았다. 네이버를 보고 전화가 왔다. 피부케어 1인 예약실을 운영한다고 했다. 차분한 여성이었는데, 화법이 많이 배운 듯한 고급스러운 느낌이었다. 우리 건물에 이런 사람이 오면 좋겠다고 생각했다. 조건이 모두 다 부합했으나, 이 손님은 임장 후 새시가 단일 알루미늄이라 새시가 수리되지 않으면 계약이 어렵다고 했다. 1:1 맞춤 상담을 고퀄리티로 해야 했기에, 내부가 추우면 안 되고 안락해야 했다. 임대인은 평소 큰돈을 쓰는 사람이 아니고 수리비에 인색한 편이기에 안 될 거라 생각했다. 아니나 다를까, 이 부분 때문에 결국 계약을 놓쳤다. 그렇게 그 진행 건이 끝났다고 생각했다. 시간이 꽤나 지났다. 임대인이 새시 수리하는 곳 견적 요청을 해왔다. 임대인 쪽 1팀, 내 쪽 1팀 각각 견적을 받았다. 임대인은 내가 소개한 이들의 견적 및 인상이 좋다고 하며, 그들을 선택하여 새시 시공을 하기로 했다. 그 기간이 한참이 지난 후였기에, 당시에는 해당 피부샵 소장님이 생각나지 않았다. 가만히 생각해봤다. 메모한 리스트들을 훑어보니 마침 "새시만 수리되면 계약을 하면 딱 좋았을 텐데…"라고 말끝을 흐리며 간 피부샵 소장님이 생각났다. 그 무렵 나는 사람들과의 문자 내역을 찾아보았다. 전화번호를 찾아 연락했다. 새시 시공을 하기로 했으며, 2중 단열로 하기로 한 내역을 전달했다. 최초 임장시부터 해당 건물이 <u>위반건축물 내역이 있다고 설명했다. 근린생활시설이라 사업자등록을 하는 것은 상관없지만, 보건소 등 해당 업종에서 따로 인허가를 받아야 하는 사업장이므로 위반이 있을 시 안 된다고 설명했다.</u> 피부샵이기에 보건소 위생과에서 승인이 나야 한다고 했다. 관할 부서에 연락 후 확인을 받으시라고 재차 강조했다. 당일 연락이 왔다.

"대표님 담당 구청 위생과에 전화하였더니 허가가 나온다고 합니다. 계약하러 가겠습니다."

들을 때마다 질리지 않는, 늘 기쁜 "계약할게요"는 이번에도 날 기쁘게 했지만, 한 편으로 의아했다. 아무리 수백 가지 업종이 있어서 허가가 되고 안되고는 다양하다고 하더라도, 일반적으로 위반 내역이 있는데 허가가 나올까? 라고 생각했다. 찜찜했지만 집합건물로 구분등기가 되어있는 터라 (주인은 한 명이다, 별도로 다른 호수들을 분양이나 매도하진 않은 상태로, 주택 부분 역시 임대 사업자 등록을 하지 않았다.) '1층만 창고처럼 외부에 부착물 형태로 만든 위반내역이라 2층 전유부는 해당하지 않아 그런가보다' 하고 해당 호수의 전유부를 떼보았다. 전유부 역시 위반내역이 있었다. (1층의 위반 내용이 건물 전체에 잡혔다. 보통 집합건물은 위반건축물이 해당되는 호수에만 찍히는데, 이번 사항은 외부에 설치된 부분이라 건물 전체에 잡힌다고 했다.) 임차인에게 해당 지번과 호수를 정확히 재확인하고 확인해 보라고 하였기에, 더욱 의아했다. 해당 지번 호수로 확인하신 게 맞느냐고 재차 물어보았다. 통화를 했다며, 담당자가 된다고 했단다. 너무 의아했지만, 허가를 내어주는 담당자도 된다고 했다니 더 따져 묻는 것은 불필요하다 싶었다. 알겠다고 하고 계약을 진행하였다. 계약서에 '위반건축물 내용이 있음을 미리 고지 하였고, 임차인은 관할 지자체에 문의 후 확인하고 입주

함'이라는 특약을 기재했다.

잔금 시부터 렌트프리까지 요청 후 모든 조율이 끝났다. (사실 이 수리하는 부분 요청 및 조율 부분이 정말 많아서 이 부분도 매우 힘들었다.) 인테리어 업체도 소개해 주었고, 견적을 받은 끝에 진행하게 됐다. 잔금 후 인테리어까지 끝났다.

전화가 왔다. 구청이다. 위반내역 있으면 허가 안나오는 거 모르냐며 공무원이 따지듯 전화가 왔다.

'큰일났다. 문제가 생겼구나'라는 직감과 함께 머리가 하얗게 됐다. 하지만 그걸 확인 해주고 허가내주는 곳이 그곳이며, 사전에 확인했을 시 된다고 했는데 그걸 나에게 책임 물을 일이냐며 반문했다. 그 말이 맞는 말이기에 그 선임 사수도 별 말을 더 못하고 끊었다. 그 후로 담당인 후임자가 전화가 또 왔다. 또 따지듯 책임 전가를 했다. 점점 짜증이 났다. 그 쪽이 허가내 준다고 해놓고 나한테 지금 책잡는거냐고 했더니 "그런건 아니고…"란다. 일단 큰일이 난 건 사실이었다. 임차인은 발을 동동 구르며 난리가 났다. 허가 안 나면 모두 다 말짱 꽝이니까 말이다. 공사는 공사대로 모두 다 했는데, 그것도 임차인 돈으로 큰돈을 들여 그 허름했던 곳을 호텔처럼 만들어놨는데 말이다. 참고로, 보건소에 허가, 인가를 받기 위한 과정은 사업자능복을 하고 나서이므로, 죄송 단계에서 이루어진다. 그래서 사전에 확인이 꼭 필요하다는 것이었는데.. 임대인은 본인 과실도 없거니와 위반 내역인 창고를 철거할 의사가 없다고 했다. 하긴 20년 이상을 본인 창고로 썼으니까. 위반 부분의 철거비까지 부담할 이유도 본인은 없었겠지만 태연하게 남 일처럼 가만히만 있는 모습에 나도 정말 미칠 노릇이었다.

나 역시 애가 닳았지만 그걸 티내지 않았다. 나까지 무너지면 더 이상 안되겠다싶어 담당 공무원의 과실이 맞으니 마음을 편하게 먹자고 멘탈을 다잡았다. 하지만 법률상 잘못이 없더라도 중개 과정에 참여하였고, 내가 계약해준 임차인이 맘고생하는데 도저히 마음 편히 있을 수는 없을 노릇이었다.

갖가지 방법을 찾고, 법률 기관에 전화하고 또 찾으며 계속 상담했다. 임차인은 계속 나에게 의지하며 연락이 자주 왔다. 마음이 너무 힘들었다. 결국 임대인 임차인을 주선하여 직접 차를 몰고 구청에 갔다. 담당 공무원이 말한 위반건축물 내역을 해제해 줄 주택과 직원과 찾아가 언쟁까지 벌였으나, 해결할 방법은 위반 내역 철거뿐이란다. 본인도 철거가 돼야 사진을 첨부해서 건축물대장의 위반이 없어져야 한다고 했다.

갖가지 방법을 생각했다. 얘기를 하다 보니, '이 내용에 대한 증거'가 생각났다. 혹시 녹음한 것은 없는지 물었다. 다행히, 결정적으로 임차인이 예전에도 행정상 공무원이 같은 실수를 하여 당한 적이 있어서, 이번엔 녹음을 해놨단다. 들어보니 담당 공무원이 된다고 했고, 인정을 했다. 이제 그 담당 공무원 책임을 지게 되어 그 사람도 미칠 노릇이겠구나 싶었다. 나는 법적으로 책임을 지지 않더라도 도의적으로라도 도와야 한다고 생각했다. 내 계약 고객이지만 사실 이렇게까지 해야 하나 싶을 정도로 내 일처럼 발 벗고 나섰다. 그걸 알기에 내게 너무 고마워했다.

담당 공무원과 법적인 다툼 및 손해배상 청구 이야기까지. 모든 수단을 동원해서 이야기했다. 내가 공부했던 내용이 생각났다.

'공무원의 고의 또는 과실로 인한 경우 소급하여 유효하게 처리함'이라는 부분 말이다. 이 사항을 얘기했다. 공무원도 생각을 못했는지, 한 템포 쉬더니 "그 부분으로 한 번 알아볼게요"라고 했다.

마침내, 해당 공무원은 시청에 안건을 넣은 공문을 보냈다. 여차여차해서 이런 상황이고, 해당 호수는 위반이 없는데 공무원의 과실도 있으니(이 부분은 내 예상이다.) 예외적으로 허가를 해주면 안되냐는 공문이었고, 일반적으로 피드백이 많은 안건으로 느리고 좋은 대답이 오지 못할 거라는 예상에 정말 어째야 하나를 내내 고심했다. 천만다행으로 기쁜 소식의 문자가 왔다.

"대표님, 허가 내준다고 합니다. 위생과에서 허가증 받으러 오라네요."

정말 기뻤다. 묵은 체증이 모두 다 내려가는 기분이었다. 물론 몇 가지 엮인 건들이 더 남아있었지만 이번 건도 그 중 하나였기에 해결되니 마음이 너무 기뻤다. 녹음도 신의 한 수였고, 결정적으로 임차인에게 실수한 공무원의 과실이 한 수였다. 결국 최종적으로, 공무원의 과실이 인정되어 이번 건만 위반임에도 허가를 내주는 조건으로 허가가 나왔다. 폐업 시까지 인허가를 제한 없이 유지해주는 조건(해당 사업자만)으로 허가증이 나와, 우여곡절 끝에 영업을 시작하게 되었다.

나 역시 엄청나게 큰 경험이었다. 위반내역은 일단 안 된다고 보고 시작하자는 점, 임차인뿐 아니라 나 역시 트리플 체크 해야 된다는 점, 녹음은 필수라는 점.

처음에 이 에피소드는 크게 특이할 것이 없어 이 책에 담기지 못할 이야기였다. 단 2줄로 끝날 수 있었던 스토리가 이런 긴 스토리로 마무리 될 줄이야. 내 차 타고 오는 길에 임대인이 한 말대로 '많은 공부와 돈 주고 못 배우는 경험이 됐던' 계약 건이었다.

> **Diary Point**
> 위반건축물은 인·허가 업종의 경우 100% 확률로 불가능하다고 생각하고 시작하자. (하지만, 해당 부분이 위반이 아닐 경우 인·허가가 가능한 경우도 많다. 꼭 두세 번 확인하자!) 그리고, 녹음은 꼭 필요하다. 중개하며 정말 크게 마음고생을 했던 에피소드다. 고생한 만큼 성장했고, 많이 배웠던 중개 에피소드였다.

Ep.7 강남땅의 권리금 있는 상가, 협의에 협의를 거듭하여 계약을 하다

이번 계약이 의미 있는 건, 강남 역삼동 땅에, 권리금 붙은 상가를 처음으로 계약했다는 것이다!

상가점포 혹은 사무실 계약은 왕왕하였다. 개업 후 3년이 지나면서 늘 아직 '권리금 붙은' 상가 중개를 해보지 못한 부분에 목마름이 있었다. 토지나 공장 등의 물건은 우리 동네에서 흔하지 않아 그렇다 치지만, 권리금이 있는 상가와 건물 매매, 이 두 분야에 대한 욕심이 점점 커져갔다.

중개하기에도 아주 좋은 건물이었으며, 중개 인생에 좋은 경험과 자산이 될 이번 중개건, 그 스토리를 지금부터 써내려간다.

한국에서 모델을 시작하며 에이전시가 필요하던 시절, 싱가포르에서 캐스팅이 왔었다. 알고 보니 싱가포르에서는 유명했던, 에이전시 대표님이 한국에 캐스팅을 왔고, 그때 미팅 후 계약이 되어 싱가포르에서 거주하며 모델 활동을 했었다. 활동 후 한국에 돌아와서 싱가포르 에이전시와 연락을 이어나갔다. 에이전시에서는 SNS를 통해 마음에 드는 피트니스, 패션모델 등을 계속 찾았는데, 그 무렵 몸이 좋은 몇 명의 사진을 내게 보내주며 자리를 만들었으니 통역을 해달라고 했다. 그렇게 인연이 된 몇 명 중 1명이 오늘의 중개 의뢰인이자, 계약자이다.

인스타그램 친구로만 가끔 교류하다가 번호를 물어보는 메시지가 와서 주고받고, 간단한 안부를 묻고 자초지종을 들었다. 형동생 하는 사이라 편의상 의뢰인, 계약자, 손님이라는 단어보다는 형이라고 부르겠다. 형은 지금 운영하는 다른 업종의 사업과 더불어 몇 가지 추가 계획 중인 사업이 있다고 했다. 먼저 찾은 것은 실내테니스장 업종이었다. 개업 후 3년 차, 가을이었다. 그렇게 물건을 몇 개 보고 차 한 잔 하는데, 마음에 드는 물건이 마땅치 않다고 하여 우선 보류하며 흐지부지 해가 바뀌었다. 다음해 3월, 오랜만에 전화가 왔다. 테니스장은 아직 마땅한 걸 못 찾아서 답보상태인데, 샐러드 가게를 준비하고 있다고. 사당에 있는 나에게 강남쪽을 일일이 부탁하기 힘들어서 본인이 조금 알아봤었다고 한다. 마음에 드는 곳이 생겼으나 연락하는 중개업소들이 말장난하는 것 같고, 믿음이 안 간다고 했다. 내가 생각이 났다고 한다. 내가 중개를 해줄 수 있냐는 것이었다.

중개업의 상도덕이란 것이 있다. 손님이 해당 부동산에 연락 후 발을 담그면, 그 중개 건은 지인이라 할지라도 나서서 끼어들 수가 없다. 마치 국경을 넘으면 관할하는 나라가 바뀌어 이전 국경의 국가에서 마음대로 못하는 것처럼 말이다.

사정을 들어보니 내용이 조금 이해가 안 가는 부분도 있었고, 여러 군데 내놓은 매물이라 그 중개업소하고만 해당 매물을 취급할 필요는 없어 보였다. 공공연하게 광고돼 있는 동일 매물 중 최초로 매물을 올린 것으로 추정되는 물건지 중개업소에 연락했다. 내 기준에서는 그게 상도덕 중 하나라고 생각한다. 제일 먼저 광고를 올린 곳 중개업소에 연락하는 것 말이다. 통화를 해보니 공동중개가 가능하다 하였으나 그 부동산은 현장에 나와보지 않고 통화로만 매물에 대한 정보 안내를 했다. 형이 마음에 들었던 물건은 양재동의 물건이었는데, 임대인과 조율이 잘되지 않고 가격이 비싼 관계로 마음에 들어 하던 형도 다시금 2회차로 보고 나서는 계약 의사를 보이지 않아 무산되었다. 그날, 서초동과 양재동에 많은 중개업소들에 진화 후 시간을 잡아놓고 약 11곳 정도 보았다. 서초동에 카페 승개를 같이했던, 이제는 친해진 실장님이 있는 중개업소에서도 마지막으로 3곳 정도 보면서, 내 차로 오후 시간 내내 임장을 다녔다. 피드백이 약 10일간 없기에 마음에 드는 곳이 없거나 의사가 없나? 성격상 어떻게 말을 해줄 형인데 연락이 없기에 괜스레 영업하는 것 같아 연락을 따로 하지 않고 기다려보았다. (SNS에 골프 라운딩하는 사진 및 영상들이 올라왔을 때 살짝 '나 그냥 고생만 한 건가?'라는 생각이 들긴 했다.)

그러다가, 연락이 왔다. 사실 그때 본 물건 중 계약 의사 있는 것은 없었고, 이래저래 개인적으로 찾아보았다고 한다. 그리하여 우연히 계약하고 싶은 마음이 드는 단계까지 간 곳이 생겼고, 계약을 하려는데 이번에도 진행하는 중개업소의 언행이 불쾌하고 무성의했다고 한다. 마음에 들던 매물도 여러 중개업소에 내놓은 것이라 예전과 같은 방식으로 다른 중개업소를 통해 연락해서 공동중개로 진행해달라는 부탁을 했다. 나를 통해 중개를 받고, 물건을 보유한 중개업소와 협의를 하는 방식으로 말이다. 결국에 그 말은, 내가 편하고 내게 중개를 받고 싶은 마음과 믿음이 있다는 뜻이다. 처음에는 임차인이 아무 중개업소에나 다 내놓았으니 나도 직접 가서 그 물건을 따보라는 (중개 의뢰를 받아 매물을 확보하라) 제안을 받았다. 도의상 그건 정말 내가 싫어하는 행동이며, 상도의에 어긋나기에 그렇게까지 하고 싶진 않았다. (많은 중개업소는 그런 식으로 매물을 직접 따서 중개하는 경우가 많다.) 다른 중개업소에서 본 물건을 내가 또 다른 중개업소에 연락해서 계약하는 것은 해본 적도, 당하고 싶지도 않은 일이라 정말 고민 또 고민하며 상황을 살폈다. 그리고 정확히는, 그렇게까지 할 맘은 없었다. (난 인과응보, 다 돌아온다는 믿음이 강하다.) 네이버를 통해 해당 매물을 보유한 중개업소를 살펴보았다. 다행히 형이 한 번 보고 왔다던 중개업소는 정말 많은 (최초 올린 중개업소의 매물 위치를 보고 따라서 올리는 경우도 많다.) 동일 매물 광고를 올린 중개업소 중 하나였다. 조심스레 전화를 했다. 목소리가 걸걸하고 말투가 거친 듯한 사장님과 통화가 됐다. 다행히 공동중개 조율이 되어 상황 설명을 만나서 하기로 했다. 당시 상황을 파악해보니, 해당 매물은 위치와 조건이 좋아 이미 숱하게 많은 사람들이 보고 갔다고 한다. 다만, 임차인이 만기 전 퇴거이며 그에 따라 임차인이 투자한 시설비 등이 권리금으로 꽤나 붙어있었다. 가장 중요한 것은, 그 임차인이 워낙 사납고 화를 많이 내고 예민하여 중개업소뿐 아니라 배달 기사들도 혀를 내두른다고 했다. 형은 직접 그 임차인을 만나보진 못했다고 했다. 최초에 다른 중개업소와 매물을 보러 갔을 때 시간을 잡았다고 들었는데도 그 임차인은 영업 중에 어딜 들어오냐며 밖에서 보고 가라고 짜증을 냈다고 한다.

  그럼에도 인기가 많은 강남 금싸라기 땅의 좋은 위치인 역세권 그 매물은 하루가 급했다. 형은 이미 타 중개업소와 매물을 보러 가보았기에 계약만 하면 됐는데, 그 중개업소 사장님과 이 상황을 설명하고 얘기를 나누고 1차로 협의를 봐야 했던 것이다. 우선 공동중개할 중개업소 사장님과의 협업이 원활해야 했다. 시간을 잡고 매물 현장이 아닌 공동중개를 요청한 학동역에 있는 중개업소 사장님을 만나러 갔다. 상황 설명을 들었다. 내용인즉슨 내가 예측한 대로, 그 매물은 해당 중개업소에서 임차인에게 직접 의뢰받았으며, 매물을 올려둔 후로 위치를 따서 광고를 따라 올린 중개업소들이 많다고 했다. 또한 만약 임차인에게 직접 물건을 따러 갔으면 욕도 바가지로 먹었을 거라 한다. 역시는 역시, 내 감은 정확한가? 그것보단, 양심적인 게 좋았던 거겠지 싶다. 솔직하게 지금까지의 상황을 설명하고 사장님과 내용을 다 공유했다. 물건은 이미 본 것이기에 권리금에 관련된 내용, 그리고 무엇보다 정말 까다롭고 성격이 장난이 아니며 예민의 극강을 달린다는 현 임차인과 집기 및 권리금액, 퇴거일자 등 2차 협의가 시작되었다.

  어느 정도 일단락 된 다음(보통 주고받고 통화를 정말 여러 차례 하며, 중간 중산 의뢰인에게 전달해야 하므로 그때는 정신이 없다.) 임대인이 얼굴 먼저 한 번 보고 계약을 하고 싶다고 했단다. 맞다. 임차인에게 권리금을 지불해야 하는 거지만, 결국 최종 계약권자는 임대인이다. 임대인을 너무 간과했다. 당시 금요일이었는데, 임대인은 당일 밤이라도 보자고 했으나 형이 시간이 안 된다고 했다. 나는 당일 밤이라도 갈 마음을 먹고 있었다. 다음 날 오후 1시로 미팅을 잡았다. 현재 임차인은 1시 반으로 미팅을 잡았다. 같은 건물에 사는 건물주는 연로하셨으며 신실한 기독교 신자였고, 건물주 사장님의 사모님이 명불허전 말씀이 끊이질 않았다. 30분 정도 예의 바르게, 진심을 다해 미팅 후 임차인을 만났다. 얼마나 까칠하고 예민한지 직접 보고 싶을 정도로 소문이 정말 무성했다. 막상 계약을 하기 위해 만나보니 임차인 본인의 사정도 있었다. 하루에도 몇 번, 1년 가까이 수백 팀이 영업 중에 오가고 전화를 해서 노이로제가 걸릴뻔했다고 한다. 계약을 할 것처럼 하고, 간을 보는 등 많은 상황을 겪다 보니 본인도 룰을 정하고 딱딱하게 할 수밖에 없었다는 것이다. 물론 실제로 까칠하고 말이 참 많긴 했다. (임대인과 한 번 만나면 4시간 이상 수다를 한 적도 있다고 한다.)

신기하고 감사한 것은, 물건지 중개업소 사장님 말마따나 임차인이 형과 내게는 전혀 아무런 짜증도, 거부반응도 일으키지 않고 착하게 대해주었다. 시설에 대한 설명, 내부에 관한 안내 등 원활하게 이루어졌다.

임차인(양도인)은 많은 부분을 인수인계 해주고, 기존의 샐러드 가게였기에 동종 업종이라 많은 노하우를 알려주려고 했다. 권리금은 3,000만 원에서 100만 원 뺀 2,900만 원으로 최종 협의가 됐다. 집기류 등 인수인계 내용을 권리금계약서를 통해 작성하기로 했다. 내부 및 수리 상태, 작동 여부, 각종 노하우 등을 테이블에 앉았다, 매장 돌아보길 반복하며 약 2시간 가까이 진행했다.

정말 긴 권리금 관련 미팅이었다. 임차인이 정말 까다롭다고 소문이 자자했던 곳이지만, 막상 계약을 하니 그런 부분 없이 하나라도 알려주고 말해주려고 하는 모습이 오히려 좋았다. 이래서 사람은 내가 직접 겪어봐야 아는 거다.

권리금 계약을 처음 해보기에 모든 것이 자산과 경험이 될 거라 생각했다. 돈을 받으며 경험을 쌓는데 얼마나 좋아? 라는 생각에 지루함이 없었다. (물론, 권리금 계약서작성에 대한 대가는 행정사법 위반으로 받지 않고, 정식적인 방법을 통해 작성하였으며, 권리금에 관한 수수는 없다. 위법에 대한 오해가 없길 바란다.) 반면에 완전 속전속결 스타일로 목소리부터 성격까지 걸쭉한 공동중개 사장님은 거친 현장 체질이라 앉아서 장시간 얘기를 듣는데

'토할 것 같다'는 표현을 쓰며 지루해하셨다. 사장님의 인상 착의를 간단히 설명하자면, 머리가 삭발 형태로 짧고 뚱뚱하며 키가 작고, 조폭을 연상케 하는 인상이다. 거기에 외제차를 타고 항상 나타났고 늘 담배를 태우고 있었다. 내가 느낀 바로는 그 사장님의 마음씨 자체는 악하지 않았다. 그래도 꽤나 착한 사람이었다. 나를 잘 보았는지, 강남에서 일하라고도 했다. 돈 벌려면 강남에서 해야지, 왜 거기에서 썩고 있냐고 했다. '나는 썩는 게 아니라 성장하고 있는 건데… 사당이 좋은데…….'라는 생각을 속으로 했다. 그렇게 모든 조율과 이야기가 마무리되었다. 즉석에서 권리금에 관한 시설 내용을 매장에서 작성하기로 했으나, 갑자기 매장 프린트 기기가 작동하지 않았다. 매장에서 기재해 둔 권리금 계약의 내용을 메일로 보내어 학동 소재 중개업소 사장님의 사무실에서 도장을 찍고 권리금 계약금 10%를 입금하였다.

권리금에 관한 이해가 부족한 분들을 위해 간단히 설명을 하자면, 권리금은 현재 사용 수익 중인 임차인의 다양한 명목으로 받는 본인들의 권리를 주장할 수 있는 금으로서 임대인이 받지 않는다. 보통은 임차인이 투자한 금액인 시설권리나, 자리가 좋아서 생기는 바닥권리, 영업이 잘되어 붙는 영업권리로 실무에서는 크게 나뉜다. 물론, 임대인이 권리금을 수수하는 경우도 있었으나 이는 거의 옛말이다. 따라서 신규 임차인이 기존 임차인과 권리금 계약의 양 당사자가 된다. 정식 임대차계약서는 임대인과 신규 임차인이 맺는 것으로, 보통 중개사나 현재 임차인이 임대인과 협의를 보고 다음 임차인과 계약을 맺고 또 임대인은 정당한 사유없이는 권리 계약을 방해할 수 없다. 이는 법적으로도 보호를 받을 수 있는 항목 중 하나임을 알아두자!

임대인과의 임대차 계약금 10%는 전일 계약금의 일부 방식으로 이체해두었다. 임대인 미팅도 잘 끝냈기에 모든 협의는 끝난 상태였다. 당일에 입주일이 1주일 조율이 안 되어 난처할 뻔 했으나, 다행히 다시 얘기해보니 임차인의 퇴거일자와 형의 가장 빠른 입주일자가 딱 맞아서 정말 계약은 이렇게 인연이 되는 거구나 라는 것을 재차 느꼈다. 계약 후 형은 이 말을 했다. "내가 이 매장 가져갈 것 같더라. 느낌이 왔어."

꼼꼼하고 신중한 스타일의 형이 저돌적으로 계약을 한 정도면, 그렇게 느낄 만하다. 그리고 나를 통해 계약을 하려고 한 점과 나를 믿어주고 마음을 써준 부분이 참 고마웠다.

건축물대장, 등기사항전부증명서도 모두 다 아주 깔끔했다. 중개하기에는 더할나위 없이 완벽한 물건이었다.

토지를 사서 그 땅에 건물을 짓고, 주인 손바뀜 한 번 없이 보존등기 상태로 쭉 보유하며 등기부에 융자 하나 없는, 그야말로 알짜배기 강남땅의 여유로운 건물주였다. 말 그대로 조물주 위에 찐 강남 건물주를 만났다.

최종적으로 월세 15만 원 할인 조정을 했다. 임대인과 미팅 시 렌트프리 2주를 받으며 모든 것이 만족스러운 권리금 계약을 끝내고, 임대차 계약서를 작성하기로 했다.

그 이후, 임대차와 권리 잔금까지 모두 잘 마무리하며 형은 매장을 오픈했다.

내가 계약해준 곳들은 최대한 자주 가서 팔아주려고 한다. 강남, 형이 있는 곳은 갈 일이 사실 많이 없다. 멀지도 않은데 시간을 내서 마음먹고 가야하니 참 쉽지 않다. 해당 매장은 샐러드 가게 매장이다. 메뉴들의 특징은 운동을 오래한 형이(앞서 언급한 피트니스 모델에 캐스팅 될 만큼 멋지다.) 건강하고 맛있는, 균형있는 식사를 할 수 있게 직접 레시피를 개발했다는 것이다.

앞으로도 많은 이들이 형의 노력과 실험을 통해 만들어진 메뉴들을 맛보았으면 하는 바람이다. 형의 매장 오픈 후 방문을 했었다. 내가 직접 먹어보았고, SNS홍보도 했다. 기분이 좋았다.

권리금이 붙은 계약에 대한 목마름, 그 갈증을 드디어 시원하게 해소했다.

또 한 건의 감사한 중개로 마무리할 수 있었다.
강남구 역삼동에, 또 한 건의 이승주부동산 깃발을 꽂았다.

> **Diary Point**
> 자격을 득한 공인중개사는, 전국 모든 곳의 중개대상물을 중개할 수 있다. 다만, 물건지의 중개업소들이 따로 있을 때에는 꼭 공동중개를 통해 원활하게 계약을 하는 것이 좋다. 전국 곳곳에서 여러분의 경험치를 올리고, 전국에 깃발을 꽂아보길 바란다.

Ep.8 두 번이나 빠그러졌지만, 7전8기! 전화위복! 100%만족한 물건 계약! 사무실 계약 건

개업 3년 차쯤 집을 구해준 형님이, 개업 4년 차가 된 봄에 오랜만에 연락이 왔다. 정확히 4월 초. 작년에 집 구한다고 할 때에도 오랜만에 연락이었고, 집을 잘 구해주었다. 그 후에 오랜만에 연락이라, '혹시 만기 전 퇴거인가?' 혹은 '다른 부동산 관련 문의가 있으신가?' 반은 반가움 반은 의아함에 전화를 받았다.

"승주야 오랜만이야~ 잘 지내지? 요즘 우리가 사무실을 구하고 있는데 2000/150 관리비 포함으로, 주차 1대 기본에, 가능하면 2대인데 사당, 방배 쪽으로 알아봐줄 수 있을까?"

형의 전화를 시작으로, 그렇게 2달 반의 기나긴 레이스가 시작되었다.
처음엔 순조로웠다. 작년에 집을 구해준 방식대로, 물건을 찾아서 1차로 매물 정보를 정리하고, 편리하게 볼 수 있도록 매물의 세부 주소와 매물의 특성을 하나씩 정리해서 보내주었다. 2차로 형이 정리하여 표를 만

들어주었다. (가끔 손님들 중 이렇게 정리를 잘하거나 센스가 있는 이들이 있다.) 보러 가기 전 최종 리스트들에 전화를 하여 하루 전 약속 시간을 잡아놓았다. 그렇게 step by step으로 1차 임장이 시작 되었다. (중간중간 1개씩 급한 것들은 따로 만나서 보기도 하였는데, '임장 회차' 기준에 산입하지 않았다. 1차, 2차, 3차라 표현한 것은 5개 이상 추리고 최소 몇 개의 매물을 날 잡고 본 것에 한한다.) 2차까지 추려서 조건과 마음에 드는 것들만 본 터라, 7~8개를 보면 마음에 드는 매물의 갯수가 높은 편이었다. 그렇게 1차 임장 후, 마음에 드는 물건을 듣고 건축물대장, 등기부를 떼서 권리와 물건의 사실정보가 괜찮은지 확인해보았다. 최종적으로 마음에 들었던 매물을 계약하기로 했었다. 근데, 그 매물의 상대편 중개업소에 갑자기 기존의 임차인이 새로운 사무실을 구해야 한다며… 말끝을 흐리고 얼토당토않는 말을 하며 장난을 치는 것 같았다. 뜨뜻미지근하게 계속 미루고, 연락을 안 받으며, 피했다. 직감했다. 이건 아니라고. 바로 형에게 말했다. 여긴 안된다고 생각해야 할 것 같다고. 힘들지만 새로 찾아보자고 했다. 그렇게 2차 임장을 똑같은 스텝으로 시작했고, 최종적으로 마음에 드는 것을 또 찾게 되었다. 글에서는 사실상 1줄로 2차 임장이고, 똑같은 스텝이라 하였지만, 힘들고 지쳤다.

다음으로 5곳을 보았고, 내가 꼭 보자고 했던 마지막 매물 5번째가 최종 후보였다. 그렇게 모든 조율을 마치고, 계약금을 보내기 전, 상대편 중개업소에서 "임대인과 통화가 되었는데 주차가 6시 이후엔 안된다고 합니다. 거주자 우선이고, 세대별 1대 부여가 안 될 것 같아요"라고 한다. 미치겠다. 주차 1대 필수고, 꼭 중요하다는 조건으로 매물을 찾았으며, 그걸 보고 공동중개 하자고 연락을 준거 아닌가? 임대인에게 주차 가능 여부도 확인해 보지 않고 그냥 막 보여주는 건가? 짜증이 났다. 결과는 예측이 될 것이다. 2차 임장도 상대편 중개업소의 마지막 단계에서 실수로 또 빠그러졌다. 소위 '지친다'는 표현이 맞겠다. 같이 구하는 열정적인 형도, 의지가 많이 약해진 게 보였다. '이 짓을 또 해야 한다니' 같은 마음이었으리라. 한 이틀만 고민하자고 했다.

그 후, 이번엔 형과 같이 계약하시는 동업자 법인 대표님이 직접 매물들을 찾아서 보내왔다. 리스트가 엄청 많다. 이번엔 반대로 내게 준 네이버의 매물들을, 내가 전화해서 공동중개 요청해야 한다. 다행히도 마음에 든다는 후보지들에서 잠원동 1곳을 제외한 반포동 2곳, 방배동 3곳은 모두 공동중개 오케이를 했다. 방배동 3곳 중 1곳은 나를 알고 있다고 했다. 신기한 인연은, 나를 알고 있다고 했던 1곳의 방배동 물건이 이번 계약의 주인공이 되었다는 것. 전화위복처럼 그간 봤던 어떤 매물보다 상태, 조건이 최고였다. 이건 안 하면 안 될 만큼, 화장실 상태, 내부시설, 조건, 심지어 임대인의 성품과 마음씨까지 모두 다 좋았다. 내 입장에서도 공동중개 해주는 중개업소 사장님도 일처리가 깔끔하고 좋았다. 일을 스마트하게 잘 해주었다. 기타 소소한 조율과 특약조건까지 모두 다 일사천리로 진행이 됐다. 그렇게, 기분 좋게 계약금의 일부를 모든 내용 확인 후 이체하고, 계약 당일 정말 100% 만족할 만큼 기쁘게 계약을 하였다. 사담인데, 계약 시 임대인께서 77세의 고령임에도 S대 공대를 나왔다며, 학교 자랑과 함께 공교롭게 이삿날이 7월 7일이라며 밥 한 끼 사주신다 하였다. 대학 얘기를 하다가, 내 학교를 물으시기에 나는 동국대 연극영화과를 나왔다 했다. 형님과 동업하는 대표의 눈이 휘둥그레졌다. 알고 보니 그 대표의 누나가 같은과 동문이며, 내가 아는 이였다. 세상이 참 좁다. 신기했다. 공동중개 해준 중개업소 사장님도 나의 유튜브와 내 전 이력(?)을 보고 어깨가 올라가는 많은 칭찬을 해주었다. 나를 만난 날 퇴근 후 집에 가서 부인에게 내 얘기를 참 많이 하고 자랑도 많이 했단다. 기쁘고 감사한, 그리고 화기애애한 분위기로 정말 120% 만족스러운 계약을 마무리했다. 그렇게 감사의 의미로 커피 한 잔씩을 대접하며 계약 후 바로 서류를 정리하고, 카페에서 바로 보수를 협의했다. "편하게 말씀해보세요"라고 제안했다. 지불하고자 하는 보수가 내가 할인 후 받으려던 보수보다도 높았다. 그래서, 좋은 마음을 갖고 그 이상으로 깎아주기로 했다. 물론, 내가 고생한 것에 대한 대가는 합당한 정도로, 터무니없이 깎진 않았다. 모두가 만족할만한 금액으로 정리했다. 그렇게 모두가 고생 끝에 7전8기 승리할 수 있었던 기분 좋은 계약을 끝마쳤다. 그 후 잔금 때 두루마리와 갑 휴지를 선물했다. 대박나길 기원하는 마음으로 넓고 예쁜 사무실을 구경했다.

시간이 지나 그 다음 연도, 개업 5년 차에 불혹의 나이가 된 형에게서 연락이 왔다.

결혼소식이었다. 형도 드디어 장가를 간다. 결혼식을 다녀왔다. 당시 누나가 우리학교 동문이라던 동업 법인 대표도 형동생이 되어 인사를 나눴다. 그 사무실에서 잘 지내고 있다고 한다. 시간이 참 빠르다.

다시금 그 감사함을 기억하며, 그때의 기억을 더듬어보며 이번 건을 마친다.

> **Diary Point**
> 중개를 하다보면 많은 손품, 발품을 팔고 또 계약서 작성 목전에서 틀어지는 경우도 많다. 계약이 바로 앞에서 틀어지면 지치고 의욕을 잃지만, 결국엔 해피엔딩이 되는 순간을 기억하고 나를 믿어주는 손님에게 "그럼에도 불구하고, 직진하자"고 말하며 웃어 보이자. 그게 나를 믿는 손님이 바라던 내 모습이었을 것이다.

Ep.9 오랜기간 부담됐던 전속 물건, 하루에 2건 모두 연속 계약하다!
- 그 중 하나, 권리금 있는 커피전문점 상가점포 계약 마무리건

개업 4년 차, 무더운 8월 초 여름의 계약이었다. 전속 매물은 말 그대로 정말 믿음과 신뢰를 바탕으로 받는 것이다. 이를 책임감과 성실 중개로 보답해야 하는 단어가 바로 '전속'이다. 중개업 상도덕을 지키지 않는 지

저분한 중개업자들이 많은 이 바닥에, 어디서 전화가 오던 "맡긴 곳이 있으니 할 거면 거기와 같이 중개하라"는 말을 해주는 임대인들이 몇 명 생겼다. 정말 얼마나 감사한지 모른다. 누차 이야기하지만, 전속 물건에 대한 부담감은 둘째 치더라도 장기간 매물이 계약되지 않을 경우가 문제된다. 혹은 경기가 좋지 않을 경우 금전적인 피해를 입게 되는 중개 대상물 형태, 감사한 마음과는 별개로 중개대상물의 컨디션이나 권리관계가 좋지 않을 경우는 사실 보는 눈이 비슷하기에 금방 계약이 되지 않기도 한다. 그러다 보면 한 곳만 믿고 기다리지 말라는 주변의 충고와 다급한 마음이 합쳐진 나머지 전속(원칙상은 별도의 약정이 없을 경우 3개월로 별도의 전속중개계약서를 작성한다. 하지만 실무상 의미의 '전속' 매물은 대부분 서류로 계약서를 작성하지 않고 구두상의 '의리'로 간다. 책에서 언급하는 '전속'은 중개사법상 설명하는 '전속계약서'를 작성한 매물이 아님을 밝힌다.)을 깨야겠다고 통보 아닌 통보를 받고, 다른 중개업소들에도 매물이 풀리곤 한다. 이는 어떤 중개업소나 겪는 고충이며, 누구든지 그럴 땐 정말 마음이 쓰라릴 것이다. 나 역시 그런 경험이 있고, 악착같이 중개를 해보려 하지만 임자를 만나지 못할 경우 결국 타 중개업소에서 거래가 되기도 한다. 이것은 인지상정이자 중개업을 하는 중개사라면 누구나 겪는 딜레마일 것이다.

이렇듯 감사한 마음이지만 부담감과 책임감이 시간이 지날수록 가중되어가던 전속 매물 2개가 있었다.

한 개는 상가점포이며, 권리금이 있었고, 임차인이 기간이 많이 남아서 중개보수도 부담하며 다음 임차인을 구하기로 한 상황이었다. 평소 자주 가진 않았지만 종종 들르며 인사를 정답게 나누곤 했던 사장님인데, 성격이 올곧고 부동산 관련해서 박학다식한 이였다. 역 앞에 있는 카페 자리였는데, 주변에 스타벅스와 프랜차이즈들이 많이 들어와서 영업이 어려워졌다. 건강 상태도 좋지 않아서 점포를 내놓아야겠다고 했다. 년 초에 의뢰를 했었는데, 그 당시에는 받고자 했던 권리금이 높았다. 위치는 정말 좋았지만 평수가 매우 작아 업종에 제한이 많았다. 또한 위반건축물로 증축된 부분이 있어서 위반을 철거하거나 위반이 있어도 계약이 가능한 사무실 등으로 타 업종 승계여부 등이 중요한 상황이었다. 매물을 정말 많이 보여주고, 연락도 많이 받았다. 그러다가 중간에 매물장을 붙여놓았는데, 주변 중개업소에서 임차인 번호인 줄 알고 물건을 따기 위해 나에게 전화를 거는 해프닝도 있었다. (내 목소리를 듣고 당황하던 상대편 중개업소의 음색이 아직도 기억난다.) 가끔씩 방문하면 "사장님, 권리금 이젠 안 받아도 되니까 빨리 나가게만 해주세요, 너무 힘들어요"라는 말을 들을 때마다 어깨위에 돌덩이를 얹는 느낌이었다.

다른 계약들이 중간중간 많이 있었어도, 마음 한편에는 오랫동안 빼주지 못함에도 나를 믿고 있는 전속 매물의 사장님이 계속 생각났다.

계약이 장기간 안 되면서 서로 지쳐갔다. 중간에 언제쯤인지, 임차인 사장님이 동네 중개업소엔 아무데도 얘기 안했지만 앱으로만 직접 광고를 올렸다고 했다. 그렇게 한참이 지난 7월 무렵, 사장님이 사무실로 왔다. 상가 전용 앱에 올렸던 매물이 강남 쪽 중개업소에서 영업이 와서 손님을 맞췄고, 계약이 됐다고 했다. 사람 대 사람으로는 잘됐다 싶고, 중개사 입장에선 아쉬웠다. 다음 임차인은 동네 사는 사람이며 분식을 한다고 했다. 가게 키를 나에게 맡길 만큼 강하게 믿어주었는데, 키를 돌려받을 겸 방문한 거다. 마음이 안 좋았지만 사장님을 생각해서는 정말 다행이라 생각했다. 그렇게 해당 물건에 대한 매물장과 광고를 지웠다. 2주쯤 지나서였나, 사장님이 다시 방문했다. 계약이 틀어졌다고 했다. 잔금 때 신규 임차인이 계약 장소에 나오지 않았다고 한다. 그래서 계약금을 몰수했는데 그 부분에 대해 반환 시 임대인과 권리금과 임대차 계약금에 대해 약간의 언쟁이 있었다고 한다.

그렇게 다시 중개가 시작되었다. 물건이 계약된 후에 장기간 매물 광고를 해뒀던 터라 이를 기억하던 사람들이 마치 '머피의 법칙'처럼 더 많은 문의를 했다. 심지어 계약 하고 싶다는 문의까지도 연락이 왔었다. 너무너무 아쉬웠지만 그래도 떠나보내야 하지 않겠는가 싶었다. 옷가게, 야채가게 등 다양하게 진행이 될 뻔한 이들이 있었다. 다시 매물 의뢰를 받았으니 열심히, 이번에는 꼭 중개를 성공하리라 생각하며 심기일전했다. 당시 기준으로 얼마 전 같이 공동중개로 아파트를 계약했던 (내가 정말 계약해보고 싶었다는 아파트의 물건지 중개업소 사장님이었다.) 사장님이 전화 왔던 기억이 났다. 계약하고 싶은 이가 있다고. 근데 그 땐 매물 계약이 이미 다른 데서 됐으니 더 이상 유효하지 않은 상황이라 아쉬움을 남긴 채 끊었는데, 혹여나 구했나 해서 전화를 해봤다. 그 중개업소와 그의 손님이 이번 계약의 주인공이 됐다. 알고 보니 내가 9년째 다니는 헬스장의 대표였다. 그 헬스장의 소속 트레이너들은 나에게 방을 많이 구했지만, 대표들과(2명이다.)는 친분이 잘 없어서 그런지 원래 거래하던 바로 주변 중개업소에 갔던 것이다. 내 매물에 관한 공실을 확인하고 부탁한 것 같았다. 헬스장과 같은 건물에 입점한 카페 매물에 오랫동안 관심을 갖고 있었다고 한다. 지난번 아파트 공동중개에 대한 고마움도 남아있었기에, 당연히 공동중개로 진행했다. 몇 번의 현장 방문, 철거에 대한 협의, 권리금 등 수차례 전화가 오고갔다.

　문제는, 잔금 당시였다. 권리금과 임대차 잔금 두 개를 모두 해야 하니 시간이 좀 더 걸리는 것은 문제가 아니었다. 계약 시점 기준 전년도 7월에 매수로 인해 명의가 변경된 임대인의 장기수선충당금이 문제였다. 매매 시 이전 매도인의 장기수선충당금 정리가 안된 것 같았다. 관리사무소에서 내역을 조회하여 충당금을 정산하는데, 이전 매도자의 장기수선충당금 분량까지 남아있어 분쟁이 살짝 생길 소지가 있었다. 임대인은 본인 분량은 아니니 본인이 낼 이유가 없다, 임차인은 장충금(장기수선충당금의 줄임말로, 실무상 줄여 쓴다.)을 본인이 대납하고 나갈 때 받는 돈인데 본인이 더 납부할 이유가 없지 않느냐. 그럼 어떻게 하냐, 라는 날 선 대화들이 오갔다. 이전 매도인의 충당금액을 누가 책임지냐는 부분으로 약간의 감정싸움이 일어났다. 엎친 데 덮친 격으로 복잡한 상황이 이어졌다. 최초에 계약서를 작성할 때에 신규 임차인 될 이에게 계약 후 잔금까지의 2주 기간 동안 위반건축물의 해제조치가 필요한지, 사업자를 승계하는 업종인지 여부 등을 꼼꼼히 확인했다. 이와 더불어 철거를 하게 된다면 철거 비용과 철거 일정 등을 조율하는 조건으로 사전에 결정해서 연락을 주십사 여러 번 연락을 취해뒀었다. 더불어 권리금에 대해 철거에 관련된 특약도 작성해 둔 상태였다. 내내 답이 없다가 잔금 당일에 급하게 철거를 해야겠다고 했다. 누차 요청한 사항들인데 알아보지 않고 갑자기 결정을 했다. 업체도, 철거 방식도 아무것도 협의가 되지 않은 상태였다. 처음에는 방문도 없이 돈만 부쳤다. 심지어 기존 임차인인 카페 사장님에게 권리금 잔금까지 부친 상황. 머리가 아팠다. 머릿속에서 관계 도면을 그렸다. 그리고 직접 적었다.

  신규 임차인 - 기존 임차인

  임대인 - 기존 임차인

  임대인 - 신규 임차인

  그리고 양쪽 중개업소에서 할 몫

  임대인의 문제, 신규 임차인의 문제, 기존 임차인의 문제로 나누었다.

  관계를 정리하니 해결점이 보였고, 관계별 솔루션을 제안하여 하나씩 풀어나갔다.

  임대인 - 기존 임차인의 장충금 문제는 월세 10일치 중 자투리를 빼고, 임차인이 몇만 원 양보함으로써 장충금 문제를 상계하는 것으로 끝냈다.

  이전 매도자의 장충금은 매매 진행을 한 중개업소에 연락하시라고 했다. 임대인에게 이전 매도인 쪽 중개업소에 어떻게 이야기를 하는 것이 좋을지 멘트를 정리해 전달했다. 정리가 안 된 부분이 있으니 임대인이 이전 임대인인 매도인과 거래한 중개업소에서 별도로 처리하는 걸로 말씀하시라고 했다. 그 부분은 우리 과실도, 책임소재도, 관계도 없는 일이므로, 그 자리에서 시시비비를 논할 것이 아니기 때문이다.

몇 년 전 타 중개업소에서 거래한 매매 계약 건의 문제를 지금 전혀 다른 임대차 계약을 하는 중에 논하며 시간을 낭비하고 싶지 않았다. 그러기엔 나 혼자 해결할 일이 너무나도 많았다. (도움의 말 한마디도 없이 앉아만 있는 손님 쪽 중개업소 사장님이 순간 얄밉기까지 했다.) 다음으로, 기존 임차인과 신규 임차인의 관계에서 철거 문제를 다루었다. 특약에 약정한 대로 철거를 기존 임차인이 하되, 위반건축물 해제 이후의 문제는 신규 임차인이 처리하는 조건으로 정리했다. 또한, 기존 임차인이 철거 업체를 소개할 경우 추후 신규 임차인이 사용함에 만족스럽지 못할 부분이 있을 것 같아, 신규 임차인이 알아본 업체를 통해 견적을 직접 확인 후 현금으로 철거비를 이체해 주는 것으로 정리하였다. 권리금에서 철거비만큼을 제하여 깎는 명목이었으나, 정확하게 권리금은 권리금대로 별도로 주고받고, 철거비는 철거비 명목으로 따로 주고받게끔 진행했다. 추후 내역을 재확인할 때 용이할 수 있도록 함이었다.

또한, 임대인과 신규 임차인 문제는 부가세 부분이 전혀 숙지되어 있지 않아 간이과세자인 임대인이 10%씩 받는 것은 잘못되었음을 설명했다. 신뢰도 상승을 위해, 국세청에서 직접 상담한 내역을 추가로 브리핑했다. 임대인이 간이과세자이므로 10% 받는 것은 잘못된 부분이다, 간이 영수증을 발행하고 월차임 80만 원에 해당 부가세 부동산 임대업 4%를 포함하여 일괄로 받는 것으로 설명했다.

단, 일반 사업자로 전환 시에는 10% 종이계산서(연로한 관계로 컴퓨터를 하기 어렵다 하여)로 발행하고 임차인이 종이를 모아서 제출하면 되는 부분임을 설명드렸다. 그 땐 부가세를 10% 더 받아도 된다고 했다. 이렇게 모든 것을 정리했다. 관계별 문제점을 해결하며 하나씩 완료된 부분을 찍찍 그어나갈 때의 쾌감이 있었다. 위의 사항에서 임대인과 기존 임차인의 계산이 덜 된 부분이 있었는데, 그 부분을 서로 상계처리하기로 했다. 각각 일부분씩 양보하는 것으로 모든 교통정리를 마쳤다. 상계 처리 문제는 거래 사실 확인서라는 명목의 양식을 즉석으로 만들었다. 이를 통해 상계처리의 항목과 내용을 육하원칙에 맞추어 최대한 일목요연하게 정리했다. 서명 날인, 계인을 하였고, 기존 임차인과 신규 임차인의 영업승계 부분은 위임장을 작성했다. 마침 영업 승계에 관해 많이 알아본 기존 임차인인 카페 사장님은, 같이 가서 신고하는 공동신고 말고, 위임 후 양수인이 혼자서 대리신고 하는 방법을 확인해왔다. 대리신고시 필요한 서류를 미리 준비해준 덕에 모든 부분을 빠르게 정리했다. 관리비 납부 내역을 보여주었는데, 미납 내역이 남아 전산 처리가 안 된 부분을 재숙지하도록 했다. 이후 관리비 미납 부분에 대해서만 카페 사장님이 건물 관리소장에게 전산 처리 완료를 부탁하는 것으로 내용을 정리했다.

 그렇게 2시간. 계약 당사자 한 명 한 명의 관계가 정리되면서 잔금을 끝냈다. 넓지 않은 사무실에 계약자뿐 아니라 이해관계인들까지 모두 내방하게 되면서 내부가 꽉꽉 찼다. 각각의 관계가 거미줄처럼 얽히고 설켜서 힘들었다. 공동중개한 사장님은 무엇을 어떻게 정리해야 할지 모르며 당황해했다. 결국 물건지는 나이기 때문에 내가 모두 주도해야 했다. 단 한마디로 일촉즉발의 상황이 일어날 수 있었기에, 포커페이스로 차분하게 진행했다. 아무 일도 아니라고 되뇌었다. 시험장에서 모르는 문제가 나왔을 때 머리가 하얘지는 경우를 경험해본 적이 있을 것이다. 계약 순간에 예상외의 돌발상황이 생기면 그런 기분이 든다. 게다가 사람들이 바글바글한 상태에서 나만 똘망똘망 쳐다보고 있을 때 그 압박감은 어마어마하다. 내가 주도하에 모든 과정을 마무리했다. 이번 계약을 통해 실력이 확 늘었다는 느낌을 받았다. 손님 쪽 중개업소에서도 고생 많았다고, 고맙다고 연락이 왔다. 위임장이나 거래사실확인서 등의 양식을 혹시 몰라 다운로드 해두고, 몇 가지 경우의 수로 파일을 정리해뒀었다. 그 준비가 빛을

발했다. 즉석에서 작성해야 하는 여러 서류들을 바로바로 타이핑할 수 있었다. 양식이 구비되어 있었기에, 양식에 의거하여 빠른 작문을 할 수 있었다. 계약서를 포함한 모든 양식에 서명 날인 후 분쟁을 예방하고, 교통정리를 할 수 있었다.

  손님이 모두 다 나가고, 기존 임차인과 이야기를 나누었다. 카페 사장님은 "결국 돌고 돌아 사장님과 거래하려고 이렇게 됐었나 봐요"라고 했다. 내가 늘 하는 말 아닌가, 인연은 따로 있다고 말이다. 결국 이 사장님과 길고 긴 신뢰와 책임감을 통해, 다행히 마무리를 잘 짓게 되었다. 나도 감사한 마음에 수수료를 일부 절사해주었다. 사장님도 오늘부턴 편하게 쉬겠다고 했다. 그렇게 마무리를 짓고, 기분 좋을 겨를도 없이 바쁜 하루를 마무리했다. 그 후, 인수인계 과정에서 신규 임차인이 미리 준비하고 알아봤어야 하는 상황들을 잔금 후에 하려다 보니 계속 카페 사장님을 귀찮게 할 수밖에 없었다. 대리에 관련된 부분과 신규 임차인의 승계에 관한 부분에서 이전 임차인 카페 사장님의 연락이나 도움이 필요한 부분이 제법 생겼다. 카페 사장님의 의무는 모두 끝났기에, '더 이상 연락이 안 되면 어쩌나' 걱정을 했다. 그 사장님은 모두 다 마무리 지은 터라 더 이상 어떤 협조를 할 의무가 없었기에 더욱더 걱정이 됐다. 다행히도 연락이 잘 되었다. 이 부분은 철저하게 도의상의 문제였다. 끝까지 웃음을 잃지 않고 믿음에 보답하려 했던 내 태도에, 사장님도 끝까지 도움의 손길을 놓지 않은 거다. 다행히, 그 후 모든 절차가 마무리되고 새로운 임대차가 시작되었다.

> **Diary Point**
> 상가 점포의 권리금이 양도양수 되는 상황에서, 사업자를 변경할 시 이전 임차인이 동행하지 않을 경우 대리권이 필요한 서류들이 있다. 반드시 사전에 관할 지자체 및 해당 부서에서 확인해야 한다. 또한, 필요 구비서류를 사전에 준비해야 한다. 중개업을 하면서 각종 서식을 다양하게 갖고 있으면, 계약 당

> 시 급하게 필요한 상황들이 닥칠 경우 큰 도움을 얻을 날이 올 것이다. 또한, 세금 관련, 업종별 특이 사항을 평소에 숙지해 두어야 한다. 그래야 상가 계약 시 계약 당사자를 이해시키며 내용 정리를 할 수 있다. '유비무환', '공부는 모두 내 피와 살이 된다'는 것을 이번 계약을 통해 다시 한번 가슴 깊이 느꼈다.

Ep.10 몇 개월 동안 주인을 못 찾았던 소형 사무실, 교회 목사님의 상담실이 되다

전속 매물의 장점은 다른 중개업소가 문을 두들기고 뒤통수를 치려고 해봐도 안 된다는것. 단점(?)은 매물이 바로 나가지 않을 경우 임대인에게 압박을 받고 심적인 부담감과 책임감이 커진다는 것임을 여러 번 언급했다.

이번 계약은 '찐 전속 매물'로, 굉장히 감사한 경우이다. 그래서 더더욱 신경을 쓰고 최선을 다한다. 믿음에 보답해야 하는 것이기에 말이다.

전속 매물이 계약되면 늘 느끼는 감정이다. '앓던 이가 빠진 듯한 기분' 대체 앓던 이가 몇 개인지 모르겠지만 내 중개일기에 에피소드로 기록되는 것은 그만큼 기억에 남고 기분이 특별했기 때문이기에, 전속 매물이 담기는 경우가 많은 것 같다.

개업 5년 차가 될 무렵, 연말이었다. 추운 겨울에 속이 시원한 계약을 하게 되었다.

1층 상가 부분인데, 수리가 되어 있거나 최상급 컨디션의 매물은 아니지만 초역세권에 주변 인프라가 아주 좋은, 입지가 매우 좋은 매물이었다. 상업용 혹은 사무실로 써야 하는 자리인데 주차가 만차라 쉽사리 계약이 되지 않았다. 중간중간 문을 두들기는 수요자도 많았고 계약 직전까지 갔다가 빠그라진 경우도 역시나 이번에도 한두 번 정도 있었다. 페인트 가게를 하겠다며 온 흑석동 손님이 있었다. 재개발로 인해 건물을 헐어야 해서 나오는 임차인이었다. 주차가 어려운 건물 상태로 고민을 했으나 기타 부대조건들은 모두 조율이 된 상태였다. 양 당사자가 협의가 되어 계약을 하기 전이었다. 다음날에 계약금 갖고 오겠다 했지만 느낌이 안 좋았다. 계약할 사람들은 그렇게 계속 시간을 끌지 않는다. 슬슬 미루는 눈치가 어쩐지 느낌이 쎄~했는데, 아니나 다를까 계약을 않겠다고 했다. 그들 이후로 본 이들은 계약을 하겠다는 단계까지는 오지 않아서 매물에 대한 공실 리스크에 마음 졸이고 있었다.

임대인은 임차인을 받기 전 이것저것 많이 묻고 고려해 보는 신중한 스타일이었다. 따라서 공동중개를 할 때 상대 쪽에서 심지어 불쾌해하는 경우까지 있을 만큼 좋게 말하면 꼼꼼한, 나쁘게 보자면 까다로운 스타일이다.

그만큼 목적물의 서류 상태는 깔끔하기에, 그 부분을 큰 장점으로 늘 어필한다.

당시 약 2개월간 공실이었는데, 이전 임차인도 내가 중개한 이였고 성품이 훌륭했다. 인간관계를 굉장히 잘하는 이고 내가 인간적으로 많이 배우게 된 이였다. 건물을 여러 채 갖고 있는 건물주인데 근처에서 사무소를 아지트처럼 사용하기 위해 임차했고, 임대인의 마음을 잘 알기에 임대인 입장에서 많이 맞춰준 이였다. 계약 연장을 했는데 중간에 본인 건물을 하나 더 짓게 되면서, 거기에 사무실을 쓰게 되어 만기 전 퇴거 조건으로 중개보수를 부담하겠다 하여 물건을 내놓았다. 임대인의 부탁으로 임차인은 다른 중개업소에는 내놓지 않았다. 내게만 의뢰가 돼있는 매물이라 쉽게 나가지 않는 상황에서 마음의 부담이 커졌다. 임대인은 쓰고 있지 않은 사무실에 계속 월세를 받는 것도 마음이 편치 않다며 2개월쯤 후에 그달 말까지만 계산해서 정산해준다고 했다. 임차인에게 이런 상황을 잘 설명하니 너무 감사하다며 만기 전 퇴거 보수까지 선금으로 지불하고 계약을 종료했다. 내가 전속 중개업소인 걸 알기에 나에게 보수를 선불로 지불했고,

퇴거일에 정산할 때 만나면서 임대인에게는 소고기 세트를, 나에게는 떡 케이크를 주문해서 주었다. 관계를 마무리 짓는 마지막까지 좋은 인상을 주었다. 하긴 그런 사람이기에 이런 호의도 임대인이 베풀었을 거다.

  공실이 시작되며 내게 부담은 시작되었다. 상가 경기가 좋지 않으니 쉽사리 계약이 되지 않고 내가 바쁜 와중에도 그 앞을 지나갈 때마다 매일 마음이 무거웠다. 누누이 말하는 전속 매물의 단점이자 부작용이다. 그러던 중 우리 사무소 근처 중개업소의 사장님이 연락이 왔다. 사무실로 쓰겠다는 목사님이 보고 싶다고 하는데, 매물을 볼 수 있겠냐고 했다. 이것저것 묻고 사전에 조율을 하였다. 계약을 하겠다는 이가 생기면 나는 임대인 내외의 댁으로 직접 찾아뵙는다. 그리고 상황 설명을 한다. 사무실과 댁이 가까운데 전화로만 설명하는 것보다는 대면하여 설명하고 추가적인 이야기를 나누는 게 피차 좋고 예의 같아서 그랬다. 임대인 내외가 걱정하는 부분은 혹시 사이비종교로서 찬송가를 부르고 소리를 지르는 경우가 있진 않나. 신천지 같은 종교라 사람들이 이상한 짓 하지 않을까 등등의 고민이었다. 임대인 부부는 각각의 친구들에게 전화를 걸었다. 교회 장로 혹은 목사님을 하는 이들에게 교회 목사가 왜 사무실을 개인적으로 구하는 것인지 의아하다며 질의도 했다. 알아본 바 내린 결론은 '그럴 수도 있다'였고, 마침 공동중개를 하게 된 사장님은 평소 내가 이유 없이 마음이 갔던 이다. 사장님도 그걸 아는지 평소 내게 매우 호의적이었다. 경기가 안 좋아 폐업한 이후에도 매물도 넘겨주고 다음 사장님에게 나를 소개할 만큼 좋은 이였다. 연세가 조금 있는 분이었는데, 사무실 바로 근처라 가끔 만나서 이야기를 나누기도 했다. 이전 사장님이 권리금도 비싸게 넘겼다고 했다. 2평 남짓한 공간에 테이블 하나도 놓기 힘든 자리에 월세가 100만 원이 넘는다고 했다. 계약이 한 건도 없는 달이 더 많다고 했던 기억이 난다. 그 사장님은 1년 남짓 사무소를 운영하다가 정리를 했다. 은행에서 지점장까지 하고 퇴직한 사장님은, 당시 고민이 많아 보였다. 조금이라도 도움을 주고 싶은 마음이 있었기에, 그 사장님 사무실을 지나가는 길에 내 전속 매물을 자주 드리며 공동중개 하자고도 했다. 광고를 올려도 된다고 하고 매물을 소위 '나눠'주었다. 드디어 사장님과 공동중개를 하게 되어 사실 기뻤다. 물론, 내가 단독중개를 하여 혼자 양쪽 보수를 다 받으면 좋지만, '멀리 보고 시나브로 정진하자'라는 문구가 내 모토 아니었는가. 사람을 남겨야 내가 성장하고 롱런할 수 있다.

계약금을 이체하기 전 확실한 내용을 문자로 남겼다. 각기 바쁜 일정들을 취합하여 총 4팀(임대, 임차, 물건지 쪽 우리 사무소, 공동중개 손님 쪽 중개업소)의 시간을 잡았다. 계약 일자를 정하고, 계약 1주일 전 미리 약속한 계약금 일부가 임대인의 통장에 입금되었다. 계약일, 변수 없이 따뜻한 분위기 속에서 계약이 이뤄졌다.

추운 겨울, 시원~하게 전속 매물 계약을 마치니 묵은 체증이 다 떠내려가는 기분이었다. 중개업을 하면서 물건을 소화해야 하는 숙제를 해결해 나갈 때마다 쾌감이 더욱더 나를 강하고 행복한, 성장하는 중개사로 만든다.

크리스마스가 다가오는 어느 겨울날 계약 후 써 내려가는 시원한 마음의 계약이었다.

그로부터 1년이 훌쩍 넘었다. 임차인인 목사님은 지금도 조용히, 별문제 없이 사무실을 사용하고 있다.

> **Diary Point**
> 내가 좋아하는 중개업소가 있다면, 오가며 전속 매물을 나눠주자. 물론, 공동중개로 말이다. 10개 중 1개라도 같이 계약이 이루어지면, 보수는 반이 되더라도 얻게 되는 신뢰는 이후 2배가 될 것이다.

> Ep.11 네이버 유료상담 의뢰인의 '아이스크림 가게' 명의변경 계약서 작성 요청
> – 호텔 카페 출장 계약서 작성을 진행하다.

개업 5년 차의 여름 끝무렵이었다. 중개업으로 자리를 잡고, 강의와 더불어 유튜브 역시 활성화가 되어가는 때였다. 자리를 잡아가며 어느 정도 사업체가 안정화되며, 직업적으로 또 다른 목마름이 생겨 다른 전문자격증을 하나 더 취득하고자 하는 욕심이 났다. 일로서 매우 바쁜 하루를 보내며 집에 와서 늦은 밤부터 새벽까지 공부를 했다. 운이 좋게도, 새벽 공부로 1차 시험에 한 번에 합격했다. 2차 시험을 공부하던 때였다. 일요일 하루가 유일한 쉬는 날인 나로서는 시험일이 다가오며 마음이 불안해졌다. 턱없이 부족한 공부량에 스터디 카페를 가서 공부하기로 했다. 이번 에피소드는 그날 상담으로부터 시작된다.

시간권으로 결제를 하고 공부를 하는 중에, 일요일임에도 계약 의사를 보이는 손님과 공동중개를 하게 된 중개업소와 1~2시간 동안 수십 통의 통화가 오갔다. 계약에 관련된 사항과 여러 가지 협의사항이 필요하여 전화가 정말 '미친 듯이' 왔다. 평일이야 일상이지만, 일요일에 그런 경우가 생기면 나도 모르게 배부른 생각을 하게 된다.

결국 공부를 거의 못 하다시피 했다. 시간권이 거의 끝나갔다. 돈 내고 통화만 한 기분이었다. 진이 빠져 책상에 앉아 멍하니 잠깐 눈을 감고 있었다. 또 휴대폰이 울렸다. 네이버 Expert 유료상담 신청이었다. 일요일 당일 저녁 시간으로 상담 예약을 한 손님이었다. 일요일에는 보통 상담을 하지 않는다, 죄송하다 양해를 구했지만 급한 건이라며 도와달라고 했다. 유료로 결제하여 상담을 도와달라고, 급하다고 하는 이들마저 거절하기가 쉽지 않았다. 상담을 수락하고 커피 한 잔을 더 사서 집에 들어갔다. 손님은 채팅으로 이야기하기가 어려운지, 전화를 요청했다. 상품은 채팅 상담이 원칙이지만, 전화가 급하다는 이들에게는 전화로 상담을 한다.

통화를 했다. 약 50분가량 통화를 하며 자세히 상담을 도와주었다. 상담

내용은 용인 소재의 본인 상가 점포에 임차인이 계약 기간 중 급하게 명의변경을 해달라고 한단다. 자세하게 어떻게 진행할지, 또 임차인의 요구가 타당한지 등에 대한 내용이었다. 주변 중개업소에 가보면 대답은 뜨뜻미지근 하고 계약서를 써줄 테니 보수를 달라고만 한단다. 보수가 얼마였나 들어보니, 계약서만 써주는 상황임에도 정식 보수에 가까운 비용을 청구한 곳도 있었다. 심지어 상가 요율은 0.9% 이내에서 협의임에도 엄청난 비용을 요구했다. 그 부분은 도의상, 시세상 적합하지 않음을 설명했다. 나는 그런 경우 어떻게 금액을 받는지, 계약서는 어떻게 쓰는지를 설명했다. 비록 2만 원 남짓의 상담 상품이지만 한 명 한 명 최선을 다해 상담한다. 30분이 원칙이지만 지금껏 상담해온 이들 대부분은 40분, 50분이 넘는 이들이 대부분이다. 여담이지만 감사하게도 모두 별점 만점 후기를 작성해주며 현재 네이버에 '공인중개사' 키워드로 검색 시 전국 상위 2위로 검색 노출이 되고 있다. 상담 후 내가 마음에 들었던 손님은 본인 상가점포의 임차인 명의변경 계약서를 써줄 수 있는지 의뢰를 했다.

  용인이라 거리가 멀어 부담이 되었다. 또한 거리가 멀기에 사전에 모든 협의가 끝나고 계약서를 완성하여 출력하고 또 원정을 가서 도장을 찍어야 하는 상황임에 여러모로 번거롭기도 했다. 흔하지 않는 상황이라 고민도 됐다. (물론, 전자계약서 작성 형태가 존재하지만, 나는 아날로그 방식을 선호한다. 그리고, 얼굴을 봐야 더 잘 해결되는 경우가 다반사다.) 하지만 전국팔도를 이런 일로 다녀본다는 것은 좋은 경험이라 생각했고, 내게는 값진 선물들이라 생각했다. 협의된 비용이 크지 않아 고민했지만 내 유튜브를 보고 상담 신청까지 하게 된 이였고 나를 믿어주는 부분에 보답하고 싶은 마음도 있었다.

  상담 손님이자 의뢰인인 임대인이 원하는 상황을 모두 듣고, 법적으로 명의변경을 할 때에 신경 쓸 부분을 확인했다. 먼저 어떤 부분이 가장 필요한지를 확인시켜주었다. 임차인의 번호를 받아 연락을 취했다. 처음 통화 시 임차인의 느낌은 친절하거나 젠틀한 느낌은 없었지만 그렇다고 적대적으로 대하진 않는 느낌이었다. 다만, 현장에서 장사를 오래 한 듯한 중년 남성의 특유한 말투를 지니고 있었다. 말투가 고급스럽다기보다는 현장감(?)이 넘치는 말투였다.

해당 임차인은 시간이 지날수록 불평, 불만이 많았다. 명의변경이 계약서상으로 이름만 바꿔주면 되는 건데 뭘 그리 복잡하게 하려고 하냐는 것, 이름 바꿔주는 게 그렇게 어렵냐는 식으로 날 대했다.

처음 한두 번은 웃으면서 회유의 방식으로 진행했다. 명의변경할 때 변경 전 현재 임차인의 이름을 비롯하여 인적 사항을 특약에 기재하고 양도양수를 하는 부분 먼저 설명했다. 보증금 반환 시 변경된 명의자로 반환하기로 하며 명의변경할 때 다같이 입회하여 보증금을 양도인에게 돌려주고 양수인에게 새로 받아 계약자 변경과 승계에 대한 부분을 확실히 하는 방식을 설명했다.

원칙대로 해서 탈 날 것은 없으니 번거로우셔도 한 번만 시간을 내어달라 했다.

명의변경을 원했던 것은 임차인이었고, 임대인은 확실하게 하기 위해 내게 부탁을 한 것이니 무리한 부탁도 아니었다.

여러 번 통화가 이뤄졌다. 임차인은 본인 주변에 아는 동생이 있는데, 호적상 본인이 빠른이라 형동생으로 지냈는데 계약서에 본인의 주민번호가 나오면 족보가 꼬인다고 했다. 계약 당사자도 아닌데 아는 동생이 왜 계약서를 보는지 의아해서 물어보았다. 내 입장에서는 전혀 납득도, 이해도 되지 않는 이유들을 늘어놓았다. 그 동생이 계약서를 우연히 볼 수도 있다, 형, 동생 사이가 틀어진다는 등의 말로 본인 주민번호를 빼달라고 강력히 요구했다. 사촌 누나에게 명의를 변경하는데 아는 동생이 계약서를 보고 본인의 주민번호를 왜 보는지 도저히 이해는 가지 않았다. 최대한 협의점을 찾아 주민번호는 제외한 나머지 인적사항을 기재해도 괜찮은 방법을 생각해 보기로 했다. 고민 끝에, 주민번호는 이전 계약서를 첨부하여 현재 명의자인 임차인의 정보를 준용하도록 기재했다. 어차피 임차인 명의 변경 계약서이므로, 양도인인 이전 임차인의 주민번호가 기재되어있기 때문이다. 어차피 그렇게 계약서에 버젓이 보이는 주민등록번호를 왜 적지 말라는 것인지 그래서 더더욱 이해가 가질 않았다는 것이다.

불평이 많았던 임차인은 지난번 통화 시에 했던 말을 또 한 번 했다. 나는 처음에는 웃어넘겼지만, 이번에는 참을 수 없어 한마디 했다. 내 기분을 불쾌하게 만들었던 말인 즉슨,

"내가 아는 중개업소들도 많은데 그런 데들은 이렇게 안 해요 그냥 대충해서 이름만 바꿔주면 되는데, 아 그냥 내가 아는 데서 할걸."

처음에도 다소 불쾌했다. 임차인과 다투게 되면 내게도 프로답지 못한 부분이기에 넘겼었다. 두 번째는 더 대놓고, 직설적으로 불평을 하기에 더는 참아줄 이유도 없을뿐더러 전혀 그러고 싶지 않았기에 한마디를 하게 됐다.

"지난번에도 그렇게 말씀하셔서 제가 넘어갔는데요, 거래하는 다른 중개업소들이 어떤 곳들인지는 잘 모르겠지만 제가 잘못한 건 없잖아요? 더 자세히, 문제없이 열심히 하려는 것인데 지난번부터 자꾸 그 말씀을 하시네요!?"

아차 싶었는지, 내게 미안하다고 했다. 그럴 의도는 아니라고 했다.

전화로만 우선 협의점을 마무리하고 계약서 초안을 작성했다.

계약서를 양 당사자에게 문자로 보내고 수정을 원하는 부분을 물어봤다.

임차인의 주민번호를 빼달라는 부분까지 협의가 되었기에 더 요청하는 사항은 없었다. 이전 계약서를 첨부하여 같이 양도하는 것이므로, 새로운 계약서에 추가한 특약 외에는 이전 계약서와 계약조건이 동일함을 명시

했다.

 임대인이 요청한 호텔의 카페에서 만났다. 용인까지 계약서를 쓰러 가며 내심 기분은 좋았다. 우리 동네에서만 중개를 하다가 이따금 먼 동네를 가서 중개를 하면 기분이 묘하고, 좋다.

 먼저 도착해있는 의뢰인이자 임대인인 부인, 그리고 동행한 남편과 반갑게 인사를 나누었다. 참 친절했다. 몇 분간 간단히 대화를 했다. 커피값만 몇만 원이 나왔을 터인데, 임대인 내외가 모두 지불했다.

 그리고, 먼저 도착한 내게 기름값을 하라며 실비 아닌 실비를 소정 챙겨주었다. 연신 거절했지만 내가 제갈공명도 아니고 세 번 이상 거절하긴 어려워 마음을 감사하게 받았다. 내가 노력한 모습에 정말 고맙고 감동했다고 한다. (송파에 언니가 빌라를 갖고 있는데, 언니의 매물도 해결을 해달라는 요청을 했다. 알겠다고, 연락을 달라고 했으나 시간이 지나 계약한 뒤로는 따로 연락이 오지는 않았다.)

 명의변경의 당사자인 양도, 양수 임차인이 같이 왔다. 사촌 관계인 게 맞는 듯해 보였다. 서로 신분증으로 확인을 하고, 커피를 마시며 자연스럽게 계약서에 도장과 서명을 마무리했다.

 내가 항상 느끼는 것은, 사람은 얼굴을 보며 이야기를 해야 한다는 것이다.

 문자보단 전화, 전화보단 만나서 이야기를 하는 것이 해결이 잘 되고, 원만하게 이루어진다. 영업할 때에도, 어떠한 문제를 해결할 때에도 얼굴을 마주 보고 이야기를 해야 한다. 어머니가 항상 강조하셨던 부분이기도 하기에, 나는 그 말씀을 늘 새기고 그 결과 대부분 그 말씀이 옳았다.

 생각보다 까칠하다고 느꼈던 임차인은 만나고 나니 친근했고, 나쁘지 않았다.

 몇 시간 전 통화에 내가 불쾌해 했던 부분이 마음에 걸렸는지 연신 사과를 했다. 만난 지 얼마 안 돼서 한 번, 그리고 계약을 마무리하고 헤어지기 전에도 또 한 번, 연신 미안하다고 했다. (사실 난 뭐라고 하고 나면 바로 잊어버리고 털어버리는 성격이라 전혀 담아두지 않는데, 계속 미안하다고 하니 갑자기 내가 더 미안해지기도 했다.) 그러면서 동시에 여러모로 내 칭찬을 해주었다. 고래도 춤추게 하는 칭찬에 나 역시 기분이 좋았다.

무엇보다 원만하게 마무리 짓고 각자 교부된 계약서를 들고 일어나서 나올 때, 내 중개업의 경험치가 또 한 움큼 쌓였다는 사실이 가장 기뻤다.
채팅으로만 대화하고 끝날 수 있었던 이들이 통화로 이어지고, 상담이 길어진 경우가 몇 번 있다. 수차례 상담을 신청하고 일이 잘 해결되어 내 번호로 기프티콘을 보내준 이도 여럿 있다. 상담을 했던 이 중에는 추후 내게 강의를 요청한 이도 있었다. 알고 보니 복지관의 복지사였는데, 강의 주관 부서의 담당자였다. 청년을 위한 부동산 기초교육이 필요한 찰나에 내 생각이 나서 연락했단다. 목소리도, 얼굴도 모른 채 채팅으로만 끝날 수 있었던 인연을 강의장에서 만나기도 했다. 그럴 때마다 배움을 나누며 지식을 통해 도움을 주는 기쁨을 느낀다. 더불어 급한 도움이 필요한 누군가를 구한다는 것에 뿌듯함이 크다. 매번 느끼지만, 나는 중개업이 정말 잘 맞는다. 일찍 시작한 것에 감사하고, 오래오래 할 것이라 늘 다짐한다.
다음엔 더 멀리도 한 번 가볼 예정이다.
전국 곳곳에 이승주 부동산의 깃발을 꽂을 것이다.

> **Diary Point**
> 개업공인중개사로서 전국의 다양한 중개대상물, 다양한 장소에서 계약을 해본다는 것은 좋은 경험이자 큰 기쁨이기도 하다. 사소한 인연도 만남으로, 다른 인연으로 바뀔 수 있다.

Ep.12 1분도(시간) 1분도(사람) 계약이 된다! 외출하기 전 공동중개망에 보낸 메시지 한 줄로 이어진 소형 창고계약

정말 바쁜 날에는 시간 단위가 아닌 분 단위로 쪼개서 하루 스케줄을 보낸다. 평소 늘 시간 쪼개기를 계획적으로 한다. 캘린더에 메모하는 것을 정말 광적으로 세분화하여 메모하고 기록한다.

이날 역시 시간을 분 단위로 쪼개 일을 하고, 급하게 나가기 바로 전이었다. 외출을 장시간 할 때에는 항상 절전 모드로 컴퓨터를 전환해두고 나간다. 이날도 나가기 전에 혹시 몰라 습관처럼 거래정보망을 잠깐 보았다. 지역별로 가입할 수 있는 거래정보망(협회에서 회원들을 대상으로 전국적으로 운영하는 '한방'과는 다르다. 지역 거래정보망은 별도로 가입한 일정 지역의 회원들만 서로 공유하고 볼 수 있는 연합 형식의 거래정보망이다.)에 내가 보유한 매물을 찾는 적합한 중개업소가 있는가를 둘러보았다. 반대로 나와 진행 중인 손님이 찾는 조건의 적합한 매물을 보유한 중개업소가 있는가를 잠깐 보았다. 그것도 서서, 절전 모드로 전환하기 전에 몸을 굽히고 잠깐 보았다. 평소엔 그렇게까지 보진 않는데, 이상하게 그날은 그랬다. 컴퓨터 '절전모드' 클릭 한 번을 남겨둔 순간이었다. '1층 창고'를 찾는 손님이 있으니 조건에 맞는 매물을 보유한 중개업소는 메시지를 보내달라는 알림을 봤다. 우리 사무실 바로 앞 건물 임대인이 오가며 얘기했던 '1층 창고'가 생각났다. 해당 창고는 내 매물장에 기록도 해두지 않았던, 임대인도 "그냥 누가 있으면 붙여주시고 없어도 그냥 주차장으로 쓰니 편하게 해주세요"라는 말에 크게 신경 쓰지 않았던 매물이었다. 알림 메시지를 보는 순간, 스치듯 머릿속에서 그 매물이 떠올랐다. 금액도 구체적으로 듣진 않았지만, 예전에 창고로 쓰던 이가 있었다고 들었다. 보증금과 월세는 자유롭게 정해도 된다는 말이 기억났다. 그런 매물을 찾는 사람은 흔치 않았다. 한데, 기가 막히게 '1층 창고, 남성역 1~2분 거리, 평지, 소형, 보증금 300만 원 이내, 월세 30만 원 이내'의 조건을 찾는다는 손님이라니! 그런 매물은 동네에 잘 없을 거라는 생각을 했다. 나가기 전, 서 있는 상태로 머릿속에 있는 매물의 지번 위치, 특징, 평수, 상태, 금액 등을 자세히 적어 메시지를 보냈다.

딱 맞는 조건의 매물이 당연히 몇 개 없었을 것이고, 그중에 가장 적합한 매물이라고 생각되었는지 바로 전화가 왔다. 나는 이미 외출한 상태였지만 혹시 몰라 외출 전 잠겨있는 해당 창고의 자물쇠를 풀어놓았다. 임대인에게 전화로 허락을 받아 보여주기로 했다. 해당 중개업소에서 손님을 데리고 왔다. 중개업소와 전화를 통해 손님이 필요한 협의 사항이나 궁금한 부분에 대한 문의에 설명을 했다. 내 일을 보면서 중간중간 통화로 설명할 수 있었던 것은 상대편 중개업소가 손님을 데리고 온 덕분이었다. 더군다나 모르는 중개업소가 아닌 아는 중개업소였기에 내가 자리를 비워 동행할 수 없고 현장에서 안내를 못 하더라도 상황을 이해해줄 수 있었다는 것이다.

작은 금액의 매물이라도 반드시 매물을 보유한 중개업소가 동행하고 안내를 해야 하는 것이 원칙이다. 신뢰할 만한 중개업소가 아니고서야, 물건지 중개업소에서 상대편 중개업소의 손님을 데리고 왔을 때 안내해야 함이 **첫째**다. 둘째로 잘 모르는 중개업소이거나 비도덕적인 중개업소들은 현재 거주 중인 임차인이 있다면 그늘을 통해 임대인의 번호를 알아내 소위 '물건을 따는' 경우가 있기에 거래를 뺏기면 뒤통수를 맞을 수도 있기 때문이다. 항상 경계의 끈을 놓치지 않아야 하는 중개업 세계이다. 물론 **매물이 확실한** (나에게만 맡겼거나 나와 임대인, 기존 임차인 혹은 매물을 볼 임차 예정자가 가까운 사이) **경우라면 걱정 없다.** 하지만 계약이 될 경우 보수를 받아야 하는데 안내 한 번 안 가고 계약서만 써주고 계약을 하면 한 게 없어 보일 수 있기에, **최선을 다해야 한다.** (내가 손님을 데리고 간 경우에 임대인 측 물건지 중개업소에서 와보지도 않고 계약서만 쓴 경우는 실제로 많다. 글을 쓰는 시점 기준, 엊그제도 방배동의 한 중개업소에서 장승배기역의 매물을 알려줬다. 나는 두 번이나 손님을 데리고 현장에 다녀왔으나 해당 중개업소는 현장에 한 번도 오지 않고 계약서만 작성하는 것으로 계약이 됐다.)

나는 한 번도 도의에 어긋난 행동이나 중개업 룰을 어긴 적이 없다. 가능한 항상 꼼꼼히 안내한다. 다만, 이런 경우의 중개도 있었음을 남기는 것이다.

그래서 중개 일기이고, 다른 평범한 계약 건들은 워낙 많고 일반적이라 일일이 적지 않을 뿐이다. 내 중개 일기에 담는 사례들은 독특하거나, 특이하거나, 기억에 남을 상황 등을 담는다.

이번 계약은 일사천리로 진행되고, 바로 다음 날 계약서를 작성했다.

이렇게 외출 전에 컴퓨터를 끄기 전에 보낸 1분의 메시지, 그리고 매물을 기억해 둔 덕에 마침 딱 한 번 만에 계약을 맺을 수 있었다.

임대인에게는 계약 후 적은 보수이지만 약간 할인을 한 금액을 말했다. 예전 거래 시에는 깎아달라고 부탁했던 임대인이, 이번에는 내가 먼저 알아서 깎아주었음에도 보수를 다 주었다. 전화를 걸었다. "사모님 안녕하세요, 보수 조금 깎은 금액으로 달라고 말씀드렸는데…… 다 넣어주셨네요. 마음 써주셔서 감사합니다."

임대인 사모님이 되려 더 고맙다는 인사를 했다.

글을 쓰는 현재는 해당 건물의 임대인 사모님이 내게 아예 전속으로 맡겨준다. 주택과 상가가 한 호수씩 매물로 나왔는데, 감사하게 상가 호실은 주택 용도로 거주할 임차인들이 구해져 단독중개로 계약서를 작성했다.

감사한 마음과 좋은 인연은 이어질 것으로 생각한다.

> **Diary Point**
>
> 생각보다 쉽게 계약이 이뤄지는 경우도 종종 있다. 그리고 반드시, 모든 계약은 1%의 확률부터 시작한다. 내가 잠깐 서서 절전 버튼을 누르기 전, 그 메시지를 보내지 않았었다면? 그 창고는 지금도 계속 비어있었을 것이다.

Ep.13 단기 임대차 계약을 원하는 대기업 거래처, 고정 거래처가 되다

개업 5년 차가 된 2023년, 큰 맘 먹고 계획했던 것 중 하나를 실행하기로 했다. 기존의 '시작좋은공인중개사사무소'라는 명칭을, '이승주공인중개사사무소로' 바꾸는 것.

항상 그런 생각을 했다. 전문직들을 보면 간판에 ○○○법무사, △△△변호사, □□□세무사 등 본인의 이름을 걸고 운영을 하는 이들이 많다. 물론, 공인중개사가 그 정도의 전문직이 아니지만, 적어도 이름을 걸고 운영할 만큼 책임감을 갖고 자신의 이름을 브랜딩하는 것이 참 좋다는 생각을 해왔다. 성격상 한 번 생각이 들고 마음이 움직이면 꼭 해야 하기에 메모해둔 것을 2023년이 되고 바로 실행했다. 구청에 상호변경 신고가 끝나고 간판도 바꾸었다.

◀ 2023년 1월 17일, 이승주 공인중개사사무소로 상호를 변경 완료하고 찍은 사진

이번 계약은, 이승주공인중개사사무소로 상호를 변경한 첫 날, 기분 좋게 바로 이루어진 계약이었다. 친한 지인에게 연락이 왔다.

"혹시 단기 계약 가능한 매물도 취급할 수 있어?"

단기도 나름이지만, 자주 있는 계약의 종류는 아니기에 자세히 물어보

았다. 3개월의 단기임대차로, 월차임 약 150만 원 이내에 대중교통으로 출퇴근할 수 있는, 대기업의 휴대폰 안내 이벤트를 하는 CS 사무실이었다. 전화 상담실이라? 단기로? 처음에 들었을 때 친한 지인이 아니라면 보이스피싱 혹은 이상한 떴다방 같은 것으로 의심했을 것 같다.

내용을 들어보니, 반년~1년 안으로 빠르게 새로 출시되는 S전자의 휴대폰이 나올 때, 체험을 할 수 있도록 홈페이지에서 신청자를 받는다. 신청을 하고 나면 서울의 아쿠아리움 등 제휴된 장소 중 한 곳에 갈 수 있다. 해당 스폿에 직원이 대기를 하고 있고, 휴대폰을 빌려 그 휴대폰을 들고 해당 스폿을 무료로 체험하며 휴대폰으로 촬영도 해보고, 기능을 사용해보는 이벤트였다. 입장료가 몇만 원을 호가하는 스폿들에서 새로 나온 휴대폰을 빌려서 무료로 입장하고 체험도 해볼 수 있다니, 적어도 밑질 일 없는 이벤트였다. 선착순으로 인원을 받고 신청한 인원들에게 설명해 주는, 그런 이벤트 안내 CS센터였다. (여담으로, 계약 후 나도 홈페이지에 들어가서 직접 신청한 후에 혼자 아쿠아리움도 다녀와 봤다.)

내용을 자세히 알아보게 됐다. 내가 갖고 있는 매물로는 모두 소화할 수 없었기에, 공동중개 요청을 해야 했다. 내용을 자세히 알아야 공동중개 업소들에 설명하고 매물을 소개받을 수 있기 때문이었다. 다른 중개업소들은 나보다 의심이 더 심했다. 특히, 단기는 임차인이 자리를 깔고 퇴실을 안 하면 명도하는 데에 오랜 기간이 걸리므로, 단기로 인한 부작용을 우려하는 곳이 많았다.

다행히 매물 7개 정도를 만들어놨다. 매물을 '만들었다'라는 표현을 쓴 이유는, 공실 매물에 단기 임대차, 기업에서 요구하는 기타 임대차 조건을 임대인과 협의한 상태에서 매물을 보여주어야 유효하기 때문이다. 공실인 물건의 임대인에게 공실 기간을 줄이고자 3개월만 다른 세입자를 받아주십사 부탁하여 허락받아야 했다. 입주를 빨리, 그것도 거의 계약 후 바로 해야 하는 조건이었다. 솔직히, 쉽지 않았다.

대행사 과장님과 에이전시 실장님이 사무실을 왔다. 첫날 차를 타고 7~8개를 이동하며 보았다. 상도동, 사당동, 봉천동, 방배동, 남현동을 돌아다니며 만들어둔 매물을 하나씩 보았다. 몇 개를 더 추려 매물 중 가장 괜찮은 곳들을 후보지로 두었다.

최종적으로 3곳의 후보지, 그리고 후보지별 특색과 위치, 조건을 정리해서 문자로 남겼다. 담당자인 과장님은 보고를 올린다고 했다. 최종적으로 그 중 사당역 부근의 남현동 한 곳을 결정하기로 했다. 협의가 필요한 조건들이 피드백으로 왔다. 렌트프리와 월세 협의, 보증금 조정의 문제였다. 보증금은 단기여도 안전장치가 필요하다고 판단한 임대인은 협의해 주지 않았다. 충분히 상황설명을 하고 돌려받을 돈이기에 임대인 입장을 이해하자고 조율했다. 계약 기간 협의도 모두 끝났다. 2월 첫 날부터 4월 말까지 임대차를 하기로 했다. 사전에 인터넷 등 세팅을 할 수 있는 시간 2일을 무상 사용 기간(렌트프리)로 요청했다. 잔금을 미리 치르고 바로 현장 세팅을 시작했다.

단, 단기 임대차이기에 임대차 기간 중에 다음 임차인을 보여주는 데에 적극 협조하는 조건으로 임대인의 조건을 맞췄다. 시간과 담당자를 정하여 미리 연락하고 오는 조건으로 불편함을 조정했다. 그렇게 3개월 단기 팝업 일정이 잘 끝나고 깔끔하게 명도를 했다. 당시 담당자들은 "다음에도 또 부탁드릴 것 같네요. 정말 잘해주셔서 감사해요"라고 했다. 으레 하는 인사겠거니 했다. 나 역시 으레 하는 인사로 "언제든 또 연락주세요"라고 했다. 사실, 보수를 잘 깎아주는 나도, 이번 단기 임대차 계약의 경우엔 보수를 많이 깎진 않았다. 기업에서 직접 매물을 구하는 것이 아니라 대행사나 에이전시를 통해 구하는 것이라 조건이 쉽지 않고 느낌상 많이 타이트하게 쪼이는 느낌을 받아 여러모로 약간 고생스러웠기 때문이다. 임대인 쪽 중개업소에서는 계약 후 연락이 왔다. 단기 임대차라 보수도 제대로 못 받고 원룸 수준으로 밖에 못 받고 끝났다고 한다. 나는 감사하게 그것보단 훨씬 많이 받았다. 여담이지만, 단기 임대차 역시 법정 보수를 청구할 수는 있지만, 실무에서 그렇게 지급하는 경우는 거의 드물다. 동네별, 중개사별 계산 방식이 조금 다른 듯하다.

'개월 수 × 월세 ÷ 12'를 하는 이도 있다. 예를 들면, 3개월×월세 150만 원을 계산하면 450만 원, 나누기 12를 하면 37만 5천 원, 이런 식이다. 정상적인 상가 임대차 계약의 계산 방식은, 보증금 + (월세×100)에 요율 0.9%를 곱하고 이 금액 이내로 협의한다. 이번 계약을 예로 들면, 보증금 3천만 원 + (월세 150만 원×100) = 1억 8천만 원이니, 여기에 0.9% 이내 협의로 162만 원 이내에서 협의한다. 단기 임대차는 위의 금액 폭 (37만 5천 원과 162만 원. 부가세는 사업자별로 간이 또는 일반 별도 계산한다.) 안에서 결정하고, 협의한다.

서로 으레 하는 인사처럼 "연락해 주세요"라던 인사가 몇 개월 후 다시 연락이 왔다. 이번에 한 분기만에 또 새로운 휴대폰이 출시되었고, 지난번에 진행해 본 것처럼 한 번 더 구하자는 것. 이번엔 4개월이었고 지난번 15평 전후의 사이즈보다 조금 커야 했으며, 금액이 더 높아졌다. 7월 더운 여름 다른 담당자가 왔다. 시원한 아메리카노 한 잔을 대접하며 매물 여러 곳을 또 만들어 차로 이동했다. 오전 일찍부터 상도동을 시작으로, 지난번처럼 다양하게 차로 이동해서 현장을 가보았다. 그래도 한 번 해보아서 그런지, 지난번보다 수월한 느낌이었다. 내용을 이해하고 있고 한 번의 경험이 있었기에 더 가벼운 마음이었다.

이번에는 상도동 숭실대입구와 상도역 중간의 신축건물이 최종 후보지가 되었다. 해당 매물은 인터넷으로도, 앱으로도 임대인이 공공연하게 어떤 중개업소든 보고 계약을 할 수 있게 올려둔 '온 동네 매물'이었다. 내가 물건을 만들어서 진행을 해도 됐으나, 숭실대에 새로 개업하여 현재 자리를 잡아가고 있는, 상황이 조금 어려운 중개업소 실장님이 생각나 전화했다.

"상도동 □□□-□□ 매물이 나왔어요. 거기 물건이 있으니까, 임대인에게 전화하셔서 매물 보러 간다고 해주세요. 매물 알려드리는 거니까, 물건지 중개업소 하세요. 제가 공동중개로 같이할게요."

그렇게 평소 알고 지내던 실장님에게 반을 나누어 내가 할 수 있던 매물을 공동중개로 진행했다. 매물을 같이 보았다. 단기임대차의 조건에 임대인은 꺼림칙해 했다. 원래대로라면 임대인 쪽 매물을 중개하는 숭실대의 실장님이 전화를 해서 임대인과 조율해야 하는 게 맞다. 그 실장님은 뭐라고 설명해야 할 지 모르겠다며 내게 전화를 해달라 했다. 할 수 없이 내가 임대인과 전화 통화를 시작했다. 긴 시간 자세히 설명했다. 처음에 경계하던 임대인은 긴 시간의 통화 후 나를 신뢰했다. 그 후로 임대인은 숭실대의 부동산 실장님에게 전화를 하지 않고 직접 내게 연락했다. 임차인, 임대인 양쪽 모두와 계약 단계까지 직접 협의를 마쳤다. 계약할 날을 잡았다. 계약서를 작성할 날짜를 잡고 한시름을 놓은 시점, 내가 아직 열람을 못 해본 관계로 미리 숭실대 쪽 중개업소에 열람을 요청해 두었던 등기부 사진이 왔다. 가압류가 걸려있었다. 당황스러웠다.

내용을 알고 보니, 신축으로 건물을 시공한 건축회사에서 잔금을 받기 위해 걸어둔 돈이라고 했다. 임대인은 가압류권자가 압류 건 것도 모르고 있을 만큼 부지불식간에 일어난 일이라고 했다. 그리고 내용을 보니 약속된 공사 내금보나 추가금을 달라고 하며 금액을 더 청구하여 옥신각신하다가 공사 업체에서 걸어둔 돈이라 했다.

가압류는 경우가 다르기에 계약 일자를 조정해야 할지, 아니면 특약에 설정하고 임대인이 계약 후 잔금 전까지 가압류를 말소해 줄지 의논했다.

임대인은 법원과 통화한 내용과 압류 내용을 서류로 뽑아 계약 시 갖고 왔다. 그리고 압류를 공탁을 걸어 풀기로 했다. 해당 내용을 자세히, 꼼꼼히 특약에 기재했다.

임차인 쪽 법인에서는 가압류에 대해 이슈가 되어 걱정을 했다. 당연히,

그럴만했다. 그에 관해 임차인 쪽에 불리함이 없도록 특약을 꼼꼼하게 작성했다.

　물론, 이 역시 물건지인 상도동의 중개업소에서 해주어야 했던 게 맞다. 하지만 넋만 놓고 있는 실장님, 대표는 얼굴도 비추질 않고 사실상 자격증만 걸어 둔 상태였다. 그리고 임대인과 임차인 양쪽은 이미 나하고만 진행하는 '단독중개'라고 인식이 되어있는 듯했다. 그렇게 모든 협의와 진행은 내가 했다. 2시간가량의 긴 시간을 통해 계약을 무사히 마쳤다. 법인이기에 대표가 오지 못한 관계로 법인 위임, 인감증명과 사용인감계, 법인 대리인의 신분 확인 등을 꼼꼼하게 진행했다. 계산서 발행 부분과 사소한 부분까지 계약 장소에서 모두 마무리를 지었다. 2시간 내내 꼼꼼하게 여러 서류들을 보고, 설명하다 보니 진이 빠졌다. 그래도 혼자 신축 건물의 가압류가 걸린, 대형 법인과의 계약을 진행하다 보니 실력이 쭉쭉 늘어나는 기분이 들었다. 계약 후에 속으로 생각했다. '아, 내가 혼자 다 했는데 보수는 반을 나눠야 하네. 이럴 거면 혼자 단독중개로 양쪽 해드릴걸 그랬다. 너무 힘드네.'

　정말 말 그대로였다. 늘 좋은 일을 하는 게 좋은 거로 생각했던 나도 사람인지라 이번 계약은 거의 다 나 혼자 진행했는데 공동중개로 반을 나눠줘야 함에 조금 억울했다. 하지만, 내가 먼저 제안했고 상황이 힘들어 우울해 보이는 실장님은 내게 고맙다고 연신 인사를 했다. 개인적으로 내가 그 실장님 입장이었다면, 받은 보수의 일부를 수고비로 주거나 적어도 두루마리 휴지나 커피믹스 하나라도 사다가 사무실에 주었을 것 같다. 심지어 보수도 적지 않았으니 말이다. 정말 내가 100중 99를 혼자 마무리했다. 공동중개에서 그렇게 혼자 일을 다 해본 경험은 처음이었다. 그리고 마지막이었길 바란다. 여러모로 복잡한 계약이었고 서류도 구비할 게 많아 참 힘들었지만, 성취감이 컸던 계약이었다.

　누군가가 베푸는 호의는 당연히 받아도 되는 권리가 아니다. 호의를 호의로 알고 고마움을 표현해야 다음 호의가 이어진다. 이 부동산 실장에게는 여러 번의 호의를 베풀었다. 이번 계약뿐 아니라 지인들의 매물을 소개해 주고 단독중개 계약도 몇 번 하게 해주었다. 내 손님도 몇 번 데리고 가서 계약을 같이했었다. 돌이켜보니 제대로 된 인사 한번 못 받았다. 호의가 권리가 된 것 같았다. 이제 그 중개업소에는 더 이상의 호의는 어려울 것 같다. 내가 받은 호의는 물론이거니와 고마움도 느낄 수 없었기 때문이다.

여담으로, 임대인은 공교롭게 우리 어머니의 친척 격인 집안사람이었다. 고향도 비슷한 부분을 보아 어머니 예상으로도 지인의 아들 정도 되지 싶다 하셨다. 처음 만났을 때 분위기를 전환할 용도의 목적 정도로 얘기를 꺼냈기에, 자세히 묻지는 않았다.

계약한 매물은 신축 첫 입주라 매우 깔끔했으나 단점은 냉방, 조명 시설 일체가 아무것도 구비되지 않았다. 주차와 엘리베이터, 시설 등은 매우 좋았다. 계약 전까지 여러 번 통화했던 임대인은 나를 좋게 봐주었다. 그 덕에 계약 시 여러 편의를 봐주기도 했는데, 그중 하나는 단기로 사용이니 예외적으로 주차비를 이번만 받지 않기로 한 것이다. 또한 임차인이 자비로 손을 보기로 한 부분도 절반을 부담해 주기도 했다.

앞으로 본인의 매물도 계속 진행해 보라는 제안을 받기도 했다. 여러모로 고생한 만큼 실력을 인정받은 계약이었다.

임차인인 법인도 이번에 두 번째, 각각 다른 담당자와 진행하면서 두 명 모두 본사 쪽에 좋은 피드백을 해주었다고 한다. 그 후 위의 부장급까지 직접 연락이 왔다.

지난번의 계약 프로세스처럼 동일하게 렌트프리와 세팅 기간을 거쳤다.

그리고 약속대로, 우려했던 압류 건을 해결했다. 잔금 전에 압류를 말소하여 말소내역과 압류를 해제한 서류를 증빙 받았다.

그렇게 4개월이 잘 마무리되고, 계약은 끝났다.

그 여름이 지나 개업 6년 차가 되어가는 무렵이었다. 얼마 전 다른 담당자로, 바뀐 에이전시 실장이 연락을 주었다. 이번엔 본사에서 직접 담당자가 오진 않고, 에이전시에서만 연락이 왔다. 지난번보다 더 급하고, 더 조건이 어려우며, 매물이 훨씬 적은 상황이었다. 게다가 심지어 임대차 기간이 2개월 훨씬 어려운 조건이었다. 12월 말에 매물을 구하기 시작하는데, 12월 말에 바로 세팅이 들어가야 한다고 했다. 즉, 거의 오늘 내일 안으로 구해야 하는 수준이었다.

그럼에도 꾸역꾸역 매물 몇 개를 추려 만들었다. 그리고 늦은 저녁 만나 임장을 했다. 그중 마음에 드는 매물을 추리는 중간에 매물을 구하는 조건이 모두 바뀌었다. 금액과 수용인원, 평수가 모두 늘어났다며 새롭게 알아봐 달라고 했다.

23년 12월 24일 크리스마스 이브, 일요일임에도 매물을 보러 나갔다. 크리스마스 날까지 매물을 취합하여 보고를 올려야 한다고 했다. 어쩔 수 없이 크리스마스 이브에 쓸쓸한 마음(?)을 안고 사무실에 나와서 일을 했다. 나온 김에 에피소드도 적었다.

안타깝게 이번의 단기 임대차 연속 계약 건의 인연은 이어지지 못했다. 타 중개업소에서 계약한 것은 아니고, 예산과 조건이 너무 타이트했기에 에이전시 실장의 지인 건물을 단기로 빌리기로 했단다. 하지만 이후에도 연이 닿는다면 나는 매번 최선을 다할 것이다.

> **Diary Point**
> 개인이나 법인이나 한 번 원활한 관계가 형성되고 좋은 계약을 이루게 되면 다음부터 그 중개사가 생각나게 돼있다. 두 번째부터는 익숙함과, 친근함이 추가되어 '고정거래처'가 될 수도 있다.

02 사람과의 관계 - 중개업은 모두 사람과의 관계이며 예의와 관계된다.

중개업 초반에 꼭 가져야 할 마음과 계획

중개업 초반에 가장 주안을 두어야 할 것은 '자리를 잡는 것'이다. 자리를 잡는다는 것의 의미는, 본인만의 업무 프로세스를 만들고 중개업에 익숙해지는 것, 매출을 안정적으로 늘려나가는 것 크게 두 가지 의미다. 그러기 위해서는, 공격적인 영업으로 매물을 확보하는 방법에 총력을 기울일 수도 있고, 블로그 등을 통해 양질의 글을 포스팅하며 본인을 홍보하고 사무소를 방문하게 할 수도 있다. 초반에는 계약이 바로 나오지 않고 개업을 위한 지출이 많이 된 상태라 보통 마음이 급하다. 6개월은 버틴다는 마음가짐으로, 6개월 후부터 갈고닦은 실력을 보여주겠다는 마음가짐을 갖고 차분히 하나씩, 꾸준히 일궈내는 것이 좋다. 씨를 뿌리고 밭을 갈고 잘 키워 수확할 수 있듯이 말이다. 빠르면 3개월, 늦으면 6개월 정도부터 매물도 쌓이고 현장 안내 경험이 늘어나며 계약 건수가 쌓이기 시작한다. 그때부터 가속도가 붙고 경험치를 쌓으면서 사무실에 본인만의 시스템을 갖추기 시작한다. 시간이 지나다 보면 결국 한 자리에서 오래 자리를 지키고 있는 중개사무소가 사람들의 눈에 익어 한 번쯤 들어오시는 경우가 많아진다. 나도 개업 후 몇 년이 지나면서 방문해 주는 손님들이 매우 많이 늘었다. 온라인을 통해 오는 이들, "여러 번 지나다녔는데 한 번 와봤다"며 온 이들도 많다. 길을 물어보는 분들, 시세나 주변 개발 호재에 관해 물어보는 이들도 많다. 초반에는 이런 이들이 와도 낯설고 긴장이 될 수도 있다. 이는 시간이 지나면서 자연스럽게 익숙해지니 걱정하지 않아도 된다. 개업 초반의 많은 이들이 쓴 글을 보다가, 어떤 이는 손님이 오면 없는 척 숨었다는 글을 보고 혼자 웃은 적도 있다. 이 경우는 심한 경우이지만, 그이도 나중에는 익숙해졌고 지금은 중개업을 잘하는 것으로 안다. 먼저, 고정 거래처를 많이 만들고 '내가 편한 손님'의 숫자를 늘리는 것을 추천한다. 자연스럽게 어느 정도의 고정 수입이 나오게 될 것이다. 가깝고 편한 지인들부터 실전 경험을 쌓을 겸, 연습할 겸 배워가며 일을 하다 보면 손님에 대한 응대 스킬이나 노하우를 자연스레 체득할 수 있다. 수입적인 부분에서는 뭐니 뭐니 해도 최우선이자 VIP인 이들은 '계약 손님들'이다. 계약 손님들의 재방문, 계약 손님들의 소개로 온 실수요 손님들은 VIP를 모시는 마음가짐으로 매 순간 최선을 다해야 한다.

나 역시 주된 매출은 나를 알고 오는 이들, 기존의 계약 손님들, 계약 손님들의 지인들이다. 이것이 내 계약의 성공률, 소위 말하는 '타율'이 매우 높은 이유다. 최근에 폐업했으나, 당시 역세권, 번화가 대로변에 위치한 중개업소가 있었다. 해당 사무소의 대표가 종종 전화로 본인의 이야기를 하기에 몇 번 이야기를 들어준 적이 있다. 한 시간에도 몇 명씩 손님이 왔으나, 계약률이 매우 낮아 하루는 바쁘고 빠른데 실제 한 달 매출 중 사무실 월세와 기타 렌탈 비용 등을 모두 제하면 200만 원 남짓 가져간다며 내게 하소연했던 기억이 난다.

여러분이 선택할 방향성이 있다. 대로변에 혹은 아파트만 중개하는, 권리금과 회원제로 회비가 많이 붙은 자리를 들어가는 방법, 온라인으로 승부하거나 매물 개수로 승부하여 질보다 양으로 가는 방법도 있다. 또는 나의 방법처럼 수동적으로 매물을 접수받지만 의뢰받은 매물에 집중하고 손님을 예약제로 시간약속을 하여 맨투맨으로 한 명 한 명을 계약까지 최선을 다해 이끌고 가는 '양보다 질'로 승부하는 방법도 있다. 나는 겸업을 여러 개 하는 특성상 로드 손님, 워크인 손님보다는 소개나 연락을 미리 해준 손님과 사전에 충분한 시간을 보낸 후에, 만나서 매물을 한 번에 정리하고 계약을 이끌어내는 쪽으로 주로 진행한다. 중개업의 영업 방식은 매우 다양하기에 정형화시킬 수는 없지만, 운영하다 보면 본인의 시간과 상황에 가장 잘 맞겠다 싶은 부분이 생긴다. 수입이 지속해서 늘어나고 꾸준하다면, 그 방법에 문제가 없다고 생각하면 된다. 나중에는 지금 관리하는 매물들과 손님들만으로도 너무 벅찰 때가 올 것이다. 그때 직원을 채용할 고민을 해도 늦지 않다. 나 역시 그랬다.

소개를 받아 온 손님들과 좋은 후기를 보고 온 손님들은 이미 절반은 따 놓은 당상이다.

나의 경우 계약건수와 사무실이 비례하며 무척이나 바빠지게 된 몇 가지 계기가 있다.

순차적으로 노하우와 방법을 나열해보겠다. 이 프로세스를 익혀두고 계획을 세우면 매출 향상과 중개업 초반의 방향을 잡는 데에 도움이 될 것이라 생각한다.

1. 기존 지인들의 확보와 계약

'사당동', '사당', '남성'하면 나를 떠올리게 만들었다. 주변에 누가 이 동네에 집을 구한다고 하면 내게 연락이 올 수 있게끔 했다. SNS도 좋고 지인들을 만나 자연스럽게 얘기를 해도 좋다. 반복되고 잦아도 상관없다. 꼴사나운 자랑만 아니면 된다.

이 방법은 시간이 지나면서 점점 가속도가 붙었다. 내 이미지를 만들어 가는 것에 큰 도움을 줬다. 특히 앞서 언급했듯, 초반에는 초보이며 경험이 많이 없기 때문에 거래를 많이 해 본 임대인이나 나이가 많은 이들에게는 '초보'라는 이유로 무시를 당할 수 있고 허점을 잡히기 십상이다. 사바나 초원에서 가장 약한 사슴 수준이기에, 누군가의 먹잇감이 되는 것이다. 초반에 어려운 사람들, 어려운 상황을 자주 겪으면 자신감을 잃고 이 일에 대한 의심이나 회의가 빨리 찾아와 일을 오래 할 수 없다. 트라우마도 남을 수 있기 때문에 지인들, 친한 지인들 위주로 경험해 보고 계약을 이끌어 나가야 한다. 나 역시 처음에 그 방법으로 진행했고, '돈을 받으며 일을 배우는 건데 얼마나 기쁘고 좋아?'라는 생각을 수백 번 되뇌며 감사하는 마음을 갖고 일했다.

2. 계약 손님들의 재방문

그렇게 1년, 2년이 지나가면서 자연스럽게 계약을 여러 건 하게 되고, 계약하는 과정에서 꼭 마무리까지 최선을 다했다. 궂은일, 불편한 일도 마다하지 않고 계약한 손님의 입장에서, 손님의 가족이라는 생각으로 임했다. 감사 인사도 끝까지 잊지 않았다. 좋은 습관 덕에 계약 손님들이 다시 방문해 주었다. 앞서 1번의 경우처럼 계약한 손님이 모두 다 지인일 수는 없다. 비율상 높은 비중일 뿐, 당연히 모르는 이도 다수 계약을 했다. 그렇게 좋은 인연이 되는 경우들도 많았다. 그 사람들이 이사를 먼 동네로 가지 않는 한, 한 번 거래했던 중개업소를 다시 찾아줄 확률이 매우 높다. 그 손님들의 숫자가 늘어나면서 자연스럽게 다음 계약도 이어지게 됐다. 또한 재방문 손님의 경우 한 번 같이 계약해 본 경험이 있기 때문에 신뢰감이 형성되어 있다. 또한 서로의 스타일을 알기 때문에 진행이 더욱더 수월하다는 장점까지도 생긴다.

내 경험상 다음 집을 구하러 또다시 방문한 이들을 기준으로 10중 8 이상은 다시 계약을 해주었다. 심지어 다른 동네를 가더라도 내게 의뢰를 해준 경우도 많다.

3. 소개 손님들

　재방문 손님들, 계약 손님들, 지인들의 소개로 알음알음 연락이 정말 많이 오기 시작했다. 2년 차 정도부터였던 것 같다. 5년 차가 넘은 지금은 거의 매일 일상이 되었다. 소개를 누가 했느냐에 따라 그 사람의 성품과 언행이 천차만별이기도 하다. 하지만, 기본적으로 소개를 받아 연락해준 이들의 공통점은 '실수요자'라는 것. 손님 한 명 한 명이 매우 귀한 중개시장에서 손님이 먼저 연락을 준다는 것에 대한 큰 감사함을 늘 새겨야 한다. 식상하게 들릴 수 있다. 주변에 오래된 중개업 사장님들도 차갑게 얼어붙은 경기 속에서 속속 문을 닫고 있다. 그만큼 손님이 귀하고, 중요하다.

　그렇게 온 손님에 대해 가장 처음 내가 가까워지기 위해서 하는 방법이 있다. 소개해 준 이를 칭찬하고, 소개받은 이와 공통 분모를 찾는 것이다. 가장 빨리 경계를 허무는 것은 공통점을 찾고 동질감을 느끼는 것이다. 사람은 집단에 속해 살아가는 존재이고 특히 우리나라 사람들은 학연, 지연, 혈연이 강한만큼 소개로 인한 손님은 공통 분모가 키포인트다. 물론, 이 부분이 아킬레스건이 될 수도 있다. 이따금 양날의 검이 되는 경우도 있다. 예를 들자면, 내가 너무 힘들게 계약을 해준 손님인데, 그 손님의 지인 역시 같은 타입이고 또 수익은 적은데 너무 힘든 중개의 경우였다. "다신 이런 타입, 이런 금액에 이런 돈 받고 일 못하겠나" 하고 혀를 내두를 만큼 힘들었던 손님. 힘듦을 버텼기에, 그만큼 그 손님은 내게 다른 곳과는 다르다며 감동을 하기도 했다. 다른 중개업소들에서 포기한 손님을 내가 참고, 또 참으며 끝내 계약했으니까 말이다. 그 손님의 지인도 같은 케이스였고, 그렇게 두 번이나 매우 힘든 적이 있다. 심지어 소개받은 손님은 안타깝게도 고생은 고생대로 하고 계약도 하지 못했다.

　하지만 이 책을 보는 분들은 대부분 중개업을 처음, 그리고 오래 하지 않은 분들이 많을 것으로 생각한다. 꼭 드리고 싶은 말씀이 있다.

'초반에는 어떤 경험이든 뼈와 살이 된다'는 것이다.

20대, 내가 각종 힘든 일, 궂은일을 밤낮 없이 해보면서 느꼈던 것이다.

30대에 그렇게 일을 하면 안타깝다는 말을 들을 수도 있다. 하지만 20대 때는 멋있다, 대단하다는 말을 들을 수 있다. 중개업 초반도 사회를 처음 경험하는 20대의 마음으로, 부딪쳐보면 모든 것이 다 남는다는 생각을 하시길 바란다. 그렇게 갈고 닦아지면, 어느순간 보석이, 베테랑이, 고수가 되어있을 것이다.

그리고 소개 손님들의 숫자는 점점 늘어나고, 또 다른 소개 손님이 여러분을 기다리고 있을 것이다.

4. 유튜브를 통해 오는 손님들

유튜브를 4년째 꾸준히 하다 보니, 구독자가 자연스럽게 꾸준히 늘었다. 1.5만 명이 돼가는 시점인 지금도 많은 구독자들이 다녀갔다. 계약도 많이 이루어졌다. 처음 계약해 주었던 유튜브 구독자는 정말 참 힘들었던 기억이다. 그이와 계약할 때 당시 구독자가 3천 명 전후였던 것 같다.

부동산 지식, 정보를 올리다 보니 부동산의 지식에 대해 공부를 하고 꼼꼼히 알아보는 이들 위주로 방문한다. 그러다 보니 자연스레 중개의 난이도가 상향평준화 되어 더 꼼꼼하고, 깐깐하게 보게 되는 것이다. 자연스레 법률적, 지식적인 상담에 할애하는 시간 또한 보통 손님의 몇 배가 든다. 구독자가 온 만큼 내 사명감도 커지기에 과하다 싶을 정도로 열심히 하기도 했다.

유튜브 구독자들을 통해 유료 상담도 많이 진행한다. 네이버 Expert 상담을 진행해 보면, 많은 이들이 유튜브를 보고 상담 신청을 했다고 한다. 글을 쓰는 오늘도 구독자가 방문 상담을 하기도 했다.

다음으로 앞서 중개 일기에 소개된 스토리 중 하나, 유튜브 '자취남'의 월세 지원프로젝트 중개사로 참여한 덕도 있었다. 자취남은 워낙 유명한,

대형 유튜브 채널이기 때문에 그 유튜브에 출연한 것만으로도 동네에서 나를 찾는 이들은 "저 부동산 사장님 유명한 분이야"라는 말을 들은 적도 있다. 그리고 인연이 이어지고 있는데, 책 출간 무렵 다른 콘텐츠로 자취남 채널에 한 번 더 출연하게 될 예정이다.

내 유튜브를 보고 오는 이들은 나와 접점이 크지 않고, 공통된 지인들도 없기 때문에 사실상 로드나 워크인 손님보다는 조금 낫고 지인보다는 현저히 적은 친밀도라고 생각하면 된다. 따라서, 집을 보고 연락을 하다가 잠수는 타는 이도 많았다. 집을 보고 계약 의사를 알려주기로 했는데 연락이 없어서 연락을 해보면 이미 다른 데에서 계약했다는 답도 많이 받았다.

하지만, 계약한 이들을 보면 결국 나랑 인연이 될 사람들이었고, 나를 진심으로 믿어주는 사람들이었다. 특히, 개업 5년 차의 12월은 하루에 두세 팀씩 동시에 잔금을 치르고 입주할 만큼 유튜브 구독자들의 계약이 많은 달이었다.

유튜브의 힘은 시간이 지나면서 가속도가 붙을 것이다. 구독자도 늘어나고 구독자들의 계약한 횟수가 늘어나며 앞선 1, 2, 3번이 될 것이기 때문이다. 그렇게 1, 2, 3, 4번이 누적되어 가는 것이다. 즉, 스노우볼이 굴러가는 것이다. 그래서 나는 확신한다. 내년에도 올해보다 더 바쁠 것이라고 말이다. 5년 내내 그래왔으며, 실제로 6년 차인 지금, 정말 '눈코 뜰 새'가 없다.

5. 네이버 상담, 각종 후기 보고 오는 손님들

네이버에 '공인중개사'를 검색하면 상담 전문 공인중개사로 전국 2위에 랭크되어 있다. 상담 횟수가 타 중개사들보다 현저히 작음에도, 노출도가 2위라는 것은 그만큼 검색량과 후기가 좋았기 때문이다.

24년 3월 말 기준, 몇 개월 째 네이버에 '공인중개사' 검색시 컨설팅 부분 노출 전국 상위 2위로 랭크되어 있다. 상담횟수가 다른 상담사들보다 훨씬 적음에도, 매우 높은 노출순위다.

    네이버는 국내의 검색량 1위 포털사이트이기 때문에, 네이버에서 홍보도 되고 신뢰도를 쌓는 방법을 모색했다. 저렴한 금액에 만족도가 높은 상담으로 걱정을 해소해준다면 그만큼 후기는 좋을 것으로 생각했다. 늘 하던 대로 두 수 앞을 그려보았다. 이번에도 스노우볼 효과가 기대됐다. 바로 시작했다. 열심히 상담 전문 상품들을 구성하고, 페이지를 만들었다. 기다리던 첫 상담 신청이 왔을 때 떨리던 마음이 아직도 생생하다. 전국 어딘가에서 모르는 누군가 나를 찾아 클릭하고 내 상품을 결제한다는 것. 공부란 그야말로 배워서 남 주는 게 아닌, 온전히 나를 주는 장사다. 자본도 들지 않는다. 내가 배우고 공부한 것을, 내가 업을 하는 일에서 필요한 부분을 알려주는 것이다. 덩달아 내가 강해지고, 다양한 직접, 간접 경험까지 할 수 있으니 금상첨화다. 사실 처음에 이 상담을 시작하게 된 계기는 조금 달랐다. 뒤에서 자세히 설명하겠지만, 지식, 정보를 올리는 유튜브를 통해서 뿐만 아니라 중개업을 한다는 이유로 연락도 안 되던 지인들이 본인들의 궁금한 것을 묻기 위해 염치도 없이 밤, 낮, 주말도 없이 연락을 해왔다.

 내 선택은 현명했다고 생각한다. 지인이라도 다 착한 사람이 되어줄 필요가 없다. 어차피 이번에 본인이 급할 때 외에는 또다시 나와는 모르는 사람처럼, 경조사 하나 챙길 사이 아닌 그런 사람들이다. 단지 거절하는 것이 불편하다는 이유로, 나를 그 정도로밖에 생각하지 않는 사람들에게 일방적인 급부를 줄 필요가 없다.

 여러분에게도 벌어질 것이다. 누구의 누가, 누구의 지인이 뭐 좀 물어본다고 본인의 연락처를 넘겨버린다든지, 갖은 이유로 본인의 부동산 지식을 캐려 할 것이다. 명심하자. 우리는 그러려고 공부를 한 것이 아니다.

 하지만, 개중에도 마음이 가는 사람이 있다. 마음이 간다면, 간단한 거라면, 내가 안 도와주면 찝찝할 거라면, 그런 마음이 간다면 도와주면 된다. 내가 말한 경우를 모든 경우든 돈을 받아야 한다고 오해하지 않길 바란다. '호의가 권리가 되는' 이들에게 호의는 호의고 그들의 권리가 아님을, 어떤 권리는 돈이라는 자본주의의 중요한 매개를 통해 얻을 수 있음을 주지시켜 주란 것이다.

 결과적으로 지금은, 꾸준히 시간제로 예약을 주는 상담 손님들 덕에 홍보 효과가 커졌다. 또한, 내 중개일기에 담긴 에피소드처럼 네이버 상담 손님들 중 직접 중개 의뢰를 해주어서 만나고 계약을 해준 이늘도 있다.

 여러분이 어떤 상품을 구입하거나, 음식을 주문할 때 가장 먼저 보는 것은 '리뷰'일 것이다. 이 리뷰의 힘은 그토록 강력하고, 무섭다. 리뷰가 적이 아닌 천군만마가 되게 만들어보자. 나의 이름을, 나의 가치를 브랜딩하면 된다. 그러기 위해서는 손님들이 당신의 진심과 최선을 봐야 한다. '눈덩이처럼' 불어날 앞날의 무수한 후기들과 바쁨을 위해, 두 수 앞을 보자!

6. 동네에 가장 막강한 파워, 맘카페 후기 - 4년 전 찾아왔던 신혼부부의 억울하게 쫓겨날 뻔한 사연, 여름내내 같이 2개의 집과 공부방을 찾아 주다.

이번에는 에피소드를 같이 다루려 한다. 4년 전, 3년 전, 혹은 N년 전 잠깐씩 방문하셨거나 현장에서 안내시 만났던 손님들이 다시 사무실을 찾아주는 경우들이 있다. 정말 미안하게도 나는 연락을 나눴거나 중개를 해주지 않았으면 짧게 본 이들은 기억이 안 나는 경우가 많다. 맘카페에서 감사하고 좋은 후기까지 받게 된 에피소드를 설명하고자 한다.

내 중개일기에서 정말 큰 부분의 에피소드를 차지할 수 있었던 부부임에도 에피소드에 넣지 않았던 이유는, 이번 파트에서 따로 설명하고 싶어서였다.

개업 5년 차, 여름이 될 무렵이었다. 개업 1년 차, 2년 차 초보 개업 공인중개사 시절 신혼부부들을 손님으로 많이 만났었다. 당시 임대차3법과 전세대란 등으로 전세를 구하는 젊은 부부가 많았다. 당시 워낙 많은 이들을 만나다 보니 기억이 안날 법도 하다. 계약하고 계약 손님을 데리고 커피를 사러 가는 길이었다. 사무실을 나와 걸어가는데 반대편에서 아이를 안고 걸어오는 젊은 부부가 있었다. 나를 보고 뭔가 아는 듯한 눈빛을 주었는데, 나는 둘을 모르기에 그냥 지나쳤다. 커피를 사고 있는데 전화가 왔다. 사무실 앞에 와있는데, 혹시 만날 수 있냐는 것이다. 잠시만 기다려 주십사 양해를 구한 후 커피를 들고 손님을 배웅하고 바로 뛰어갔다.

조금 전 지나가며 봤던 이들이었다. 사무실에 들어오시라 하여 이야기를 나눴다. 4년 전에 나를 통해 집을 봤었는데, 당시 내 태도와 행동이 참 좋아서 기억에 남았다고 하였다. 당시에는 내가 보여준 매물을 계약하지 못했고, 다른 중개업소에서 계약한 집에서 4년째 살다가 나와야 한다고 했다. 내가 참 좋은 기억으로 남아 이번에는 꼭 내게 구하고 싶어 왔단다. 당시의 갓난아기는 시간이 지나 내 손을 꼭 잡아주는 귀여운 어린이로 자라있었다. 비슷한 경우로 다른 신혼부부도, 학원 선생님도 3년 전, 4년 전

나를 만났고 나에 대한 기억이 좋아 다시 찾아왔다는 이들이 공교롭게 비슷한 시기에 여럿 있었다. 기분도 좋고 신기했던 기억이 강렬하다.

　다시 찾아와준 이들의 이야기로 돌아가 보자. 그 사람들은 지금 사는 집의 문제가 있었다. 지금 사는 집의 집주인과 예전에 계약했던 집주인이 짜고 현재 그 부부 내외를 만기도 안된 집에서 내보내고 다음 세입자 입주일을 정해버렸다는 것이다. 심지어 보수도 만기 전이라며 현재 임차인인 그 부부가 지불하라고 했단다. 말이 되지 않는 상황이었다.

　듣는 순간 화가 났다. 문자와 통화내용을 들어보았다. 다시 찾아와준 고마움도 있었지만, 그 중개업소의 악행에 화가 났다. 이들의 부동산 지식이 부족함을 이용해서, 말 그대로 사람을 '갖고 놀았다'고 보였다.

　당시에 얘기를 듣고, 우선 1단계 솔루션을 상담하면서 집을 한두 개 봤다. 그리고 하나씩 해결해 나가자고 하고 며칠 후 다시 약속을 잡았다. 이번에는 부인의 친언니가 함께 왔다. 임대인이 보낸 어이없는 문자 내용을 보고 내가 대신해서 문자를 작성했다. 감정적이지 않게, 법적인 기준으로, 사실에 기반해서만 설명했다.

　작성한 글을 보내기 전 내용을 보여주었다. 이렇게 보내도 되는지 말이다. 임차인의 카톡으로 메시지를 대신 작성해준 것이기에 결국 발신인은 임차인이기 때문이다.

　"이래서 사람은 배워야 해. 공부해야 해"라는 감탄 아닌 감난을 해주며, 보내달라고 했다. 그 후 당황한 임대인, 중개업소에 연락을 넘긴 듯했다. "전화를 우선 받지 마시고, 예상 답변을 준비하시고 전화를 회신하시죠"라고 제안했다.

　우선은 두 부부의 상황은 현재 적기에 계약갱신요구를 하여 계약 연장이 된 상황이었으며, 보수 지급에 대한 부분이 원칙상 의무가 없음을 알려주었다. 특약에도 계약서를 새로 쓴 것이 아니었기 때문에 만기 전 위약금 명목으로 보수를 지불하는 약정이 없었다. 또한, 만기 전임에도 임대인 측에서 협조를 요청했기에 만기 전에 퇴거일자를 조정해줄 수 있다는 것이었지, 다음 세입자를 마음대로 정하고 그들의 입주일에 맞추어 본인들이 나가야 할 의무가 전혀 없다는 것을 이야기하라고 했다.

몇 가지 모범답안을 이야기해 주고 메모를 해주었다.

임차인인 남편이 스피커폰을 켜주었다. 상대편 중개업소 사장과 통화하는 것을 들었다. 나이가 지긋한 중개업소 사장은 논리로는 반박할 수 없었는지, 잠깐 멈칫하며 "그래도 다음 사람 오기로 했는데 좋은 게 좋은 거지. 다음 나갈 집 좀 얼른 구해 봐~" 라는 얼토당토않은 소리를 했다.

이전의 문자나 통화 기록 등 증거 자료를 수집할 수 있을 만한 게 무엇인지 확인해 보았으나, 마땅히 제출할 만한 증거가 많지 않았다. 또한, 해당 중개업소를 중개사법상 신고할 수 있을 만한 사유도 마땅히 찾기가 어려워 보였다. 법적으로 대응하기가 어려운 상태였다. 우선 급한 건 그 부부는 다음 집을 구할 마음을 가졌다는 것이고, 집을 구해야 하기에 그것에 집중하기로 했다. 그리고, 이 부부에게 꼭 "최선을 다해, 최고의 집을 구해드려야겠다"라고 생각했다. 무더운 여름, 땀을 흘리며 거의 매일같이 동네에 있는 모든 매물을 다 뒤졌다.

부인은 집에서 공부방을 운영했기 때문에 초등학교 저학년 학생들의 기존 동선에서 벗어나지 않는 범위로 구해야 했다. 범위가 이전에 거주하던 곳에서 매우 가까워야 했기에 협소했고, 조건과 금액은 한정적이었다. 매일 집을 봐도 마음에 드는 게 나오지 않고, 날짜는 다가오고, 지쳐갔다. 하지만 늘 말하듯, 내가 지친 모습을 보이면 안 된다. 나에게 의지하고 나를 믿고 있기 때문이다. 그러던 어느 날, 부인이 링크 하나를 주었다.

"안녕하세요. 사장님~ 여기 매물 혹시 사장님과 볼 수 있을까요?"

주소를 보았다. 친한 20년지기 친구 아버지의 건물이다. 심지어 나도 해당 건물을 중개해 보았고, 다른 호실 매물도 보유하고 있었다. 친구 아버지께 전화를 걸었다. 아버지께서는 깜빡하고 이번에 건물의 주인세대 매물 나온 것을 내게 못 전달했다고 하신다. 그렇게 바로 매물을 확보할 수 있게 됐다. 참고로 이런 경우는 내가 뒷통수를 치거나 따로 물건을 빼돌린 비도덕적인 경우가 아님을 분명히 밝힌다.

바로 집을 보러 갔다. 현재 살던 곳에서 5분 내외의 거리, 주차가 2대인 너무 어려운 조건임에도 친구 아버지는 주차 자리를 직접 내어주시기로 했다. 다른 호실의 먼 친척에게 양해를 구하셨다고, 1대는 무료로 주차하고 다른 1대를 월 5만 원만 지불하며 주차하는 것으로 협의를 봐주셨다.

원룸 건물의 주인 세대. 신축이며 역세권, 옥상과 옥탑 창고까지 사용하는, 어린아이가 자라기에는 너무 좋은 집이었다. 집도 넓고, 정말 깨끗했다. 친구의 집이지만 서류를 꼼꼼하게 검토했다. 문제가 없었다. 건물 가액 대비 소액의 근저당이 있었다. 나야 오래된 친구의 집이지만, 계약자로서 그리고 모르는 사람으로서는 그 부분을 신경 쓸 수 있다. 남편은 뉴스에 나오는 근저당으로 인한 경매 등 안 좋은 사태를 막연하게나마 알고 있던 터라, 자세한 설명이 필요해 보였다. 30분간 우선변제금에 대한 법적인 논리와 선순위 임차보증금 합계, 그리고 전입 세대원을 열람하여 자세히 분석해 주었다.

또한, 걱정하는 임차인을 위해 친구 아버지께 직접 인사를 드리고 댁에 찾아뵈었다. 현재 잡혀있는 등기부상의 근저당에 대한 원리금 납입 내역서와 국세·지방세 완납증명 등을 요청드렸다. 친구 아버지는 흔쾌히 준비해 주셨다. 또한, 도배나 수리가 필요한 부분도 손을 봐주시기로 했다. 기존에 거주하던 임차인들과 처음 집을 보러 갔을 때 입주 날짜가 협의가 됐다. 집을 본 부부는, 내게 집이 무척이나 마음에 무척 든다고 했다. 그 이후로 기존 거주하던 임차인과 연락을 나누며 새로 계약할 부부의 입주에 차질이 없도록 최선을 다했다.

집을 보고 대출을 가심사 받을 수 있도록 서류를 준비해 주었다. 다행히 대출이 승인이 가능할 것 같다는 내용을 듣고 계약서를 작성했다.

내용이 너무 길어져서 매우 자세히 설명할 수는 없지만 정말 기나긴 시간 동안, 우여곡절 끝에 집을 구해줄 수 있게 되었기에 나 역시 정말 기뻤다.

잔금을 치르는 날 오전이 되었다. 기존의 임차인은 이사를 빨리 가야 하는 상황이었다. 신규 임차인인 부부로부터 잔금을 받은 임대인인 친구 아버지께 보증금을 반환받아야 했기에 "보증금 반환 언제 되는 겁니까?"라는 전화가 30분 간격으로 왔다. 이사 올 부부의 골칫덩이인 이전 집주인이 나갈 때까지 속을 썩였다. 이사 가는 날, 짐을 빼는데 바닥이 어쩌구, 싱크대가 어쩌구, 베란다가 어쩌구 온갖 트집을 잡기 시작했단다. 결국 원인도 모를, 나무 바닥의 상함 부분들을 부부내외가 70만 원을 물어주는 것으로 울며 겨자 먹기처럼 협의를 보았다고 했다. 이사하는 날 아침까지 그 트러블로 수차례 전화가 왔다. 하지만 수리비를 안 주면 보증금을 못 돌려준다는 이전 집 임대인의 무자비함에, 잔금을 받아 이사를 빨리 가야 하는 이사 갈 집의 기존 임차인들에게도 그 몇 시간은 지옥 같았다. 모두가 내게 전화를 걸었다. 불평과 하소연, 짜증이 계속되었다. 나는 끝까지 차분하게, 30분, 1시간을 미루고 달래고 타협하고 상항을 알려주었다.

"사장님 잔금 입금 다 했습니다. 이삿짐 지금 출발할게요."

이전 집주인과 실랑이를 벌이던 남편에게서, 드디어 기다리던 문자가 왔다. 친구 아버지에게 바로 상황을 전달했다. 기존 임차인에게 보증금 반환을 마치고, 그들은 바로 이사를 나갔다. 그렇게 입주 날 정신없는 이사가 시작됐다. 공과금 정산, 인터넷 해지 등 문제를 모두 해결하고 이삿짐이 들어오는 중이었다. 남편이 이전에 살던 집에 어항을 두고 왔다고, 차로 한 번 태워줄 수 있냐고 부탁했다. 겸사겸사 어항과 잔 짐들을 실어줄 겸 예전의 거주하시던 집에 가보았다. 그 집에 어떻게 살았나 싶었다. 허름하고, 낡고, 무엇보다 기운이 정말 안 좋았다. '내가 정말 좋은 집을 잘 구해주었구나'라는 생각이 들었다. 그렇게 입주를 무사히 마치고, 마트에서 휴지 세트를 사서 선물을 전달하고 나왔다.

바로 얼마 후, 공부방을 별도로 구해야 했다. 새로 구해준 집 바로 건너편에 오피스텔형 원룸을 찾아 계약해 줄 수 있게 되었다. 집에서도 가깝고, 아이들도 원래의 거리에서 멀지 않으며, 주거와 일터를 분리하게 되어 만족도와 질이 높아졌다. 부부 내외는 만족, 대만족이라는 기분 좋은 말을 누차 해주었다.

그리고, 그 무섭고 힘이 세다는 '맘카페'에 나에 대한 좋은 후기를 써주었다. 처음에는 이 후기를 몰랐다. 얼마 후 아기엄마들 몇 명이 찾아왔다. 맘카페 후기를 보고 왔다고 했다. 나는 권한이 없기에 볼 수 없었지만(맘카페는 해당 동네의 주민임을 인증해야 한다. 그리고, 여성이어야 한다.) 정말 감동하였다. 감동은 여기서 끝나지 않았다. 여름이 지나고 추석이 될 무렵이었다. 이사한 집에 친인척을 초대해 집들이할 만큼 일가친척도 좋은 집을 구했다며 좋은 말들을 많이 해주었다고 했다. 잠깐 할 말이 있다며, 찾아가도 되냐고 했다. 걱정이 됐다.

"혹시 무슨 일이 있으신가?"

손님과 집 안내를 끝내고 마침 말한 시간에 사무실로 정시에 도착했다. 정시에 맞춰 부부가 함께 걸어오고 있었다. 내게 온 이유는 다름 아닌 추석 선물을 주기 위해서였다. 내 성격을 알아서 선물을 주겠다고 하면 거절할 것 같았다고, 할 말이 있다고 해야 만나줄 것 같았단다. 몇 번이고 고맙다는 인사를 했다. (여담이지만, 여러 번 손님과 깊은 감사 인사를 하는 내 모습을 본, 안내가 끝나고 사무실로 같이 갔던 손님들도 얼마 후 내게 계약을 해주었다.)

집에 가서 어머니께 사연을 말씀드렸다. 선물을 열어보았다. 은갈치였다. S 백화점에서 구입한, 매우 비싼 갈치였다. 너무 부담될 만큼 감사하고 한 편으로 마음이 불편하기도 했다. 감사 연락을 했다. 부부는 그 이상을 본인들이 받았다며, 정말 잊지 못할 것이라고 했다.

맘카페에 어떤 후기를 올렸는지 다른 이들에게 물어보았다. '전세 사기 당할 뻔한 것을 구해주었고, 정말 자기 일처럼 싫은 내색 한 번 안 하고 최선을 다해서 집을 구해주고 너무 만족스러웠다는 후기'라고 했다. 이번에도 생각했다. 사람의 마음은 같고, 진심은 통한다는 것을.

내가 늘 좋아하는, '결국엔 해피엔딩'이 이번 스토리도 적용이 되었다.

이렇게 하여 많은 이들과 좋은 인연이 되어 계약도 여러 건을 하게 되었다.

좋은 구전효과까지 얻을 수 있었다. 순간순간, 거짓 없이 성실하게 임하며 공감하고, 또 대했다. 후기라는 것이 참 묘한 매력이 있다. 내 진심이 통했고, 진심이 감동으로 이어졌다. 그들의 마음도 내게 감동으로 다가왔다. 내게는 그 따뜻한 마음이 지금도 전달된다.

그 후 추운 겨울이 왔다. 크리스마스 날에 꼭 선물을 주어야겠다고 메모를 해둔 나는, 이브날 오후 B사의 31 아이스크림 쿠폰을 선물로 보냈다. 아이까지 세 가족이 원 없이 먹을 수 있는 정도의 금액으로 말이다. 하나도 아깝지 않았다. 받는 기쁨보다 주는 기쁨이 더 클 때가 있다. 이번에는 그랬다.

'이것'만 잘해도 상위 5%안에 든다. 친절함 한 번이 4년 후 여러 건의 계약으로 돌아오다.

어찌 보면, 단순한 정답이다. '친절하게 대할 것', 무엇보다, 처음에 고객 방문 시 '일어서서 공손하게 대할 것'이다. 현장에서 만날 경우에는 반드시 나는 고개를 숙여 정중히 인사한다. 인사할 때에도, 배웅할 때에도, 클로징을 할 때에도 손을 모아 정중하게 인사한다.

유명 스타강사가 성공하며 가장 첫 번째로 강조한 짧은 영상을 보았다. '인사'다. 돈이 들지 않고, 본인의 인성을 보여주고, 가장 좋은 이미지를 남기며, 해도 해도 좋은 것이라고 한다. 200% 공감했다. 또한 그 영상을 보고 '난 정말 잘하고 있다'라는 뿌듯함도 들었다.

고객의 입장에서 어떤 점포나 업장에 가던지, 매너가 없거나 무뚝뚝한, 혹은 무례한 점원을 만나면 다시는 그곳에 가고 싶지 않아진다. 반대로 친절했다면 어떤가? 또 가고 싶고, 가면 기분이 좋다. 중개사무소도 마찬가지이다.

나 역시, 실제 공동중개차 전화하거나 방문을 하면, 정말 가감 없이 100곳 중 5곳 정도만 친절했던 기억이 난다. 100곳 중 손님 입장으로 방문 시에도 2~3곳 남짓만 일어난다. 일어서서 인사하는 경우가 없다. 어떤 직종이든 영업직, 서비스직에서 손님이 왔을 때 앉아서 쳐다만 보는 업종은 중개업밖에 없는 것 같았다. 우선 인사는 기본적으로 거의 없다. 앉아서 응대하거나, 심지어 고까운 말투로 이야기하는 곳들도 있다. 그런 곳은 다시 통화하거나 만나고 싶지 않아진다. 물론, 그다음 가장 중요한 건 기본적으로 중개의 역량이지만 말이다. 기본이 안 되었는데 일만 잘한다고 롱런할 수 있을까? 아니라고 본다. 나도 실제로 '아, 저 사람은 참 덜됐다'고 생각했던 곳은 십중팔구 망했다. 망하는 기간이 언제냐의 차이일 뿐, 무조건 망한다.

"안녕하세요, 남성역에 있는 이승주부동산이라고 합니다"라고 인사를 하며 밝히면, "네"가 대부분이다. "아. 네, 안녕하세요"라고 하는 곳은 시작점부터가 다르다. 공동중개할 중개업소도 역시 손님처럼 생각해야 할 때가 많다. 그들과 최종적으로 협의하고 잔금까지 연락을 나눠야 한다.

매물이 정말 괜찮고 그 중개업소만 보유한 경우라면 부득 어쩔 수 없이 진행해야 한다. 하지만, 그렇지 않다면 가능한 한 더 친절하고, 잘해주는 곳으로 갈 수밖에 없다. 나 역시 상담을 통해 많은 이들이 똑같이 느끼고 있음을 알았다. 사람이 느끼는 감정과 생각은 모두 비슷하다.

여기서 차별화를 둘 수 있다. 아주 간단하고, 쉽지만 차별화된 전략이다. 앞서 말했듯, 손님이 오면 일어서서 손을 공손히 모으고 응대하는 것이다. 첫인상 몇 초로 대부분 이미지가 결정된다고 한다. 라뽀르(rapport)는 교감의 중요성을 보여주는 단어이다. 처음 몇 초로 할 말도 더하게 되고, 안 할 말도 하게 된다. 다른 곳 들에서 친절하게 안 하고, 인사도 제대로 안 해주는 것을 오히려 고맙게 생각해야 한다. 그만큼 차별화된 서비스를 처음부터 보여줄 수 있기 때문이다. 나 역시 이렇게 쉽고 기본적인 방법만으로 몇 년간 꾸준히 손님들이 다시 찾아주었다. 앞서 설명한 모든 손님들은 다 '친절하고, 진실하게 중개한' 덕분이었다. 일을 잘하는 것은 같이 일을 해봐야 알 수 있다. 소문 역시 처음 어떤 경험을 누군가가 해보아야 소문을 내줄 수 있다. 따라서, 초보 개업공인중개사가 될 분이라면, 반드시 이 부분을 숙지했으면 좋겠다.

5년 전, 처음 개업하고 동네에 떡을 돌릴 겸 동네 중개업소들에 인사하러 다녔다. 20곳이 넘는 중개업소에 갔을 때, 일어서서 맞아주는 곳은 딱 한 곳이었다. 그곳은 나와 여러 번 공동중개를 했다. 그리고, 그 중개업소의 대표는 업이 잘 되어 랜드마크 아파트 위주로 중개하면서 해당 아파트를 매수도 했다. 고정 손님도, 자주 오는 손님도 많다. 모든 것이 시간이 지나면서 보인다. 이렇듯,

애티튜드의 기본 부분에서, 상위 5%안에 드는 것은 어찌 보면 쉽다고 볼 수 있다.

꼭, 정중하게, 그리고 친절하게 인사를 해보자!
수입으로, 명성으로, 기쁨으로 돌아올 것이다.

무례한 자들에 대한 이야기

무례한, 비도덕한, 비양심적인 사람들은 언제나, 생각보다 많이 존재한다

오늘도, 어제도, 거의 매일 겪는 일이다. 나는 유명인도, 연예인도 아니다. 동네에서 조그맣게 중개업을 하는 노총각이다. 그런 나를 찾아준다는 사실을 생각하면 한 명 한 명 소중하다. 다만, '찾는다'는 데에 목적과 마음가짐이 다르다는 것을 개업 초반엔 몰랐다. 개업 초반에는 손님 한 명 한 명이 반갑기도 했지만, 긴장의 대상이었다.

손님의 목적을 파악하거나 어떤 사람인지 등 다른 생각을 할 수 있을 만큼 마음의 여유도 없었다. 1년을 보내고, 프로세스를 어느 정도 익히고, 매일 빼놓지 않고 했던 공부가 점점 자신감을 불어넣어 주면서 익숙해질 무렵부터, 나는 유튜브를 시작했다.

유튜브를 통해 지식 정보를 전달하다 보니, 구독자가 조금 늘어날 무렵 찾아오는 손님, 전화를 주는 손님이 생겼다. 구독자도 날 신기해했지만, 되려 내가 더 신기했던 시기였다. 처음에는 모든 손님을 깊고, 길게 응대했다.

시간이 지나면서 "유튜브 보고 전화했는데요"라는 전화의 빈도가 늘어났다. 그뿐만 아니라, 내가 공인중개사가 되어 중개업을 한다는 것을 대부분이 알게 될 때쯤, 지인들 중 "다른 데서 계약했는데 뭐 좀 물어보고 싶어서"라는 파렴치하고 극악무도한 무뢰한들이 늘어나기 시작했다.

한 명 한 명, 마치 말을 맞춘 듯이, "뭐 하나 간단하게만 여쭤볼게요" 혹은 지인이라면 "뭐 하나만 물어봐도 돼?"로 시작했다. 얼굴도 모르는 사람들, 기억도 안 나는 사람들, 중학교, 고등학교 졸업 후 얼굴 한 번 안 본 동창들조차 내 전화를 울렸다. 대학 시절 인사나 나눠봤었나? 싶은 선배들, 후배들마저 SNS나 문자로 내 번호를 알음알음하여 연락이 왔다.

앞서 설명했듯, 처음엔 반갑게, 하나하나 알려줬다. 평균 30분에서 1시간, 내 일도 제쳐두며, 질문의 꼬리를 물어도 해결이 될 때까지 묻는 말에 답을 해주었다. 알려주는 것이 즐거웠기 때문이었다. 그런 내 호의가 결국 그들에겐 당연한 권리가 되었고, 해결책을 제시하거나 방법을 알려 주면 그 후 틈만 나면 내게 전화를 했다. "이렇게 이렇게 했는데, 그 다음에 여기서 이러라고 하네? 그럼 이 땐 뭘 해야 할까?"라는 식의 순서였다.

한 번으로 끝나지 않는, 끝없는 뫼비우스의 띠가 펼쳐지며 '돈은 계약한 다른 중개사무소에서 벌고, 상담은 내가 다해주는', '돈은 되놈이 벌고 재주는 곰이 부리는' 꼴이 일상이 되어버렸다.

구독자가 늘어나고, 지인의 지인들까지 꼬리를 물며 하루에도 전화가 수십 통이 걸려온 적도 많다.

다짜고짜 자기 이야기, 자기 사정을 이야기한다. 핑계 없는 무덤 없다지만 "통화 가능하신지. 상담 가능하신지"에 대한 질문은 없다.

심지어 오랜만에 내게 전화를 건 사람도, 누구였는지 기억을 더듬어보아야 기억이 날까 말까하는 사람들도 내 안부를 묻고 시작하긴커녕, 대뜸 본인 사정부터 얘기한다. 결단했다. 사람을 쳐내야 한다고. 나를 단지 궁금증 해결 수단으로만 연락한 이들에게는 단호하게 거절하기로 했다. 그리고 정당하게 내가 공부하고 얻은 지식과, 배움으로 얻은 지식이 있어야 하는 이들에게는 정당한 비용을 받기로 했다. 대신 비용을 받은 만큼, 그 이상 아낌없이 주겠다는 다짐도 함께했다.

그 뒤로 매뉴얼을 만들었다. 전화가 걸려오면, 처음에 사연을 들어보고 유료 상담을 해드린다고, 이런 문의가 너무 많이 와서 일에 지장이 가므로 시간을 잡고 예약을 해달라고 부탁한다. 십중팔구는 유료상담을 신청하지 않는다. 그럴 이들은 대부분이 내게 묻기 전에 이미 유료 상담을 신청했기 때문이다.

지인들에게도 역시, 착한 사람 코스프레를 하지 않기로 했다. 그리고, 나를 거기까지밖에 생각하지 않는, 어차피 안 봐도 될 인연들에 신경을 쓰지 않고 나도 거기까지만 생각하기로 마음먹었다.

"아, 이런 연락이 너무 많이 와서요. 계약한 데가 있으면 그 부동산에 그런 서비스까지 받을 권리로 중개 보수를 주는 거니까 거기에 문의하세요. 제 손님들 신경써드리기도 워낙 바빠서요"라고 거절한다.

어쩌다 통화가 연결되거나, 내가 시간 여유가 있을 때에는 나도 사람인지라 가끔은 상담을 할 때도 있지만, 대부분은 저 매뉴얼로, 거절한다.

그렇게 2년 정도가 지났다. 그때 연락이 왔던 사람들 중 내게 다시 연락을 하는 사람은 당연히 없다. 결국 그럴 인연들이었던 거다.

독자님들께서도, 중개업을 하며 실력 있는 중개사가 되길 원하실 거다. 자연스럽게 따라붙는 것은, 불필요한 사람들이 '내 지식을 이용하고 나를 이용하는 것'이다. 쳐낼 줄 알아야 하며, 나를 선택해 준 고마운 사람들에게 더 집중하는 것이 백번 맞다.

이번 에피소드 모음은, 단순히 전화 한 번으로 끝나지 않고 방문했거나 연락을 하며 집을 보는 등 내가 시간을 썼지만 무례함으로 보답받았던, 호의가 권리가 되었던 무례한 자들에 대한 이야기다.

Ep.1 시간 약속을 우습게 아는 사람들

중개업을 하면 다양한 경로로 물건을 광고하고 홍보해야 한다.

나는 유튜브뿐 아니라, 각종 SNS 및 네이버, 블로그, 벽보 등에도 올린다. 네이버에는 톡톡 기능이 있어 전화를 꺼려하는 이들을 위해 상담 채팅창도 마련해두었다.

한데, 부작용도 많다. 물론 이 부분은 어떤 경우라도 그럴 사람들이기에 결국 그랬을 것이라고 생각하지만, 바로 '노쇼(연락 후 나타나지 않는, 소위 잠수를 타는 것을 일컫는다.)'이다.

나는 누누이 강조하듯, 메모를 정말 미친 사람처럼 한다. 그렇기에 누구를 어디에서 몇 시에 만나기로 했는지, 실제로 만난 후에도 몇 시에 헤어졌는지 어떤 대화를 했는지까지 메모한다.

나처럼 비정상적인 수준일 필요는 없어도, 사람끼리의 약속은 말 그대로 신뢰를 바탕으로 그 사람을 위해 시간과 비용을 내어줄 마음을 갖고 만남을 갖는 것이다. 신용 하나로 그 장소에 가야 하고, 신용으로 이루어져야 만남을 갖게 될 수 있는 것이다. 그런 부분에서도, 사업을 하는 부분에서도, 인간관계의 부분에서도 나는 약속에 대해 굉장히 신경쓴다.

하지만, 모두가 생각이 같을 수는 없다는 것을 자주 느끼고 있다.

유튜브를 통해 직접 연락이 와서 통화를 한 경우가 아니라, 댓글로 문의한 이나 네이버 톡톡을 통해 상담한 이들은 경험상 10중 8은 다시 연락이 오지 않는다. 다시 연락을 같은 경로를 통해 해보아도 답을 하지 않는다.

아이러니하다. 번호도, 본인의 정보도 노출이 되지 않는다는 익명성 때문일까? 분명히 이 사회에서 규범과 도덕, 양심을 배우고 자란 똑같은 대한민국 국민으로서 평범하게 살아갈 텐데……. 그만큼 가면이라는 것이 무섭다.

상식적으로도, 내 아무리 이해하려 해도 이해하기가 어렵다. 그렇게 상처를 받고 무뎌지다 보면 나중에는 화도 나지 않는다. 아니, 되레 내가 그들에게 기대감이 없으니 스케줄이 되면 보고 안되면 연락도 먼저 하지 않고 기다리지도 않게 된다. 반대로 10중 2의 약속을 지키는 이들 때문에 마냥 마음을 비우거나 내려놓을 수도 없다. 딜레마에 빠지지만 익숙해지다 보면 멘탈을 관리하는 법이 자동으로 생긴다. 익숙함으로 말이다. 휴대폰으로 문자 및 전화가 온 사람도 마찬가지이다. 본인의 번호를 오픈하였음에도 약속 시간 혹은 해당 물건에 대한 문의에 대한 회신을 주면 전화 문자 모두 답이 없다. 다른 데를 구했으면 구했다, 안보게 됐으면 안 보게 됐다 말을 해주는 것이 그렇게 어려운가 싶다. 이 험한 세상 그 한마디 할 줄 모르니 그런 사람들은 임자 잘못 만나면 힘한꼴 보지 않을까 싶기도 하다. '측은한 마음으로 그들을 생각하자'라고 스스로를 달랬다.

미리 잡은 약속은 원래 안 중요한 게 아니라, 중요한 겁니다

이번 에피소드도 마찬가지이다. 이 사람은 지난번 계약을 했던 이로, 지인의 소개이기도 하며 부동산 상담 및 점포 매물 의뢰 건으로 며칠 전부터 약속을 잡았었다.

지난번 리마인드까지 시켜주며 시간을 잡고 나 역시 당일 해당 시간에 맞춰 동선도 짜고 시간을 배분하였다. 약속 시간이 다 돼가도 출발 연락도, 도착했다는 연락도 없었다. 약속 시간이 지나고 정확히 1분을 더 기다린 후에 어디냐고 물었다. 몇 분 후 미안하다며 깜빡하고 본인 일을 보러 강남에 있다고 한다. 그 사람은 지인이었고, 계약 손님이었기에, 약속을 우습게 안 부분에 더욱더 화가 났다. 분단위로 계산하고 시간을 쓰는 나로써는 이 사람에게 시간을 할애하기로 한 내 마음과 더불어 계획해 둔 스케줄이 다 어긋나버린 것에 더욱더 짜증이 났다.

너무 심하게 모진 말을 하고 싶지는 않아서, "사람끼리 약속을 그렇게 하면 되냐, 나 역시 내 입장에선 나름 귀한 시간을 내서 보려고 한 것인데, 너무한다"라고 말했다.

재차 미안하다는 몇 줄의 답변을 받았다. 답장을 하지 않았다. 이제 이 사람 역시, 나에게 신용이 최저점에 있는 신용불량 수준이 됐고, 다시 이 사람과 시간을 내어 시간약속 할 일은 없다는 생각까지 했었다. 보통 예의와 신용이 끝나면 그 사람과의 관계는 끝이다. 이런 경우들이 잦아지니, 무뎌지며 차가워지는 내 모습도 닳아가며 찌들어 가는 것이 안타깝다고 생각이 들 때도 있다. 그리고 무엇보다, 시간과 약속을 저렇게 우습게 아는 사람들에 대해서는 동정심이 든다. 절대 큰 사람이 될 수 없을 테고, 신용과 사랑을 얻지 못할 테니까 말이다.

  한참 뒤, 그 손님은 내게 별다방 기프티콘을 보냈다. 두고두고 미안했다며, 마음이 쓰였지만 당시에 연락을 못하겠어서 뒤늦게 했다고 한다. 시간이 오래 지났고 나 역시 감정이 남아있지 않기에 그 기프티콘을 고맙게 받았다. 정말 다시 안 볼만큼 크게 화가 났다면 답을 않고 선물을 반환했을 것이다. 하지만, 그 뒤로 다시 잡은 약속에는 칼같이 시간을 지켜주었다. 그 뒤로 내게 다시 계약은 하지 못했다. 강남쪽에서 살아보고 싶어 강남에 계약을 했다고 한다. 그런 이유라면 언제든, 잘 살길 기도해줄 수 있다.

  하지만 이 손님이 시간 약속을 지키지 않았던 것에 대한 신뢰도 하락은, 회복하기가 오래 걸릴지도 모른다. 그만큼 신용과 신뢰는 쌓기 어렵지만 잃는 것은 한순간이다.

  '시간과 돈 약속을 잘 지키는 사람은 더 볼 것도 없다'는 어른들의 옛말이 있다.

  전적으로 공감한다. 두 가지를 잘 지키면, 그 사람이 달라 보인다.

  중개업을 할 여러분 역시도, 꼭 명심하자.

> **Diary Point**
> 시간은 금이다. 여러 의미에서, 금이다. 약속을 지키는 것은 천만금을 지키는 것과 같다고 생각하자!

Ep.2 계약하기 전, 잠수를 타는 손님

  지인이 아닌 손님들의 관계에서도 위와 같은 경우가 종종 있다. 신혼부부가 될 커플이라며, 주말마다 3주간 내게 집을 보러 왔었다. 정말 '온갖' 매물을 모두 다 보여주었다. 그 이상 보여줄 수 없을 만큼 말이다.

  그리고 그들의 조건에서 그 이상 맞는 집이 없을 만큼 만족스러운 집들도 찾았다.

어느 토요일, 우여곡절 끝에 계약을 할 만한 집을 찾았다. 그 후 사무실에 같이 와서 커피도 사주었다. 집에 관한 모든 서류를 후보지별로 총 수십 장을 뽑아 설명하고 또 이해를 도왔다. 주말에 방문한 그들은 주말 지나고 결정하겠다고 했다. 월요일, 그중 한 집을 계약하겠다고 했다. 해당 매물을 보유한 중개업소에 전화해 보니 주말 사이에 계약금이 들어와서 계약할 수가 없다고 했다.

그 사실을 전했다. 지쳤지만, 힘들지만 또다시 구해보자는 굳은 심지를 가졌다.

앞서도 여러 번 보았겠지만, 이런 경우가 많은 나는 이런 상황이 익숙했다. 또한 모든 중개사가 자주 겪는 일이다. 무엇보다 손님에게 다시 힘을 북돋워야 했다. 그 매물은 계약이 되었으니 다른 집을 알아보자고, 열심히 찾아보겠다는 내 카톡에 대한 답이 안 오기 시작했다. 시간이 지나도, 며칠이 지나고도 답이 없었다.

전화를 했다. 받지 않는다. 카톡을 계속 읽고도 답이 없었다. 소위 '읽씹'을 당한 것이다. 그렇게 오랜 시간이 지나 대화창을 정리하다 우연히 본 그 손님의 카톡 프로필 사진은 바뀌어 있었다. 문득 든 생각이지만, 그런 사람이라면 해당 매물에 다시 찾아가거나 매물을 보여준 중개업소와 따로 계약했을 가능성도 없으리란 법은 없다.

중개업을 하며 동일한 상황이 생겼다면, 이 글을 읽는 여러분이 이 입장이라면 어떤 생각이 들까? '참 못났다, 사람 참 별로다' 등 유사한 문장이 떠오르며 그 사람에 대한 이미지가 매우 안 좋아질 것이다. 나 역시도 처음에 그 사람 참, 이게 무슨 짓인가 싶었다. 그냥, 아쉽다고, 본인이 알아보겠다고 하면 몇 초는 불편하더라도 깔끔하게 관계가 정리됐을 것이다. 혹은 다른 이유를 말하더라도, 몇 초의 시간도 쓰기가 어렵단 건가? 내가 볼 때는, 그 남자 손님은 내게 미안해서 더 이상 말을 못한 것 같다. 하지만, 이걸 알아야 한다. 미안해서 말을 못하는 건 핑계다. 용기가 나지 않아 말을 못 하는 거다. 미안하다고 말할 수 있는 용기, 고마웠다고 표현할 줄 아는 마음이 필요한 거다. 그 손님은 절대 잘 되거나 크게 될 수 없다고 확신한다. 더불어, 큰일이 생기면 도망을 칠 사람이다. 인간관계가 모두 그렇게 흘러왔을 거다. 위기가 생기거나 관계를 정리하거나 어떤 끝맺음을 할 때에 평소 습관이나 성격이 저런 방식이었을 확률이 높다. 사람 대 사람으로 그의 처사는 참 안타까웠다. 내 나름대로 최선을 다하고 시간을 쏟은 것에 대한 회의감도, 상처도 몰려왔다. 하지만 잊기로 했다. 나보다 나은 사람에게 받는 위로로 덮기로 했다. 아, 안타깝다. 문자 한 통도 보낼 용기가 없어 잠수를 타는 자란.

> **Diary Point**
> 중개업을 하다보면 노쇼, 중간에 환승, 잠수 등도 겪을 수 있다. 마법의 문장인 "그럴 수도 있지"를 외쳐 보며, 그런 사람을 안타까워 해주는 멘탈을 키워보자.

Ep.3 무리한 부탁을 받을 때에는, 정중하게 거절하자

중개업소는 동네의 입소문도, 고객 한 명 한 명이 굉장히 중요한 업종이다. 물론 어떤 업종이어도 그렇겠지만, 서비스 업종인데다가, 큰돈이 오고 가는 업종이라 더욱더 손님이 귀하고 언행에 신중해야 할 수밖에 없다.

주변에 재건축 추진을 진행하려는 곳이 많아 지역 주택 조합 사무실들이 들어서는 무렵이었다. 주변의 중개업소들과도 친분이 생겼지만 공교롭게 사무실 바로 옆에 지역주택조합 사무실이 들어와 매일 얼굴을 보는 상황이었다. 시간이 흐르면서 방문하는 손님들은 바로 옆에 붙어있는 이유 때문에 내가 그들과 같이 운영하는 사무실로 착각하는 이들도 있었다.

어느 날 오전, 어떤 여성에게 전화가 왔다. 내가 올린 한 근린생활시설 매물의 광고를 보고 전화했다며 현재도 공실이냐고 물었다. 아직 공실인데 어떤 업종을 하실거냐고 물었더니, 얼버무리며 다시 전화한다고 했다. 3년 차가 되니 목소리만 들어도 구별이 가능하여, 이상하다 싶었다. 마침 사무실 옆 건물에 지역 조합 사무실과 같이 일하는 근처 중개업소 실장 형님의 전화가 왔다. 사실 조금 전에 그 여자는 본인들 조합사무실 직원인 실장이었단다. 내가 광고를 올린 그 건물의 소유주를 잘 아냐고 질문이 왔다. 매물을 떠보는 전화였던 것이다.

내막을 간단히 말하자면, 지역주택 조합은 주인들의 사전 동의가 중요하다. 이미 조합 사무실에서 계속 해당 구역의 주인들에게 동의를 받으며 조합 추진을 위한 동의율을 높이고 있었다. 동의가 안 되는 곳은 조합에서 직접 매수해갔다. 해당 구역의 빌라 매물이 싹쓸이 된 상황이었다. 내가 해당 구역 중 한 곳의 물건을 보유하고 있으니 혹시 주인과 잘 아는가 해서 전화를 한 것이다. 일단 만나서 얘기하자고 하며 무거운 분위기를 연출하기에 출근 후 바로 만나 이야기를 나눠보았다. 문제는, 나에게 다소 무리하다 생각되는 부탁을 하는 것이다.

단순히 업계약서, 다운계약서 등의 단칼에 거절할 수 있는 수준이 아니었다. 부탁의 내용은 이러했다. 해당 매물의 소유주에게 수차례 조합 사무실 임대를 요청하고 땅을 팔라고 각종 인맥을 동원하여 요청했었다고 한다. 소유주가 완강하니, 내가 잘 안다면 그들에게 거짓말을 해달라는 것이다. 계약 때에도 다른 사람을 보낼 테니 조합 사무실이라고 하지 말고 일반 사무실이라고 거짓말을 하라는 것이다. 중개를 하고, 동의서도 받아주면 소개비로 인센티브 차원의 보너스를 주겠다는 것이었다. 소개비가 깨나 두둑했다. 솔깃할 만큼 말이다. 이미 주변의 중개업소 사장님 중 한 명은 몇 건을 소개하여 동의를 받게 하고 제법 큰돈을 받았단다. 그 여사장님은 얼마 지나지 않아 사무실을 다른 사장님에게 넘기고 떠났다.

한마디로, 선의의 거짓말을 해서 중개도 하고 내 인연을 이용해 동의도 받아주고 용돈도 받으라는 것이다.

듣자마자 내 스타일은 아니다 싶었다. 나는 해당 조합에 대해서는 전문적으로 다루지 않는 영역이기에 지식이 해박하진 않다. 하지만 매일 얼굴 봐야 되는 옆 사무실이고, 같은 중개업에 종사하는 사람으로서 너무 매정하게 바로 거절하는 것은 아니다 싶어, 고민해보겠다고 하고 우선 생각할 시간을 벌었다. 나는 거짓말하거나 뒷통수를 치는 것은 못하는 성격이다. 차라리 안 벌면 안 벌지 사람을 잃거나 음흉하게 거짓말을 해서 돈을 벌지 못한다. 그래서 어쩌면 능구렁이 같지 못한 부분에 큰 거래를 못하고 있는지도 모른다. (난 언젠가 이 성품과 정직함이 큰 거래로 돌아올 것이라고 생각하며 멀리 보고 있음은 개업부터 변하지 않았다.)

　소유주 명의자 본인과는 직접 연락을 주고받는 상황은 아니고, 부인되는 사모님과 딸, 아들과 오랜 친분이 있다. 어릴 때부터 같은 아파트에 살고 지금도 연락을 주고받고 만나기도 하니 말이다. 한편으로 또 그런 정보들을 다 보고 캐낼 수 있다는 것이 참 무섭다고 생각이 들었다. 나는 옆 사무실과도 문제 생기지 않도록 생각을 정리한 후, 소유주의 부인이자 학교 선배의 어머님께 전화를 드렸다. 처음에 안 받으시기에 얼마 이따 다시 걸었다. 내가 2번을 연거푸 거는 경우는 거의 없지만, 이번에는 빨리 얘기를 정리하고 나는 오해도 받고 싶지 않을뿐더러 엮이고 싶지 않았기에 전화를 바로 드렸다. 2번째에 받으셨고, 자초지종을 설명하려고 했다. 다행히도, 이미 내용을 다 알고 계셨다. 그들과 거래의사가 없으며, 동의할 의사도 없고 내가 난처하지 않도록 본인들 핑계를 얼마든 대도 좋으니 완강함을 표현하여 거절해도 된다는 것이었다. 나는 너무 낱낱이 말하지는 않았으나 내용의 핵심과 내 마음을 솔직하게 이야기했다. 고마워하셨다. 그렇게 교통정리를 하고, 부탁을 해온 중개업소 실장 형의 내용을 곰곰이 생각해보니, 그들이 너무 이기적인 게 아닌가 싶었다. 그들은 사무실을 얻고, 지분 동의를 받기 위해 소유주를 잘 아는 나를 끌어들여 거래를 하고자 함인데, 내가 결국 돈에 움직여 소유주에게 거짓말을 하게끔 만드는 것이니 말이다. 이 내용까지는 굳이 불쾌하게 표현할 필요는 없다 싶어, "소유주께서 완강하시고 다소 격앙이 되신 듯해요. 저도 중개를 하는 사람인데 어떤 업종인 줄도 모르고 중개한다는 것도 말이 안 될뿐더러, 계약자들을 다른 사람을 보내어 계약을 하더라도 나중에 사무실이 어떤 업종인지도 알게 되고, 나중에 제가 난처해질 것 같습니다. 부탁하신 대로 동의 요청도 해보았고 중개도 시도해보았으나 먼저 눈치를 채시고 절대 안 된다고 하시네요. 이 이상 제가 들어가는 것은 무리일 듯 싶어요"라고 정리했다. 즉, "형님 부탁이니 최선을 다했으나 어려울 것 같다"로 나름대로 깔끔하게 내용을 정리하여 설명하였다. 그렇게 나는 다시 한 번 느꼈다. 불필요한 일에도, 돈이 되는 일에는 내가 아는 많은 지인들이 타겟이 될 수 있으며, 돈과 바꿔치기 할 수도 있는 상황을 정신 안 차리면 언제든 만들 수 있다는 것을 말이다. 시간이 흐르면서 많은 사람들에게 알려져가고 더 많은 불필요한 연락을 받게 되었다. 무리한 부탁도, 불편한 요청도 심심치 않게 왔다. 솔깃한 제안도 제법 왔으나 본능적으로 아니다 싶은 것은 모두 거절했다. 그 결과 한 번도 후회한 적은 없다.

결국에 정직과 솔직함이 마음 편하고 뒤끝 없이 꾸준할 수 있다는 마음이기 때문이다. 그렇게 정리를 했는데 다음날 조합 사무실의 대표도 내용을 다시 알고 싶다며 전화 통화 요청을 했다. 설명까지만 해주고 다시 전화 통화를 연결한 중개업소 실장 형님에게 "저는 이 이상은 늘어가기 어렵고, 불편해지니 여기까지만 하겠습니다."라고 정중하게, 단호하게 거절하고 마무리지을 수 있었다.

실무를 하다 보면 중개업과 돈에 얽힌 많은 일들이 생긴다. 부지불식간에 발을 들여 거짓말을 꼬리 물게 되어 일이 커지게 되는 상황이 언제든 올 수 있다. 항상 한 보 물러서 생각할 시간을 만들고, 일언지하에 정확히 마무리 지을 수 있도록 심사숙고하는 것이 필요하다. 말은 뱉으면 담을 수 없기에 시간을 벌고 여러 번 생각한 후에 말하자. 한 마디를 할 때 무게감

있게 정리해야 함을 다시금 느낀 계기였다.

> **Diary Point**
> 거짓말로, 돈을 목적으로, 사람을 팔거나 장사를 하면 엄청난 나비효과가 되어 돌아온다. 처음에 수락 후 나중에 바뀌면 욕을 먹기 쉽다. 무리한 부탁은 처음부터 단호하게, 정중하게 거절하자.

Ep.4 새벽에 전화와 문자를 하는 비상식적인 손님에 대한 경험

개업 4년 차의 무더운 여름날이었다. 금요일에서 토요일로 넘어간 새벽 시간이었다. 시간도 기억난다. 새벽 1시 15분. 네이버 톡톡으로 해당 매물 광고를 보고 먼저 연락이 왔다. 새벽에 메신저로 연락 남기는 경우는 거의 없다. 그래. 그정도까지는 이해하자 싶었다. 근데? 잠시 후 전화가 왔다. 이 시간에 전화를 하는 경우라니 외국에 있는 사람인가? 외국에서 전화를 거는 이도 한국의 시간을 계산하고 전화를 하는 경우가 보통이다. 연락이 온 아이디는 △△△수학이었으므로, 학원명을 검색해보니 바로 사무실 근처에 있는, 심지어 내 모교인 고등학교 근처에 있는 수학 학원이었다. '학원 원장이란 사람이 이렇게 몰상식한가?' 싶어서 기분이 좋지 않았다. 그 후 바로 문자가 왔다. 매물에 관한 문의였다. 무슨 생각일까? 싶었다. '그 정도로 급한가'라고 생각하지만, 해당 매물은 이미 나온 지 1년이 넘은 장기간 공실 물건이었다. 해당 매물은 얼마 전에 임대인이 직접 사용하겠다는 의사를 보인, 잠정적 보류 매물이었다. 거래가 된다 할지라도, 해당 매물은 이미 학원으로 다른 중개업소에서 거래를 했다가 위반건축물 내역을 제대로 확인하지 않고 문제가 되어 학원 인허가가 취소되었다. 또한 광고 내용에 가능 업종을 표시해두었는데, 그 내용을 보지 않고 위치와 조건만을 본 듯 했다. 임대인과 임차인이 분쟁이 생길 위기에 중개 수수료와 수리비까지 모두 각각 부담하고 월세는 월세대로 내다가 계약이 해지된 매물이었다. 심지어 문제가 생겼던 임차인 역시 수학학원이었기 때문에 절대 '학원'으로는 계약이 안 되는 경우였다. '수학학원이랑 그 자리랑 안 맞나… 나 학창시절에 수학이 약했는데… 수학이 악연인가' 생각이 들 정도였다. 다음날 아침 9시도 안 되어 다시 전화가 왔다. 무례하다 생각이 들었다. 하지만 내가 사무실에 출근 후 최대한 위트있게, 이성적으로 돌려까야지(?)라는 생각으로 문자를 아껴두고 있었다.

"주말 밤과 이른 오전은 제가 가족과 보내는 귀한 시간이라 전화를 응대해 드리지 못했습니다. 수학 학원은 광고 내용에 써둔 대로 위반건축물 내역이 있어 인허가가 나오지 않습니다. 학원으로 임대가 어려운 매물입니다. 죄송합니다"를 작성해 놓았었다. 정말 몸이 타버릴 것만 같은 무더위에, 사무실에 들어오자마자 불을 켜고 에어컨을 틀었다. 그러자마자 사무실로 전화가 걸려왔다. 새벽에 문의 문자가 왔던 사람은 여자 같은데, 전화는 남자가 왔다. 새벽에 전화 문자를 했었다 등등 말로 시작했다면 내가 웃으며 한마디 했을법 한데, 더워서 헉헉대고 있는 상황에 매물 문의를 하니 그런 말 할 생각조차 들지 않았다. "안녕하세요, 문의 좀 드리려고 합니다"라는 정중한 인사로 시작했기에 나도 그 태도를 보고 굳이 앞선 이야기를 꺼내진 않았다.

결과적으로 의미없는, 계약이 안 될, 몰상식한 △△△수학 학원 원장으로 나에게 낙인이 찍히기만 한, 소득 없는 통화와 전화였다. 외국에서도 새벽에 전화 잘 안하는데, 같은 동네에서 새벽엔 예의 좀 지킵시다!

> **Diary Point**
>
> 지금은 늦은 밤 이후 시간에는 절대 응대하지 않는다. 더군다나 통념상 '예의 없는' 시간대의 연락은 답조차 하지 않는다. 본인만의 업무시간을 가능하면 정해 놓고, 정말 급하다고 여겨지는 것이 아니라면 스트레스를 줄일 필요가 있다.

Ep.5 대학시절 눈도 못쳐다 볼 기수의 대선배가 찾아오다. 안 좋은 결말, 수고비를 거절한 대신 내가 던진 한 마디

이번에는 '대학교' 동문에 관한 에피소드다. 대학교 동문이 오랜만에 연락와서 무례함을 범한 에피소드가 몇 가지 있지만, '가장' 기억나는 한 가지만 이야기하려 한다.

개업 5년 차, 이승주공인중개사사무소로 상호를 변경하고 더 바쁜 날들을 보내고 있었다. 새해의 목표들을 마치 도장깨기처럼 하나씩 큰 것부터 이뤄나가고 있는 시점이었다. 참 기쁘게 하루하루를 보내던 시기였다. 사무실로 전화가 걸려왔다. 낯선 목소리였다.

"혹시 이승주 공인중개사님 되시나요?"

흔한 첫 질문이기에 그렇다고 했다.

"승주야, 나 기억하려나? ○○기 □□□이야"

헉, 험난하고 군기가 세기로 유명한 모교인 동국대학교 연극영화과 선배였다. 군대에서의 고참은 비교도 안 될 만큼 무서웠던 것이 복학생 선배다. 졸업하고 다들 나이를 먹었기에 무서움이나 불편함은 없었다. 반가웠다. 상황 설명을 들었다. 그 선배를 가르쳐준 은사님이 있는데, 그 은사님 역시 동문 선배였다. 그 선배의 은사님이자 나의 한참 선배인 누나는 나와 기수 차이가 워낙 많이 났다. 그 때문에, 또 여자였기 때문에 군대 2년 또는 휴학을 거치는 남자들과 다르게 휴학을 장기간 했다고 해도 학교에서 아예 볼 수 없는 기수 차이였다. 그만큼 모교인 동국대학교의 연극영화과는 기수문화가 강력했다. 기수로 모든 것이 이해되고 정리가 되는 관계다.

내가 기수를 이렇게 강조하듯 이야기를 하는 이유는, 눈도 못마주칠 정도의 고기수 선배와의 안 좋은 결말이 생겼던 에피소드를 이야기하기 위해서다.

학교 선배의 연기 선생님이자 엄청난 기수 차이의 선배. 내게도 참 어려운 손님이었다. 그 둘은 입시 시절 인연부터 학교 선후배의 인연으로 끝

나지 않고, 같이 연기학원을 준비하고 있었다. 원장과 부원장의 직함으로, 이전에 있던 학원에서 독립하여 같이 학원을 개업하고자 한다고 했다. 강남, 서초 등 이미 오랜 기간 대부분의 매물을 다 봤다고 했다. 그러다가 SNS에도, 주변 지인들 얘기에도 내가 부동산을 한다고 하여 남자 선배가 연락을 준 거였다. 매물에 대한 조건을 자세히 듣고, 여러 곳의 매물을 찾았다. 내가 속한 지역 외의 강남쪽 매물들도 찾아보았다. 선배들에게 여러 사이트에서 조건에 가장 적합한 매물을 링크로 받아 취합해서 모든 중개업소에 공동중개 요청의 건으로 전화를 걸었다. 몇 차례를 만나, 내 차로 강남 부근 곳곳을 이동했다. 앞서 설명한 서초동 카페를 같이 중개하며 인연이 되었던 서초동의 중개업소와도 매물을 보았다. 앞선 에피소드의 역삼동 샐러드 가게를 공동중개 했던 학동역 중개업소 사장님에게도 전화를 걸었다. 그 사장님은 중개업을 접었다고 했다. 직원이었던 이가 다른 강남쪽 사무실에 취업을 했다며, 전화번호를 넘겨주어 전화를 했다. 직원이었던 이는 상가, 사무실 전문으로 일하고 있는 덕에 다양한 매물을 함께 보기도 했다. 며칠간, 정말 여러 곳의 중개업소와 통화하고 강남 곳곳을 다녔다. 선배들이 보내준 링크 중에 가장 마음에 든다던 매물을 보았다. 그 부동산 담당 팀장은 선배들과 대면했을 때, "예전에 한 번 저랑도 본 적 있죠? 저는 기억나네요"라고 했다. 그만큼 선배들은 여기저기, 많은 중개업소를 이미 다녔단 얘기다. 그 팀장님에게도 새삼 고마웠다. 원래 본인의 손님이라며 공동중개를 안 할 수도 있었을 것이다. 한데, 내 지인들이고 내 손님으로 왔고 다른 매물 의뢰건으로 만났기에 공동중개를 해주었다. 결과적으로, 선배들은 그 매물이 정말 마음에 든다고 했다.

  그 매물에 대해 조건을 다양하게 협의하기 시작했다. 가장 중요한 것은 역시 렌트프리(Rent-free)와 금액 절충이었다. 현재 임대차기간 만기 전에 임차인들이 시설을 그대로 두고 짐을 뺀 상태였다. 즉, 월세는 계속 내고 있는데 운영이 잘 안되어 정리를 한 것이었다. 엔터테인먼트로 사용하며 연기, 노래 연습실 등 시설과 방음 장비, 화장실 내부 수리까지 모두 구비가 잘 되어있었기에 만족할만했다. 가장 중요한 월세와 권리금이 협의가 잘 되지 않았다. 내가 현재 임차인의 번호도 모를뿐더러 임대인 번호도 직접 알 수가 없었기에 공동중개를 하는 팀장님과 소통을 했다. 당시 해당 중개업소의 팀장님은 금액이 xxx만원 이하로는 협의가 안 된다, 권리금이 얼마 이하로는 협의가 안 된다고 확고하게 말했다. 인수인계 역시 천장 시스템 에어컨, 방음 장비 등 모든 것을 인수하는 조건이었는데 그 중 무상으로 지급하는 물품들도 협의가 되질 않았다.

그렇게 옥신각신 협의 중에, 고기수 여자 선배가 내게 연락이 왔다.

본인의 남편이 아는 동생이 중개업을 하는데 해당 건물주와 직접 연결을 해보고 조율했다는 것이다. 이건 교통정리가 안될 만큼 비매너다. 운전으로 따지면 정주행을 하다가 열심히 신호 대기를 받고 있는데, 어디선가 붕~하고 나타나서 깜빡이도 안 켜고 칼치기를 한 것과 같다. 중개를 하고 있는 중개업자들이 있는데, 제3자가 갑자기 껴서 매물을 직접 중개하고 손님을 데려가겠다는 꼴이 되는 것이기 때문이다. 처음에 기가 찼다. 심지어, 임대인과 협의가 안 되던 조건들도 이미 협의가 다 됐다며, 남편이 아는 동생과 계약하게 될 것 같다고 한다. 미안하다고 말이다. 가운데서 낙동강 오리알이 됐다. 우선, 부동산 중개업의 도의상 매너라는 것을 설명했지만, 그 남편이란 이가 내게는 미안하지만, 속도가 안 붙는다며 그 동생과 빠르게 진행하고 싶다고 했단다. 어쩔 수 없이 마음을 가다듬고 진행하고 있던 매물의 담당 팀장님에게 이 사실을 알렸다. 난리가 났다. 이런 경우가 어딨냐며, 노발대발을 했다. 그럴만 하다. 대놓고 눈 뜨고 코 베인 격 아닌가. 재주는 곰이 부리고 돈은 떼놈이 가져가는 격 아니겠는가. 나 역시 피해자였지만, 그들이 지인이란 이유로 내가 따로 거래하는 것은 아닌지 의심을 받기 시작했다. 가운데서 바보만 되고 난처하기만 했다. 그 여자선배에게 연락했다. 이런 이런 상황으로, 그 팀장의 입장도 이해해달라

했다. 그 여자선배는, 나에게는 정말 미안한 일이 맞지만 그 팀장에게 대체 뭐가 미안한지 잘 모르겠다고 했다. 심지어 둘이 직접 통화를 하겠다 하여 그렇게 하라고 했는데, 그 뒤에 둘은 언쟁을 했다. 한 쪽은 내내 내게 하소연을 했다. 다른 한 쪽은 내내 내게 핑계대기에 여념이 없었다. 정말 진절머리가 날 만큼 머리가 아팠다. 그 팀장님은 임대인과 협의가 됐을 리가 없으며 기존 임차인과도 얘기가 됐을 리 없다고, 직접 확인을 해본다고 했다. 그 후 전화가 다시 왔다. 남편의 아는 동생 쪽에서 이야기가 끝났다는 부분에 대해, 임대인과 기존 임차인은 그런 말 한 적 없다고 했단다. 누구 하나는 거짓말을 하는 것이다. 머리가 아팠다. 상황을 정리해 보면, 일단 그들의 마음 속에 이미 나와의 중개는 경우의 수에 없는 듯 했다. 더 이상 나만 바보가 될 수 없었다. 그리고 너무나도 불쾌했다. 어찌 됐건 같이 중개를 하고 있던 내게 더 이상 중개를 받지 않는다는 사실이 명확했기에 다른 상황의 사실 여부는 중요하지 않았다. 그렇게 한참 위의 여자선배는, 내게 끝까지 미안하다며, 나중에 한 번 보자고 했다. 뒤이어 남자 선배가 전화가 왔다. 본인에게 결정권이 없어서 참 난처하다고 했다. 본인에게 선생님이자 원장선생님인 누나에게 그 이상 어떤 말을 하기도 어려운 상황이라고 했다. 이해했다. 그 형은 잘못이 없다.(적어도 내가 아는 선에서는 말이다.)

 내 기분과 상황의 불합리함을 하소연 아닌 하소연을 했다. 유일한 휴일인 일요일에 집을 보고 싶다는 손님 현장 안내차 나왔다가, (결국엔 계약도 되지 않았다. 세 번이나 같은 집을 본 손님들이었다. 일요일에 쉰다고 분명히 언질을 줬음에도, 갑자기 사무실 앞이라며 오늘 꼭 집을 '다시' 보고 싶다기에 지친 몸을 이끌고 나갔다.) 저녁까지 사무실에서 내내 통화를 했다. 그렇게 그 학원을 누나 남편의 아는 동생이라는 사람을 통해 중개가 진행되는 것 같았다. 기분이 좋지 않았지만, 달라질 것 없는 결과에 연연하지 않기로 하고, 털어버리려고 노력했다. 하루 이틀쯤 지난 후, 그 누나에게 연락이 왔다.

카카오톡으로 돈봉투가 왔다. 신기한 기능이 있다. 돈봉투를 통해 보내면 얼마를 송금했는지 알 수 없고, 돈을 받거나 취소가 돼야 금액을 알 수 있는 것 같았다. 아니면 내가 열어보려고 시도를 안 해봐서 몰랐을 수도 있다. 고생해 준 것이 고맙다고, 미안하다며 장문의 메시지가 와있었다. 그 돈을 받아버리면, 그 상황도 인정하는 꼴이 되고 자존심도 없는 사람이 될 것 같았다. 그 돈을 받는다고 보상을 받는 것도 아니라고 생각했으며, 크게 도움이 될 돈도 아니라고 생각했다. 대신, 그 돈을 거절하면서 한 마디는 남겨야겠다고 생각했다. 정중하게, 그리고 단호하게 장문의 메시지를 보냈다. 그러한 경우는 정말 제가 섭섭했으며, 기분이 안 좋았다고. 그리고 그 돈은 정중히 사양하겠다는 내용의 메시지였다.

늦은 밤, 그 누나와의 메시지는 그렇게 끝났다. 내 메시지를 바로 읽고, 답장이 오지 않았다. 그리고 시간이 하루 이틀쯤 지나 그 돈은 다시 취소되어 누나에게로 돌아갔다. 수락을 하지 않아 취소된 게 아니라, 내가 안 받겠다고 하니 본인이 취소 기능을 사용한 것 같았다. 취소되고 나니 금액이 나왔다.

"30만 원"

나는 그 돈 대신에, 내가 느꼈던 섭섭함과 한참 선배에게 하기 어려운 한 마디를 했다. 시간이 지난 지금도 그 선택에 후회를 하지 않는다.

그 후로 그 선배들과는 연락을 끊었다.

시간이 한참 지난 지금 그 학원은 개업을 한 것 같았다. 어떠한 감정이 들지 않는다. 악한 마음이 들진 않지만, 또한 축하해줄 마음도 들지 않는다.

그렇게, 추운 겨울 약 2주간의 밤낮없는 임장과 매물을 찾으며 고생했던 시간은 이 책에 담기는 에피소드 정도로 마무리가 되었다. 그리고 2주간의 '동문 선배' 인연도 끝이 났다.

> **Diary Point**
> 포인트를 적는 것이 가장 어려운 에피소드였다. 최선을 다했고 내가 맡은 일에 후회없이 했다면, 자존심을 세워야 할 때도 있다. 그리고 정당하다면, 한마디를 할 수도 있다. 무례함에 화를 내는 것보다, 뼈가 있는 한마디가 더 강할 때가 있다. 꼭 하고 싶었던 말 한마디를 하는 것이 소정의 수고비와 맞바꿔도 아깝지 않을 때가 있다.

Ep.6 난생처음 '뒷빡'을 맞아 보다.

개업 3년 차의 일이다. 무더운 여름, 처음 보는 임대인이 자전거를 타고 방문했다. 건강해 보이는 장년층의 남성이었다. 산악용 자전거, 그리고 헬멧. 자전거를 타는 이의 복장 차림으로 잠깐 들렸다고 했다. 지나가며 한 번씩 보다가, 처음으로 와봤다고 했다. 본인이 다가구주택을 한 채 갖고 있는데, 사무실에서 멀지 않은 3분 거리라고 했다. 위치를 보니 친한 형이 운영하는 카페의 근처 골목이었다. 매물에 대해 자세히 듣고, 적었다. 연락처도 저장하고, 매물 장부에 수기로 적고 엑셀로도 손님 넘버링을 해두며 메모를 해뒀다. 간단히 목적물에 대해 파악하기 위해 서류를 열람했다. 광고를 하기 위해서는 서류에 대한 정보가 있어야 하기 때문이다. 공실이라고 하기에 바로 현장을 방문해 보기로 했다. 서류를 열람한 후 대략 감이 온 상태에서 집을 가보았다. 깔끔하진 않지만 면적 대비 금액이 저렴했다. 구옥 다가구주택의 반지하, 투룸이었다. 월세가 적기 때문에, 가격에 비해 넓은 집을 찾는 이들에게는 적합하겠다 생각했다. 당시 유튜브로 가끔 매물을 촬영하여 올리기도 했기에, 해당 매물 촬영을 해봤다. (내 성향으로는 유튜브 매물 광고가 득보다 실이 크다는 것을 알고 그 이후에는 하지 않고 있다. 관리할 것도, 신경 쓸 것도 많기에 내가 하던 방식인 지식 정보를 올리는 패턴을 유지하기로 했다.) 촬영 후 다양하게 광고를 올려두었다. 임대인이 나에게만 매물 의뢰한 것은 아니었기에, 경쟁을 해야 하는 동네 매물의 경우 광고를 적극적으로 해도 된다. 누가 하든 확률 싸움이기 때문이다. 얼마 지나지 않아, 근처에 '뒷빡으로 유명한' 중개업소에서 내가 얼마 전에 광고해 둔 물건과 적합한 조건과 금액의 매물을 찾는다는 글을 올렸다. 거래 정보망에 공공연하게 올린 글이기에 해당이 되는 중개업소들은 매물을 보내줬을 것이다. 하지만, 그 중개업소는 동네에서 (뒤통수 치는 것으로) 유명했기에 아직 당해보지 않은 나는 조심스러웠다. 평소에 인사 정도 하는 사이로만 지냈는데, 그 중개업소에 대한 좋지 않은 소문들을 자꾸 듣고 내가 잘 아는 사장님도 당했다는 소식에 선입견이 강하게 박혀있었다. '어차피 동네 물건이니, 보내볼까?' 하다가 보내지 않았다. 신기하게도, 얼마 이따 그 중개업소에서 전화가 왔다.

"사장님, 사당동 △△△-△△ 매물 올려두신 게 있던데 아직 유효한 건가요?"라는 문의였다. 기왕 전화가 왔으니 거짓말할 필요는 없기에 유효한 매물이라고 했다. 별 다른 말은 없고 알겠다는 대답이 돌아왔고, 전화를 끊었다. 그 후 1시간 남짓 지났을까? 노부부가 방문했다. 구부정한 걸음걸이의 노년층까진 아니었지만, 연세가 많아 보였다. 그들이 찾는 방이 있다고 했다. 아까 그 중개업소에서 찾는 매물의 금액과 조건이 비슷했다. 적은 금액의 원·투룸은 워낙 찾는 손님층이 많기에 별다른 의심 없이 그냥 그러려니 했다. 매물을 보고 싶다고 하기에, 같이 집을 보고 왔다. 임대인에게는 집을 보러 가기 전 전화를 했더니, 보고 가라고 했다. 나는 집을 보기 전에 보통 임대인에게 연락을 한다. 미연에 변수를 예방하고 계약 가능성을 확보해 두기 위해서다.

집을 본 손님들에게 마음에 든다, 안 든다와 같은 피드백은 받지 못했다. 고민해 보겠다고 하며 그 집을 보고 자리를 떠났다. 그 후 몇 분이 지났다. 임대인에게 연락이 왔다.

조금 전에 내가 안내했던 사람들 같다며, 다른 중개업소에서 그 손님들을 데려왔고 집을 계약하기로 했단다. 그래서 지금 내려가 본다는 것이다.

피가 솟구치는 기분이었다. 아드레날린이 엄청난 속도로 분비되는 기분이었다. 물증은 없지만 심증은 1000%인 상황, 혹시 세입자들 인상착의가 어땠냐고 물어보았다. 아까 내가 데리고 갔을 때 손님을 보지 못했지만, 목소리나 인원수가 그 사람들이 맞는 것 같다고 했다. 본인도 난처하다고, 어찌해야 될지 모르겠다고 했다. 그래서, 같은 손님을 또 데려온 그 중개업소에도 의뢰를 한 것인지 먼저 확인했다. 의뢰한 중개업소는 아닌데, 손님을 데리고 온 중개업소는 뒷빡을 잘 치는 중개업소의 바로 옆 중개업소였다. 두 중개업소는 아삼륙이 잘 맞는다고 들었기에, 물증이 정확해졌다. 뒷빡 전문 중개업소에도 매물을 의뢰하셨냐 했더니, 거기는 원래부터 거래를 하던 곳이라고 했다.

내용이 확실해졌다. "그 손님들은 제가 먼저 모시고 갔고, 제가 집을 보여드렸는데 다른 중개업소에서 손님을 채서 계약을 하면 도의상, 경우상 안 맞는 것 같다"는 말을 했다. 그 마음을 이해하지만 본인이 정리를 해주기가 어렵다고 했다. 내 편이 아무도 없는 기분에 심한 짜증과 우울감이 몰려왔다. 챕터2 부분에서 언급했듯, 작은 계약도 이렇게 경쟁이 치열하고 어려울 수 있다. 앉아서 계약서만 써주고 돈을 수백, 수천만 원 벌 수 있는 경우보다, 이런 작은 계약으로 치열하게 경쟁하고 계약을 끌어내는 경우가 더 많다. 짜증을 뒤로한 채, 임대인은 내게 미안하다는 말과 함께 전화를 끊었다. 돈이 얼마 안 되는 걸 떠나서, 회의감이 몰려왔다. 이대로 앉아만 있기엔 화가 나 참을 수가 없었다. 내 성격상 그냥 넘어가는 성격이 못 되기도 했기에, 시간이 조금 지나 뒷빡 전문 중개업소를 찾아갔다. 녹음기를 켜고 말이다. 얼굴이 잔뜩 상기돼 있고 흥분돼 있는 나를 본 뒷빡 중개업소 사장의 딸은, 겁에 질린 듯했다.

"실장님 어디 가셨어요?" 물었다. 자리에 없다고 했다. 언제 오냐고 했다. 금방 온단다. "오시면 전화 주시고 해주세요"라는 말을 남기고 바로 옆, 계약서를 쓴 뒷빡 중개업소의 아삼륙 전문 중개업소로 한걸음에 문을 열었다. (정말 실제로 한 걸음 옆이다.)

"그 손님들 제가 먼저 안내한 손님들인데, 어떻게 됐는지 물어보러 왔다"고 했다.

30년이 넘은 능구렁이 같은 사장님은, "사장님네 손님인 줄 알았으면 내가 계약 안 했지, 당연히~ 그 손님들이 그런 말 안 했어"라고 했다. 내 행동과 언행이 충분히 불쾌했고 앞으론 조심하라는 의미를 담았다면 그 정도로 일단 충분하다고 생각했다. 그리고 그 중개업소 말마따나, 손님들이 거길 찾아가서 반대로 매물을 물어다 주고 계약을 거기랑 하고 싶다고 한 거면 사실 답이 없다. 게다가, 주인이 계약을 해주겠다는데 뭐라 하겠는가. 화를 참으면서 사무실에 왔다. 막상 다녀오니 조금 누그러졌다. 몇 분 후, 뒷빡 중개업소에서 전화가 왔다.

"사장님 저 찾으셨다면서요~" 지금 사무실에 있으면 가겠다고 했다. 다시 찾아갔다. 경위를 잘 몰랐다며, 미안하다고 한다. 그리고, 얼마 되지도 않는 보수를 옆에 있는 아삼륙 중개업소와 얘기를 다 끝냈다며 셋이 나누는 게 맞겠다고 한다. 내 눈을 지그시 바라보는 실장의 눈을 바라보았다. 일촉즉발의 나를 보며 약간은 겁이 나보였다. 그냥 이쯤 해두자는 생각에, 처음에는 그 돈을 거절했다. 기어코 돈을 나누자는 말을 하니 나 역시 억울해서라도 받아야겠다는 생각이 들었다. 정말 밥값 정도밖에 안 되는 돈임에도 어쨌든 돈을 받았다는 생각, 사과를 받았다는 생각에 화가 조금 누그러졌다. 임대인이 그 후 전화가 왔다. 마음이 쓰인다고, 본인이 5만 원을 챙겨줄 테니 노여움을 풀라고 했다. 그것은 한사코 거절했다. 돈을 받지 않고, 다음에 다시 맡겨달라고 했다. 그 이후 3년간, 그 임대인은 다시 연락이 오지 않았고, 지금도 오지 않는다. 앞으로 올지는 모르겠다.

화를 풀고 생각해 보았다. 이렇게 적은 금액 하나로도 이렇게 뒷목이 당길 만큼 화가 나는데, 정말 뉴스에서 보는 것처럼 수십억 거래를 바로 코앞에서 뺏기면 칼부림이 날 수도 있겠다는 생각이 들었다. 얼마 전 그 뉴스 기사를 보면서 참 별일 다 있다며, 남 일처럼만 웃어넘겼던 나였다. 이렇게 얼마 되지 않은 보수의 작은 계약을 눈앞에서 뺏겨도 이 정도인데, 그 뉴스의 당사자는 어땠을까 싶기도 했다. 중개업이 정말 지저분하고 진흙탕 싸움과 같다고들 한다. 소위 '더러운 꼴'을 참 많이 본다고 한다. 나 역시 몇 번 있었다. 그만큼 멘탈관리가 성공을 좌우한다고 생각한다. 그렇게 화를 풀고 나서, 받은 돈을 그냥 갖고 있기 뭐해서 일부를 쓰자는 생각을 했다. 그 얼마 안 되는 돈, 좋은 일에 좋은 데에 쓰자 생각했다. 박카스를 2박스씩, 2곳에 줄 4박스를 샀다. 뒷빡 중개업소에 먼저 방문했다. 그곳에는 임대인이 와있었다. 당황해했다. 박카스 드리러 왔다고 했다. 반장난식으로, 웃는 얼굴로 빨리 가라고 한다. 본인들끼리 할 얘기가 있다는 것이다. 아삼륙 중개업소는 부재중이어서 뒷빡 중개업소에 전달해달라고 부탁했다. 잘 받았다, 고맙다는 인사는 없었다. 간단한 인사치레도 못하는 정도의 과묵한 성격임을 알기에 '그렇게 했겠지'라는 생각으로 넘겼지만, 기분은 좋지 않았다. 선물을 주고 후회스러운 마음이 들었달까. (혹시 박카스 선물도 뒷빡 중개업소에서 꿀꺽하고 말도 안 한 것은 아니겠지?) 중개업은 어제의 적이 오늘의 아군이 되고, 그 반대도 되는 곳이다. 그 후 뒷빡 중개업소와 아삼륙 중개업소와는 각각 공동중개를 했었다. 앙금을 풀고 공동중개를 하니 그때의 일은 기억도 나지 않았다. 나도 정말 중개업자가 다 된 듯하다. 다른 중개업소에 유사한 경우가 있었다. 다행히 그 건은 계약이 되지 않아 화를 낼 정도는 아니었지만, 기분이 매우 나빴다. 그 후 당연히 그 중개업소는 블랙리스트이고, 나는 그 중개업소와 절대 공동중개를 하지 않는다. 인사도 하지 않는다.(얼마 전에도 집을 보다가 마주쳤는데, 눈을 마주쳤음에도 아는 척도 안 하고 무시하고 지나갔다.) 그리고 거래정보망에서 해당 중개업소를 차단해 두었다. 나는 가능한 확실한 매물만 알차게, 스트레스를 받지 않고 일하려고 노력한다. 대신 내 매물에 대한 책임감이 부담감으로 돌아올 때가 많지만, 차라리 그 무게감이 기분 나쁨보다 훨씬 낫다. 이번 에피소드를 통해 느낀 것이 있다. 흔하게, 누구나 겪어본 일이어도 내가 겪으면 정말 크게 느껴진다는 것, 중개업은 뒤통수에 보호구를 안 넣어두면 무조건 뒤통수를 맞을 수도 있다는 것이다. 한 대 살짝(?) 맞아보니, 꽤나 아팠다.

> **Diary Point**
> 누구나 뒷빡을 당할 수 있고 또 막기 어려운 경우가 있다. 경험해보라고 추천하고 싶지 않은 감정이지만, 겪게 되면 제일 먼저는, 이성을 차리고 슬기롭게 대처할 방법을 생각해보자. 그리고, 어제의 적이 내일의 아군이 되기도 한다. 돌이킬 수 없는 강을 건너지는 말자.

모든 에피소드는 결국 인간 관계로부터

Ep.1   임대인 중개업소 vs 임차인 중개업소, 팔은 결국 안으로 굽는다.

개업 3년 차, 6월 초의 일이다. 임대차3법이 시행되고 1년이 지난 시점이었다. 신설된 법의 시행착오가 많은 시점이었다. 빌라의 경우 전세값이 쭉쭉 올라가며, 매물이 부족해 수요가 공급보다 많은 상태였다. 그러던 중에, 귀한 전세 매물이 하나 나왔다. 신축에, 투룸, 역세권에, 정말 깨끗하고 좋은 집이었다. 예전엔 누구도 지불하지 않을 금액으로 나왔지만, 이제는 내놓자마자 손님이 몇 팀이나 쭉쭉 붙을 정도로 인기였다.

내놓은 지 하루 만에 5~6팀 정도 연락이 왔다. 2팀을 안내한 후, 한 팀을 추가로 안내하러 가기로 약속을 한 상황에서의 일이었다.

해당 매물에 대해 설명하자면, 우연히 오전에 카페에서 만난 초등학교 선배에게 해당 집의 내용을 듣는 것으로 시작됐다. 임차인이 기간 만료 전 넓은 집으로 이사를 해야 하는 상황 때문에 내놓은 집이었다. 임차인은 선배의 사촌 형이었다. 임차인인 사촌 형의 번호를 받았다. 연락을 하라고 하여 현재 세입자인 선배의 사촌 형에게 연락을 하게 되었다. 따라서, 계약서는 임대인이 직접 도장을 찍어야 하지만 중개보수 부담과 다음 임차인은 관례상 현 임차인이 구해야 하는 상황이었다.

집의 컨디션과 상황 설명을 듣고, 본격 광고도 띄우고 중개를 준비하기 시작했다.

인기가 많은 물건 종류라 금방 계약할 자신이 있었고, 실제로 세 번째 손님은 보자마자 계약을 하겠다고 했다. (공동중개를 할 물건이었는데, 해당 중개업소에서 내가 띄워둔 사진을 보여주었다고 한다. 먼저 마음에 들어서 연락이 온 것이었다.)

분명 집주인이 "세입자가 알아서 내놓고 손님 맞추라"고 했었다. 임대인이 최초부터 거래했던 중개업소에도 의뢰를 해놓았다고 한다. 한데, 갑자기 아닌 밤중에 홍두깨 같은 말을 들었다. 그 중개업소에서 데리고 온 손님이 당일에 집을 보고 마음에 든다고 바로 계약을 하겠다고 했다는 것이다. 그 말을 듣고 다음 손님 시간도 당겨보고, 현재 세입자에게 먼저 본 사람(우리의 손님)이 계약을 하려고 하는데 먼저 돈 넣어서 계약하면 안되냐고 물어보라고까지 요청했다. 하지만 팔은 안으로 굽는다고 하질 않는가. 집주인은 평소 본인과 거래하던 중개업소의 손님을 결국 선택했다. 익일 계약서를 쓰기로 했다며 해당 물건의 중개건은 그렇게 끝나게 되었다. 내심 씁쓸했다. 금, 토 이틀간 매물을 받자마자 내내 통화도 많이 하고, 손님들을 몇 팀 안내 하면서 '이 건은 내가 하겠구나'라고 생각했는데 말이다. 이런 경우는 중개하다 보면 흔하다. 경쟁이 워낙 치열하고, 먼저 돈 넣은 사람이 임자인 계약 시장이니 말이다. 1등만 있지 않은가. 계약을 2명과 해서는 안 되니까. (법률상 이중매매, 이중계약은 유효하지만, 계약 해제에 대한 위약, 손해배상 등이 따르기에 쉽게 설명한 것이다. 곡해 없길 바란다.)

그렇게 아쉬움을 달래며 씁쓸한 마음으로 토요일 사무실 문을 닫았다. 하지만 분명, 다음에 이 건의 몇 배 좋은 건으로 글을 쓸 날을 확신한다. 인생에선 총량의 법칙이라는 것이 존재한다고 생각한다. 나의 총량은 희, 락이 더 많다고 생각하기 때문에.

그리고, 불공평해야 공평하다는 생각을 하는 나로써, 정말 누구보다 열심히 공부하고 성실하게 진심으로 임한다는 마음을 갖고 있기 때문에, 그 결과는 나올거라고 생각한다.

> **Diary Point**
> 부동산의 계약은 1등만 존재한다. 그리고 최선을 다하더라도 타이밍이 존재한다. 또한, 위의 사례처럼 결국 팔은 안으로 굽는다. 내 쪽으로 굽을 팔을 많이 만드는 것이 중개업 성공의 관건이다.

Ep.2 지인이라도 모두 다 계약 손님이 될 수는 없다

개업 2년이 조금 넘은 시점에서의 일기다. 정말 많은 손님들이 다녀갔다. 손님들의 형태는 다양하다. 첫째로 그냥 떠보고, 시세 파악하고, 거래 의사가 없음에도 그냥 둘러보는 '빼꼼이'가 있다. 실제 의사가 있는 손님, 혹은 급한 손님, 생각이 없다가 갑자기 하게 되는 손님, 워크인 손님, 간판이나 벽보 매물을 보고 전화하는 손님, 네이버 광고 물건이나 유튜브를 보고 연락하는 손님 등 종류와 루트는 정말 다양하다.

그 중에서 뭐니뭐니해도 가장 계약 확률이 높은 손님은, '지인'이다. '지인의 소개'도 확률이 좋으나, 지인의 지인은 정말 사람 나름이다. 어디까지나 다리 건너 사이이므로 처음 인사 나눌 때 한두 마디 더 나눌 이야기가 있는 정도인 경우가 많다. 지인도 친한 지인이 아니라면 사실상 처음 보는 워크인 손님과 비슷할 때도 많다.

나의 중개업 3년 차 동안 6할 이상은 지인들의 계약으로 이루어졌다. 개업 첫 해에 첫 독립을 도와준 동생이 2년이 지나 2번째 집을 구하게 되어 계약을 하게 되었다. 이럴 때 중개업의 보람과 내가 농익어간다는 것을 느끼며, 아직도 매일 배우고 모르는 것 투성인 이 어려운 시장에서 살아남고 있다는 것에 감사했다. 나를 선택해 준 계약 손님들께 더욱더 최선을 다하고 싶은 마음과 감사한 마음들이 가득하다. 지인이 연락이 올 땐 크게 두 종류이다.

연락도 잘 안하는 지인들의 연락이 오는 경우는
1. 부동산 관련 지식 정보를 단순히 묻고자
2. 정말 매물을 구하려고 이다.

2번은 실제 만남으로 이루어지고 계약까지 어떻게든 가게 되는 경우가 많다. 매물을 보러 오는 손님들 중 지인이 아닐 경우 물건이 마음에 안 들면 보통 내가 연락을 취하기 전에 먼저 하지 않는다. 연락을 하더라도 불편한 마음에 연락을 피하거나 문자로 대체하는 이들도 많다. 문제는, 지인의 경우 이럴 때 데면데면해질 때가 있다. 이 부분을 부드럽게 풀어나가야 한다. 나를 통해 더 안전하고 꼼꼼하게 중개를 받기 위해 소개를 받았을 것이다. 소개해 준 이도 그런 이유로 소개를 했을 것이다. 더불어 한 푼이라도 저렴한 수수료와 좋은 서비스로, 모르는 부분도 시간 상관없이 편하게 묻고 답할 수 있는 장점도 있을 것이다. 계약 후에도 여러 가지 자문을 편하게 구할 수 있는 것이 상대방이 원하는 장점일 것이다. 단점은, 소개를 받았기에 소개해 준 사람의 체면을 생각해서라도 서로가 예의를 잘 갖추고 조심해야 한다. 보이지 않는 선을 잘 지키면서 관계가 잘 유지 된다면 계약 여부를 떠나 마무리를 잘 지을 수 있다. 나를 통해 집을 보러 왔다가 나에게 계약을 안 하는 경우는 당연히 그럴 수 있다.

문제는, 심지어 내가 중개를 하는 주변의 동네에 매물을 다른 중개업소와 거래하여 구했을 경우다. 심지어 내가 보유한 매물임에도 타 중개업소에 굳이 가서 계약을 했다면, 내 입장에서도 솔직히 마음이 상한다. 그러다 보면 서로 불편해지는 관계가 될 수도 있다. 즉, 나를 통하지 않고 다른 중개업소와 거래를 할 경우의 '도의상, 신의상'의 문제이다. 중요한 건 과정이다. 내게 말을 했고 다른 지역도 같이 보는 경우는 상관이 없다. 하지만 내게 말을 않고 뒤에서 같은 동네에 다른 중개업소들을 다녔다던가, 나를 떠보는 형식의 곁다리 형식을 진행할 때를 말한다. 이 때는 나도 사람인지라 섭섭함을 넘어 괘씸함이 생긴다. 나는 지인들이 오면 커피라도 한 잔 사려고 한다. 나를 찾아주는 고마움 때문이다. 물론 영업적으로도 시간을 함께 보내며 사적인 이야기를 통해 편하게 상대방의 조건과 상황을 이해하고 동감하며 더 적합한 물건으로 구해주기 위함도 있다.

원·투룸을 구해줄 때 특히 많이 들었던 말이 있다. "다른 데들은 한두 곳 보여주고 없다고 하거나 그냥 보내는데, 사장님은 정말 많은 매물들과 적합한 조건을 추려 보여주시네요"라는 것이었다. 원룸은 사실상 중개수수료가 얼마 되지 않고, 시간과 에너지를 많이 쓰기엔 어려운 상품이다. 당일 보고 당일 결정하며 승부 봐야하는 이유이기도 하다.

　자주 있는 일은 아니지만, 아는 동생이 나에게 연락이 왔다. 구하는 조건 등을 듣고 열심히 매물을 찾았다. 마음에 드는 집을 찾아 계약을 하려고 했다. 문제는, 이 친구가 아무것도 모르고 현재 살고 있는 집을 내놓지도 않았으며 이사할 시기 등도 정하지 않은 상태였다는 것이다. 주인에게 퇴거 예정 통지도 하지 않고 집을 본 것이다. 악의가 없는 것은 알았으나 그날 봤던 10개 가까이 되는 집을 차를 타고 다니며 이동한 것과 시간이 너무도 아까웠다. 그렇지만 미안해하는 동생의 모습에 차례로 할 일을 알려줬다. 주인과 조율을 한 후 이사가능한 일자를 받아와서 집을 볼 날짜를 정하라고 했다. 그렇게 한 달 후에 다시 보기로 약속을 잡았고, 웃어넘겼다. 한 달 후 약속날짜가 되어 다시 10개 남짓한 집을 보았다. 볼 때마다 제일 마음에 드는 집이 바뀔 만큼 집들이 괜찮았다. 끝나고 밥도 사줘가며 대화를 나누었다.

　어쩐지 우유부단한 그 동생의 모습에 불안했지만 고민 후 연락하기로 하고 돌려 보냈다. 2일 후, 장문으로 문자가 왔다. 이사날이 다가와지는데 정말 마음에 드는 집을 못 구해서 근처 동네에 다른 집을 계약을 해버렸다는 것이다.

　순간 그동안의 과정을 생각했을 땐 약간의 짜증이 났지만, 잃고 싶지 않은 동생이라서 웃으며 섭섭함 정도를 표현했다.

　중개업을 처음 시작할 때 연락을 자주 줬던 10년 차 대학교 동문이자 중개사 선배가 있다. 항상 "매일 도 닦는 마음으로 일한다"고 했다. 그 문장이 참 와닿을 때가 많다. 열 길 물 속은 알아도 한 길 사람 속은 모른다, 사람이 제일 어렵고 무섭다는 말을 자주 느낀다.

　한편으로 나에게 계약을 해준 많은 손님들, 계약 후에 계속 연락을 나누고 나와 거래를 해주는 손님들, 나에게만 물건을 내놓아주는 임대인들 등을 통해 힘을 얻는다. 자리를 잡아가는 사무실의 상황에 다시 한 번 두 배의 감사함을 느낀다.

> **Diary Point**
> 필요 이상으로 신경을 써준 사람이 다른 곳에서 계약할 경우 허탈감이 크다. 반대로 내게 계약을 해주고 끝까지 나를 믿어준 이들에 대한 감사함을 두 배로 갖는 계기로 삼자.

Ep.3 전속 물건의 장단점

전속계약서가 따로 있지만, 실무에서는 이 양식대로 계약서를 쓰고 진행하는 경우는 아직까지 보지 못했다. 또한, 공인중개사법상 전속계약서를 쓰면 양식에 맞추어 고지, 공고해야 하는 의무가 많아지기에 보통의 중개업소에서도 열이면 열, 제대로 써본 적은 없을 것이다. 그 대신 신용과 신뢰의 의미로 '전속'으로 매물을 의뢰해주는 경우가 대부분이다. 이 전속이라는 단어가 참 감사하지만, 빨리 소화가 되지 않을 때에는 정말 부담스럽고, 심적으로 걱정이 된다. 심각하게 매물이 안 나갈 때에는 앞서 표현한 비유처럼, 어깨에 돌덩이가 올려져있는 기분마저 들 때가 있다.

모름지기 중개업소에 자신의 중개대상물을 의뢰했을 때, 많은 손님을 안내하고 많은 연락을 주고받았을 때 그 중개업소에 대한 신뢰도가 더 쌓이기 마련이다. 가까운 지인 등일 경우에도 나에게만 매물을 맡기는 경우가 있다. 어느 중개업소나 소위 '꽉잡고 있는' 매물 한두 개쯤은 있을 것이다. 만약 여러분이 중개업에 종사하고 있는데, 아직 그런 매물이 없다고 해도 걱정할 것 없다. 나 역시 그런 매물이 처음부터 있진 않았다. 지내다보면, 나를 잘 봐주는 이가 생긴다. 나와 합과 호흡이 좋은 이들이 분명히 생긴다. 그런 이들을 천군만마처럼 여기자. 그리고 좋은 관계를 오랫동안 유지하길, 강력히 권장한다. 그렇게 범위를 점점 늘려나가면 된다. 마치 땅따먹기처럼, 내가 자주 표현하는 '깃발을 꽂는다'는 비유처럼 인간관계도 그렇게 깊게, 천천히 늘려나가면 된다. 매물을 꽉 잡고 있는 때에는 자신있게 매물을 여기저기 광고하고, 동네 중개업소에도 공동중개를 하기 위해 매물의 세부 주소를 편하게 오픈할 수가 있다. 매물의 상태까지 A급이라면 금상첨화다. 그런 매물은 욕심이 난다면 단독중개로만 소화할 수도 있다. 전속매물이 빠르게 계약이 되지 않는 데에는 다양한 이유가 있다. 장기화되는 코로나로 인해 높은 월세를 감당할 수 없어서 공실로 계속 두어져 있는 전속 매물들이 많았다. 특히, 원룸은 월세 공실 및 매물이 아주 많아 임대인들의 공실을 채워주기가 벅찼다. 다른데에 물어봐도 마찬가지였다. 하기야 나만 그랬겠는가. 시간이 지난 후 또 어느 시점에서는 원룸 손님이 줄을 서 있고, 매물이 없어서 걱정인데 말이다. 몇 개의 전속 매물을 보유 중인 상태에서 굉장히 부담감이 있는 상태였다. 친분의 깊이가 각기 다른 여러명의 임대인들에게 받은 전속 매물들이 빠르게 나가지 않아서 마음이 불편했다.

 지인일지라도 전속 매물을 맡긴 후 계약이 되지 않으면 임대인이기에 계속 월세를 못 받으며 공실을 한없이 둘 수는 없는 노릇이다. 사적 친분이 깊거나 계약이 급하지 않은 지인이 아니고서야 계약 확률을 높이고자 다른 데에도 내놓을 것이기 때문이다. 또한 한편으로 '내 능력과 실력이 부족한가'라는 생각에 자존감도 낮아지기도 한다. 하지만 그렇게 생각하지 말기를, 시간이 지나서 내가 나에게 말해줄 수 있다. 여러분께도 말이다.

 합리화일지는 모르겠지만, 어떤 건물의 월세는 이전 임차인 퇴거 후 수리를 하면서 시세 대비 금액을 높게 설정해주었다. 한 건물에 3개의 매물이 거의 동시에 나왔는데, 다행히도 2개의 매물은 바로 계약이 되었다. 심지어 상가점포는 매물 접수를 하자마자 바로 다음 날 좋은 임차인을 만나 거래가 되어서 더 큰 신뢰를 얻게 되었다.

 하지만 남은 공실 하나는 주차문제, 높은 월세 문제로 코로나가 한창일 당시 마땅한 손님을 많이 찾기가 어려운 상태였다. 높은 월세를 지불하는 이들은 대부분 주차를 필수로 생각하기 때문에, 현재 주차 대수가 만석인 건물에서 주차가 안된다고 하니 계약이 더딘 것이었다.

계약 만기 전 임차를 하다가 퇴거해야 해서 물건을 빨리 빼달라고 하는 임차인인 지인들도 있었다. 본인들 양심상 다른데에 내놓기도 불편하고, 나에게 내놓았는데 매물의 입주 조건이 그렇게 좋지 않다면 속도는 더욱 더 느리다. 그런 집은 보통 반지하 또는 구옥, 별다른 메리트가 없는 평범한 흔한 공실의 매물일 경우가 많다. 내 눈에 예쁘면 남의 눈에도 예쁘고, 내 눈에 별로면 남의 눈에도 보통은 별로다. 당시에는 방이 빠르게 나가지 않기 때문에 집 보러 온다고 연락 오는 손님이 반가울 정도였다.

이렇게 전속매물의 장점은 너무도 많지만, 반대의 경우 걱정되는 부분이 있다는 것도 재차 밝힌다. 그만큼 '나혼자' 책임지며 짊어져야 할 무게감도 있다는 것이다. 그 무게를 견디지 못하거나 임대인이 너무 힘들어하면, 동네 다른 중개업소에 매물을 내놓으시라고 제안을 하기도 한다. 중개업 용어로 '물건을 푼다'고 한다. 전속매물들과 공실들이 하루빨리 마땅한 임차인들로 채워졌으면 했던 기억이 생생하다. 지금도 그런 전속 매물들이 있고, 앞으로도 중개업을 하는 한 그런 부담과 걱정은 늘 이어져갈 것이다. 시간이 지나면서 받아들이고, 손님을 찾고, 당연한 과정이라는 것도 깨달아간다. 그렇게, 베테랑이 되어가는 것이다.

한참 뒤, 당시의 공실 매물들을 모두 소화했다. 드디어 편하게 쓸 수 있는 시점이 되었다. 글을 쓰는 지금 시점은, 처음 위의 글을 쓸 당시보다 2년이 훌쩍 넘었다. 23년의 마지막 주 주말, 토요일에는 컨디션이 좋지 않았던 지하 매물이 근처 약국의 약사와 의약품 창고로 임대차 계약을 맺게 되기도 한다. 그 매물 역시 장기 공실이 우려되었고, 어깨에 부담감이 컸던 매물이었다.

이렇듯 인연이 되려면 다 되는법. 안되면 그 또한 마음을 비우고 포기하는 방법도 배워가는 것이다. 결과는 알 수 없지만, 매번 후회를 하고 싶지 않기에, 최선을 다할 뿐이다.

> **Diary Point**
> 전속매물의 장단점은 명확하다. 가장 중요한 것은, 전속 물건은 다다익선이며, 전속 매물의 컨디션이 좋으면 좋을수록 여러분을 강한 중개업소, 부자인 중개업소로 만들어 줄 것이다.

Ep.4 "꼭 형님이랑 하고 싶어요. 제가 물건 찾을 테니, 계약을 형님이 해주세요."

2019년 3월 첫날에 개업하고, 그 해 상반기에는 정말 말 그대로 '맨땅에 헤딩'을 하며 아무것도 모르던 내가 실무에서 좌충우돌 급속도의 경험치를 쌓아갔다. 그 해 여름, 아는 동생의 오피스텔 계약을 한 적이 있었다. 그 동생과는 종종 안부도 묻고, 지인이 집을 구한다고 하면 내게 소개도 해주었다.

그 동생은 어느덧 시간이 지나서 2년 거주 만기를 앞두고 있었다. 본인이 원하던 첫 자취이며 역세권 오피스텔을 찾아서 계약을 해서 만족도가 높았지만, 프리랜서로 직업 특성상 소득이 불안정하기 때문에 월세와 관리비 부담이 크다고 했다. 그렇게 만기 전 안부를 묻다가 대화도 나눌 겸 커피 한잔을 하게 되었다.

"형님, 제가 2년 사이에 돈을 많이 모으진 못했지만, 대출이 요즘 잘 되더라고요. 그래서 월세 조금만 끼고 보증금을 많이 높여서 근처 오피스텔로 이사를 가고 싶은데, 매물들을 찾아서 전화도 해봤는데 중개업소들이 불친절하거나 허위 매물이 많아서 불안해요. 형님이 해준 계약이 참 잘 해주셨던 거구나, 형님이 참 일을 잘 해주신 거구나 새삼 느꼈어요. 애초에 형님한테 계약하려고 했지만 이번에 몇 번 전화해 보고 다시 한번 형님에게 또 의뢰해야겠다 마음을 정했죠."

기분이 좋고 고마웠다. 그래서 나는 약속을 했다.

"이번에도 내가 지난번처럼 최선을 다해서 구해줄게. 이번엔 2년간의 노하우와 많은 경험을 통해 더 수월하게 해줄 수 있을 거야."

2년간 수십 개의 계약을 하며, 정말 많은 경험을 한 터였다. 아직도 멀었지만 왕초보 딱지 정도는 뗐다 싶었다. 공동중개 해 본 중개업소들을 많이 겪어보면서 '꼭 베테랑이라고 다 잘하는 것도, 많이 아는 것도 아니구나, 오히려 매너리즘에 빠져 더 못하는 곳들이 많고 공부하지 않으면 이렇게 도태되는구나'를 많이 느꼈다. 그 느낀 점은 내게 매일 퇴근 후 스터디 카페에 가서 중개 및 부동산 관련 지식, 정보에 대한 법 공부를 끊임없이 하게 해주는 동기가 되었다. 수백 권의 책을 꾸준히 읽어가며 다분야의 지식과 정보를 쌓아갔다. 400페이지가 넘는 부동산 판례집도 꼼꼼히 완독했다. 그 후 비슷한 사례를 상담할 때 판례를 떠올려 법적 자문을 해주는 수준까지 올라갔다. 그때의 쾌감은 겪어봐야만 느낄 수 있는, 말로는 설명할 수 없는 짜릿함이었다. 법적인 용어와 법조문, 법적인 자문을 진행할 때 내 상담에 큰 도움을 얻는 이들을 보면서 얼마나 뿌듯하고 행복한지 모른다. 동시에 유튜브를 꾸준히 해왔기 때문에 많은 지식, 정보들을 공유하다 보니 전화, 메일 문의가 빗발치면서 동시에 상담을 통해서도 많은 간접 경험들도 할 수 있었다. 돌이켜보면 2년간 엄청난 성장을 했다는 뿌듯함에, 그리고 그 동생이 구하는 매물은 그렇게 어렵지 않게 중개할 수 있다는 자신감에 꼭 내가 구해주겠다는 약속을 했다.

다만, 그 동생이 구하는 매물의 위치는 내가 처음에 구해줬던 서울대입구였으며, 내게는 서울대입구역 임대인들이 매물을 내놓지 않기에 해당 지역에 매물을 보유하고 있지 않았다. (매물지 근처에도 중개업소가 수십, 수백 개이므로 특별한 유대가 있지 않는 한 사당동까지 와서 매물을 내놓지 않는다. 다만, 유료 사이트 등을 가입하면 내가 그 매물들을 작업할 수 있으나 나는 유료사이트 등을 가입해서 진행하지 않는다.)

　다행히 경험이 자산이고 사람이 재산이라 했던가. 서울대입구역도 몇 번 거래를 해보며 알게 된 중개업소들, 그 중에 매물이 많고 일처리도 잘 해주는 중개업소들은 내게 기억 속에 남아있기에 바로 전화를 돌렸다. 아무래도 한두 번 공동중개차 같이 일해본 게 전부이며 본인들 매물, 손님들 소화하기에도 바쁠 터라 다들 수동적인 답변이었다. 그래도 포기하지 않고 이따금 한두 개씩 괜찮게 나오는 매물들을 그때그때 시간을 맞추어 현장에 임장을 갔다. 프리랜서인 그 동생의 시간은 직장인에 비해 유동적이었기 때문에 대응이 빨랐다. 정말 괜찮은 매물은 하루면 나가기 때문에 며칠 후에 보기로 하면 이미 계약은 당연히 끝나있었다. 그래서 매물이 괜찮다 싶으면 주저하지 않고 당일 저녁 늦게라도 약속을 잡았다.

　동생은 본인만의 스타일과 주관이 확고했다. 중개업소에서 소개한 매물들이 누가 봐도 좋더라도 본인의 가구배치, 지리적, 본인이 집에 들어갔을 때 와닿는 느낌이 좋아야 하는 조건에 맞지 않으면 계약하지 않았다. 그래도 내 성격의 장점이라고 꼽는 '포기하지 않는 것'은 이번 중개 계약 건에서도 좋은 결실을 맺었다. 대안이 떠올랐다.

　"○○야, 이렇게 매물 보는 방법도 있고 너도 검색창에 매물을 보고 내가 보지 못한 매물이 있으면 링크 복사해서 내게 카톡으로 보내줘. 내가 그 매물을 보고 해당 중개업소들에 공동중개를 요청할게."

　그렇게 틈틈이 매물 링크들이 여러 개 날라왔다. 문자를 보고 하나씩 전화를 했다. 지역별, 동네별 중개업소들의 특징이 있다. 봉천, 신림은 거의 원·투룸은 공동중개를 안 하는 곳이 많았으며, 서울대입구는 대체로 호의적인 경우가 많았다. (케바케, 사바사 이므로 내가 겪은 바를 말하는 것뿐이다.) 동생이 가장 마음에 들며 보고 싶어 했던 전세에 일부 월세가 들어간 오피스텔 신축급 매물을 보유한 중개업소에 전화했다. 다행히도 해당 중개업소의 팀장은 호의적이었으며, 공동중개를 해주기로 했다. 다음 날 아침 일찍 만나기로 했다. 물건지 앞에서 만나 집을 올라갔다. 기계식 주차장, 깔끔한 입구, 엘리베이터부터 좋은 느낌이었다.

계약을 많이 하다 보면, 수천 개 이상의 집을 보다 보면 들어가 보기만 해도 느낌이 어느 정도 온다. 엘리베이터에서 내리니 한 층에 두 집만 마주보고 있는 형태였다. 내가 좋아하는 형태다. 원룸은 일반적으로 다닥다닥 붙어서 층간뿐 아니라 벽간 방음도 여간 쉽지 않고 사생활이 보호되기가 어려운데, 원룸형 오피스텔임에도 신축 빌라처럼 깔끔하고 예쁘게 지어졌다. 신식 도어락, 깔끔한 현관문을 열고 들어갔다. 환하게 비추는 햇살, 넓은 창과 탁 트인 전망. 예쁜 주방과 철저히 분리된 화장실 공간은 내 마음까지도 사로잡았다. 임대 사업자 건물이라 세입자가 변경되어도 차임을 5% 이내로만 올릴 수 있어서 예전 시세에 비해 많이 못 올린 집이라 저렴하다고 했다. 시세 대비 저렴하다는 말, 그럴만했다. 대신 관리비를 조금 더 인상했지만 터무니없지 않았고, 그럼에도 괜찮은 가격이었다. 집을 자세히 보며, 가구 배치에 대해서도 계산해 보면서 약 30분 정도를 체류했다. 그렇게 동생과 헤어지고 연락이 왔다.

"형님, 아까 본 집 서류 좀 확인해 주실 수 있어요?"

바로 열람해 보았다. 먼저 입주한 다른 호수들의 선순위 임차보증금은 대부분 월세가 많아 전세가 적기에 안정적이었고, 게다가 한 건물 모든 호수가 동일 명의 주인이지만 호수별로 개별 등기를 해둔 집합건물 다세대 형태의 등기라 해당 호수만 열람하면 됐다. 집합건물 구분등기여도 건물의 주인이 한 소유주라면 몇 호실을 특정하거나 전체 호실을 담보하여 근저당을 잡을 수도 있다. 하지만 해당 호수에 별도의 근저당이 없고 임대사업자이기에 보증보험도 가입을 해주는 상황이었다. 이 경우에는 선순위임차보증금 합계에 대해 날을 세울 필요가 없었다. 추후 문제가 되어도 해당 호수만 갖고 논할 수 있기에 여러모로 조건이 괜찮았다. 현재 매물의 가액 대비 문제 소지가 없었으며 위반건축물이 없어 대출이 가능해보였다.

　임대 사업자 건물에 많은 임차인이 살기 때문에, 임대인 대리인인 아들은 건물 자체의 관리 규약을 한 장으로 정리된 종이로 갖다주었다. 나름 건물에 대해 관리를 하고 있다는 인상도 받았다. 한 가지 집을 볼 때에 팁을 추가하자면, 이처럼 새로운 임대차계약을 할 때에 임대인 측이 직접 만든 건물 관리에 대한 내역(분리수거, 흡연 공간, 취중 소음 금지 등)을 자세히 기재했다면 관리를 잘하는 집이라고 보면 된다. 또한, 건물 내 공용 복도에 여러 가지 건물 내 주의 사항, 안내문 등을 붙여놓은 집 역시 마찬가지다. 그런 집은 임대인의 꼼꼼하고 관리를 잘하는 성격이 어느 정도 묻어나온다고 판단하면 좋을 것이다.

　서류에 갑구 및 을구 모두 현재 상태뿐 아니라 말소 사항 기준으로 열람해 보았을 때에도 이전 이력에 문제된 소지가 없었다. 서류상으로는 문제 될 부분은 없어보였다. 계약금을 일부 이체하기로 하며 대신 조건으로 '물건상의 하자가 있을 경우 계약금을 반환하고 계약은 해제하며 대출에 협조한다'는 조건을 수락 받고 계약금 일부를 이체했다. 며칠 후, 동생에게서 연락이 왔다. 대출 승인이 났고 약 1억원 가까운 금액이 대출이 나온다고 했다. 그 1억원은 보증금 중 대부분을 차지하는 금액이었다. 동생은 차액을 미리 준비해놓으며 예산에 맞는 집을 구하는 꼼꼼한 성격이었기 때문에 순탄하게 계약서 작성일에 만나게 되었다. 임대인은 강원도에 사는 노년 어르신인데, 아들이 계약을 대리로 할 것이라고 했다. 먼저 물건지 중개업소에 도착해서 기다리고 있었다. 고급 레인지로버 SUV 차량이 경쾌한 엔진 소리를 멈추며 시동을 껐다. 차주는 아들로 추정돼 보였고, 클러치백에서 담배 한 대를 꺼내 피우고는 들어왔다.

　인사를 간단히 나누고 대리 계약 관련된 서류와 내용을 확인했다. 자주 있는 일이라는 듯, 미리 준비한 서류를 보여주었다. 하지만 정확하게 100점짜리 위임 서류는 아니었다. 원칙대로라면 대리 계약시에는 위임장과 인감증명 등을 첨부하여야 한다. 또한, 대리인의 신분등도 함께 지참하여야 한다. 위임장에는 위임의 범위도 자세히 보아야 한다. 그리고 원할 경우 1382에 신분증 본인확인을 하기도 한다. 하지만, 실무에서는 대부분 이대로 하지 않는다. 아니, 못한다. 법과 실무의 괴리다. 원칙대로 했다간 그 자리에서 욕을 얻어먹고 계약을 안 한다고 하고 나갈 것이다. 그래서 유하게, 최대한 자연스럽게 신원도 확인하면서, 신뢰도도 얻을 수 있어야 한다. 분위기를 리드해야 한다. 그게 잘하는 중개사의 역량이자, 기술이다. 이번 계약도 대리서류가 모두 구비되지 않았다. 아들이라는 이유로 어머니 도장과 신분증만 있다고 했다.

그럼 대안으로 "죄송하지만 전화통화 한 번만 시켜달라"고 했다. 임대인 아들은 약간 언짢다는 듯, "이렇게까지 해야 돼요?"라고 했다. 그렇다. 실무는 이 정도까지도 거의 용납이 안되는 수준이기에, 최대한 조심스럽게 요청해야 한다. 또한, 계약 전 가능하면 최대한 꼼꼼히 서류를 검토하고 가능한 서류를 꼭 준비하도록 요청해야 한다.

나는 웃으며, "불편하시겠지만, 인사 한 번 드릴 겸 전화 드리겠습니다. 부탁드립니다"라고 하며 불안해하는 동생을 안심시켰다. 동생의 편에서 든든한 형이 되어주었다. "엄마, 원래 이렇게 하는 경우는 못 보긴 했는데, 여기서 통화 한 번 해달래. 엄마 주민등록번호랑 이름, 사는 곳 한 번 말해 줘 봐~" 임대인의 대리인인 아들이 전화를 걸어 말했다. 그리고 감사하게 임대인은 확인을 해주었다. 그렇게 확인을 하고, 불쾌하지 않게 대화를 마무리했다. 입주에 관련된 조율과 앞서 설명한 건물 내규 등을 설명 듣고, 계약을 마쳤다.

동생은 이번 계약도, 형과 하길 잘했다며 고마워했다. 사무실에 와서 서류를 정리하며 커피 한 잔을 대접했다. 기분 좋게 셀카도 한 장 찍으며 SNS에도 올렸다. 그렇게 기분 좋게 계약을 마무리했다.

그 후, 예정일자에 동생은 대출이 정상적으로 실행되어 입주를 했다.

'다음 집은 신혼집으로 구해줘야겠네'라고 했던 내 말이, 아직은 실현이 되지 않고 있지만(!) 그 동생과 인연이 되어, 또 한 번 집을 구해줄 수 있는 날을 기대해 본다.

두 번이나 나를 선택해 준 동생, 너도 VIP 중 한 분이야. 세 번째도 나랑 함께하면 참 좋겠다. 고마워!

> **Diary Point**
> 중개사도, 손님도 모두 사람이 곧 재산이고, 자산이다.

Ep.5 전화 한 통 때문에 중개보수 1,500만 원의 기회가 날아가다

지금도 두고두고 아까운 건이다. 2021년 8월 말경, 평소 나를 잘 믿어주고, 보유한 아파트 물건도 단독으로 맡겨주었던 감사한 고객이 있다. (덕분에 몇 건 단독중개를 할 수 있었다.) 그 손님 여동생이 현재 거주하는 아파트를 팔고, 새로운 아파트를 사려고 한다는 연락이 왔다.

L 아파트와 R 아파트가 후보군이었고, R 아파트 30평대와 L 아파트 40평대 매물이 있는지 봐달라고 했다. 내가 보유한 매물은 없었기에, 공동중개가 가능한 매물들을 찾아보았다.

a중개업소와 b중개업소에 R아파트 매물이 올라와있었다. a,b두 곳만, R아파트 40평대가, 매매건 딱 2건만 올라와 있었다. L 아파트는 마침 아는 중개업소가 단독으로 보유하고 있기에, 30평대 볼 수 있는지 전화를 했다. 맞벌이 부부라 토요일에만 집을 보여준다고 했다.

여동생 전화번호를 인계 받지 못한 상태에서, 나에게 알아봐달라고 요청했던 손님에게 먼저 위 내용을 설명했다.

"L 아파트는 30평대 1건 매매 가능건이 있고, 토요일에 집을 볼 수 있다 하니 가능하신 시간 말씀해주시면 약속 잡아놓겠습니다. R 아파트는 현재 2건이 올라와 있고, 요청하신 40평대 기준입니다. 혹시 보신다고 하시면 전화드려볼게요."

 2시간 정도 전화를 걸지 않고 문자를 기다리며 일을 하고 있었다. 전화를 걸어 위 내용을 안내해 드릴까 했었다가, '고가 아파트의 매매 건인데 설마 1~2시간 사이에 계약한다고 하시겠어?'라는 알량한 생각을 하며 전화를 하지 않고 기다렸다.
 그 후, 그 날, 몇 시간도 안 지났을까? 오후의 일이었다. 이른 저녁에 전화가 왔으니 말이다.
 "승주씨, 미안해서 어떡하지? 내 동생이 글쎄, 아는 친구가 R 아파트에 사는데, 거기서 아는 중개업소가 있다고 와보래서 집을 봤대요. 근데 너무 마음에 들어서 바로 계약금을 넣었대요"
 "그래서 미안해서 지금 사는 아파트 팔고 가야 하니까, 그것만이라도 승주씨한테도 내놓으라고 말했어요. 근데 집 사준 중개업소에서 자기들한테만 내놓아달라고 했다는데, 동생은 거기랑 지금 사는 아파트 앞 중개업소, 그리고 승주씨네까지 3군데만 내놓겠다고 하네요."

 하~ 정말 억울하고 순간 짜증도 많이 났다. 물론, 그들이 나에게 잘못한 건 아니다. 연이 안 닿았다고 하는 게 맞겠다. 다음날 손님의 동생과 현재 사는 집 매도건 의뢰를 받고자 집 방문 겸 매물을 보고자 전화를 했다. a,b 중개업소 이름을 대며 혹시 그 중개업소에서 거래하셨냐고 물었다. 그랬더니 b중개업소와 거래했다고 한다.
 차라리 공동중개망에 안 올려둔 단독 물건이거나, 노출 안 한 매물이면 덜 아쉽기라도 하지……. 나를 통해 전화해서 봤으면 나를 통해 매수인 쪽 계약이 이루어졌을 것이고, 현재 사는 집 매도건 매물도 확실하게 나만 잡아둘 수 있었을 터였다.
 "제가 뭐에 홀린 듯이 계약을 해버렸어요. 제가 부족해서 그렇게 생각이 짧게 움직였네요. 미안해요."

그분이 잘못한 건 아니지만, 너무 아쉬웠다. 불과 1~2시간 사이로, 그 사이에 내가 찾아둔 매물을 전화만 했어도, 나랑 보러 가기만 했어도, 나는 바로 17억 아파트 매매를 체결할 수 있었을 것이다. (공동중개가 된다고 가정하며, 같은 동네이므로 매우 높은 확률로 공동중개가 되는 매물이라고 예상한다.)

거래 금액이 17억인데, 당시 기준인 0.9% 요율을(현재는 15억 이상 매매는 0.7% 요율을 적용한다.) 다 받지 않고 절반인 0.5% 이내로만 해주었어도, 한 건에 1,000만 원이었다. 매도 금액도 12억이라 보수를 절반으로 깎아준다고 해도 최소 500만 원 이상은 나왔을 터였다. 그렇게, 약 1,500만 원의 수익을 벌 수 있었던 기회가 몇 시간 차이로, 전화 한 통의 차이로

"날. 아. 갔. 다."

이번 계기로 또 한 번 느꼈으며, 배웠다. 손님을 어떻게든 꽉 잡아야하는구나. 조금 더 적극적으로 움직이고 아쉽게 매달려도 봐야하는구나. 라고 말이다.

> **Diary Point**
> 중개업을 하며 중개를 원하는 손님, 그것도 급한 손님보다 더 중요한 일이 있을까? 이번 경우처럼 정말 급한일 아니고서야, 급한 손님에게 나도 급해야한다. 그래야 계약이 된다. 매물을 찾았다면, 바로 전화기를 들자!

chapter 04

5년간 '안 좋은 자리'에서 살아남을 수 있었던 방법

01 나를 알면 알수록 백전 백승!

나를 알면 알수록 백전 백승? '지피지기면 백전백승'이란 말은 들어봤어도, 이 말은 처음 들어볼 것이다. 중의적이고 함축적인 의미를 갖고 있다. 적을 둘 필요는 없기에, 본인만을 기준으로 마케팅을 하면 된다는 뜻이다.

(많은 사람들이) 나를 알면 알수록 백전 백승이다!
나를 아는 사람들의 숫자가 늘어날수록, 중개사로서 인지도가 높아질수록 좋은점이 많다. 첫 째로는, 손님의 숫자다. 잘 알다시피 중개업소는 몇 걸음만 걸으면 한 곳씩 있다. 그 많은 중개업소들 중에 나의 사무실을 와준다는 것은 생각할수록 감사한 일이다. 물론, 모든 손님이 나와 인연이 될 수 없고, 모든 손님과 계약을 할 수도 없다. 다만, 양이 늘어나면 자연스레 계약이 늘어난다.

예를 들어, 일주일에 5명의 손님이 왔다고 가정해 보자. 1명의 손님만 계약을 했다면, 계약률은 20%이다. 다음으로, 유명해지고 사리를 잡으면서 30명의 손님이 왔다. 그중 6명이 계약을 했다. 똑같은 확률이어도 계약 건수와 방문 손님 숫자가 다르다. 그리고, 개업 4년 차 무렵부터, 최근 1~2년간 내가 느끼고 있는 부분이 있다. 확률도 확률이거니와, '스노우볼'이 굴러가게 된다. 계약했던 손님들의 재방문, 계약 손님들의 소개, 지인들의 소개는 어마어마한 계약률을 보여준다. 솔직하게 말하자면 보통 70%정도의 확률로 계약이 된다. 나는 철저히 그 손님에게 집중한다. 최선을 다한다. 그럼에도 다른 중개업소에 가서 보거나, 다른 곳과 계약을 한다면 할 수 없다. 미련이 없어진다. 난 최선을 다했기 때문에. 그것이 계약의 확률이 높아진 비결이라고 할 수 있다. 그렇게 날 알아주는 이가, 좋아해주는 이가 많아질수록 매물, 손님은 늘어난다. 몇몇 이들은 내게 '무에서 유를 창조했다'는 과찬을 해주기도 한다. 사실, 그 정도는 아니지만 자리, 경력 등을 봤을 때 지금의 성장이 폭발적이었던 것은 사실이다. 그 부분도 어느 정도는 인정할만 하다. 유튜브와 네이버 상담 등을 통해 계약을 하는 이들도 제법 많다. 네이버 Expert로 상담을 하다 보면, 간혹 직거래를 하게 되거나 직접 내게 의뢰를 하는 이들이 있다. 에피소드 중개사례에도 몇 있었지만, 어쩔 수 없이 많은 다른 사례들은 담지 못했다. 차로 갈 수 있는 서울, 수도권의 많은 곳을 다녔다. 카페, 호텔, 집 등 많은 곳에서 소위 '출장계약'을 했다. 그 경험과 기분은 매번 참 좋았다. 그리고, 구독자들이나 상담 고객들을 만나는 것도, 내겐 참 기쁨이었다.

그렇게 손님들의 숫자가 늘어나다 보니 정말 눈코 뜰 새가 없어지는 하루하루가 되었다.

'부동산 시장이 얼어붙었다, 부동산 폐업률이 역대 최고다'라는 문구들이 매일 보이는 상황이다. '매매' 시장이 얼어붙은 것이다. '<u>영업을 못하는</u>' 중개업소 폐업률이 역대 최고인 것이다.

나는 매매거래가 거의 없다. 임대차로만 엄청나게 많은 이들을 만난다. 물론 상가나 고가주택, 아파트, 건물이나 빌딩매매는 1건만 해도 10건, 20건 한 금액과 비슷하다. 내 사무실의 위치 특성상 그런 형태 거래가 많지 않다. 금액이 큰 상가, 아파트 거래도 종종 하는데, 보수를 받을 때 정말 그 달은 자기개발에 집중하는 시간을 많이 쏟아도 될 만큼 수입이 좋은 경우들도 있다. 내 인생에서 수입으로 1차 목표는 '월 1,000만 원 찍어보기'였다. 내가 적으면서도, 그때쯤이면 엄청 부자가 되어있을거라 생각했다. 22년, 23년에 모두 찍어보았다. 부자가 되어있진 않았다. 매달 그렇게 번 것은 아니었으니까 말이다. 다만, 목표는 이룬 것이다. '찍어보기'가 목표였으니까 말이다. 다음 목표는, 이루고 나서 공개하려고 한다.

(내 자신이 어디에 강한지) 나를 알면 알수록 백전 백승이다!

앞서 백전백승은, 손님이 나를 많이 알수록 좋은 것이다. 사무소가 바빠지고 중개사로서 입지를 잘 다지는 것이기 때문이다.

이번에는, '네 자신을 알라'는 소크라테스의 철학적인 명언처럼, 정말 내 자신을 알아야 백전백승이 된다. 적을 아는 것이 아닌, 내가 어떤 분야에서 어떤 방식으로 일을 할 때 잘 맞는지를 알아야 한다는 것이다. 아무리 좋은 명품옷도 내게 안 맞으면 못 입는다.

이 부분은 반드시 경험이 필요하다. 중개업에서 어떤 부분이 잘 맞는지는 사실 해봐야 알 수 있다. 하지만 어떤 중개대상물을 주로 취급할 것인지 막연하게나마 마음이 가는 부분이 있다면, 그쪽으로 먼저 시작하면 된다. 그마저도 없다면, 계약의 건수를 늘려보고 많은 손님들을 대해 보는 것이 가장 빠른 방법이기에 원룸을 주로 할 수도 있다. 그 전에, 중개업외의 본인만의 적성 정도는 알고 있을 것이다. 적어도 내가 학교생활, 사회생활을 하면서 많이 들어온 성격이 있을 것이다. 그 성격과 더불어 최근 누구나 해본다는 MBTI로 본인의 성격을 알 수 있을 것이다. 사람을 자주, 많이 만나는 것을 딱히 선호하지 않는다면 사람을 적게 만날 수 있는 온라인 마케팅을 통해 진행하고 PPT등을 활용하여 한 건씩 제대로 브리핑하여 진행하는 고가 주택이나 빌딩을 진행해 볼 수도 있다. 공인중개사가 집 보여주고 계약하는 것으로만 먹고 산다면 오산이다. 그것은 정말 평범한, 아주 평범한 중개사의 일상이다. 적어도 이 책을 볼 정도의 의지와 관심이라면, 그 정도 중개만 하자고 이 시간을 쓰진 않았을 거라 생각한다. 그렇다면, 그 성격에 가장 적합하고 효용이 좋은 분야와 업무의 주특기를 만들어 보자. 하면 된다. 중개사는 본인만의 '주특기, 특화된 분야'가 있어야 살아남을 수 있다.

'이 분야'만큼은 내가 최고다 라든지, '이 동네에서 원룸 하면 무조건 우리 중개업 사무실이지'와 같은 정도의 자만이 아닌 자신감을 갖춰야 한다. 학창시절 전과목을 모두 고루 잘해야 반에서 1등을 할 수 있다. 상위권에서는 한두 과목, 한두 문제 차이로 등수가 갈린다. 반면에, 전체석차나 성적이 좋진 않더라도 유독 특정 과목에 강한 학우들이 있었다. 다른 과목엔 흥미도, 재능도 없어 보이는데 유독 어떤 과목에만 재능이 있는 친구들 말이다. 재능까진 없어도 된다. 다른 부분을 못해도 된다. 사회생활할 수 있는 정도의 정상적인 사고를 갖고, 미성숙한 인성만 갖추지 않으면 된다.

중개업에서는 특화된 한 개만 갖고 있어도 먹고살 수 있다. 1%의 성공한 중개사들이 1등 학생들처럼 전과목을 모두 잘했을까? 내가 본 1%중 몇 명은 적어도 그렇지는 않았다. 본인이 못하는 분야, 약한 스킬이 있다면 '자신이 약한 부분을 알면' 된다.

그리고, 본인이 약한 부분을 채워줄 직원을 채용하거나 전문 인력을 고용하면 된다.

이제, 내가 말한 '내 자신을 알면 알수록 백전백승'이라는 의미를 이해할 수 있을 것이다.

'일이 많아지면 감당할 수 있을까?'라는 걱정을 하고 있다면, 걱정을 버리자. 알려지면서 손님이 많아지면, 일의 취사선택은 자신만의 노하우와 정답이 생긴다. 구더기 무서워서 장 못담는가?

나를 알면 알수록, 백전백승이다!

소득의 다양화(일석이조 말고, 일석사조!)

일석이조라는 사자성어는 모르는 사람이 없을 것이다. 흔히들 일상생활에서 일타이피라고 한다. 나는 고스톱을 모르지만, 이 용어는 고스톱에서 나온 용어로 한 번에 피(껍데기) 두 장을 획득하는 의미라고 한다. 일타쌍피라고도 한다. 일석이조를 변형한 용어다. 사자성어는 아니지만, 생활용어로 등록은 되어있다.

내가 안 좋은 위치에서 자리를 잡을 수 있었던 방법은, 앞서 많이 강조했던 '중개업의 확장으로, 부업을 하는 것'이다. 일타쌍피 일타사피가 될 수도 있다. 월세, 경비, 부대비용 등을 부업으로도 충당이 가능한 수준에 이를 수 있다. 부업으로 저축을 하는 용도로 삼아 다른 통장에 따로따로 모을 수도 있다. 나처럼 말이다. 최근 통장 개설이 까다로워졌기 때문에, 예전처럼 목적별로 통장을 제각각 만들 수는 없다. 다만, 용도에 맞는 서류를 제출하면 출금에는 한도가 제한이 생기지만 입금에는 제한이 없으므로 통장 개설을 할 수 있다. 나의 경우 예전에 만들어둔 통장을 비상금, 여유자금 등으로 분류해 두었다. 중개업을 하며 보수를 받는 통장은 메인으로 두고, SUB통장(부업통장)이라는 명칭으로 직접 주거래은행에서 개설을 했다. 차라리 잘됐다 싶었던 것이, 어차피 모을 돈이니까 내가 임의로 돈을 입출금할 수 없도록 이렇게 한도나 입출금이 제한되는 것이 낫겠다 싶었다. 차곡차곡 쌓이는 통장의 돈들을 꾸준히 보고 싶다면, 본인을 컨트롤할 수 있도록 잠금장치, 강제적 장치도 때로는 필요하다.

스타벅스의 로고인 사이렌 여신에 대한 이야기가 있다. 바다에서 사이렌 여신의 목소리를 들으면 그 매력적인 음색에 홀려 물에 빠져 죽는 것이다. 이 사실을 안 어떠한 선원들은 귀를 막거나, 돛에 몸을 묶어 홀려도 물에 빠지지 않을 수 있도록 하여 살았다는 이야기다. 이처럼, 본인을 본인이 완전히 컨트롤 할 수 없다면 강력한 장치가 필요할 때도 있다.

부업 통장의 부제목으로, '강의, 상담 전용 통장'이라고 적어두었다.

온라인 강의, 오프라인 강의, 네이버 Expert 상담, 1:1 컨설팅 상담, 방문 유료 상담 등의 상담 등의 수입은 모두 해당 수입으로 입금되도록 한다. 약 2년 남짓이 지나면서, 입가에 미소가 지어질 만큼 반갑고 기쁜 돈들이 쌓여가고 있다. 내가 좋아하는 표현인, '시나브로'의 힘이다. 오해의 소지가 있을 수 있어 미리 말하면, 집이나 고급차를 살 수 있을 정도의 금액은 아니다. 다만, 백만 원씩 차곡차곡 쌓여가는 통장을 보면 마음이 든든하다. 그 효과를 강조하고 싶었다. 중개업도 결국은 사업이고 매출 변동폭을 예상할 수 없는 자영업이기 때문에 매월 매출 압박에 시달리는 것은 사업자의 숙명이다. 그때, 고정적이고 안정적인 수입이 조금이라도 생긴다면 그만큼 심리적인 위안이 된다. 마음이 편해지면 표정도 여유로워지고, 일도 더 잘된다. 내 말을 믿고 한 번 통장을 개설하고, 본인만의 강점을 활용한 중개업에 파생된 부업을 만들어보면 어떨까 한다.

매월 10일, 15일, 20일, 21일, 22일, 말일 또는 초.

이렇게 다양한 수입원에서 조금씩 자주 입금이 된다. 그때마다 나는 머리를 식힐 겸 커피를 마시면서 메모를 한다. 메모를 하고 또 사진첩에 저장을 해둔다. 그 통장은, 가속도가 붙고 있다.

유튜브 수입은 외화전용통장으로 개설해야 한다. 달러로 입금이 되기 때문이다. 나는 주식이나 코인 등 특수거래목적 외에는 현금, 연금저축 자산 등은 주거래은행에 모두 통장을 모아두기 때문에 자산을 파악하기 용이하다. 유튜브는 달러로 연금을 받는다는 생각으로 한 푼도 쓰지 않고 모으고 있다. 물론, 채널 특성상 조회수가 높지 않고 광고도 들어올 만한 채널은 아니라 순수하게 광고 시청 수익뿐이다. 그 금액은 현재 구독자 15,000명이 넘는 시점의 기준으로 지방의 소형 원룸 월세 정도가 됐다. 매월 22일에 외화통장으로 달러가 차곡차곡 쌓이며, 달러자산을 보유하게 되는 포트폴리오도 생성을 한다. 그러다 보면 '저축의 맛'과 '저작권 수입의 맛', '창작의 기쁨'을 느끼게 된다. 내가 잘 때도, 다른 무엇을 할 때에도 내 영상들은 누군가를 위해 재생이 된다.

통장을 기준으로 설명했지만, 이 수입들을 만들기까지 나 역시 짧지 않은 시간과 노력이 걸렸다. 처음 유튜브를 시작할 때 컴맹이었던 나는 먼저 유튜브를 시작한 지인들에게 밥과 커피를 무한으로 제공하며 하나씩 배웠다. 유튜브를 보고 따라하는 것이 쉽지 않았다. 편집 프로그램을 월정기결제를 하고, 필요한 비품이나 장비도 이따금 구입한다. 영상을 촬영하기 위해 처음에 카메라를 켜본 것부터, 강의를 준비하기 위해 자료를 만드느라 기나긴 며칠밤을 샜다.

하지만, 이 모든 과정들 또한 내게는 값진 경험이 될 거라 확신했고, 모든 것이 나의 일이기 때문에 밤샘도 기뻤다. 처음은 뭐든 어려웠다. 지금은, 많은 분야로 나의 모습이 뻗쳐나가며 자동 마케팅이 되고 있다. 자연스럽게 영업도 이루어지며, 만족한 손님들이 또 새로운 이들에게 나를 알려준다.

1명에서 2명, 4명, 8명, 16명…

이렇게 속도는 가속도가 붙으며, 스노우볼이 생성된다.

나는 상담 및 컨설팅쪽을 주요 타겟으로 잡고 강의와 유튜브를 하고 있지만, 전자책이나 블로그 등으로 글을 써서 수익을 내는 중개사도 많다. 또한 중개대상물 광고를 본인만의 포스팅 방식으로 매력적으로 할 수도 있다. 중개의 영역을 넓히는 것이 핵심이다. 출판이 부업이라고 할 수는 없을 것이다. 포트폴리오 혹은 내 소원성취에 가깝다. 다만, 이 책이 세상에 나오게 되어 많은 이들이 읽어준다면, 적을 수도 있지만 감사한 수익이 생길 수도 있다. 또한, 출간으로 인한 인지도 상승 효과를 얻을 수도 있을 것이다.

단, 명심해야할 것이 있다. 모든 것은 '꾸준히, 내가 계속 재미있고 성취감을 느낄 수 있는 일이어야 할 것'이다. 돈을 쫓는 자, 돈에 멈추게 될 것으로 생각한다. 나는 과정들을 절대 잊지 않는다. 사람들은 결과만 본다. 과정은 본인만 안다. 그 과정을 충분히 몰입해서 보내야 한다. 그래야 그 과정을 보상할 수 있는 결과가 생긴다.

이제, 책을 보는 여러분도 느껴보자, 어느 순간 느껴지는 이 빠른 속도감을!

◀ 지인들이 인터넷 팝업에 내가 보인다는 연락을 자주 한다. 뿌듯하다.

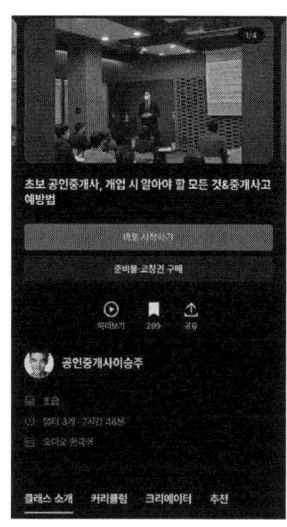

◀ 클래스 101에서 정말 많은 수강생분들이 강의를 수강해주고 계신다.

▼ 자료집을 별도로 판매하기도 한다. 강의료가 없거나 거의 없는 경우 부득 진행한다.

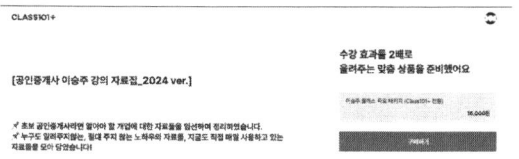

【 클래스101 】

【 올티칭 】

【 클래스유 】

공인중개사 이승주TV

@realestate_LeeSJ_tv · 구독자 1.45만명 · 동영상 328개

어서오세요 :) >

youtube.com/channel/UC8rQvQhzkiJ4qTqEbVYLQlg?sub_confirmation=1 외 링크 5개

가입   새널 맞춤설정   동영상 관리

【 유튜브 채널 「공인중개사 이승주TV」 】

02 결국 사업의 기본은 마케팅과 영업능력

대부분의 사업에 정말 많은 비중을 차지하는 것이 마케팅 비용이다. 중개업도 마찬가지다. 자리가 좋다고 마케팅이 필요없는 것은 아니다. 다만, 마케팅은 다다익선이기에 알려질수록, 홍보가 될수록 '가능성'이 높아지기에 필요한 것이다.

개인적으로, 목이 좋은 자리는 '직접마케팅'이 되기 때문에 비싼 가격을 받는 부분도 있다고 생각한다. 동의할 것이다. 자리가 어디에 있는지도, 직접 그곳을 찾아가는 데도 찾기가 힘들다면 번거롭고 불편할 것이다. 나 역시 사업상 거래처들에 가보면 위치가 좋거나 멋드러진 건물에 있으면 좋은 이미지가 생긴다. 자기 사무소 위치가 안 좋은 곳에 있다고, 멋지지 않다고 주눅들 필요없다. 나도 했다. 사람이 멋져지면 된다. 내가 늘 하는 말이다.

아무리 수백, 수천만 원짜리 옷으로 몸을 칠해놓아도 멋이 없는 사람 천지다. 반면, 몇천 원짜리 티 하나를 입어도 정말 멋있는 사람이 있다. 그건 '몸' 그 자체가 멋지기 때문일 것이다. 중개업은 외모로 승부를 하는 연예계가 아니다. 물론, 외모도 경쟁력이다. 나는 독특한 마케팅으로 모델 출신임을 강조하고 있다. 예전부터 모델활동을 해오던 독특한 이력으로 기존에 네이버에 인물등록이 되어있던 것에, 운이 좋게 최근부터 공인중개사도 등록이 가능하다는 정보를 얻어 등록하였다.

【 출처 - 네이버 검색 】

모델 시절일 때 작품들이 인정되어 네이버에 등록되었었다. 당시 소속사가 등록을 해준 이후로 유지를 하다가, 이번에 공인중개사를 추가했다.

꼭 키가 크고 잘 생긴 것만이 외모의 전부가 아니다. 큰 키와 수려한 외모로 오디션을 보는 것이 아니다. 여러분의 오디션장은, 중개시장이다. 웃는 얼굴, 매력적인 업무 능력은 그 사람의 얼굴과 신체적인 용모와 상관없이 멋져 보인다. 키가 크고 잘 생겨도 말하는 것이 별로거나, 일을 못한다면 속 빈 강정에 불과하다.

실제로 많은 사람들은 본인의 직업에서 열심히 하고, 잘할 때 가장 큰 매력과 멋짐, 아름다움을 느낀다고 말한다. 나 역시 그렇게 느낀 사람이 여럿 된다. '실력과 인성'으로 승부하면 된다. '실력'이 갖춰지면, 사무소의 위치도 내부 인테리어도 크게 중요치 않다. 다른 업종이지만 비슷한 느낌으로, 유명한 맛집이나 철학관 등을 예를 들어보면 내부는 별 것 없거니와 심지어 너무 낡고 허름함에도 사람들이 줄을 서있다. '그 식당에서 하는 음식', '그 사람이 봐주는 사주'가 보고싶기 때문이다. 중개사 역시, '그 중개사가 중개를 해주는 매물'을 찾게끔 하면 된다. 물론, 예쁘면 좋고 위치가 좋으면 더 금상첨화다.

마케팅은 시간을 단축하려면 비용을 쏟으면 된다. 하지만, 중개업에서 비용을 급격하게 쏟으라고 하고 싶진 않다. 단, 내가 정말 필요하다고 생각하는 부분엔 아낌없이 과감히 투자하라고 하고 싶다.

내가 곧 브랜드가 된다.

내 사무소의 위치는 매우 좋지 않다. 내 사무실 바로 앞에서도 우리 사무실을 못 찾고 전화를 주는 이들도 허다하다. 사무실 근처 조그마한 삼거리 앞의 모퉁이 중개업소가 하나 있는데, 많은 이들이 거기 앞이라며 내게 전화를 준다. 그만큼 처음에 이 자리에 개업을 할 때에는 아무도 말해주지 않았다. 시간이 지나 내가 자리를 잡으면서 "사실 그 자리가 진짜 위치상 안 좋은 자린데", "중개업이 되는 자리가 아닌데"라며 말해주었다. 중개업소마다 자리를 잡는 비결은, 각각 다를 것이다. 나의 경우는 위치를 포기하는 대신 지출을 줄이고, '발 없는 말'과 '인터넷'을 주로 이용했다. 인터넷을 세부적으로 설명하자면, '내 이름을 알리며 브랜딩하는 것'을 목표로 꾸준히, 정말 꾸준히 성장시켰다. <u>사무실 위치는 어디로든 옮길 수 있다. 나라는 사람은 누구와도 대체가 불가능하다.</u> 그 점을 각인시키고 싶었다.

누구의 명언인지는 찾아도 나오지가 않아 기억이 나질 않지만, 기억에 남는 명언이 있다. "당신이 유명해지면, 길에 똥을 싸도 그 똥이 비싼 값에 팔린다"는 말이다.

문장이 그대로 정확치는 않을 수도 있지만, 어떤 말을 하고자 하는지 알 것이다.

유명해지면, 그 자체가 브랜드가 된다. 명품이라는 한자 자체가 이름있는 제품이다. 유명하다는 것은 직역하면 이름이 있다, 즉 이름이 알려졌다는 것이다. 그렇다. 이름이 있어야 한다. 내가 '이승주'라는 세 글자를 들어간 것으로 모두 변경하고, 브랜딩을 해오는 이유다. 아직 갈 길이 멀지만, 내 이름 세 글자를 찾아서 오는 많은 이들이 늘어나는 것을 보면 아직은 나만의 길을 잘 가고 있다고 생각한다.

이름이 유명해질수록 잃을 게 많다. 모방도 많다. 상품은 그래서 상표권을 취득해두고, 특허도 받는다. 상품의 이름이 알려지면 영역 침범을 막기 위해 가능한 많은 류로 상표등록을 받는다. 나 역시 가족사업의 상품들을 가능한 많이, 아끼지 않고 상표권을 받았다.

뉴스에서 보면 유명한 기업들 간의 기술, 상표 등으로 수십, 수백억대 다툼을 하는 것을 볼 것이다. 그만큼 이름이 중요하다.

앞서 말한 여러분만의 특기, 장기를 만드는 것에 집중하는 것이 좋다. 다만, 처음 중개업 입문시에는 다양한 분야로 다양하게 경험하는 것을 권한다. 초반에는 한 분야만 집중하다가는 '그것밖에 못하는' 중개사가 된다. 다 해보고, 그 중에 가장 잘하는 것을 찾아야 한다. 또한, 직접 해봐야 뭘 잘하는지도 알 것이다.

특기, 장기를 만들고 그 분야에 특화를 시켜야 한다. '컨설팅만큼은 내가 전국 5위안에 들겠다'는 목표를 세운다는 예를 들어보자. 목표를 세울 때는 반드시 숫자, 기간 등 가시화할 수 있게끔 해야 한다.

답은 여러분에게 있다.
여러분을 보고 찾아온다는 기쁜 소식, 기다리겠다!

온라인으로 본인을 잘 알릴 수만 있다면, 월세를 아끼고 광고를 무료로 할 수 있다.

온라인 시대의 강점을 적극 활용해야 한다. 그래서 컴퓨터를 기본적으로 배워두어야 한다는 것이다. 이를 잘 활용하면 소득의 다양화 역시 꾀할 수 있다. 비단 타자만 빠르게 치는 것이 아니다. 시대의 흐름과 '손'의 힘을 빌어야 한다는 것이다. 부모님 세대에는 '발'의 힘이 컸다. 발로 뛰고 직접 대면을 해야만 했다. 다른 수단이 없었기 때문이다. 지금은, '발'로 찾아가기 전에 '손'으로 먼저 만나고, 눈으로 볼 수 있는 세상이다. 그 말인즉슨, 사람들은 인터넷으로 여러분을 먼저 만나본다. 여러분의 사무실을 로드맵으로 찾아보고, 여러분들의 평을 찾아본다. 여러분이 얼마나 잘

하는지 인지도는 어떤지, 혹시 다른 정보는 없는지 찾아본다. 여러분은 그들을 모른다. 철저히 비대칭적이다. 그렇기에 여러분을 먼저 알리고, 선택적으로 찾아오는 손님들과 마주해야 한다. 나의 사무실은 가지상권의 이면도로임에도 쉴 새 없이 사람과 차가 지나다닌다. 직접 세보진 않았지만, 지나가는 사람과 차가 거의 끊임이 없다. 그럼에도 사무실에 지나가며 방문하는 손님은 손에 꼽는다. 그만큼 자리가 안좋다는 증거다. 그럼에도 내 사무실은 항상 손님이 있다. 바빠서 헉헉거릴 정도다. 네이버 Expert로 상담신청을 하는 방법을 모르는 이들이 전화가 끊임없이 온다. 유튜브를 통해서도 끊임없이 온다. 방문하고자 하는 손님들, 인터넷으로 내가 상위 랭크가 되어 있다며 다양한 경로로 나를 찾아 전화를 준다. 검색어가 정확히 어떤 것인지는 나도 잘 모르겠으나, 사당동, 남성역 공인중개사와 비슷한 키워드르 검색했을 것으로 추정한다. 주된 검색은 네이버와 구글이다. 구글의 광고체계는 모르겠지만, AI기반의 알고리즘 체계를 통해 검색량 등의 순서로 노출을 해주는 것은 알고 있다. 네이버는 파워링크 등을 통해 유료로 광고를 할 수 있는데, 나는 일절 그런 쪽의 광고를 한 적이 없다. 아니, 1원도 그쪽에 광고비를 쓴 적이 없다. 매물 광고도 잘 안올리는데 그쪽에 돈을 쓸 리 만무하다. 그럼에도, 전화를 주는 손님들과 통화를 하다가 자연스레 "근데 그렇게 먼 곳에서 어떻게 저희 동네의, 그것도 저희 사무실을 찾아서 전화를 주셨어요?", "아~ 동네분이시군요. 평소에 저를 알고 계셨어요?" 등의 질문을 해본 경우가 몇 번 있다. 이구동성으로 말하길, "검색했는데 제일 상단에 뜨던데요?"라고 했다. 유튜브를 통해서 알고 검색한 이들이 아니라, 나를 아예 모르는 이들이 한 말이다. 하루 평균 10통 넘는 전화가 비슷한 방식으로 온다.

  블로그는 취미삼아 1주일에 1개씩 포스팅을 하는데, 수입적으로는 전혀 도움이 되질 않는다. 블로그를 잘 하는 이들은 포스팅을 통해 많은 협찬과 광고수익을 낸다. 하지만 나는 목적이 나라는 사람을 알리고, 내가 보낸 일주일을 회고하며 기록하는 정도로 사용하기 때문일까? 수익은 없다. 대신, 블로그를 통해 정말 좋은 이들을 몇 명 알게 됐다. 형동생, 누나동생 하는 이들도 생겼다. 그중에 인플루언서로 보이는 블로거도 공인중개사에 합격했다며, 내 사무실에 시간을 예약하고 찾아와주기도 했다. 방문 전 카카오톡으로 금액을 송금했다. 얼만지 알 수 없는, 앞선 에피소드에서 소개한 것처럼 돈봉투 형식의 송금이었다. 확인해 보지도 않았을뿐더러 그에게는 한 푼도 받지 않고 상담을 진행해 주었다. 그는 고마움을 느껴 나를 홍보해 주기도 했다. 그뿐만 아니라 최근까지도 그 이상으로 내게 좋은 정보와 내용들을 댓글로, 카톡으로 공유해준다. 서로를 응원해 주는 사이가 됐다. 이 역시 나를 알리게 되어 얻게 되는 좋은 효과들이다.

사람 한 명이 천군만마가 되는 경우들이 있다.
이 내용의 핵심은 '나를 알리는 것'이다. 나를 알림으로써 얻게 되는 효과들에 대해 설명하는 것이다. 100만 원에 가까운 월세지만 지금 내 사무실 약 15평의 크기에 비해, 역 1분 거리 평지인 것을 감안하면 주변 시세 대비 매우 저렴하다. 주차도 가능하며 물건을 둘 수 있는 창고, 탕비실이 모두 있다. 물론, 이전 가족사업 때부터 10년 넘게 임대차를 맺어온 영향도 클 것이다. 공인중개사가 된 이후로 건물을 관리해주고 있는 부분도, 임대인과 관계가 좋고 나를 좋게 봐주는 부분도 월세가 올라가지 않는 이유 중에 하나다. 그런 요소들 역시 모두 '나'라는 사람으로 인해 파생될 수 있는 것이다. 그럼에도 월세 200만 원, 300만 원인 곳에 뒤지지 않는다. 그렇다면, 매출은 비슷한데 월세 및 기타 부대경비가 나가는 것이 적다는 말이 된다. 그 결과는 말하지 않아도 알 것이다. 순수입의 극대화로 이어진다. 나는 날기 위해, 정말 좋은 곳에 사무실을 '매수'하기 위해 지금 발톱을 감추고 있다는 마음가짐으로 일한다. 자리가 좋지 않다면, 발 없는 말이 천리를 가게 하면 된다. 또, 좋지 않은 자리지만 사람들이 나를 알고 나에게 오게 만들면 된다. 일단 오게 된다면, 나를 마음에 들게 하고 또 나와 일하고 싶게 만들면 된다.

　나를 알리고, 상품이 아닌 '나'의 이미지와 서비스를 팔아보는 것이다.

　가식을 떨며 두 얼굴로 살아가란 것이 아니다. 본래 나쁜 사람은 착한 척을 해도 오래갈 수 없다. 좋은 사람이 돼야 한다. 그 답은 모두 '나'라는 사람에게 있는 것이다.

　좋은 사람들을 많이 만드는 것, 나를 알리고 나를 찾아오게 하는 것은 다다익선이다.

　곧, 여러분께도 광고비가 필요 없는 순간이 오길 바란다!

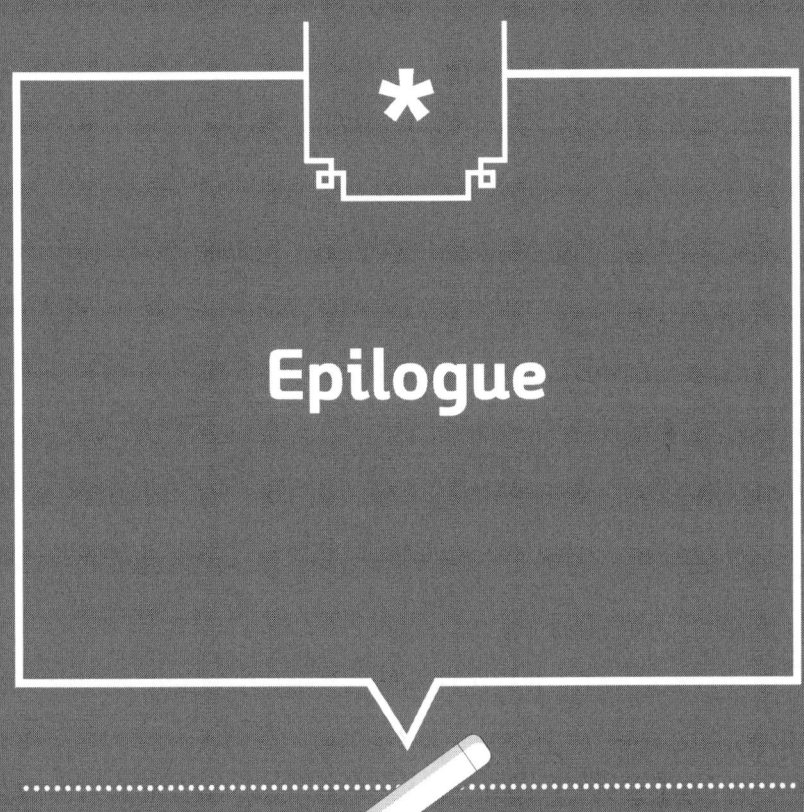

Epilogue

개업 후 5년, 지금의 나는?

2019년 3월 1일, '시작좋은공인중개사무소'를 개업 후 4년이 지나고, 2023년 1월 17일, '이승주공인중개사사무소'로 상호를 변경했다. 운영하는 유튜브 채널 역시 '시작좋은TV'에서 '공인중개사 이승주TV'라는 채널로 변경했다. 온, 오프라인 강의 닉네임도, 네이버 유료 상담시 사용하는 네이버 Expert 아이디 역시 모두 '공인중개사 이승주'이다. 내 이름을 브랜딩하는 것은 물론이거니와, 전문자격사 중에서 인지도와 직업적 신뢰도가 극히 낮은 공인중개사로서 적어도 내 이름을 걸고 일할 것임을 간접적으로나마 보여준 것이다. 부동산에 관련해서는 정말 전문적으로, 누구보다 부족함 없이 이름을 걸고 하겠다는 마음가짐에서 변경했다. 상호와 채널, 모든 것들을 변경하는 데에 있어 간판, 등록 및 각종 아이디들까지 바꿀 것이 한두 개가 아니었지만, 상호를 변경하고 1년이 지난 지금은 '시작좋은부동산은 어디 갔어요? 거기 사장님 바뀌었어요?'라는 무수히 많은 동네 중개업소 사장님들에 대한 질문도 듣지 않는다. (물론, 지금도 '시작좋은'이라고 불러주시는 사장님들, 손님들도 있다.)

"제가 시작좋은부동산 대표 이승주였고, 지금은 제 이름으로 이승주부동산의 이승주입니다"라고 한다. "안녕하세요, 이승주공인중개사사무소의 이승주입니다"로 소개한다. 나는 내 이름 걸고, 끝까지 갈 생각이다.

험난하고 힘든 중개업, 공인중개사 시험에 합격한 날을 아직도 잊지 못한다. 그 기쁨을 뒤로한 채, 실무는 정말 험난하고 어려웠다. 남의 주머니에서 돈을 받는다는 것, 대부분은 자신의 수중에 있는 전 재산을, 그 이상으로 대출을 받아 집을, 가게를, 사무실을, 건물 및 각종 중개대상물을 구한다. 우리는 그 귀한 돈을 매개로 하여 서비스해야 하며 법적인 지식이 갖춰져야 하는 직업이다. 베테랑들과 잠재 능력이 뛰어난 신입들과의 경쟁이 난무하는 이 시장에 있다.

  5년 차까지 맨땅에 헤딩하며, 수많은 사람들을 만나고, 다양한 경험을 하며 많은 계약을 했다. 퇴근길에 다시 돌아와 밤에 집을 보여준 일, 주말에, 공휴일에 나와 집을 보여주고 계약서를 쓰는 일, 늦은 밤이나 이른 아침 가릴 것 없이 울리는 전화에 응대하며 급할 땐 먼 동네라도 차를 타고 나가 집을 보고 계약서를 썼다. 프로젝트나 이벤트처럼 먼 동네를 중개한 일. 지인들의 급한 전화로 도움을 줬던 일들은 내게 5년이라는 시간이 꽤 긴 시간이었음을 알려준다. 평일 밤엔 퇴근하고 스터디카페에 가서 졸면서 정말 많은 책을 공부하고 또 읽었다. 하루 쉬는 날인 일요일에는 꼭 서점에 가서 책을 읽거나 책을 주문하여 평일의 일상에 녹여 틈날 때마다 읽는다.

  많은 자문과 컨설팅을 해주면서 자연스레 아는 것이 힘이라는 것을 깨달았다. 이에 더해 좋은 일에 마음을 쓰고 나누고자 하는 마음과 여유를 갖게 되었다. 건강한 신체에 건강한 정신이 깃든다는 마음으로 운동도 열심히 한다. 그렇게, '지덕체를 갖춘 사람이 되자'는 것이 내 오랜 목표이자 평생의 숙제가 되었다. 목표에 부합하게끔 지식, 정보를 나누고 싶은 마음에 유튜브 공인중개사 이승주TV를 운영하여 현재는 구독자 15,000명이 넘었다.

  무수히 많은 계약과 상담을 통하여 직간접적인 경험을 했다. 수천 개는 넘을 매물을 보고 안목과 혜안을 넓히고, 다양한 사람들을 만나며 사람에 대해 파악하고, 상황별로 대응하고, 어떤 말을 해야 하는지와 어떤 생각을 해야 하는지 책에서 알 수 없는 '맨땅에 헤딩'하는 경험으로 배우고 체득했다.

  불과 10년 전, 많은 아르바이트를 하며 "너 그렇게 티끌 모아 봐야 티끌

이야. 일이만 원 아낀다고 부자 안 된다"라는 말을 참 많이 들었다. 나는 속으로 "몇 년 후에 보자"고 말했다. 당시 20대 후반, 30대 초반이었던 그들은 불혹이 돼가는 나이가 되거나 불혹을 넘었다. 그들은 아직도 자산을 거의 모으지 못하고 원룸을 벗어나지 못하며 살고 있다. 그리곤 내게 부동산 자문을 구한다며 연락하고, 생계가 어렵다며 한없이 세상과 주변 탓을 한다.

지금 그들은 나를 부러워한다. 그 티끌이 언제까지나 티끌이 아니었으며 결국은 모으고 모아 태산이 된다는 만고불변의 진리를 몸소 보여준 나를 대단하다고 한다.

시급 3천 원, 4천 원을 받으며 안 먹고 안 쓰고 안 자며 일하고 돈을 모아온 지난날, 지금은 번듯한 내 아파트와 일을 안 해도 들어오는 저작권 수입들과, 다양한 소득 구조로 1만 원은 10분, 20분 만에 벌 수 있으며 저축액수는 그때와 비교가 되지 않을 만큼 많고 증가 속도 역시 비교가 되지 않는다.

깊이 새기는 문장이 있다.

"모든 정답은 본인 안에 있어요. 본인이 바뀌면 주변과 세상이 다 바뀝니다."

맞는 말이다. 많은 책을 통해, 그리고 직접 봐온 성공한 사람들의 공통분모를 뽑아보았다. 그들은 모두 '두 수 앞을 내다보며 준비하고, 성실하며 꾸준히 해왔다'라는 것이었다. 물론, 허튼짓과 나쁜 짓을 안 하는 것, 기본 소양과 인성은 기본이다.

나는 어떠한 공부를 할 때에도, 일을 할 때에도 큰일들은 모두 두 수 앞을 내다보고 계획한다. 돌이켜보면 처음 유튜브를 시작할 때 모두가 "그 채널은 돈 벌기 힘들다"고 했던 것도, "만 원 모아봐야 티끌은 끝까지 티끌이다"라고 했던 말들도, "공인중개사 개나 소나 다 있는데 따서 뭐 하냐"라는 말들까지. 모두가 생각해 보면 그 말을 뱉은 사람들은 그렇게 해보지 못했거나 성취나 성공의 달콤함을 느껴보지 못했을 것이다. 힘들고 쓰게 보였던 열매가 얼마나 달콤한 열매인지 모를 것이다. 마냥 비아냥대는 말이었을 뿐이다. 만약 자격을 취득한 사람이 그런 말을 했다면, 본인이 경험한 세상, 본인이 보는 세상이 그러했기 때문일 것이다.

내가 잘되는 것을 바라는 사람은 나 자신과 나를 아끼는 사람들뿐이다.

그 외에는 모두 걱정과 조언이라는 단어로 포장된 질투와 시기, 조롱일 확률이 크다.

<u>세상을 믿지 말고 나를 믿자.</u>

모든 시장은 레드오션이다. '레드오션 안에서 블루오션을 찾는 방법' 그것이 내가 생각한 '두 수 앞을 내다보는 방법'이었다. 때로는 진흙탕 같다고 느끼는 이 중개시장에서 '기본만, 진실만, 성실하게만' 해도 충분한 블루오션을 만들 수 있다고 생각했던 내 예상은 5년이 훌쩍 지난 지금, 정확한 한 수가 되었다.

누구나 현생은 한 번이라지만, 하루도 돌아가고 싶은 날은 없다.

"다시 돌아간다면, 무엇을 할 거라고 생각하시나요?"
"젊은 시절의 나에게 꼭 해줄 말씀이 있나요?"

삶의 지혜와 경험이 쌓인 어르신들께 자주 여쭙는 질문이다. 방송, SNS뿐 아니라 유튜브 등에서도 많은 인터뷰들을 봤다. 나는 아직 젊지만, 아주 어리지도 않다. 30대 후반에 들어 곧 마흔을 보는 나이고 '청년'의 마지막 나이 역시 지났다. 나라에서 규정하는 청년의 모든 기준이 지난 나이가 됐다. 회고할 나이는 아니지만, 한 가지 확실한 것은 있다. "20대로 돌아가고 싶은가?"에 대한 질문에, 나는 매일, 단언컨대 "NO"이다. 그렇다면 "30살로는? 35살? 작년? 바로 어제는?"이라는 질문에도, 나는 "NO"이다. 최선을 다해 그날을 살았고, 다시 돌아가도 그 이상 열심히, 최선을 다해, 내 역량 껏 살 자신이 없기 때문이다. 가끔, '다시 돌아간다면 그때 그렇게 했어야 했는데'가 있을 때가 있다. 하지만, 다시 돌아가도, 그때의 나는 지금과 같은 경험을 했을 수 없고, 지금의 내 모습이 될 수 없다. 그래서 또 똑같이 느끼고 경험했을 것이다. 그 당시의 내 역량과 수준에서 최선을 다했다는 것이다. 그랬으면 됐다. 20대는 20대의 기준에 맞게 최선을 다했고, 30대는 30대의 기준에 맞게 최선을 다해가고 있다.

'젊어서 고생은 사서도 한다'는 말을 알 것이다. 다행히도 난 고생을 사서 한 게 아니라, 돈을 받고 일하며 했지만 정말 끔찍하고 지독하게 힘든 그때의 하루하루로 다시는 돌아가고 싶지 않다. 물론, 젊은 날 20대의 혈기왕성하고, 앳되고, 탱탱한 내 모습들이 그리울 때는 있다. 옛 사진을 보며 추억에 잠길 때에도, 화려하고 옷맵시가 좋던 모델 시절의 사진들을 볼 때면 당시의 내 모습에 놀랄 때도 있다. 그때의 추억은 추억으로 남겨야 아름답다고 생각한다. 훗날, 지금 내 모습이 그리울 것이다. 사람은 나이가 들수록 추억을 먹고 산다고 하지 않는가. 중개의 영역도 마찬가지다. 내가 다시 처음으로 돌아간다고 해도 마찬가지다. 끔찍하거나 힘든 기억은 별로 없다. 다만, 아찔한 건 있다. 처음부터 하나씩 배워나가고, 알아가고, 부딪치고, 또 경험하면서 나를 단련하고 레벨을 올려야 한다. 그리고 그 과정을 다시 겪게 된다면, 지금의 경험과 지식을 놓치고 가는 것이 있으면 어쩌나 겁이 날 정도이다. 마치, RPG게임에서 간신히 고렙(높은 레벨)까지 키워놓고 좋은 아이템, 좋은 파티원들을 찾았는데 계정이 날라 가서 다시 처음으로 돌아가 레벨1부터 아무 도움 없이 키워야 하는 느낌과 같다.

경험과 지식의 쌓임은 시간과 꾸준한 노력만이 해결해준다. 엉덩이가 무겁고, 경험치가 많아야만 많이 쌓이는 것이다. 다행히도, 고통스럽거나 아찔한 사건들은 없다. 다만, 중개를 하며 좌충우돌 부딪치고 깨지고 임기응변에 약했던 부분들이 떠올라, 아찔할 때는 있다.

다시 왕초보로 돌아가, 처음부터 마음고생하며 힘든 계약과정을 수십 개 겪으며 사람들을 느끼고 데이고 경험하며 단련해야 하는 것은 정말 '아찔'하다.

이 책을 쓰는 과정 중에서도 무수히 많은 사람들을 만나 경험을 하며 계약을 하고 있다. 많은 과정 속에서 얻고 느끼는 과정이 숱하게 많았다.

그래서 난, 하루도 돌아가고 싶은 날은 없다.

현생은 단 한 번이니까, 오늘도 난 최선을 다해서 살겠다!

나를 가장 사랑해 줄 사람은 결국 나다. 나에 대한 보상은 필요하다.

중개업의 '워라밸'에 대해 유튜브 영상을 올린 적이 있다. 중개업은 워라밸이라는 것을 기대하는 것이 사실상 무리다. 물론, 직원이 많고 자리를 잘 잡았을 경우는 워라밸이 충분히 가능하다. 하지만, 이 책의 기준은 '초보 개업공인중개사', '1인 개업공인중개사'이다. 1인이면, 혼자 모든 것을 꾸려나가야 한다. 그렇기에, 본인만의 업무 강도와 기준을 잘 설정해야 한다. 시간이 지나 일이 많아지다 보면 우선순위를 메모하며 무엇이 먼저고, 무엇이 더 중요한지를 생각해서 일하는 습관이 필요하다.

바쁜 하루하루를 보내다 보면 돈이 따라오는 날도 있고 소득 없이 바쁘기만 한 날들도 있다. 적게는 그 날 당일, 넓게 보면 1년 단위로 꼭 본인만의 보상이 필요하다. 분수에 안 맞는 과한 명품을 사라는 얘기가 아니란 것을 알 것이다. 산이나, 들, 바다로 바람을 쐬러 가도 좋다. 정해두었던 목표가 달성됐거나 시기적으로 여유가 필요하다고 느낄 때에는 짧게나마 국내, 국외로 여행을 다녀와도 좋다.

사랑하는 가족도, 친척도, 친구들도 있지만 결국에 내가 존재해야 타인이 존재한다. 내가 나를 가장 사랑하고 아껴야 남을 사랑할 수 있다. 그리고, 자신에게 너무 가혹하고 혹독하면 본인이 불행해진다.

본인의 꿈, 목표를 높게 잡는 것은 좋다. 다만, 사소한 것에서부터 행복을 느껴야 한다. 결국에는 내가 행복하자고, 내가 잘 살자고 하는 것이다.

나는, 개업 초창기에는 계약이 있는 날이나 좋은 성과가 있었던 날은 일찍 퇴근을 하는 보상을 주기도 했다. 그 날 일의 효율이 떨어지거나, 너무 심신이 피로하다면 휴식이 필요하다.

해마다 신년을 맞이하면 수십 개가 되는 목표를 설정한다. 그 해의 마지막 날이 되면 그 해의 목표달성 여부와 달성도를 표시한다. 그 목표들이 빨리 달성된다면 여행을 빨리 갈 수도 있다. 매출 목표를 달성했거나 수입이 높았다면 반드시 쇼핑이 아니어도 자신에게 보상을 줄 수도 있다. 고급 마사지를 받거나, 피부 관리를 받아볼 수도 있다. 짧지만 그러한 시간들이 굉장히 큰 심신의 회복을 해준다. 베푸는 것의 즐거움도 있다. 내가 사랑하는 사람들에게 맛있는 식사를 살 수도 있다.

다음으로 꼭 말하고 싶은 게 있다. 처음부터 무례한 손님은 끝까지 그럴 확률이 높다. 아니, 그 이상이 될 수도 있다. 본능적으로 알 수 있을 것이다. 이 사람과 연락을 계속 나누면 뭔가 안 좋은 일이 생길 것 같다거나, 다툼이 생길 것 같다는 느낌 말이다. 얼마의 보수가 됐던, 그런 사람과는 길게 인연을 유지하지 않는다. 기운부터가 부정적이고, 기분이 내내 좋지 않다. 돈보다 중요한 건 결국 내 정신건강이다. 민사소송에서 왜 항상 들어가는 것이 '정신적 피해보상'이겠는가?

내 정신의 건강이 가장 중요하다. 손님이 왕이라고 생각하는 것은 우리가 그들을 그렇게 생각하며 존중해야 할 몫이다. 그들이 으레 '왕'과 '갑'

을 착각하여 둘 사이를 구분 못 한다면 그런 사람은 똑같은 사람과 일해야 한다.

만약 본인이 평소에 "무례하다", "말을 왜 그렇게 하냐?"라는 말을 자주 들었다면 모를까, 평범하게 다툼 없이 살아가는 사람이라면 단번에 '그런 사람'을 알아차릴 수 있다.

지인 중에 그러한 무례함을 갖고 있는 경우는 없다. 애초에 그런 사람을 지인으로 두지 않는다. 지인이었어도 모두 정리를 했기에 그런 이들은 더 이상 내 지인이 아니다. 무례하거나, 상식 밖의 톤앤매너나 화법을 갖고 있다면, 과감히 버려라. 끌고 갈수록 골치만 아프다. 나의 경우 키가 크고 덩치가 매우 크기 때문에 그런 일이 일어난 적은 없으나, 여성 중개사들, 연세가 있는 중개사들은 손찌검 직전까지 갔었다는 경우도 보았다. 또한, 욕지거리를 한다든지 소리를 지른다든지 하는 경우들도 종종 있다고 한다. 물론 상대방의 입장도 들어야 그 경위를 알 수 있다손 쳐도, 욕과 폭력은 허용되어선 안 된다.

어떤 CS(고객 서비스) 전화를 걸어도 안내멘트에는 다음과 같은 고정 멘트가 나온다는 것을 알 것이다.

"대화중 폭언, 욕설을 하실 경우 상담을 종료할 수 있으며, 대화내용은 녹음됩니다."

사사로운 감정에 큰 에너지를 쓰지 않았으면 한다. 나 역시 초반에는 잘되지 않았다. 아직도 적응이 안 될 기분 나쁜 손님들이 아주 가끔 있다. 성인이 되고 나이가 들수록 그 사람의 관상뿐 아니라 말투에서도 어떤 인생을 살아왔는지를 알 수 있다. 사람을 많이 만나면 더 잘 느낄 수 있다.

돈보다 중요한 건 자신의 심신건강이다. 그리고, 목표는 높게 잡는 것이 좋지만 행복감은 작은 데서부터 느끼길 바란다.

나를 가장 사랑해줄 사람은 결국 나다. 나에 대한 보상은 반드시 해주길 바란다. 과부하가 걸려 번아웃(burnout)이 오는 것보다 백 번 나을 것이다. 잊지 말자, 우리는 감정 쓰레기통도, 쓰레기 처리장도 아니다.

폐업하는 부동산 사장님들을 오가며 만나다.

출간을 한창 준비하며 열심히 초고를 쓰고 있던, 23년의 끝 무렵이었다. 사무실 근처 헬스장을 8년째 다니기에, 헬스장을 가는 엘리베이터를 기다리고 있었다.

엘리베이터의 양문이 거울 역할이 되다보니, 뒤에 서있는 이가 얼마 전 폐업한 길 건너편 중개업소 사장님이라는 사실을 알았다. 우연히 만난 사장님에게 뒤를 돌아 인사를 했다. 병원에 검진을 받으러 가는 길이라 했다. 만났던 사장님은 개업 초창기부터 공동중개를 몇 번 했던 사장님이다. 초면에 반말을 하는 사장님이었는데 불쾌했으나 분위기를 나쁘게 만들고 싶지 않아 그냥 넘어갔다. 해당 사무소가 음식점 간판으로 바뀐 것을 보면서 직접 물어보기엔 예의가 아닌 것 같아 주변 친한 중개업소에 물어본 적이 있었다. 너무 힘들어서(영업적, 육체적, 정신적) 쉬고 싶다고 했단다. 22년부터 매매시장이 얼어붙은 뒤로 아파트를 전문으로 하는 중개업소 사장님들은 문을 닫기 시작했다. 오랜만에 매물을 볼 겸 만나며 "요즘 어떠세요?"라고 여쭤보면 하나같이 "힘들다"는 얘기들만 터져 나왔다. 주말에는 문을 열지 않고 평일에도 일찍 들어가는 자의반 타의반 워라밸 최강(?) 사장님도 종종 보인다. 우직하게 끝까지 어떻게든 버티거나 모아둔 돈으로 버틴다는 이들도 있다. 지금 중개시장은 그렇다. 그렇기에, 가감 없이 앞서 다양한 +@와 자기개발을 강조한 바 있다. 씨를 뿌려야 싹이 트고 열매를 맺는다. 사업은 희로애락과 흥망성쇠가 롤러코스터를 탈 수 있는 일이다. 그렇기에 고정적이고 안정적인 +@를 만들라는 얘기다. 시간이 많이 지나면서 이러한 하락기와 불황기에 내가 만들어둔 다양한 소득원은 큰 보탬이 되어주고 있다.

  시간이 나면 출간을 준비하며 창작의 고통을 느끼고 눈이 충혈되도록 밤을 새는 몇 날 동안에도, 나는 행복했다. 정말 행복했다. '누군가 이 글을 봐주시고 또 배우고 느낀다면 얼마나 행복할까'라는 생각을 했다. 나는 그게 맞는 사람이다. 예외적인 특별한 몇몇 경우를 제외하고는 **폐업한** 이들의 공통점들이 있다. 멘탈이 약하거나, 포기가 빠르다는 부분도 있겠으나, 결국엔 '돈'때문일 것이다. 그 돈은, 결국 계약에서 나오지만 그들이 만약 계약 외의 중개업에서 다양한 경로나 수입원을 개척했다면 어땠을까? 한 번 올려둔 간판은 폐업이 아니면 내릴 필요가 없다.(행정처분 등 위법행위로 인한 제재는 논외로 한다.) 다른 수입원을 떠나, 중개 자체를 정말 열심히 했는지도 내가 알 수 없을 일이다.
  다음으로, 중개를 너무 단순하게 생각한 경우다. 중개를 넓은 범위와 시각으로 바라보고 다양한 경험을 쌓으며 진행했다면, 훈풍이 불 때에도 경각심을 가졌을 것이다. 찬바람을 넘은 칼바람이 부는 지금 시장에서도 따뜻한 가림막이 있었을 수도 있다.
  '두 수 앞을 보라'는 의미도 바로 그런 것이다. 흔히 투자에서 환희에 팔고 절규에서 매수하라는 말이 있다. 나는 중개업에서도 잘 될 때 저축을 더 많이 하고 업역을 넓히는 방법을 잊지 않고 준비해야 한다고 생각한다.

  폐업하는 사장님들은, 간판 올리는 날 자신이 **폐업**할 거라고 생각하지 않았을 것이다.

내 가치는 결국 내가 정한다.

내가 힘든 하루하루를 보내면서도 전문자격사를 한 개 더 취득하고자 힘든 수험생활을 하겠다고 새벽마다, 짬 날 때마다 책을 펼치고 있는 이유가 있다. 우리나라에서는 직업이 곧 그 사람의 지위, 사회적인 명성, 그 사람을 바로 판단할 수 있는 보이지 않는 계급장이다.

내가 중개를 하면서 느낀 점은 '중개사에 대한 인식, 선입견이 정말 안 좋은 부분이 많다'는 것이었다. 다음으로 공동중개를 하면서 느낀 점은, '나와 똑같은 공인중개사, 같은 일을 하고 같은 돈을 받는데 일을 이렇게밖에 안하나? 이것도 모르고 있으면서 어떻게 중개를 하고 다른 사람의 재산을 맡기게 하는 거지?'라는 점이다. 특히, 연륜이 좀 되고 경력이 많은 이들은 젊고 경력이 짧으면 무시를 한다. 대놓고 무시하는 경우도 있지만 알게 모르게 느껴지게끔 무시를 하는 경우도 많다. 가장 무서운 점은, 이들은 본인 말이 맞고, 본인이 정답이라 바뀐 걸 말해도 주제넘다, 버릇없다고 생각한다. 자존심도 강하기 때문에 특히 손님 앞에서 잘못 설명한 부분이 있어도 바로잡기가 쉽지 않다.

그런 유형의 중개사에게 손님으로 집 계약을 할 경우, 손님도 사람인지라 대강하는지 정말 정성을 다하는지 알 수 있다. 간혹 정말 일을 꼼꼼하게, 믿음직하게 해주는 이들을 만난다. 같은 중개사로서 계속 같이 일하고 싶다. 당연히 손님이 끊이질 않는다. 사람이 느끼는 것은 모두 같다. 처음 만나서 대화할 때부터, 시간이 지나갈수록 일을 잘하는 데다가 친절하고 양심적이기까지 하다면, 그 중개사의 가치는 적어도 동네에서는 최고일 것이다.

중개사가 별로라는 것이 아니다. 중개사끼리의 가치가 하늘과 땅 차이라는 것을 말하고 싶은 것이다. 내가 최근에 계약을 한 곳의 실장님은 말투부터 업무에 대한 피드백, 예상치 못한 상황에 대한 대응까지 모두 차분하고, 꼼꼼하고, 정확했다.

  정말 직원으로 채용하고 싶을 만큼 탐이 났다. 그는 내가 이런 생각을 했는지 모를 거다. 그렇지만 그에 대한 기억과 이미지, 더불어 그 중개업소에서 일하는 사장님까지도 모두 가치가 올라간다. 기본적인 에티튜드(Attitude, 자세나 태도 등)만으로도 사람으로서의 가치는 급상승한다. 자신의 가치는 모두 자신이 정하는 것이다.

  일을 잘하는데 너무 싸가지가 없거나, 머리에 든 것만 많고 융통성이라고는 찾아볼 수 없거나, 너무 유하여 띄엄띄엄 한다는 느낌이 강하다거나 등등 다양한 유형의 사람이 존재한다. 비빔밥은 하나하나의 재료만 갖고는 특유의 맛과 '비빔밥'이라는 단어로 완성될 수 없다. 다양한 채소와 소스, 밥이 한데 어우러져 잘 비벼졌을 때 맛있는 비빔밥이 되듯, 가치가 높고 잘 되는 중개사는 다양한 요소를 융합하여 완전체에 가까워지는 사람이라 할 수 있다.

  가치를 높이자. 내 가치는 결국 내가 정하는 것이다.

계약 여부 결과는 내 몫이 아니라고 생각하자.

  제목이 조금 아이러니해 보일 수 있다. 이 제목에서 전달하고자 하는 것은, '마음을 편하게 가졌으면 한다'는 것이다. 중개업을 하면서 많은 대상물을 보여주게 된다. 수없이 많을 것이다. 매물을 보여주고 나면 그 매물이 마음에 들었는지가 당연히 궁금하다. 하지만, 최선의 노력을 하되 최대의 기대는 하지 말아야 한다. 미련만 없으면 된다. 최선을 다했고 최대의 노력을 하는 것까지가 본인 능력이다. 기대는 본인 능력 밖의 영역이다. 통제할 수 없는 영역이다. 손님의 마음도 결국엔 그렇다. 주사위를 던지는 것과 같다. 손님의 마음속에서 내가 원하던 숫자가 나올지 알 수 없는 노릇이다. 대신, 예측 가능한 영역에서 더 나은 방법을 강구해볼 수는 있다. 앞서 내 중개사례들 중 몇 개에 언급한 바 있다. 확률을 높이면 된다. 다양한 경우의 수로 제안을 하면 된다. 조금만 바뀌면 완전히 다른 방식과 조건이 될 수도 있다. 결국은 모두 사람끼리 하는 일이기 때문이다. 중개를 해보면 알겠지만, 정말 다 된, 9부 능선을 넘었음에도 계약이 해제되는 경우가 종종 있다. 한 마디, 한 단어, 수억 원 중에 고작 몇만 원으로 계약이 해제된다. 아무리 이어보려 해도 이어지지 않는 궁합과 인연도 있다. 그런 부분은 일개 인간으로서 제어할 수 없는 미스테리한 영역이다. 그 과정에서 본인이 실수나 미숙한 부분이 있었다면 답안지를 복기하듯, 같은 실수를 안 하도록 복기해보면 된다. 하루 이틀 중개업을 할 것이 아니라면, 그렇게 농익어 가면서 베테랑이 되는 것이다.

계약 여부의 결과는, 내가 그 과정에서 최선을 다했다면 마음을 편하게 가져보자. 그리고, 마음을 편하게 가지면 일이 더 잘 된다. 본인이 애가 닳으면 상대가 패를 쥔다.

절대 오해하지 말자. 매물을 보여주었으니 본인이 할 일이 끝났다며, 그 뒤에는 본인의 영역이 아니라고 생각하라는 것이 절대 아니다. 매물을 다음날도, 며칠 후에도 보고 또 찾고 또 만나야 한다. 내가 손님에게 최선을 다하고 있으며 손님에게 집중하고 있다는 것을 보여주라는 것이다. 추운 겨울엔 따뜻한 마음과 뜨거운 열정을 보여주고, 무더운 여름에는 시원시원하고 프로다운 모습을 보여주라는 이야기다.

내가 특별해서 계약의 성공율이 높았던 것이 아니다. '과정'에서 최선을 다했고 인간적으로 공감했기에 손님들의 마음이 움직인 것이다.

그럼에도 나와 인연이 되지 않은 손님도 많았다. 그때도 난 최선을 다했고, 과정에 충실했기에 미련이 없었을 뿐이다.

가끔 계약을 하기 위해 지나치게 과장이나 집착하는 이들을 보기도 한다. 급한 마음, 애타는 마음이 타인에게도 고스란히 전달된다. 시험은 결과가 중요하다. 반면에 중개는 그 못지않게 과정도 중요하다. 그럼에도 1등만, 한 개의 매물만 계약을 하지만, 계약 여부 결과는 내 몫이 아니다. 시험처럼 합격 여부에만 주안을 두지 말자. 과정에 최선을 다하는 직업인으로, 마음을 편하게 갖자! 과정에 후회 없이 최선을 다했다면, 결과는 주사위가 던져줄 것이다.

결국엔 다 알아준다. 걱정하지 말자.

어릴 때부터 자주 느꼈던 감정이 하나 있다. '어차피 누가 알아주지도 않는 거'라는 거다. 글을 쓰는 지금 그 생각을 하면 참 부끄럽다. 그만큼 생각이 넓어지고 속이 깊어졌다는 의미일지도 모른다. 수없이 많은 생각을 해보며, 내린 결론 하나가 있다.

'결국 내가 알잖아'라는 것이다. 내가 알면 남도 알더라는 것을 시간이 지나면서 또 알게 됐다. 무수히 많은 아르바이트를 하면서도 사장님이 나오지 않는 가게에 정말 열심히 일하는 알바생은 눈에 띈다. 그 알바생의 성실함은 머지않아 사장의 귀에 들어가고, 그는 매니저가 되었다. 일이나, 사람관계 모두 마찬가지다. 나는 중개를 하면서, 계약하는 목적물이나 계약 금액에 상관없이 '내 일이다'라고 생각하고 임했다. "내 일처럼 도와줬다" 계약 후 가장 많이 들었던 감사인사였다. 사람은 '척'하는 것과 '진짜'를 생각보다 쉽고 빠르게 구분한다. 손바닥으로 하늘을 가릴 수 없다. 사람은 그만큼 육감과 눈치가 빠른 동물이다. 24년을 시작하고 얼마 안 되어 첫 손님과 기분 좋게 계약이 되었다. 얼마 전 개업까지 마치고 내가 그 손님의 첫 손님으로 선물을 사 들고 갔다. (미용업을 하는 이로, 얼마 전 헤어샵을 오픈했다.) 그 손님과 처음 만나 차를 타고 임장을 할 때였다. 그 손님이 한 말이 기억난다. 미용사의 단골들은, 그 미용사와 성격이나 성향이 비슷한 이들이 많다는 것이다. 서로가 '결'을 알아본다는 것이다. 내가 좋은 사람이 되면 좋은 사람을 만나게 된다. 나 역시 배려심이 부족하고 마음이 어두웠던 시절이 있었다. 세상을 비관하고 힘듦을 한탄했다. 매일 입에 달고 살았던 '한탄과 저주'는 곧 나를 갉아먹었다.

"누구는 일 하나도 안하고도 저렇게 돈 쓰면서 학교 다니고 놀고먹고 자는데, 나는 뭐야?", "누구는 일 한 번 안 해보고 매일 저렇게 놀러만 다니는데, 난 아침부터 밤까지 주말까지 매일 뭐 하는 거야?" 등등의 생각이었다. "내가 죽어라고 공부해서 딴 자격을 저 사람은 고작 며칠 만에 했다고? 심지어 어떤 사람은 오래 일했다고 공짜로 받기도 하네?"와 같은 것도 비슷한 맥락이다. 하지만, 내가 그 사람이 되어보지 않았고 그 사람의 다른 고충을 모른다. 어쩌면 내가 그 사람의 인생을 임의로 만들고 너무 쉽게 판단한 것일지도 모를 일이다.

짧은 인생이지만 나름 굵게 살아와보며 느낀 것 한 가지가 있다.

'모든 과정에서 최선을 다했다면, 진실로 임했다면, 꾸준했다면' 반드시 보상받고, 성공하고, 알아봐준다. 정말이다. 나 역시 몸으로, 마음으로 느낀다. 그리고, 내가 본 사람들도 실제로 그랬다.

'최선을, 진실하게, 꾸준히' 정말 어렵다. 알면서 대부분이 못한다. 하지만, 습관만 되면 그 세 개만큼 강력한 무기가 없다.

중개를 하면서 느낄 때가 있을 것이다. '아무도 내 마음을 몰라주네. 내 마음을 누가 알겠어, 힘들다' 분명히 있다. 그때, 다음 문장이 마음을 다잡아주길 간절히 바란다.

"걱정하지 마세요. 본인이 알잖아요. 그리고, 머잖아 다 알게 돼요. 다른 일에서라도. 보상이 생깁니다. 정말이에요."

계약 관계는 모두 돈이지만, 인간관계에서는 돈으로 살 수 없는 게 더 많다.

공인중개사가 되어 많은 사람들의 주머니 사정, 경제 사정을 봐왔다. 보이는 것이 전부가 아니란 것도, 겉모습만 보고 절대 판단할 수 없다는 것도 말이다. 허름한 옷차림의 손님이 현금만 수십억을 들고 있는 경우가 있었다. 반면에 외제차를 번지르하게 몰고 와 집을 구한다고 하는데 전 재산이 1,000만 원이 안 되는 경우도 있었다. 정말 찢어지게 힘든 경제 사정으로 보증금 100만 원 단위에 월세 30만 원 안팎의 집을 구해야 하는 경우 등 무수히 다양한 손님을 만났다. 나만 알고 있어야 하는 그들만의 가정사를 갖고 있는 경우도 있었다. 아는 것이 힘이라는 강한 동기부여를 얻게 되어 공부하게 된 계기를 앞서 설명한 바 있다. 부동산에 관심을 갖게 되고, 공인중개사가 되었다. 그리고 끊임없이 공부하고 있다. 그렇게 공부한 것은 무엇과도 바꿀 수 없는 나만의 무기이자, 자산이 되어가고 있다. 시간이 지나면서 부족하지만 조금이나마 남들보다 더 알고 있는 부분을 함께 나누고 싶기도 하다. 방문한 손님들 뿐 아니라 위급한 상황의 손님들도 다양하게 상담을 해보았다. 앞서 설명한 유료 상담은 당연하다는 듯 내 지식을 이용하려는 이들에 대한 장치일 뿐, 관계가 깊거나 내 자의로 돕고 싶은 사람들에게까지 비용을 받는 것이 아니다. 내 일처럼 발 벗고 해결해 준 경우도, 다른 중개업소에서 말도 안 되는 횡포를 부려 돈을 받지 않고 내가 대신 처리해 준 일들도 있었다. 계약 관계는 모두 돈으로 이루어진다. 그리고 돈 앞에서 한없이 작아지기도, 때로는 비참해지기도 한다. 사소한 질문이어도 누군가에겐 큰 고민이 될 수도 있다. 비단 부동산의 계약 관계뿐 아니라, 대부분은 '돈'으로 시작해 '돈'으로 끝난다. 하지만 한 가지, 인간관계에서 '진짜 위하는 마음'은 돈으로 살 수 없다. 더 정확하게는, 돈으로 바꿀 수도 없다. 여러분이 사랑하는 사람들을 떠올려 보자. 떠오르는 사람들이 있을 것이다. 내게 도움을 준 이들, 내가 사랑하는 이들에게 든든한 사람이 되자, 계약서 작성은 중개사가 해줄 수 있는 가장 큰 무기이자 중개의 꽃이다. 나는 이 부분으로 사랑하는 이들, 챙겨주고 싶은 이들에게 좋은 일을 많이 하고 있다. 모르는 중개업소에 가서 물어보았더니 큰 보수를 요청했다는 계약서 작성의 건이 있었다. 내가 도움을 많이 받았던 이라 내 서명과 내 도장을 직접 넣은, 제반 교부 서류까지 모두 넣은 정식 중개를 무상으로 해준 적도 몇 번 있다. 큰돈이 오가야 하는 계약서 작성이기에 절실히 누군가가 필요했을 것이고, 분위기를 중재해 줄 누군가가 필요했을 것이다. 해당 중개대상물에 대해 안전하다고 판단이 된다면, 나는 흔쾌히 이처럼 내가 사랑하는 이들, 도움을 주어도 아깝지 않은 이들에게 중개보수로 돈을 받지 않고 '고마운 마음'을 받고 도움을 준다. 내 좋은 마음은 그들과의 더 깊고 돈독한 관계로 뿌리를 내린다. 그리고, 훗날 그들도 내가 도움이 필요할 때 이처럼 나를 도와줄 것임을 알고 있다. 좋은 일은 더 좋은 일로 돌아온다. '척'하는 인간관계는 돈으로 살 수 있을 것이다. 하지만, 마음속 깊이 진심인 인간관계는, 돈으로 살 수 없다.

공인중개사의 직업적 인식은 바닥을 치고 있다.

매일 뉴스에서 터지는 부동산 전세 사기와 더불어 중개사들이 많은 지탄을 받고 있다. 비단 부동산 계약을 할 때에 제대로 해주지 않은 부분뿐 아니라, 동시에 중개업으로 파생된 사기까지 겹치며 공인중개사의 직업적 인식과 직업의 필요성은 바닥을 쳤다. 그 때문에, 공인중개사라는 이유만으로 나 역시 처음 만난 이, 나를 모르는 이에게 '공인중개사'임이 알려지면 안 좋은 시선이 먼저 올 정도다. 내가 운영하는 유튜브 채널에 좋은 취지로 올린 지식, 정보 영상들 중 하나가 조회수 50만을 넘게 기록했다. 그 영상에는 수백 개의 댓글이 달렸다. 그중에, 많은 이들이 악플을 썼다. 맹목적으로 나라는 사람을 욕하는 사람도 있었지만, 자세히 하나하나 댓글을 보고 느낀 게 있었다. 그들은 '넋두리'를 하는 것이다. 내가 공인중개사니까, 나를 모르니까, '공인중개사' 전체에게 말을 하는 것이다. 가끔 입에 담을 수 없는 심한 욕을 남긴 이도 있다. 그럴 때에는 나도 참기가 어려울 때가 있지만, 경찰서에서 볼 정도까지는 아니라고 판단해서 멘탈을 강화하는 도구 정도로 이용하며 웃어 넘겼다. 이처럼, 공인중개사가 하는 일은 '중개'이기 때문에 안전하고 좋은 매물을 알선하고 권리를 분석해 주어야 한다. 실무상 많은 경험을 해보지만, 정말 '진심을 다해' 안전하게 계약을 해주고자 하는 중개업소는 손에 꼽는다. 대부분은 많은 사람들이 느낀 바와 같이 '계약 한 건, 보수 얼마'에 급급한 것이 사실이다. 인정하고, 이해한다. 나 역시 손님으로 중개사를 만났을 때에 같은 감정을 느꼈다. 그렇기에, 더더욱 나는 그렇게 일을 하지 않고자 부단히 애를 쓴다. 나에게 상담을 받고, 나를 만난 많은 이들이 그 감정을 느꼈다. 그래서 '조금만 잘 말하면 계약이 될' 이들에게도 "이 계약은 하지 않으시는 게 좋겠습니다", "이 집은 위험합니다. 꼭 이 집을 하셔야겠다면, 이 방법 말고 보증금을 이 정도까지 줄여서 계약을 하시는 게 좋습니다" 등 가감 없고 솔직하게 이야기하기도 한다. 많은 손님들은 앞서 설명한 '돈'이 아닌 '인간관계'에 중점을 두고 사람 대 사람으로 이야기를 한다는 느낌을 받았다고 한다. 비록 그 당시에 계약이 안 되었더라도, 앞선 에피소드들처럼 몇 년 후에 찾아오는 이들 중에, 내가 예전에 열심히 상담해주었던 손님이 추천을 해 방문한 이도 많았다.

공인중개사의 직업적 인지도와 입지는 땅에 떨어졌다. 인정하고, 이해하기도 한다.
하지만, 공인중개사라고 해서 다 같은 공인중개사가 아님을, 정말 일을 잘하고 진실하게 일하는 이들도 있음을 알아주었으면 한다.

그리고, 중개사가 되고자 하는 이들, 혹은 지금 중개사를 하고 있는 이들에게 꼭 하고 싶은 한 마디가 있다.

'진실하게, 성실되게만 해도 상위 5% 안에 들 수 있다'라는 것이다.

95%가 거짓, 불성실하다는 것은 아니다. 내가 말한 진실, 성실의 의미는 '정말 내 일처럼, 내가 최선을 다해서'라는 뜻이다. 수백만 원짜리 보수를 받을 수 있는 계약이 코앞에 있는데도 "이 집은 문제가 많았던 집입니다. 집주인이 현재 문제가 있는 상태로 계약을 하시는 것을 지양하시길 추천해 드립니다. 고생하셨지만 새로운 집을 알아봐 드리는 게 좋겠습니다"는 말을 할 수 있는 사람이 몇이나 될까? 그 수백만 원을 포기한 대신, 더 큰 '마음'을 얻어 두고두고 선물을 받고 여러 손님을 소개받아 이어진 관계도 있다.

직업을 바꾸지 않을 거라면, 공인중개사로서 여러분을 믿고 여러분에게 재산을 맡길 수 있게끔 해주는 전문인이 되어야 한다.

그 길을 갈 수 있는 가장 빠른 지름길은, 거짓보다 진실과 성실이며 돈보다 진심이다. 처음엔 힘든 길일 수도 있다. 옆에서는 돈을 얼마 벌고 있는데, 본인이 작아진다고 느낄 때도 있다. 나도 많이 그랬다. 시간은 그 진실과 성실을 절대 외면하지 않는다. 되레 이런 시국에, 중개사의 입지가 바닥을 칠 때 나는 반대로 나를 믿고자 찾는 이가 훨씬 많다. 남들이 쉽게 가지 않을 길, 하지만 정확한 답이 보이는 길을 가보자. 땅속 깊은 곳에서는, 그 시간만큼 깊고 뿌리 깊은 내공이 자라고 있을 것이다. 그리고 시간이 지날수록 잘 다져진 땅에 훌륭한 싹이 틀 것이다.

그럼에도 불구하고, 나는 끝까지 직진으로 가보련다.

　만 5년 간 순간의 감정과 기억들을 생생하게 기록하고자 중개 일기를 썼다. 우연한 기회에 감사하게 책을 출간하기로 얘기가 됐다. 사실, 그날 너무 기쁘고 행복했다. 앞서 설명한 매년 목표에 늘 있었던 '출판의 꿈'을 드디어 이룰 수 있겠다는 기쁨 말이다. 돈을 보고 책을 내는 것이 아니다. 그랬다면 눈이 혹할 투자서를 썼을 것이다. 초보 공인중개사들을 위한 책이라는 협소한 타겟을 정하지 않았을 것이다. 그렇기에 기회를 주신 출판사와 그 외의 여럿 도움을 주신 분들에게 더욱더 감사한 마음이 크다.
　일기란 참 매력적이다. 메모의 힘은 익히 들어왔을 것이다. 일기는 시간이 지날수록 빛을 발한다. 메모가 누적되면서 내 성장을 여실히 보여주고, 시간이 지나면 힘든 기억도 추억으로 만들어줄 수 있다는 것을 보여준다.
　여러 개의 파일에 뒤죽박죽 적혀있던 내 기록들을 뒤적뒤적 찾았다. 정말 막연하게 몇 년간 썼던 내 일기들을 모으느라 한참이 걸렸다. 혼자 보는 것이 아닌, 많은 독자들께 보여드려 하기에 '잘 읽힐 수 있게' 정리해야 했다.
　처음에는 무엇부터 어떻게 써야 할지, 백지 한 장에 꽉 채워야 하는 답안이 막막하기만 했다. 깜빡이는 커서를 한참을 들여다보며 멍하니 생각한 시간도 참 많았다. 한 줄, 두 줄, 한 장, 두 장 써 내려갈 때마다 바꾸고 지우고를 수십번 반복했다.
　그렇게, 마지막 페이지를 완성하게 되었다.
　이 책은, 내가 경험한, '나만이 경험한' 이야기다. 그 자체만으로 세상에 나온다는 것은 내게 큰 영광이자, 기쁨이다. 경험을 공유할 수 있고 그 경험을 통해 누군가의 길잡이 역할을 할 수 있다는 것 또한 큰 기쁨이다.
　이제 6년 차 공인중개사가 되었다. 초보 딱지는 뗐다고 볼 수 있지만, 나는 매일 성장 중이고 또 매일 배우는 중이다. 중간에 시련도, 위기도 많았다. 순간순간 느끼는 감정들과 어려움에 봉착했을 때 머리가 하얘지며 식은땀이 나는 기억들은 지금도 내 간담을 서늘하게 한다. 그런 과정을 모두가 여러 번 겪어보시라고 추천하고 싶진 않다. 누군가 먼저 경험해 보고 알려주었다면, 누군가 그 길에 어떤 방향 표시가 있는지 알려줬다면 당황스러움은 덜 할 것이다.

나 역시, 언제 또 그러한 경험을 할지 모른다. 가장 위험할 때는, '자신이 이제 잘한다'고 생각할 때다. 그 자신감이 자만으로 바뀌는 순간 사고가 난다. 그렇기에, 늘 초심을 강조한다. 나 역시, 늘 이 부분을 의식적으로 다잡는다. '이제 어느 정도 조금' 이 시장이 돌아가는 것을 느낄 수 있는 정도다. 나 역시, 아직 접해보지 못한 중개대상물, 써보지 못한 계약서가 많다. 혹시 몰라 내가 강조한 문구인 '두 수 앞을 보고' 제목을 '주택, 상가 - 임대차편'이라고 정했다. 목표가 높고 욕심이 많기에, 언젠간 또 다른 도움이 되는 나만의 경험을 담은 책을 낼지도 모르기 때문이다.

훗날, 10년, 15년, 20년 경력의 농익은 베테랑이 되어 다양한 매매, 건물, 토지, 공장, 분양권, 입주권, 경매 물건 등을 다양하게 접해본다면, 혹은 정말 그 이상의 많은 중개 경험과 노하우를 공유할 수 있는 날이 오면 2편이 나올지도 모르겠다.

책의 도입부에 '이 책은 <u>아무 지식도, 경험도 없던 공인중개사가 맨땅으로 부딪쳐 성장하는 모습을 기록한, 좌충우돌 성장기를 보여드리는 것입니다</u>'라는 내용이 있었다.

훗날 여러분께 '이 책은 중개업의 모든 부분을 경험해 보며 성장한, 저의 특급 노하우를 전수해 드리는 책입니다'라는 문구로 책의 마침표를 찍는 날이 오길 바란다.

오늘도 나는, 직진이다. 끝까지!

맨땅에 헤딩, 나의 중개 일기
개업 6년 차 공인중개사 이야기 주택, 상가-임대차편

초판 1쇄 인쇄 2024년 5월 9일
초판 1쇄 발행 2024년 6월 3일

글 이승주

발행인 윤혜영
편 집 구나회
표 지 그래픽웨일
마케팅 김대현

펴낸곳 로앤오더
주 소 (우)04778 서울시 성동구 왕십리로 8길, 21-1 2층 201호
전 화 02-6332-1103 | 팩 스 02-6332-1104
이메일 lawnorder21@naver.com
블로그 blog.naver.com/lawnorder21
포스트 post.naver.com/lawnorder21
인스타 @damabook
ISBN 979-11-6267-431-4

다Books
「아」는 로앤오더의 출판 브랜드입니다.

파본은 본사에서 교환해 드립니다.
이 책은 저작권법에 따라 보호받는 저작물이므로 무단복제를 금지하며
이 책 내용의 전부 또는 일부를 이용하려면 반드시 저작권자와
로앤오더의 서면 동의를 받아야 합니다.

ⓒ 이 책에서 사용된 서체는 KoPub바탕체, KoPub돋움체, 한마음명조체, 경기천년제목체,
에스코어 드림체를 사용하였습니다.